AF549802

Villa Emma

Klaus Voigt

Villa Emma

Jüdische Kinder auf der Flucht
1940–1945

Ⓜ | METROPOL

Erstauflage:
Klaus Voigt, Villa Emma. Jüdische Kinder auf der Flucht 1940–1945, Berlin 2002
(Solidarität und Hilfe für Juden während der NS-Zeit, 6)

Umschlagbild:
Ausschnitt aus einem Ölgemälde von Hanna Seidenberg, Petah Tikwa.
Die in Plauen geborene Malerin gehörte zu den Kindern der Villa Emma, die nach Palästina/Israel kamen. Das Gemälde hat sie der Stadt Nonantola geschenkt zum Dank für die ihr dort gewährte Hilfe.

ISBN: 978-3-86331-292-3

Ansbacher Straße 70
D–10777 Berlin
www.metropol-verlag.de

Druck: buchdruckerei.de, Berlin

Inhalt

In Erinnerung an Josef Indig

Vorwort

Mit der Villa Emma in Nonantola verbindet sich die Erinnerung an 73 jüdische Kinder, die hier während der Shoah mit ihren Betreuern über ein Jahr eine Bleibe fanden. Sie stammten aus Deutschland, Österreich, Jugoslawien und in einem Fall aus Polen und waren, kurz bevor es zu spät war, unter ungewöhnlichen Umständen von dort geflohen. Viele von ihnen hatten miterlebt, wie der Vater in ein Konzentrationslager abgeführt wurde und wie von dort die Todesnachricht eintraf. Sie hatten sich von der Mutter, der Schwester, dem Bruder losgerissen, als sich ihnen die kaum mehr erwartete Gelegenheit zur Flucht bot. Später erfuhren sie, dass sie an einen Ort unter deutscher Besetzung in Osteuropa abtransportiert worden waren. Als keine Nachricht mehr eintraf, ließ ihnen der Gedanke, was mit ihnen geschehen war, keine Ruhe, aber niemand konnte sich ihr schreckliches Ende vorstellen.

In Nonantola waren die Kinder in einer ihnen freundlich gesinnten Umgebung gut aufgehoben. Zu Beginn der deutschen Besetzung begriffen viele Menschen ihre Angst und standen ihnen bei. Die Priester im Seminar der Abteikirche und die Nonnen nahmen sie in ihre Räume auf und boten ihnen Schutz. Einheimische Familien – Bauern, Handwerker, Kaufleute – versteckten sie in ihren Häusern und Wohnungen. Binnen 48 Stunden stand die Villa Emma nahezu leer. Es gibt in Italien, wo weite Teile der Bevölkerung den jüdischen Flüchtlingen mit Verständnis und Wohlwollen begegneten, kaum ein zweites Beispiel für eine so breit angelegte, spontane Hilfe wie in Nonantola. In besonderem Maß traten dabei der Arzt Giuseppe Moreali und der junge Priester Don Arrigo Beccari hervor, die für das Versteck sorgten und andere überzeugten, dass Hilfe geboten war. Sie wurden später für ihre selbstlose und mutige Haltung von der Gedenkstätte Yad Vashem in Jerusalem geehrt, wo beide einen Baum in der Allee der Gerechten pflanzen durften.

In Nonantola handelten Menschen, die selbst keine Juden waren, aus Verantwortungsgefühl für das Leben von Juden und waren bereit, dafür ein persönliches Risiko einzugehen. Wir wissen, dass dies viel zu selten geschah, als die Juden überall in Europa unter der nationalsozialistischen Herrschaft gejagt wurden und Erwachsene wie Kinder um ihr Leben fürchten mussten. Die Kinder der Villa Emma empfinden tiefe Dankbarkeit für die ihnen großherzig entgegengebrachte

Hilfe und sind Nonantola verbunden geblieben, wohin viele von ihnen immer wieder zurückgekehrt sind. Das Versteck in Nonantola dauerte knapp sechs Wochen und war somit nur eine kurze Phase der fünfjährigen Flucht über Jugoslawien, Italien und die Schweiz nach Palästina. Überblickt man den gesamten Zeitraum, so wird klar, dass die Rettung der Kinder an erster Stelle jüdischer Selbsthilfe zu verdanken war. Recha Freier, die aus Berlin geflohene Gründerin der Jugendaliyah, holte aus eigenem Antrieb viele von ihnen aus Deutschland nach Zagreb. Josef Indig, der Leiter der Gruppe, brachte 43 Kinder unter Einsatz seines Lebens von Zagreb über die Grenze in das von Italien annektierte Gebiet Sloweniens und führte gemeinsam mit Goffredo Pacifici, einem italienischen Juden, die noch gefährlichere Flucht in die Schweiz durch. Jüdische Organisationen, die miteinander in Verbindung standen, waren stets zur Stelle: die Jüdische Gemeinde in Zagreb und das ihr angeschlossene Hilfskomitee, die Hilfsorganisation der italienischen Juden Delasem und die zionistischen Verbände in der Schweiz. Es zeigte sich aber schon vor Nonantola, dass auch Nichtjuden für Hilfe ansprechbar waren, nicht zuletzt, weil Kinder in Gefahr waren, denen man mit stärkerem Mitgefühl begegnete als Erwachsenen. Schließlich fielen für das Überleben kaum voraussehbare Umstände ins Gewicht, wie ein Stempel, eine Genehmigung, die gute Laune eines hohen faschistischen Beamten oder auch das Ausbleiben einer jederzeit denkbaren Razzia der deutschen Polizei in Nonantola.

Die Darstellung der Flucht stützt sich auf eine unvermutete Fülle schriftlicher Quellen, die vor allem in Archiven in Israel und Italien aufgefunden werden konnten. Als ebenso wichtig erwies sich das Gespräch mit den Mitgliedern der Kindergruppe und anderen Zeitzeugen; es war für viele Bereiche und ganz besonders für das Versteck in Nonantola unersetzlich. Es gibt nur zwei aus der frischen Erinnerung bald nach den Ereignissen geschriebene Berichte. Der ausführlichere, der die Zeitspanne von Zagreb bis zur Aufnahme in die Schweiz umfasst, stammt von Josef Indig. Er wurde schon im Herbst 1945 auf Deutsch verfasst und ist unter dem Titel „Yaldei Villa Emma“ – „Die Kinder der Villa Emma“ zuerst in hebräischer Übersetzung erschienen. 2006 erhielt er auf der Grundlage des Originalmanuskripts auch eine deutsche Ausgabe, für die der Titel „Joškos Kinder“ gewählt wurde.

Die Darstellung auf den folgenden Seiten stößt notgedrungen an Grenzen. Es war im Großen und Ganzen möglich, die Ereignisse der Flucht im Rahmen der größeren politischen Zusammenhänge zu rekonstruieren, das Gemeinschaftsleben nachzuzeichnen und das Verhältnis der Kindergruppe zu ihrer Umwelt aufzuzeigen. Viele Fragen bleiben dennoch unbeantwortet. Hier sei nur eine erwähnt. Wie empfanden die Kinder ihre eigene Lage? Ihre Fröhlichkeit und Ausgelassenheit, ihre Angst und ihr Schmerz lassen sich bis zu einem gewissen

Grad an ihrem äußeren Verhalten ablesen, wie es andere wahrgenommen und aufgezeichnet haben. Es fehlen jedoch eigene Aussagen unmittelbar aus der Zeit. Nur Indig hat sich als engagierter Erzieher in seinen Erinnerungen mit der Psyche der Kinder auseinandergesetzt.

Die Kinder waren, als sie ihre Heimatorte verließen, meist zwischen vierzehn und sechzehn Jahre alt. Am Ende ihrer Flucht waren sie Erwachsene. Trotzdem wird stets von Kindern gesprochen werden, wenn die gesamte Gruppe gemeint ist, die Jüngeren und die Älteren, wie es Indig mit dem Titel „Die Kinder der Villa Emma" vorgegeben hat.

Berlin, im Frühjahr 2002 *Klaus Voigt*

1.

Berlin, Frankfurt, Leipzig, Hamburg, Wien, Graz

Die Verhaftung der eingewanderten polnischen Juden

Zu Beginn des Zweiten Weltkriegs waren die Juden in Deutschland und in Österreich, das nunmehr Teil des „Großdeutschen Reiches" war, nach sechsjähriger Verfolgung fast vollständig entrechtet. Im nationalsozialistischen Staat galten sie als Angehörige einer fremden, schädlichen und feindlichen Rasse, die als Bedrohung empfunden wurde. Folglich waren die Parteiorgane und die Behörden bemüht, sie mit allen Mitteln von der deutschen Gesellschaft fernzuhalten. Das rassenbiologische Prinzip reichte bis in die Privatsphäre hinein. Juden durften nur innerhalb der eigenen Bevölkerungsgruppe heiraten. Jede persönliche Bindung zwischen Juden und anderen Menschen, jede Freundschaft, ja jeder Umgang sollte verhindert werden. Die öffentliche Hetze, die Beobachtung durch die Polizei und ihr zuarbeitende Denunzianten, die Androhung und vielfach auch der Vollzug von Strafen bewirkten zugleich mit der Isolierung der Juden die Einschüchterung, wenn nicht gar die Abstumpfung und Teilnahmslosigkeit oft selbst der Menschen, die ihnen ursprünglich nicht feindlich gesinnt waren. Die Isolierung nahm mehr und mehr auch den Charakter der räumlichen Trennung an. Die Juden waren aus den belebten zentralen Stadtvierteln verbannt und durften nicht mehr ins Kino oder ins Theater gehen, wo sie Freunden und Bekannten aus früherer Zeit begegnen konnten. Vielerorts waren sie gezwungen, in ärmere Wohnviertel zu ziehen, oder sie wurden, wie in Wien, in „Judenhäuser" einquartiert, wo sie nur unter sich waren. Unzählige weitere Auflagen, Einschränkungen und Verbote machten das Leben zur Qual. Die infame Kennzeichnung durch den gelben Stern war zu Beginn des Weltkriegs noch nicht eingeführt, sie folgte rund zwei Jahre später. In der Kennkarte, im Pass und in der Lebensmittelkarte war jedoch schon seit einiger Zeit ein großes rotes „J" eingestempelt, durch das der Inhaber sofort zu erkennen und Schikanen ausgeliefert war. Dem Vornamen musste in allen amtlichen Dokumenten der Name Israel oder Sarah hinzugefügt werden, der auch bei keiner Unterschrift fehlen durfte.[1]

1 Vgl. Wolfgang Benz (Hrsg.), Die Juden in Deutschland 1933–1945. Leben unter nationalsozialistischer Herrschaft, München 1988; Michael A. Meyer, Deutsch-jüdische Geschichte in der

Die wirtschaftliche Lage der Juden hatte sich seit der Pogromnacht vom 9. November 1938 dramatisch verschlechtert, sodass auch die Kreise, die noch Mitte der dreißiger Jahre gewöhnliche Einkommensverhältnisse gekannt hatten, ein Dasein am Rande des Existenzminimums fristeten. Selbstständige Unternehmen bestanden nicht mehr. Freie Berufe durften nur noch innerhalb des jüdischen Bevölkerungsteils ausgeübt werden. Erlaubt waren sonst im Wesentlichen nur noch Fabrikarbeit, Arbeit im Straßenbau, bei der Stadtreinigung und in der Landwirtschaft, die zunehmend mit Zwangsverpflichtung einhergingen. Im Mai 1939 hatten nur noch fünfzehn Prozent aller Juden im Berufsalter Einkünfte aus Erwerbstätigkeit. Alle anderen, überwiegend ältere Menschen, lebten von Rücklagen, stark gekürzten Renten und von Geldern auf einem Sperrkonto, die von Zwangsverkäufen stammten und von denen jeden Monat nur ein kleiner, zum Lebensunterhalt notwendiger Betrag abgehoben werden durfte. Die Zahl der von den jüdischen Wohlfahrtseinrichtungen Unterstützten nahm ständig zu. Die Kinder durften nur noch jüdische Schulen besuchen. Vereinzelt boten jüdische Berufsfachschulen noch Kurse an, aber sonst war jeder weiterführenden Ausbildung der Weg versperrt.[2]

Jüdische Gemeinden gab es fast nur noch in größeren Städten. Sie waren Teil einer vom nationalsozialistischen Staat aufgezwungenen zentralistischen Organisationsstruktur, an deren Spitze die Reichsvereinigung der Juden in Deutschland stand, durch die im Juli 1939 die Reichsvertretung der Juden in Deutschland ersetzt wurde. Die Reichsvereinigung wurde von der Gestapo kontrolliert, die von ihr die Offenlegung aller Verwaltungsvorgänge verlangte, ihr Weisungen erteilte und den Vorstand im Amt bestätigte. Fast alle jüdischen Verbände, Vereine und Stiftungen waren entweder aufgelöst oder in die Reichsvereinigung eingegliedert worden. Die wichtigste Ausnahme bildete das Palästina-Amt, das noch bis zum allgemeinen Auswanderungsverbot für Juden im Oktober 1941 fortbestand. Die Tätigkeit der Reichsvereinigung verengte sich immer mehr auf zwei Bereiche: die Hilfe bei der Auswanderung und die Unterstützung Notleidender.[3]

Neuzeit, Bd. 4: Aufbruch und Zerstörung 1918–1945, München 1997; Saul Friedländer, Das Dritte Reich und die Juden, Bd. 1: Die Jahre der Verfolgung 1933–1939, München 1998.

2 Konrad Kwiet, Nach dem Pogrom: Stufen der Ausgrenzung, in Benz, Die Juden in Deutschland, S. 545–659; Avraham Barkai, Im mauerlosen Ghetto, in Meyer, Deutsch-jüdische Geschichte, Bd. 4, S. 319–348.

3 Esriel Hildesheimer, Jüdische Selbstverwaltung unter dem NS-Regime. Der Existenzkampf der Reichsvertretung und Reichsvereinigung der Juden in Deutschland, Tübingen 1994, S. 77 ff.; Otto Dov Kulka, Deutsches Judentum unter dem Nationalsozialismus, Bd. 1: Dokumente zur Geschichte der Reichsvertretung der deutschen Juden 1933–1939, Tübingen 1997, S. 24 ff., 441 ff.

Im Herbst 1939 lebten in Deutschland noch ungefähr 185 000 Juden gegenüber 525 000 bei der Errichtung der nationalsozialistischen Diktatur im Frühjahr 1933. Auf dem ehemals österreichischen Gebiet waren es noch ungefähr 80 000 gegenüber 220 000 zum Zeitpunkt der Annexion. Der einschneidende Rückgang war vor allem Folge der Emigration. In den ersten Jahren verlief sie langsam, obwohl es oft noch möglich war, Umzugsgut und Vermögenswerte mitzunehmen. Viele Juden verkannten die heraufkommende Gefahr für Leib und Leben und zögerten, das Land zu verlassen, in dem sie aufgewachsen waren und dem sie sich innerlich verbunden fühlten. Erst die brennenden Synagogen beim Novemberpogrom machten allen deutlich, dass der Aufbruch unvermeidlich war. Die Emigration wandelte sich zur Massenflucht. Jetzt war man bereit, alles stehen und liegen zu lassen, um sich in Sicherheit zu bringen. Bei der Ausreise durfte man nur noch einen Handkoffer und zehn Reichsmark mit sich führen. Oft war es aber schon zu spät, denn viele Länder hatten inzwischen, soweit sie überhaupt jüdische Flüchtlinge aufnahmen, die Einreisebedingungen verschärft. Die Vereinigten Staaten von Amerika, die 132 000 Juden aus Deutschland und Österreich Zuflucht boten und damit das wichtigste Aufnahmeland waren, knüpften die Einwanderung aus einem Land an eine jährliche Quote. Selbst als die Flucht vor der nationalsozialistischen Verfolgung höchste Dringlichkeit hatte, wurde die deutsche Quote nicht erhöht. Die Einwanderung nach Palästina oder Aliyah, wie die Zionisten sagten, hing von der Zuteilung von Zertifikaten durch die britische Mandatsbehörde ab. In den Jahren nach 1936 wurde die Zahl der Zertifikate um über die Hälfte gekürzt. Trotzdem gelangten während der nationalsozialistischen Herrschaft 55 000 Menschen aus Deutschland und 9500 aus Österreich nach Palästina. Die europäischen Länder waren vielfach nur Durchgangsstation auf dem Weg nach Nord-, Mittel- und Südamerika. Unter den europäischen Ländern stand, der Zahl der aufgenommenen Juden nach, Frankreich an erster Stelle, gefolgt von England und Belgien. Italien spielte demgegenüber nur eine untergeordnete Rolle.[4]

Bei Ausbruch des Zweiten Weltkriegs kam die Flucht aus Deutschland weitgehend zum Erliegen. Die mit Deutschland im Krieg befindlichen Länder schlossen ihre Konsulate und Visaabteilungen. Die meisten internationalen Bahnverbindungen wurden unterbrochen und die Passagierschifffahrt in der Nord- und Ostsee eingestellt. Die französische Grenze wurde auf beiden Seiten von militärischen Einheiten abgeriegelt. Fluchtwege bestanden im Wesentlichen nur noch über

4 Herbert A. Strauss, Jewish Emigration from Germany. Nazi Policies and Jewish Responses, in: Leo Baeck Institute Year Book 25 (1980), S. 313–361 (Teil 1); 26 (1981), S. 343–409 (Teil 2); Wolfgang Benz, Die jüdische Emigration, in: Handbuch der deutschsprachigen Emigration 1933–1945, Darmstadt 1998, S. 5–16.

neutrale oder nichtkriegführende Länder, die in der Regel keinen dauernden Aufenthalt gewährten, nach jenseits des Atlantik gelegenen Zielen oder nach Schanghai, das für viele zur letzten Rettung wurde.[5] Die Einwanderung nach Palästina brach weitgehend ab, weil die Mandatsbehörde Juden, die im nationalsozialistischen Herrschaftsbereich lebten, wie feindliche Ausländer behandelte und keine Zertifikate mehr für sie bewilligte. Es blieb nur noch die illegale Einwanderung oder Aliyah Bet. Bis zum Kriegseintritt Italiens im Juni 1940 wurden Fahrten in ihrem Rahmen auch von italienischen und jugoslawischen Häfen aus organisiert. In den folgenden neun Monaten bis zur Besetzung Jugoslawiens durch deutsche und italienische Truppen kam nur noch die Donauroute in Betracht.[6] Italien ließ in der Phase der Nichtkriegsführung noch den Transit zur Einschiffung in einem seiner Häfen zu. Danach war die italienische Grenze während der Dauer des Krieges bis auf eine kurze Unterbrechung nach dem Waffenstillstand der Regierung Badoglio mit den Alliierten am 8. September 1943 geschlossen.[7] Einen wichtigen Fluchtweg bildete bis zum Angriff Deutschlands auf die Sowjetunion im Juni 1941 die transsibirische Eisenbahn, mit welcher der größte Teil der Strecke nach Schanghai zurückgelegt werden konnte.[8] Nach der Konsolidierung der Vichy-Regierung war es in einigen Fällen noch möglich, von Deutschland aus mit einem Sammeltransport über Frankreich und Spanien nach Lissabon zu gelangen, dem einzigen Hafen auf dem europäischen Kontinent, von dem noch Passagierschiffe nach amerikanischen Ländern ausliefen.[9] Das Auswanderungsverbot für Juden im Oktober 1941 machte die letzte Hoffnung auf ein Entrinnen zunichte. Bald danach setzten die Deportationen zuerst in die Ghettos im besetzten Polen und wenig später in die dort errichteten Vernichtungslager ein.[10]

Eine eigene Gruppe unter den Juden in Deutschland bildeten die Ausländer. Mitte 1933, kurz nach der Machtübernahme der Nationalsozialisten, betrug ihre Zahl rund 100 000 oder knapp ein Fünftel der jüdischen Gesamtbevölkerung. Ungefähr 80 000 von ihnen stammten aus Osteuropa: 56 000 waren polnische

5 Benz, Die jüdische Emigration, S. 12 f.

6 Dalia Ofer, Escaping the Holocaust. Illegal Immigration to the Land of Israel 1939–1944, New York 1990; Juliane Wetzel, Auswanderung aus Deutschland, in: Benz, Die Juden in Deutschland, S. 413–498, hier S. 446 ff.

7 Klaus Voigt, Zuflucht auf Widerruf. Exil in Italien 1933–1945, Bd. 2, Stuttgart 1993, S. 31 ff.

8 Patrik von zur Mühlen, Ostasien, in Handbuch der deutschsprachigen Emigration, S. 336–349, hier S. 339.

9 Patrik von zur Mühlen, Fluchtweg Spanien–Portugal. Die deutsche Emigration und der Exodus aus Europa 1933–1945, Bonn 1992, S. 37 f., 198 ff.

10 Joseph Walk, Das Sonderrecht für die Juden im NS-Staat. Eine Sammlung der gesetzlichen Maßnahmen und Richtlinien – Inhalt und Bedeutung, Heidelberg 19962, S. X f., 353.

Staatsbürger, 20 000 Staatenlose vor allem russischer Herkunft.[11] Viele polnische Juden ließen sich bereits vor dem Ersten Weltkrieg im Rahmen einer großen Wanderungsbewegung von Ost nach West, deren Hauptziel die Vereinigten Staaten waren, in Deutschland nieder. Ein nicht unerheblicher Teil wurde während des Ersten Weltkriegs als Arbeiter angeworben. Auch in den ersten Nachkriegsjahren hielt die Einwanderung an, als in Polen und der Ukraine Pogrome stattfanden und die Not dort so groß war, dass viele Juden ihre Heimatorte verließen.[12] Annähernd 39 000 ausländische Juden waren bereits in Deutschland geboren und sprachen aufgrund ihrer Schulbildung Deutsch. Unter die Gruppe der Staatenlosen fielen auch die Juden, die während der Weimarer Republik die deutsche Staatsbürgerschaft erworben hatten und denen sie durch eine der ersten Maßnahmen der Regierung Hitler wieder abgesprochen worden war.[13]

Die aus Osteuropa stammenden Juden, im Allgemeinen als „Ostjuden" bezeichnet, waren überwiegend im Einzelhandel tätig und Inhaber meist kleiner Läden mit geringem Einkommen. Nicht wenige schlugen sich als ambulante Händler durch. Der Anteil an Handwerkern und Arbeitern war höher als in der übrigen jüdischen Bevölkerung. Die meisten Ostjuden lebten in bescheidenen Unterkünften in den armen Stadtvierteln. Die Familien waren im Allgemeinen sehr kinderreich. Im Gegensatz zu den in hohem Maß assimilierten deutschen Juden waren die Ostjuden noch stark von der religiösen Tradition geprägt. Wesentlich häufiger waren unter ihnen auch zionistische Ideen vertreten.[14] Zwischen den beiden jüdischen Bevölkerungsgruppen herrschte ein spannungsreiches Verhältnis. Einerseits gingen von den Ostjuden vielfältige Anregungen aus, die das jüdische Leben in Deutschland beeinflussten. Andererseits wurden sie von vielen deutschen Juden wegen ihrer unterschiedlichen Lebensauffassung und Mentalität und wegen ihrer sozialen Herkunft abgelehnt. Vielfach wandten sich deutsche Juden grundsätzlich gegen die Einwanderung von Juden aus Osteuropa, weil sie durch

11 Trude Maurer, Ausländische Juden in Deutschland, 1933–1939, in: Arnold Paucker (Hrsg.), Die Juden im nationalsozialistischen Deutschland 1933–1943, Tübingen 1986, S. 189–210, hier S. 189; Yfaat Weiss, Deutsche und polnische Juden vor dem Holocaust. Jüdische Identität zwischen Staatsbürgerschaft und Ethnizität 1933–1940, München 2000, S. 28 f.

12 Trude Maurer, Ostjuden in Deutschland, 1918–1933–1939, Hamburg 1986, S. 46 ff.

13 Maurer, Ausländische Juden in Deutschland, S. 189; Weiss, Deutsche und polnische Juden, S. 28 f.

14 Maurer, Ausländische Juden in Deutschland, S. 189 f.; Weiss, Deutsche und polnische Juden, S. 44; Bettina Goldberg, „... und vieles bleibt ungesagt". Die Israelitische Gemeinde in Kiel vor und nach 1933. Versuch einer Annäherung, in: Gerhard Paul/Miriam Gillis-Carlebach (Hrsg.), Menora und Hakenkreuz. Zur Geschichte der Juden in und aus Schleswig-Holstein, Lübeck und Altona (1918–1998), Neumünster 1998, S. 49–66, hier S. 50 f.

sie ein Anwachsen des Antisemitismus befürchteten, der ihre eigene Stellung in der Gesellschaft gefährdete.[15]

Unter der nationalsozialistischen Diktatur war die Lage der ausländischen Juden in vielerlei Hinsicht besonders prekär, weil die Aufenthaltsbestimmungen verschärft und die Erteilung der Arbeitserlaubnis erschwert wurden. Immer wieder fanden schon bei geringfügigem Anlass Ausweisungen statt. Nach 1936 wurden wiederholt Juden, deren Ausweisung nicht durchführbar war, in ein Gefängnis oder Konzentrationslager gebracht. Die meisten Ostjuden kehrten deshalb in ihre Heimatländer zurück oder suchten Zuflucht in Westeuropa, vereinzelt auch in Italien. Der Anteil der Ostjuden an der jüdischen Emigration aus Deutschland war folglich, vor allem in den ersten Jahren, überdurchschnittlich hoch. Bis Herbst 1938 hatten etwa zwei Drittel aller polnischen Juden Deutschland verlassen.[16] Andererseits genossen die ausländischen Juden gegenüber den deutschen Vorteile, weil sie aus außenpolitischen Rücksichten von einer Anzahl zum Teil schwerwiegender Maßnahmen ausgenommen blieben. So erstreckte sich der Schutz der diplomatischen Vertretungen Polens auch auf die Juden, die einer um vieles größeren polnischen Kolonie in Deutschland angehörten, deren Stellung ebenfalls gefährdet war. Umgekehrt ging das Auswärtige Amt davon aus, dass Einschränkungen gegenüber polnischen Staatsbürgern in Deutschland einen Vorwand für restriktive Maßnahmen gegenüber der deutschen Minderheit in Polen bilden konnten. Die polnischen Juden waren deshalb nicht vom Boykott gegen die jüdischen Geschäfte und die freiberuflich tätigen Juden im April 1933 betroffen und durften sogar noch nach dem Pogrom vom November 1938 ihre Einzelhandelsgeschäfte weiterführen, als dies den deutschen Juden nicht mehr erlaubt war. Nahezu ausweglos war die Lage der staatenlosen Juden, deren Zahl ständig stieg. Sie saßen in Deutschland fest, denn in der Regel wollte sie kein anderes Land aufnehmen. Zugleich waren sie ausnahmslos denselben Regelungen unterworfen wie die deutschen Juden.[17]

Im Herbst 1938 bot sich den deutschen Behörden Gelegenheit zu einer umfassenden Ausweisungsaktion, mit der sie sich der meisten polnischen Juden entledigen wollten. Der Ausgangspunkt war ein von der polnischen Kammer verabschiedetes Gesetz, wonach allen Polen, die länger als fünf Jahre ununterbrochen

15 Maurer, Ostjuden, S. 717 ff., 753 ff.; Weiss, Deutsche und polnische Juden, S. 34 ff.

16 Maurer, Ausländische Juden in Deutschland, S. 190 ff.; Trude Maurer, Abschiebung und Attentat. Die Ausweisung der polnischen Juden und der Vorwand für die „Kristallnacht“, in: Walter E. Pehle (Hrsg.), Der Judenpogrom 1938. Von der „Reichskristallnacht“ zum Völkermord, Frankfurt a. M. 1988, S. 52–73, hier S. 56 f.

17 Maurer, Ausländische Juden in Deutschland, S. 198 f.; Maurer, Abschiebung und Attentat, S. 57 f.

im Ausland gelebt hatten, die polnische Staatsbürgerschaft entzogen werden sollte. Das Gesetz richtete sich an erster Stelle gegen die polnischen Juden in Deutschland, deren Rückkehr nach Polen nicht erwünscht war. Die Anwendung des Gesetzes hätte bedeutet, dass sie als Staatenlose nicht mehr aus Deutschland zu entfernen waren. Nachdem die polnischen Konsulate in Deutschland Anweisung erhalten hatten, die Pässe mit einem Kontrollvermerk zu versehen, ohne den man nicht nach Polen einreisen konnte, traten die deutschen Behörden auf den Plan. Am 26. Oktober befahl das Amt des Reichsführers SS und Chefs der deutschen Polizei den untergeordneten Dienststellen, „alle polnischen Juden, die im Besitz gültiger Pässe sind, sofort [...] in Abschiebehaft zu nehmen und unverzüglich nach der polnischen Grenze im Sammeltransport abzuschieben". Die Abschiebung „namentlich der männlichen Erwachsenen" sollte in kürzester Zeit erfolgen und bis zum 30. Oktober, an dem die Anweisung an die polnischen Konsulate in Kraft trat, abgeschlossen sein.[18]

Die Festnahmen in den Wohnungen setzten am Morgen nach dem Eingang des Befehls durch die örtlichen Polizeibehörden ein. Männer, Frauen und Kinder wurden nach der Einlieferung in ein Sammelzentrum von dort zum Bahnhof gebracht und mussten einen Zug besteigen, der sie unter Polizeibegleitung an die polnische Grenze bringen sollte. Als die polnische Grenzpolizei erkannte, dass eine Massenausweisung im Gange war, sperrte sie die Grenze. Die deutsche Polizei verwehrte die Rückkehr auf deutsches Gebiet, sodass die Juden die Züge im Niemandsland verlassen mussten. An mehreren Stellen wurden hier sowie unmittelbar an der Grenze auf polnischer Seite Notunterkünfte errichtet. In Zbąszyń an der Bahnlinie Berlin-Posen waren zeitweise bis zu 8000 Menschen bei winterlichen Temperaturen in leer stehenden Kasernen und Pferdeställen untergebracht, wo sie von Hilfskomitees in Polen versorgt wurden. Nach der Schließung der polnischen Grenze hielt die deutsche Polizei einige Transporte vor dem Erreichen der Grenze auf und erlaubte den Juden die Rückkehr an ihre Herkunftsorte.[19]

In Verhandlungen des Auswärtigen Amts mit der Polnischen Botschaft wurde nach einer Lösung gesucht, was mit den Menschen an der Grenze geschehen sollte. Nach der Pogromnacht vom 9. November wurden die Verhandlungen ausgesetzt.

18 Maurer, Abschiebung, S. 59 ff.; Weiss, Deutsche und polnische Juden, S. 194 ff.; Bettina Goldberg, Die Zwangsausweisung der polnischen Juden aus dem Deutschen Reich im Oktober 1938 und die Folgen, in: Zeitschrift für Geschichtswissenschaft 46 (1998), S. 971–984; Sybil Milton, The Expulsion of Polish Jews from Germany, October 1938 to July 1939. A Documentation, in: Leo Baeck Institute Year Book 29 (1984), S. 169–199.

19 Maurer, Abschiebung und Attentat, S. 62 ff.; Weiss, Deutsche und polnische Juden, S. 196 f.; Goldberg, Die Zwangsausweisung, S. 976 ff.

Der Anlass des Pogroms war bekanntlich der Tod des Legationsrats der Deutschen Botschaft in Paris Ernst vom Rath nach dem Attentat eines jungen polnischen Juden, Herschel Grynszpan, der sich für die Abschiebung seiner Eltern an die Grenze bei Zbąszyń rächen wollte. Nach der Wiederaufnahme der Verhandlungen wurde Ende Januar eine Einigung erzielt. Die polnische Regierung war bereit, die an der Grenze Festgehaltenen einreisen zu lassen und dies auch ihren Frauen und Kindern zu gestatten, soweit sie sich noch an ihren Wohnorten befanden. Die deutsche Seite war einverstanden, dass die Männer vorübergehend nach Deutschland zurückkehrten, um ihre Wohnungen und Geschäfte aufzulösen und Mobiliar, Arbeitsgerät und Berufsunterlagen, nicht aber Geldmittel nach Polen mitzunehmen.[20] Bis zum 31. Juli 1939 sollten alle polnischen Juden das Reichsgebiet verlassen haben. Um dies zu erzwingen, wurden Einzelabschiebungen „über die grüne Grenze" und Abschiebehaft in Konzentrationslagern angeordnet. Als die Abschiebungen infolge der verstärkten polnischen Grenzüberwachung immer schwieriger durchzuführen waren, wurde in vielen Fällen ein Aufschub gewährt. Er betraf vor allem Alte, Kranke und Kinder, Personen, die ihre Auswanderung vorbereiteten und voraussichtlich innerhalb eines halben Jahres ausreisen konnten, und solche, die Berufsausbildungskurse mit dem Ziel der Auswanderung – vor allem nach Palästina – absolvierten.[21] Mitte August hielten sich nach Ermittlungen der Gestapo noch 5902 Juden mit polnischen Pässen im Reichsgebiet mit Ausnahme von Österreich auf.[22]

Die unmittelbar nach dem Beginn des Zweiten Weltkriegs einsetzenden Verhaftungen polnischer Juden im Rahmen der Internierungsmaßnahmen übertrafen alles Vorangegangene an Brutalität und Menschenverachtung. Internierungen von Staatsangehörigen der gegnerischen Mächte wurden in allen am Krieg beteiligten Ländern vorgenommen. Sie verfolgten an erster Stelle das Ziel, Männer im wehrfähigen Alter an der Rückkehr in das Herkunftsland zu hindern, wo sie eingezogen werden konnten. Des Weiteren war bezweckt, Spionage, feindlicher Kriegspropaganda und subversiver Tätigkeit, etwa in Zusammenarbeit mit politischen Gruppierungen des Inlands, zuvorzukommen.[23]

Bei der Internierung von Engländern und Franzosen ging die nationalsozialistische Regierung behutsam vor und wartete ab, wie sich die Gegenseite gegenüber

20 Maurer, Abschiebung und Attentat, S. 67 ff.; Weiss, Deutsche und polnische Juden, S. 197 f.; Goldberg, Die Zwangsausweisung, S. 974 f.

21 BArch R 58/459 Polnische Staatsbürger jüdischer Abstammung, Der Reichsführer SS und Chef der deutschen Polizei (Reinhard Heydrich) an außerpreußische Landesregierungen, 8. 5. 1939; Maurer, Abschiebung und Attentat, S. 69.

22 PA AA, Pol V 218 Polenbewegung in Deutschland, Der Reichsführer SS und Chef der deutschen Polizei an Auswärtiges Amt, 16. 8. 1939.

23 Voigt, Zuflucht auf Widerruf, Bd. 2, S. 16 f.

den deutschen Staatsbürgern verhalten würde. Anfangs wurden deshalb nur ein Ausreiseverbot und eine Meldepflicht verfügt.[24] Bis Mai 1940 waren nicht mehr als 182 Briten und 136 Franzosen interniert.[25] Später kamen auch alleinstehende Frauen und Frauen mit Kindern hinzu, die meist nach kurzer Zeit gegen in England und Frankreich internierte deutsche Frauen ausgetauscht wurden.[26] In den ersten Kriegsmonaten wurden Internierungslager in Altenfurth bei Nürnberg, in der Wülzburg bei Weissenburg in Franken, in einem Lazarett in Konstanz und in einer Pflegeanstalt in Liebenau bei Ravensburg errichtet. Die Lager unterstanden der Aufsicht der Wehrmacht, die sich bei der Behandlung der Internierten an die Regeln des Völkerrechts hielt. Noch im Frühjahr 1944 hieß es, „daß Zivilinternierte keine Strafgefangenen sind und eine sachliche Behandlung beanspruchen können".[27]

Das Vorgehen gegenüber den polnischen Staatsbürgern und den staatenlosen Polen war von Anfang an umfassender und rücksichtsloser als gegenüber Engländern und Franzosen. Infolge der Auflösung des polnischen Staats nach der deutschen Besetzung fehlte ihnen jeder Schutz. Im August 1939 wurden die im Reichsgebiet einschließlich Österreichs ansässigen polnischen Staatsbürger auf über 90 000 beziffert, wobei entsprechend dem Sprachgebrauch der Zeit drei Gruppen unterschieden wurden: Volksdeutsche – die stärkste Gruppe –, Nationalpolen und Juden. Hinzu kam eine große Zahl von Polen mit deutscher Staatsangehörigkeit, vor allem in Oberschlesien.[28] Die polnische Kolonie verfügte über einen Zentralverband, den Bund der Polen, mit Landesverbänden und Ortsgruppen, über Vereine, kulturelle, soziale und wirtschaftliche Einrichtungen, Schulen und Zeitungen. Sie wurden sämtlich am 7. September unter Einziehung ihres Vermögens aufgelöst und später verboten.[29] Am 11. September wurden die führenden Köpfe der polnischen Kolonie: Vereinsvorsitzende, Verbandsfunktionäre, Journalisten,

24 PA AA, Rechtsabteilung, R 41 590 Fremde Zivilgefangene in Deutschland, Der Reichsführer SS und Chef der deutschen Polizei an Auswärtiges Amt, 13. 10. 1939.

25 PA AA, ebenda, Aufzeichnung zur Lage der feindlichen Ausländer in Deutschland seit September 1939, 17. 6. 1940.

26 PA AA, ebenda, Der Reichsführer SS und Chef der deutschen Polizei an Auswärtiges Amt, 30. 10. 1940; weitere Dokumente in R 41 439 Französische Zivilgefangene in Deutschland.

27 PA AA, Rechtsabteilung, R 41 590, Aufzeichnung über den Besuch des Internierungslagers Wülzburg; weitere Dokumente in R 41 641 Fremde Zivilgefangene in Deutschland. Lagerbesichtigungen; R 41 634 Fremde Zivilgefangene in Deutschland. Lager, Der Reichsminister des Innern an die höheren Verwaltungsbehörden, 20. 3. 1944.

28 PA AA, Pol V 218, Der Reichsführer SS und Chef der deutschen Polizei an Auswärtiges Amt, 16. 8. 1939.

29 PA AA, Rechtsabteilung, R 41 590, Reichsminister des Innern an Auswärtiges Amt, 12. 9. 1939.

Priester verhaftet, davon allein 249 im Ruhrgebiet, und in verschiedene, Gestapo und SS unterstellte Konzentrationslager gebracht.[30] In Sachsenhausen traf am 13. September ein erster Schub von 102 polnischen „Schutzhäftlingen" ein.[31]

Soweit polnische Staatsbürger nach denselben Regeln wie Engländer und Franzosen interniert wurden, beschränkte sich dies auf das Wehrmachtslager Altenfurth. Die Zahl der Betroffenen ist bisher nicht bekannt. Von der Internierung ausgenommen blieben die „Volksdeutschen" und alle in der Landwirtschaft, in der Industrie und im Bergbau Tätigen.[32] Anfang Februar 1940 wurden die in Altenfurth internierten Polen entweder entlassen oder zu weiterer Haft in Konzentrationslager überführt.[33] Auch dort gab es vereinzelt Entlassungen, doch die meisten Polen blieben bis zum Ende des Krieges in den Lagern oder kamen dort um.[34]

Die Internierung der polnischen Juden wurde von vornherein getrennt von den Anordnungen gegenüber den anderen Polen durchgeführt. Sie stand wie diese im krassen Gegensatz zu den Regelungen des Völkerrechts und hatte mit der ursprünglichen Intention der Internierung als militärischer Sicherheitsmaßnahme kaum etwas gemein. Am 7. September 1939 richtete Reinhard Heydrich als Chef der Sicherheitspolizei ein Rundschreiben an die Gestapoleitstellen, das die Verhaftung aller männlichen Juden mit polnischer Staatsangehörigkeit vom sechzehnten Lebensjahr an ohne Begrenzung des Höchstalters auf fünfundsechzig Jahre vorsah, die bei Engländern, Franzosen und den übrigen Polen üblich war. Die Frauen und Kinder sollten namentlich in Listen erfasst und aufgefordert werden, sich zweimal wöchentlich bei der Ortspolizeibehörde zu melden. Von der Verhaftung ausgenommen werden sollten nur Personen, „die z. B. zur Förderung der allgemeinen Auswanderung von Juden aus dem Reich benötigt werden".[35] In dem Rundschreiben ist mit keinem Wort von Internierung die Rede, sondern von Abschiebehaft. Es fehlt ein Hinweis, dass diese in einem Konzentrationslager

30 Anna Poniatowska/Stefan Liman/Iwona Krezatek, Związek Polaków w Niemczech w latach 1922–1982, Warszawa 1987, S. 139 ff.; Christoph Kleßmann, Polnische Bergarbeiter im Ruhrgebiet 1870–1945. Soziale Integration und nationale Subkultur einer Minderheit in der deutschen Industriegesellschaft, Göttingen 1978, S. 184 ff.

31 GuMS, R 229, M 145, Namenslisten und Stärkemeldungen, 11. 6. 1939–26. 10. 1939, Eintragung 13. 9. 1939.

32 BArch R 58/459, Der Reichsführer SS und Chef der deutschen Polizei an die Staatspolizeileitstellen, 16. 2. 1939.

33 BArch ebenda, Der Reichsführer SS und Chef der deutschen Polizei an Reichspolizeistellen in Böhmen und Mähren, 5. 2. 1940.

34 Kleßmann, Polnische Bergarbeiter, S. 135.

35 GuMS, Ständige Ausstellung, Staatspolizeistelle Köln an Gestapa, Außenstelle Bonn, 8. 9. 1939, mit Bezug auf das Rundschreiben Heydrichs vom 7. 9. 1939, das noch nicht wiederaufgefunden worden ist; Weiss, Deutsche und polnische Juden, S. 36 ff.

stattfinden sollte. Damit führt eine Linie von der Massenausweisung im Oktober 1938 zu der Verhaftungsanordnung vom 7. September 1939, mit der die Vertreibung der polnischen Juden aus Deutschland unter äußerster Gewaltanwendung zum Abschluss kommen sollte. Die Abschiebung sollte sicherlich, wie ursprünglich geplant, nach Polen führen, sobald das Land militärisch besiegt war.[36]

Die frühesten Verhaftungen wurden am 10. und 11. September in Wien vorgenommen. Dabei wurden Hunderte von Männern nach der Festnahme in ihren Wohnungen eine Zeit lang in einem Stadion zusammengefasst, wo sie unter offenem Himmel ausharren mussten. Unter ihnen waren auch 122 Insassen eines Altersheims. Nur in Ausnahmefällen wurde Alten und Gebrechlichen erlaubt, in ihre Wohnung zurückzukehren. Anfang Oktober wurden 1048 Männer in das Konzentrationslager Buchenwald abtransportiert.[37] Sie wurden hier in unbeschreiblicher Enge in einer Holzbaracke und vier in Eile aufgestellten Großzelten untergebracht, die innerhalb des Lagers eine von den übrigen Baracken durch einen doppelten, zweieinhalb Meter hohen Stacheldrahtzaun getrennte „Sonderzone" bildeten. In deren Mitte befand sich ein Appellplatz. Wer zu schwach war, an dem Appell teilzunehmen, wurde in einem weiteren abgetrennten Bereich eingeschlossen, wo er sich selbst überlassen war und nur noch den Tod erwarten konnte. Ende Oktober 1939 brach in den Zelten eine Typhusepidemie aus, der viele Häftlinge zum Opfer fielen. Die Essensrationen der Arbeitsunfähigen wurden in einem Maß gekürzt, dass sie keine Überlebenschance hatten.[38]

In Berlin setzte die erste Verhaftungswelle am Morgen des 13. September ein. 534 Männer wurden noch am selben Tag in das am nördlichen Stadtrand gelegene Konzentrationslager Sachsenhausen gebracht, wo nichts für ihre Aufnahme vorbereitet war. Das Lager zählte zu diesem Zeitpunkt 7059 Männer, davon 252 Juden.[39] Die polnischen Juden wurden auf die Baracken 37, 38, 39 und 40 verteilt, deren gewöhnliche Belegstärke um das Zwei- bis Dreifache überschritten wurde, und dort von den anderen Häftlingen isoliert. Die Fenster wurden von außen zugenagelt und abgedichtet, sodass im Innern der Baracken fast vollständige Dunkelheit herrschte. Die SS-Aufseher, denen die nationalsozialistische Propaganda suggeriert hatte, dass Polen und Juden am Krieg schuld waren, ließen

36 Vgl. ebenda, S. 195 ff.

37 Ze'ev Rebhun, Autumn 1939 – Yamim Noreim. Memorial Book for East European Jews Who Lived in Germany, Jerusalem 1999, S. 23; Herbert Rosenkranz, Verfolgung und Selbstbehauptung. Die Juden in Österreich 1938–1945, Wien 1978, S. 213.

38 Konzentrationslager Buchenwald 1937–1945. Begleitband zur ständigen historischen Ausstellung, Göttingen 1999, S. 115 f.

39 GuMS, R 229, M 145, Namenslisten und Stärkemeldungen, Eintragung 13. 9. 1939.

ungehemmt ihren Hass an den wehrlosen Häftlingen aus und prügelten nach Belieben auf sie ein, sodass es bereits in den ersten Tagen zahlreiche Tote gab. Die Isolierung wurde vierzehn Tage später, nach Beendigung des Polenfeldzugs, aufgehoben, aber auch danach hörten die Schikanen und Quälereien nicht auf. Eine Abschiebung nach Polen wurde noch im Februar 1940 ins Auge gefasst, scheint aber nicht durchgeführt worden zu sein.[40]

Die Verhaftungen in anderen Städten dürften sich ähnlich zugetragen haben wie in Wien und Berlin. Insgesamt schätzte die Reichsvereinigung im Februar 1940 die Zahl der in Lager und Gefängnisse eingelieferten polnischen Juden ohne Einbeziehung von Österreich auf 2000, davon je 700 in Sachsenhausen und in Buchenwald. Ein großer Teil von ihnen war in Deutschland geboren oder dort schon seit Jahrzehnten ansässig. Viele waren nach Polen abgeschoben worden und hatten von der deutsch-polnischen Vereinbarung Gebrauch gemacht, indem sie vorübergehend nach Deutschland zurückkehrten, um den Umzug mit der Familie nach Polen vorzubereiten.[41] In Sachsenhausen waren bis März 1940 bereits 178 der nach Kriegsbeginn verhafteten polnischen Juden umgekommen.[42] Nicht niedriger war die Todesrate in Buchenwald, wo von den 1048 im Oktober 1939 eingelieferten polnischen Juden aus Wien und anderen österreichischen Städten anderthalb Jahre später fast jeder Dritte nicht mehr am Leben war. Gegen Ende des Krieges hatten nur 27 überlebt, die von den Allliierten in Buchenwald oder einem anderen Lager befreit wurden. Insgesamt 44 waren in der ersten Zeit freigelassen worden.[43]

Nach der Verhaftung der Männer waren die Frauen und Kinder auf sich allein gestellt. In Berlin durften sie in ihren Wohnungen bleiben. In Kiel und Karlsruhe wurden sie – soweit bisher bekannt ist – nach Leipzig abtransportiert, wo sie in eine Art Sammellager kamen, das im Gebäude der Höheren Israelitischen Schule in der Gustav-Adolf-Straße eingerichtet worden war.[44] Mit der Verhaftung der Männer waren die Schließung ihrer noch vorhandenen Geschäfte und die Beschlagnahme ihres Vermögens verbunden. Nur ein Teil desselben sollte

40 GuMS, Ständige Ausstellung, Begleittext zu Ausstellungsstücken; Weiss, Deutsche und polnische Juden, S. 217.

41 YVA, P 1/2 Recha Freier, Memorandum der Reichsvereinigung, 22. 2. 1940. Rebhun, Autumn 1939, S. 16, geht von ungefähr 2500 Verhaftungen aus.

42 GuMS, Ständige Ausstellung, Von Recha Freier für die Reichsvereinigung verfaßte Liste der im KZ Sachsenhausen verstorbenen Juden.

43 Konzentrationslager Buchenwald, S. 118; Rosenkranz, Verfolgung und Selbstbehauptung, S. 213; Rebhun, Autumn 1939, S. 23.

44 Goldberg, Die Zwangsausweisung der polnischen Juden, S. 984; briefliche Auskunft von Steffen Held, Simon-Dubnow-Institut für jüdische Geschichte und Kultur in Leipzig, 23. 4. 1999.

freigegeben werden, „der zur Gewährung des Lebensunterhalts der Familienangehörigen erforderlich ist".[45] Da es sich dabei fast ausnahmslos um geringe Beträge handelte, soweit es überhaupt noch Vermögen gab, litten fast alle Familien Not. Viele Frauen, die früher nicht berufstätig waren, meldeten sich zu Fabrikarbeit, um sich und ihre Kinder ernähren zu können.[46]

Die Kinder, ihre Eltern und Geschwister

Neunundzwanzig Kinder, die uns während ihrer fast fünfjährigen Flucht in Zagreb und Lesno brdo in Slowenien begegnen werden und zum größten Teil danach auch in Nonantola in Norditalien und in der Schweiz, waren in Deutschland aufgewachsen und bis auf ein Mädchen dort geboren. Ihre Eltern waren bald nach dem Ersten Weltkrieg, vereinzelt auch schon zuvor, aus Polen eingewandert. Die Mehrzahl stammte aus ostpolnischen Gegenden, in denen die Armut besonders groß war, vor allem aus Galizien. Die meisten waren, als sie nach Deutschland kamen, jünger als zwanzig Jahre und noch nicht verheiratet. Fast alle blieben trotz ihres ununterbrochenen Aufenthalts in Deutschland polnische Staatsbürger und wurden nach der deutschen Besetzung Polens im Herbst 1939 staatenlos. Dasselbe gilt für ihre Kinder, denen trotz ihrer Geburt in Deutschland die deutsche Staatsbürgerschaft verwehrt wurde.[47] Lediglich eine Familie hatte während der Weimarer Republik die deutsche Staatsbürgerschaft erwerben können, die ihr nach der Machtübernahme der Nationalsozialisten jedoch wieder abgesprochen wurde.[48] Der Vater eines Jungen war aus Russland eingewandert. Da er sich wiederholt der Aufforderung widersetzte, in die Sowjetunion zurückzukehren, wahrscheinlich weil ihn das kommunistische System zur Auswanderung veranlasst hatte, wurde er 1935 ausgebürgert und staatenlos.[49] Nur ein Mädchen aus Berlin war deutsche Staatsbürgerin, weil seine Eltern aus der Provinz Posen stammten, die bis zum Ende des Ersten Weltkriegs zum preußischen Staat und damit zum

45 GuMS, Ständige Ausstellung, Staatspolizeistelle Köln an Gestapa, Außenstelle Bonn, 8. 9. 1939.

46 Vgl. oben, S. 12.

47 Angaben zum Geburtsdatum der Eltern, zum Zeitpunkt ihrer Einwanderung und zu ihrer Staatsangehörigkeit in den Personaldossiers in SBA, Bestand J. II. 55 (–), 2. 1 Flüchtlingskinder ab 1942, und in Bestand E 4264 1985/196 Eidgenössisches Justiz- und Polizeidepartement. Diese Akten sind für die Darstellung dieses Abschnitts grundlegend, soweit keine anderen Quellen vorhanden sind.

48 SBA, Bestand E 4264, N. 17 354/Steinhardt, Hilde.

49 Ebenda, N. 19 308/Teplitzki, Leo.

Deutschen Reich gehörte.[50] Die 29 Kinder aus Deutschland, zehn Jungen und 19 Mädchen, waren zu Beginn ihrer Flucht zwischen acht und 19 Jahren alt. Nur drei waren älter als 16 Jahre. 15 wohnten zuletzt in Berlin, acht in Frankfurt am Main, vier in Leipzig und zwei in Hamburg.

Die polnischen Juden lebten überwiegend in den ärmsten Vierteln der Altstädte in verfallenden Häusern mit düsteren Hinterhöfen. Am bekanntesten ist das Berliner Scheunenviertel nahe dem Alexanderplatz, wo Tausende von Menschen in wenigen Straßenzügen zusammengedrängt waren, die eine Welt für sich bildeten und manches mit einem Ghetto gemein hatten.[51] Ein früherer Bewohner entsinnt sich: „Kleine, enge finstere Gäßchen mit Obst- und Gemüseständen an den Ecken. Frauen mit bemalten Gesichtern, mit großen Schüsseln in den Händen strichen herum, wie in der Zosina-Wolga-Gasse in Stanislau oder in der Spitalna in Lemberg. Viele Läden, Restaurants, Eier-, Butter-, Milchgeschäfte, Bäckereien mit der Aufschrift ‚koscher'. Juden gingen umher, gekleidet wie in Galizien, Rumänien, Rußland. Die keine Geschäfte hatten, handelten mit Bildern und Möbeln auf Abzahlung. Man ging hausieren mit Tischtüchern, Handtüchern, Hosenträgern, Schnürsenkeln, Kragenknöpfen, Strümpfen und Damenwäsche. Andere wieder gingen von Haus zu Haus alte Kleider kaufen, die dann Großhändler einkauften und an die alte Heimat lieferten. Die meisten aber in dieser Gegend waren Arbeiter und Arbeiterinnen, die in den Zigarettenfabriken Manoli, Carbety oder Muratti beschäftigt waren. Die Frommen hatten verschiedene Gebetshäuser, nach ihren Sekten, nach ihren Rabbis benannt. Da gab es Zionisten aller Schattierungen, da gab es Sozialrevolutionäre, Sozialisten, den ‚Bund' und Anarchisten. Es gab auch Theater und Sänger."[52]

In diesem kontrastreichen Milieu wuchsen die meisten der 15 Kinder aus Berlin auf. Einige ihrer Väter waren Inhaber besagter kleiner Läden. Mehrfach wird als Beruf auch Handwerker angegeben. Die Frauen waren überwiegend nicht berufstätig und kümmerten sich um die Hausangelegenheiten. Die Familien wohnten entweder im Scheunenviertel selbst oder, wie die Anschriften zeigen, in unmittelbarer Nähe: Mulackstraße, Rosenthaler Straße, Münzstraße, Gipsstraße, Linienstraße. Einige waren einige Straßenzüge entfernt in nördlich und östlich angrenzenden Vierteln der Bezirke Mitte und Prenzlauer Berg ansässig. Die meisten Familien waren kinderreich: Die Endzweigs waren neun Geschwister, die Reichs fünf, die Steinhardts fünf, die Senfts fünf und die Schindelheims

50 Ebenda, N. 17 581/Karger, Artur.

51 Eike Geisel, Im Scheunenviertel. Bilder, Texte und Dokumente, Berlin 1981; Wegweiser durch das jüdische Berlin. Geschichte und Gegenwart, Berlin 1987, S. 59 ff.

52 Alexander Granach, Wie in Lemberg, in: Geisel, Im Scheunenviertel, S. 42 f.

vier. In anderen Städten ergibt sich dasselbe Bild: Die Federmanns in Frankfurt waren acht, die Wiesners in Kiel sieben, die Zwicks in Leipzig fünf und die Isslers in Gelsenkirchen fünf. Nur zwei oder drei Kinder waren Einzelkinder.[53]

Alle jüdischen Einwanderer aus Osteuropa träumten davon, außerhalb der Elendsviertel einen gutgehenden Betrieb aufzubauen und in die Mittelschichten aufzusteigen. Einigen Vätern der neunundzwanzig Kinder war dies tatsächlich gelungen. Der Schneider Salomon Nagler unterhielt ein Geschäft für Herrenkonfektion in der belebten Müllerstraße im Berliner Arbeiterbezirk Wedding. Nachdem ihn SA-Männer beim Boykott der Geschäfte von Juden im April 1933 geschlagen hatten, wagte er seinen Betrieb nicht mehr an derselben Stelle weiterzuführen, und er verlegte ihn in die Prenzlauer Allee.[54]

Ein anderer Schneidermeister, Paul Kirschenbaum, hatte eine Werkstatt für elegante Maßanzüge, in der Näherinnen und Zuschneiderinnen angestellt waren, in der Schwedenstraße, ebenfalls im Wedding. Seine Frau war Pianistin und begleitete abends Stummfilmaufführungen am Klavier, oft in großen Kinos wie dem UFA-Palast. Als der Tonfilm aufkam, war sie mehr und mehr als Gesangsbegleiterin tätig. Nach 1933 durfte sie nicht mehr öffentlich auftreten, sodass sie eine Stelle als Sekretärin und Stenotypistin bei einem jüdischen Rechtsanwalt annahm. Sie war eine der wenigen berufstätigen Frauen in den neunundzwanzig Familien.[55] Hirsch Lewin, der während des Ersten Weltkriegs aus Russland eingewandert war, baute in Berlin eine kleine Schallplattenfabrikation auf.[56] Marcus Zamojre führte ein Pfeifen- und Tabakgeschäft in der Frankfurter Haupteinkaufsstraße Die Zeil. Die Familie wohnte in dem kleinbürgerlichen Vorort Bockenheim.[57] Der Kürschner Salomon Weininger hatte sich 1920 in Leipzig niedergelassen, das damals ein Zentrum des Pelzhandels war. In den dreißiger Jahren betrieb er einen Pelzgroßhandel in der Brühlstraße in einem guten Geschäftsviertel der Leipziger Innenstadt.[58]

Die Kinder waren durchweg deutschsprachig aufgewachsen. Die Nähe von Jiddisch und Deutsch hatte es den Eltern erleichtert, sich sprachlich anzupassen. Trotzdem ist es erstaunlich, dass mit der Zeit in den Familien fast nur noch

53 Personaldossiers in SBA, Bestand J. II. 55 (–) und E 4264.

54 Gespräche mit Tilla Offenberger (Tilla Nagler), Haifa, 14. Juni 1996, Nonantola, 28. Juni 1996, und Haifa, 29. 4. 2000.

55 Gespräche mit Siegfried Kirschenbaum, Nonantola, 28. 6. 1996, und Givat Schmuel, 5. 5. 2000.

56 Briefliche Mitteilung von Lilly Neumann (Lilly Lewin), Nathania, 2. 4. 1999.

57 Joseph Zamora (Josef Zamojre), Autobiografische Aufzeichnungen, verfaßt 1988 in Scarsdale, New York, Sammlung Joseph Zamora; Gespräch mit Zamora, Scarsdale, 24. 10. 1997.

58 Gespräch mit Arnold Wininger (Arnold Weininger), Nonantola, 21. 9. 1997.

Deutsch gesprochen wurde. Die Kinder kannten höchstens noch einige Brocken Jiddisch, die sie aufschnappten, wenn die Eltern gelegentlich untereinander Jiddisch sprachen oder jiddische Ausdrücke verwendeten.[59]

Erzogen wurden die Kinder größtenteils streng religiös. Sie verrichteten täglich ihr Gebet, gingen regelmäßig und nicht nur an den Hohen Feiertagen mit ihren Eltern in die orthodoxe Synagoge, aßen koscher und hielten die Sabbatruhe ein. Keines der neunundzwanzig Kinder kam jedoch aus ultraorthodoxen, chassidischen Kreisen, in denen die Männer am schwarzen Gehrock und an den pejes, den Schläfenlocken, zu erkennen waren. Ein Beispiel für eine nichtreligiöse Familie sind die Kirschenbaums, bei denen die Mutter aus der Provinz Posen und der Vater aus der Umgebung von Danzig stammte.[60]

Die nach Deutschland eingewanderten polnischen Juden bevorzugten für ihre Kinder, anders als die überwiegende Mehrheit der deutschen Juden, die jüdischen Schulen, wo der Unterricht stark religiös geprägt war.[61] Ausdrücklich belegt ist dies in vier Fällen. Lilly Lewin und Ruth Drucker gingen auf die Jüdische Mädchenschule in der Auguststraße in Berlin-Mitte.[62] Max Federmann besuchte acht Jahre die Israelitische Volksschule in Frankfurt.[63] Gisela Wiesner in Kiel gehörte einer dort im Frühjahr 1938 errichteten jüdischen Volksschule an, die nur achtzehn Monate bestand und ausschließlich von ostjüdischen Kindern besucht wurde.[64] Der Besuch einer jüdischen Schule erwies sich später als günstig, weil die Kinder nicht vom Ausschluss aus den öffentlichen und privaten Schulen bis November 1938 betroffen waren und daher kein Bruch in ihrer schulischen Entwicklung eintrat. Zu den Kindern, die gezwungen waren, die Schule zu wechseln, zählte Arnold Weininger in Leipzig. Er war ein Jahr auf einer jüdischen Volksschule und absolvierte dort die achte und letzte Klasse.[65] Die Kinder, die nach Beginn der nationalsozialistischen Herrschaft eingeschult worden waren, konnten die jüdische Volksschule bis zum Zeitpunkt der Flucht zwischen November

59 Personaldossiers in SBA, Bestand J. II. 55 (–) und E 4264. Die Kinder geben hier alle Deutsch als Muttersprache an. Nur Arnold Weininger erwähnt auch Kenntnisse in Jiddisch.

60 Gespräche mit Tilla Offenberger (Tilla Nagler) und Siegfried Kirschenbaum.

61 Werner T. Angress, Jüdische Jugend zwischen nationalsozialistischer Verfolgung und jüdischer Wiedergeburt, in: Paucker, Die Juden im nationalsozialistischen Deutschland, S. 214.

62 ZfA, Interview mit Frau Ruth Maschiach (Ruth Drucker), 6. 7. 1984; briefliche Mitteilung von Lilly Neumann (Lilly Lewin), 2. 4. 1999.

63 Max Federmann, Auskünfte für das Projekt „Jüdisches Leben in Frankfurt“, Sammlung Max Federmann, Lompoc, Kalifornien; Gespräch mit Max Federmann, Frankfurt, 1. 6. 1998.

64 Gerhard Paul, Klassenphoto 1939. Das Schicksal der Schüler und Lehrer der jüdischen Volksschule in Kiel, in: Paul/Gillis-Carlebach, Menora und Hakenkreuz, S. 481–490.

65 Gespräch mit Arnold Wininger (Arnold Weininger).

1940 und Januar 1941 nicht mehr zu Ende führen und verließen sie zwischen der vierten und der siebten Klasse.[66]

Außer Weininger ging auch Josef Zamojre in Frankfurt anfangs nicht auf eine jüdische Schule. Sein Verhältnis zu den christlichen Klassenkameraden auf der Volksschule, die er in der Weimarer Republik besuchte, nennt er „vergleichbar gut". Nach vier Jahren wechselte er auf eine Oberschule, die Liebig-Schule, wo er bis 1935 blieb und einen ihm wohlgesinnten Direktor hatte. Bevor dieser versetzt wurde, riet er seinem Vater, wohl in Kenntnis des Nachfolgers, ihn auf eine jüdische Schule zu schicken. Er kam daraufhin in das berühmte jüdische Reformgymnasium „Philanthropin", wo er 1939 sogar noch das Abitur ablegen konnte. Zuvor war seine Klasse geteilt worden: Etwa die Hälfte der Schüler fuhr mit dem üblichen Unterrichtsprogramm fort, während die anderen zur Vorbereitung ihrer Emigration Unterricht auf Englisch erhielten, damit sie ein dem englischen Abitur entsprechendes Zertifikat der Cambridge Senior School entgegennehmen konnten.[67]

Die älteren Kinder schlossen zwischen 1937 und 1940 die letzte Klasse der jüdischen Volksschule ab. Sie hatten danach so gut wie keine Berufsaussichten, und auch die Fortbildungsmöglichkeiten waren äußerst beschränkt. Max Federmann, der Sohn eines Mützenmachers in Frankfurt, war drei Jahre in der Jüdischen Anlehrwerkstatt in der Fischerfeldstraße in Frankfurt als Mechaniker beschäftigt. Während dieser Zeit aß er regelmäßig in einer jüdischen Suppenküche.[68] Emanuel Issler ging von seiner Heimatstadt Gelsenkirchen nach Hamburg, wo er an der jüdischen Landwirtschaftsausbildungsstätte Blankenese eine Gärtnerlehre begann, die er nach anderthalb Jahren kurz vor der Flucht abbrach.[69] Leo Teplitzki war in Frankfurt als 17-Jähriger lange Zeit völlig auf sich allein gestellt. Sein Vater war in der Folge des Novemberpogroms in ein Konzentrationslager gebracht worden. Weil er nach England emigrieren konnte, wurde er schließlich entlassen. Die Mutter und die Schwester flohen kurz vor Kriegsbeginn nach Belgien. Es heißt, der Junge habe sich mit Handel auf dem Schwarzen Markt durchgeschlagen und als Totengräber auf einem jüdischen Friedhof gearbeitet.[70] Die künstlerisch begabte Tilla Nagler belegte in Berlin an der privaten jüdischen Kunstschule K. Feige-Strassburger die Fächer Modezeichnen und Zuschneiden. Später nahm sie an einer Hachscharah in Ahrensdorf im Süden von Berlin teil, auf der junge Zionisten eine landwirtschaftliche Ausbildung erhielten.[71]

66 Personaldossiers in SBA, Bestand J. II. 55 (–) und E 4264.

67 Joseph Zamora (Josef Zamojre), Autobiografische Aufzeichnungen.

68 Max Federmann, Auskünfte für das Projekt „Jüdisches Leben in Frankfurt".

69 SBA, Bestand J. II. 55 (–), Bd. 41/Issler, Emanuel.

70 SBA, Bestand E 4264, N. 19 300/Teplitzki, Leo.

71 Gespräche mit Tilla Offenberger (Tilla Nagler).

Die Kinder der polnischen Juden in Deutschland traten, sobald sie das entsprechende Alter erreicht hatten, vielfach einem zionistischen Jugendverband bei wie Maccabi Hazair, Tchelet Lawan, Habonim und Hashomer Hazair. Sie fanden dort Gelegenheit, unter Anleitung älterer Jugendlicher, den „madrichim", Sport zu treiben, Gemeinschaftsabende zu veranstalten und an Ausflügen und Zeltlagern teilzunehmen. Gleichzeitig erhielten sie eine die Schule ergänzende Ausbildung, die ihnen Grundkenntnisse in Iwrit und in der Landeskunde Palästinas vermittelte. Die Mitgliedschaft in den Verbänden war auch deshalb begehrt und wurde mit zunehmendem nationalsozialistischen Terror immer begehrter, weil sie die Voraussetzung für die spätere Teilnahme an einer Hachscharah und für die Auswanderung nach Palästina mit der Jugendaliyah bildete.[72] Es fällt auf, dass Kinder religiös eingestellter Eltern, etwa Gisela Wiesner in Kiel, zionistischen Jugendverbänden angehörten, die laizistisch (liberal oder sozialistisch) ausgerichtet waren.[73] Nur von Leo Teplitzki ist bekannt, dass er Mitglied eines religiösen Verbands, des Misrachi, war.[74]

Zu den neunundzwanzig Kindern aus Deutschland kamen später in Zagreb dreizehn aus Österreich hinzu: elf Jungen und zwei Mädchen. Sieben waren ihrer Staatsbürgerschaft nach Österreicher und nach dem „Anschluss" Deutsche, drei Polen und zwei Ungarn. Nur die beiden Letzteren waren außerhalb Österreichs geboren, und zwar in Budapest. Bis auf einen Jungen aus Graz waren vor ihrer Flucht alle in Wien ansässig. Die dreizehn Kinder waren im Herbst 1940 mit 14 bis 18 Jahren im Durchschnitt älter als ihre Gefährten aus Deutschland. Sie stammten aus Familien mit bis zu drei Kindern. Nur die aus Ungarn zugewanderten Rosenbaums fielen aus dem Rahmen mit sieben. Die niedrige Kinderzahl bestätigt das Bild des allgemeinen Geburtenrückgangs in der alteingesessenen jüdischen Bevölkerung Deutschlands und Österreichs seit den zwanziger Jahren.[75]

Die Eltern der in Österreich aufgewachsenen Kinder waren in der Mehrzahl Kaufleute, die es zu mäßigem Wohlstand gebracht hatten. Soweit die Anschriften bekannt sind, wohnten sie bis zu ihrer Umsiedlung in andere Stadtviertel vor allem im II., IX. und XX. Bezirk. Richard Weiss besaß ein Textilversandbüro in dem Haus, wo er auch wohnte.[76] Mauricy Awin war Vertreter österreichischer

72 Angress, Jüdische Jugend, S. 217.

73 Leo Koffler, Die Entstehung unserer Jugendgemeinschaft und ihr Leben bis zum Zusammenbruch Italiens, verfaßt im Kibbuz Afikim, Juli 1944, Widmung und Vorwort, S. 2, in CZA, A 256/4/1 Personal Archives of Recha Freier.

74 Ebenda.

75 Personaldossiers in SBA, Bestand J. II. 55 (–) und E 4264.

76 Robert Weiss, Joško's Children, CD-Rom, Fassung vom 19. 4. 2000, S. 12, Sammlung Robert Weiss, Boynton Beach, Florida (Kopie im Dokumentationsarchiv des österreichischen Widerstands, Wien).

und ausländischer Firmen. Er war in Lemberg geboren, hatte im Ersten Weltkrieg in der K. u. K. Armee Kriegsdienst geleistet und lebte seit 1917 in Wien.[77] Emanuel Hahn war selbstständiger Handwerker und betrieb eine Fabrikation, vermutlich verbunden mit einem Geschäft, für Taschen und Lederwaren.[78] Erwin Liebling, über dessen Beruf nichts bekannt ist, war in der Arbeiterbewegung aktiv und muss entweder Gewerkschafter oder Mitglied der Sozialdemokratischen Partei Österreichs gewesen sein. Wie glaubwürdig bezeugt ist, kam er bei den Kämpfen während des Wiener Arbeiteraufstands im Februar 1934 ums Leben.[79]

Ein Junge, Hans Silbermann, war der Spross einer berühmten Wiener Musikerfamilie. Sein Urgroßvater war der Kantor Salomon Sulzer, der um die Mitte des 19. Jahrhunderts den Synagogengesang reformierte. Sein Großvater, Joseph Sulzer, war erster Cellist an der Wiener Philharmonie. Seine Mutter aus der Sulzerlinie war Pianistin und Gesangspädagogin und sein früh verstorbener Vater, Max Silbermann, Violinist. Hans wohnte mit der Mutter, der Großmutter und einem Onkel in einer geräumigen Dreizimmerwohnung am Rennweg im III. Bezirk in unmittelbarer Nähe des Schlosses Belvedere. Im Haus gingen musikbeflissene Freunde der Familie und die Gesangsschüler seiner Mutter ein und aus, die ihm in ihrer freien Zeit Klavierunterricht erteilte.[80] Im Herbst 1940 wurde die Familie aus ihrer Wohnung vertrieben. Hans berichtet im Rückblick, wie sich dies zutrug: „Zuerst wurde die Wohnung unter Aufsicht zweier Polizisten gründlich ausgeräumt. Möbel, Wäsche, Noten, alles wurde uns weggenommen. Selbst das Bett meiner Mutter, die krank lag und sich vor Ischias kaum rühren konnte, wurde demontiert, und man ließ sie mit Eisenrahmen und Matratze auf dem Boden liegen. Wir alle kamen in eine Wohnung in der Unteren Weißgerberstraße 49, in der an die zwanzig jüdische Männer und Frauen zusammengepfercht leben mußten."[81]

Die Kinder aus Österreich gingen in ihrer Mehrzahl auf eine allgemeine staatliche Schule. Otto Liebling, Josef Schiffmann und Kurt Schneider waren auf dem Gymnasium, kamen aber nicht mehr bis zum Abitur. Otto Liebling brach nach spätestens drei Jahren das Gymnasium ab und belegte einen technischen Umschulungskurs.[82] Für Hans Silbermann war es für das Gymnasium bereits

77 SBA, Bestand E 4264, N. 15 352/Awin, Mauricy.

78 Ebenda, N. 19 667/Hahn, Kurt.

79 Ebenda, N. 15 794/Liebling, Otto.

80 Interview mit Hans Silbermann, in: Hannoch Avenary (Hrsg.), Kantor Salomon Sulzer und seine Zeit. Eine Dokumentation, Sigmaringen 1985, S. 275–281; Gespräch mit Hans Silbermann, Bad Reichenhall, 22. 4. 1997.

81 Interview mit Hans Silbermann, in: Avenary, Kantor Salomon Sulzer, S. 276.

82 SBA, Bestand E 4264, N. 15794/Liebling, Otto; N. 19 976/Schiffmann, Josef; Gespräche mit Zvi Schneider (Kurt Schneider), Tel Aviv, 3. 6. 1996, Berlin, 4. 6. 1999, Tel Aviv, 4. 5. 2000.

zu spät, denn zum Zeitpunkt der Ausschließung der jüdischen Kinder aus den Schulen hatte er erst die vierte Volksschulklasse absolviert. In den verbleibenden zwei Jahren bis zu seiner Flucht ging er auf eine jüdische Schule.[83] Robert Weiss besuchte nach seinem Hauptschulabschluss die private Handelsschule „Alina". Kaum zwei Wochen, nachdem die Nationalsozialisten in Österreich die Macht an sich gerissen hatten, setzte der Direktor ihn und andere jüdische Schüler vor die Tür, weil die Schule jetzt „judenrein" werden müsse.[84] Laszlo Toeroek, der im Chor der Wiener Sängerknaben gesungen hatte und eine Gesangsausbildung anstrebte, arbeitete nach dem Schulabgang als Gärtner in einem jüdischen Umschulungszentrum in den Rothschildgärten.[85]

Leo Koffler, Robert Weiss und Josef Schiffmann blieb es nicht erspart, Zwangsarbeit zu leisten. Leo musste sich im Arbeitslager Doppl bei Linz melden, das einen großen Gutsbetrieb und eine Pappfabrik umfasste. Die Jugendlichen arbeiteten dort in der Fabrik und in den Ställen, wurden aber auch zu schweren Erdarbeiten, wie die Verlegung von Rohren, herangezogen. Die Aufsicht wurde von SA-Männern ausgeübt, die sich keine nennenswerten Misshandlungen zuschulden kommen ließen. Trotzdem war die Arbeit so hart und die Lage so deprimierend, dass Leo einen Selbstmordversuch unternahm, indem er sich von einem Dach stürzte. Er erlitt jedoch nur eine Schulterverletzung.[86] Robert meldete sich freiwillig zum Arbeitsdienst, was ihn, wie er meint, vor der Verschleppung in ein Konzentrationslager bewahrte. Er wurde zu verschiedenen Bauarbeiten in Wien und der Umgebung eingesetzt, wobei er ein Drittel des üblichen Hilfsarbeiterlohns erhielt.[87]

Fast alle Kinder der österreichischen Gruppe gehörten zionistischen Jugendverbänden an, von denen die meisten nach vorübergehendem Verbot ab Mitte 1938 wieder zugelassen wurden. Die Verbände hatten ihre Räume im Gebäude des Palästina-Amts in der Marc-Aurel-Straße 5 im Wiener I. Bezirk im Stadtzentrum. Zum Teil hatten sich ihnen die Kinder unter dem Zwang zur Emigration angeschlossen.[88] Leo Koffler, der in Teplitz-Schönau, einer Stadt in Nordböhmen mit einer großen Jüdischen Gemeinde, aufwuchs, war nach dem Tod des Vaters der Obhut des Großvaters, eines strenggläubigen chassidischen Juden, der nur

83 SBA, Bestand J. II. 55(-), Bd. 41/Silbermann, Hans.

84 Weiss, Joško's Children, S. 12 f.

85 SBA, Bestand E 4264, N. 15171/Toeroek, Laszlo; Gespräche mit Josef Ithai (Josef Indig), Kibbuz Gat, 1. Dez. 1995, 6. und 7. 6. 1996.

86 Gespräche mit Arieh Koffler (Leo Koffler), Givataim, 14. 12. 1995, 17. 6. 1996 und 1. 5. 2000; zur Zwangsarbeit in Doppl: Elisabeth Klamper, „Auf Wiedersehen in Palästina". Aron Menczers Kampf um die Rettung jüdischer Kinder im nationalsozialistischen Wien, Wien 1996, S. 40.

87 Weiss, Joško's Children, S. 18 f.

88 Klamper, „Auf Wiedersehen in Palästina", S. 14 ff.

Jiddisch sprach, übergeben worden. Damit der Junge nicht seinem Einfluss erlag, sorgte die Mutter dafür, dass er dem sozialliberalen Tchelet Lawan (Blau-Weiß) beitrat. Bevor sie von den tschechischen Behörden nach Polen abgeschoben wurde, schickte sie den 13-Jährigen zu einer Tante nach Wien. Dort war er wieder in seinem Verband tätig, der ihn nachhaltig in seiner Entwicklung beeinflusste.[89] Kurt Schneider war Mitglied des Betar, des im Frühjahr 1938 kurz nach der Annexion Österreichs verbotenen Jugendverbands der revisionistischen Zionisten.[90] Der Betar vertrat extreme Positionen, wie etwa die Besiedlung Palästinas durch militärische Eroberung, weshalb er von den anderen zionistischen Jugendverbänden abgelehnt wurde. Otto Liebling und Hans Silbermann waren sicherlich die Einzigen, die bis zuletzt keiner zionistischen Organisation angehörten.

Die Auswanderung von Jugendlichen im Alter von 14 bis 16 Jahren nach Palästina erfolgte im Rahmen der 1933 in Berlin von Recha Freier ins Leben gerufenen Jugendaliyah, deren Tätigkeit im Juni 1938 auch auf Österreich ausgedehnt wurde. Die Jugendaliyah unterhielt in Wien eine Beratungsstelle und eine Schule, die sich ebenfalls im Gebäude des Palästina-Amts befanden. An der nach dem Berliner Vorbild gegründeten und von dem 23-jährigen Aron Menczer geleiteten Jugendaliyah-Schule wurde in dreimonatigen Kursen Unterricht in Fächern wie Iwrith, jüdische Geschichte, Palästinakunde, Literatur, Naturkunde und Mathematik erteilt. Der Unterricht wurde durch praktische Ausbildung vor allem in Tischler-, Schlosser- und Schneiderwerkstätten ergänzt. Der Abschluss eines Kurses an der Wiener Jugendaliyah-Schule bildete außer der Zugehörigkeit zu einem zionistischen Jugendverband und der Teilnahme an einer Hachscharah auf einem landwirtschaftlichem Lehrgut die Voraussetzung für die Erlangung eines Einwanderungszertifikats für Palästina. Die Jugendaliyah-Schule und die sie begleitenden Zusammenkünfte boten den Kindern nicht nur eine sonst kaum noch vorhandene Fortbildungsmöglichkeit, sondern gewährten nach der Zwangsumsiedlung in überfüllte Gemeinschaftsunterkünfte und fremde Stadtviertel Geborgenheit und Halt.[91] Die meisten der 13 Wiener Kinder, die später nach Zagreb flohen, hatten sich bereits auf der Jugendaliyah-Schule kennengelernt.[92]

89 Gespräche mit Arieh Koffler (Leo Koffler).

90 Gespräch mit Zvi Schneider (Kurt Schneider).

91 Klamper, „Auf Wiedersehen in Palästina", S. 25 ff.; Gabriele Anderl, Emigration und Vertreibung, in: Erika Weinzierl/Otto D. Kulka (Hrsg.), Vertreibung und Neubeginn. Israelische Bürger österreichischer Herkunft, Wien 1992, S. 222 ff., 239 ff.; Rosenkranz, Verfolgung und Selbstbehauptung, S. 246.

92 Leo Koffler, Die Entstehung unserer Jugendgemeinschaft und ihr Leben bis zum Zusammenbruch Italiens. Zagreb – Lesno brdo – Nonantola, in: Christina Köstner/Klaus Voigt (Hrsg.), Österreichisches Exil in Italien 1938–1945, Wien 2009, S. 303–328, hier S. 303 f.

Die polnischen Juden in Deutschland und Österreich traf die nationalsozialistische Verfolgung erstmals mit ganzer Härte bei der Kollektivausweisung im Oktober 1938. Viele wurden noch rechtzeitig gewarnt und konnten sich der Festnahme entziehen, indem sie vorübergehend ihre Wohnung mieden und bei Verwandten oder Freunden Unterschlupf fanden. Da die Ausweisung nach kurzer Zeit abgebrochen wurde, weil die polnische Regierung dem Druck nicht wich und die Grenze sperrte, blieb, „wer bei der Aktion an diesem Tag zufällig nicht aufgegriffen wurde [...] weiter unbehelligt".[93] In Leipzig etwa wurde nur knapp die Hälfte aller polnischen Juden an die Grenze geschickt. In Berlin konnte der Rabbiner an der orthodoxen Synagoge in der Heidereuter Gasse, Dr. Moritz Freier, viele Familien von den bevorstehenden Verhaftungen in Kenntnis setzen.[94] Die Nachricht dürfte sich daraufhin im Scheunenviertel und den angrenzenden Straßen wie ein Lauffeuer verbreitet haben. Moritz Freier und seine Frau Recha, die Gründerin der Jugendaliyah, kannten einige Familien der Kinder, denen später die Flucht nach Zagreb gelang.[95] Damit erklärt es sich wahrscheinlich, dass nur zwei Väter dieser Kinder, soweit gewiss ist, an die polnische Grenze gebracht und bei Zbąszyń längere Zeit festgehalten wurden: Godel Reich und Moses Schindelheim. Reich blieb, nachdem ihm die Einreise erlaubt worden war, in Polen und vermochte seine Familie nicht mehr nachzuholen. Beim deutschen Einmarsch floh er nach Osten unter den Schutz der Roten Armee. Die letzte Nachricht von ihm stammt vom September 1940 aus Przemyśl.[96] Schindelheim nahm die durch die deutsch-polnische Vereinbarung gebotene Möglichkeit der Rückkehr wahr. Bei den Verhaftungen in den ersten Tagen des Krieges befand er sich bei seiner Familie in Berlin.[97] Tobias Tuchner war schon vor der Ausweisungsaktion vom Oktober 1938 nach Polen zurückgekehrt und hatte seine Familie in Berlin zurückgelassen. Seine Spur verliert sich später, wie bei Reich, im sowjetisch besetzten Teil Polens.[98] Genaueres ist sonst nur noch über die Familie Wiesner in Kiel zu erfahren. Die 14-jährige Gisela Wiesner wurde bei der Ausweisungsaktion mit ihrem Vater, Josef Hersch Wiesner, ihrer Mutter und vier Geschwistern in Abschiebehaft genommen. Nach Schließung der Grenze blieb der Zug, der sie nach Polen bringen sollte, in Frankfurt/Oder auf dem Gleis stehen. Die Wiesners durften nach Kiel zurückfahren und dort wieder ihre Wohnung beziehen.[99]

93 Maurer, Abschiebung und Attentat, S. 63.

94 Ebenda. Vgl. auch oben, S. 17.

95 Vgl. unten, S. 42.

96 SBA, Bestand J. II. 55 (–), Bd. 77/Reich, Eva.

97 Ebenda, Bd. 86/Schindelheim, Lola.

98 Ebenda, Bd. 101/Tuchner, Gerda.

99 Paul, Klassenfoto 1939, S. 487; Goldberg, Die Zwangsausweisung der polnischen Juden, S. 980 f., 984. Unterlagen zur Familie Wiesner im Datenpool des Instituts für

In welchem Umfang die polnischen Juden in die Massenverhaftungen im Anschluss an den Pogrom vom 9. November 1938 einbezogen wurden, ist bisher nicht geklärt. In Frankfurt am Main wurden drei Väter von Kindern in das Konzentrationslager Buchenwald abtransportiert. Bei Hermann Teplitzki fielen als Staatenlosem außenpolitische Bedenken nicht ins Gewicht. Ignatz Korenstein und Salomon Federmann aber waren polnische Staatsbürger. Zusammen mit Federmann kam auch sein ältester Sohn nach Buchenwald. Alle vier wurden dort nach einigen Monaten entlassen, weil sie Visen für England erhalten hatten. Federmann konnte bis zur Einwanderungssperre bei Ausbruch des Krieges noch vier Töchter von Frankfurt nach England kommen lassen, während sein aus Buchenwald freigekommener Sohn den Weg nach Schanghai wählte. Seine vier anderen Kinder blieben mit der Mutter in Frankfurt zurück. Korenstein erreichte es, eine Tochter zu sich zu holen. Teplitzki hingegen blieb bei seinen Bemühungen, eine Einreisegenehmigung für seine Frau und zwei Kinder zu erhalten, erfolglos, wohl weil sie staatenlos waren.[100]

Die Flucht aus Deutschland und Österreich erreichte in den letzten Monaten vor dem Krieg ihren Höhepunkt. Trotzdem war es vielfach ausgeschlossen, dass ganze Familien in einem Land Zuflucht fanden. Die Eltern taten deshalb alles, was in ihrer Macht stand, um wenigstens ihre Kinder in Sicherheit zu bringen. Bei den Kindern, über deren Flucht berichtet werden soll, gelang dies noch bei etwas über der Hälfte ihrer Geschwister. Zwölfmal gewährte England die Einreise im Rahmen einer einzigartigen Rettungsaktion für zehntausend jüdische Kinder.[101] Sieben Geschwister der Kinder konnten mit der Jugendaliyah nach Palästina einwandern. Drei gelangten illegal über die Grenze nach Belgien, wo jüdische Flüchtlinge nicht zurückgewiesen wurden, wenn sie unbemerkt von den Grenzwachen das Landesinnere erreicht hatten. Zwei Geschwister entkamen nach Frankreich. Als Einziger von allen, die nach Belgien und Frankreich gelangten, blieb ein Bruder von Manfred Korenstein am Leben. Nach einem Zwischenaufenthalt in Straßburg verbrachte er zwei Jahre bei einer Tante in Rouen. Beim Nahen der deutschen Truppen machte er sich mit ihr nach Süden auf, wo er sich die meiste Zeit in Perigueux versteckt hielt, bevor er im Mai 1944 in die Schweiz fliehen konnte. Kaum ins Gewicht fielen die Vereinigten Staaten: Sie öffneten nur

Schleswig-Holsteinsche Zeit- und Regionalgeschichte (IZRG) der Universität Flensburg in Schleswig.

100 SBA, Bestand E 4264, N. 19 300/Teplitzki, Leo; Bestand J. II. 55 (–), Bd. 50/Korenstein, Manfred; Gespräch mit Max Federmann.

101 Vgl. Rebekka Göpfert, Der jüdische Kindertransport von Deutschland nach England 1938/39. Geschichte und Erinnerung, Frankfurt a. M. 1999.

zwei Geschwistern der Kinder ihre Tore. Je einmal werden Schweden, Paraguay und Schanghai genannt.[102]

Von den Vätern und Müttern der Kinder gelang es bis zum Beginn des Krieges überhaupt nur sieben, Deutschland und Österreich zu verlassen. Außer Hermann Teplitzki, Salomon Federmann und Ignatz Korenstein, denen England die Einreise gestattete, waren es Paula Sussmann in Graz, Helene Teplitzki in Frankfurt, Richard Weiss in Wien und Josef Hersch Wiesner in Kiel. Paula Sussmann war die Einzige, die sich in Palästina niederlassen konnte. Richard Weiss fand zusammen mit einem Sohn Aufnahme in Paraguay. Er musste seine Frau und seinen Sohn Robert in Wien zurücklassen, weil er nur zwei Schiffspassagen bezahlen konnte. Vergeblich hoffte er, in Paraguay das Geld aufbringen zu können, um ihnen die Überfahrt zu ermöglichen. Helene Teplitzki floh, wie bereits erwähnt, mit ihrer Tochter nach Belgien, von wo sie später in ein Vernichtungslager deportiert wurden. Dasselbe Los erlitt in Belgien Josef Hersch Wiesner.[103] Beim Kriegsausbruch befanden sich somit fast alle Mütter, die meisten Väter und etwa vierzig Geschwister der Kinder in der Gewalt des nationalsozialistischen Staats, dem sie auf Gedeih und Verderb ausgeliefert waren.

Schwerwiegender als alle vorangegangenen Geschehnisse waren für die Familien der polnischen Juden die Verhaftungen nach Kriegsbeginn im Rahmen der Internierungsmaßnahmen. Bei der Razzia in Berlin am Morgen des 13. September wurden die Väter von Sonja Borus, Betty und Frieda Endzweig, Ruth Drucker, Lilly Lewin, Tilla Nagler, Berta Reich, Lola Schindelheim und Paula Teitelbaum festgenommen. Sie gehörten zu den 534 Männern, die noch am selben Tag in das Konzentrationslager Sachsenhausen eingeliefert wurden.[104] Ebenfalls nach Sachsenhausen kamen etwas später die in Leipzig verhafteten Väter von Arnold Weininger und Blume Zwick.[105] Nach Buchenwald verschleppt wurden aus Eberswalde bei Berlin der Vater von Hildegard Steinhardt, aus Frankfurt der Vater von Rudolf und Siegfried Zurkowski sowie der über 15 Jahre alte Bruder von Salomon Majerowicz, aus Gelsenkirchen der Vater von Emanuel Issler, aus Wien der

102 Personaldossiers in SBA, Bestand J. II. 55 (–) und E 4264.

103 SBA, Bestand E 4264, N. 15 726/Sussmann, Hans; N. 19 300/Teplitzki, Leo; Weiss, Joško's Children, S. 16; zu Josef Hersch Wiesner, Datenpool des Instituts für Schleswig-Holsteinsche Zeit- und Regionalgeschichte.

104 Personaldossiers in SBA, Bestand J. II. 55(–) und E 4264; Gedenkbuch Berlins der Jüdischen Opfer des Nationalsozialismus, Berlin 1995, S. 251, 254, 273, 926, 1130, 1276; Rebhun, Autumn 1939, S. 50, 60, 64, 141, 165, 188; briefliche Mitteilung von Lilly Neumann (Lilly Lewin); GuMS Datenbank zu den Häftlingen.

105 GuMS, Datenbank; Rebhun, Autumn 1939, S. 196, 205.

Vater von Herbert Mohler und aus Graz der Vater von Hans Sussmann.[106] Neun der zehn nach Sachsenhausen eingelieferten Väter erlagen bis August 1940 den Misshandlungen und Entbehrungen, oder sie kamen durch direkten Mord um. Als Einziger überlebte in Sachsenhausen Hirsch Lewin, weil er aus dem Lager freikam, als er sich einem Transport der Aliyah Bet anschließen konnte.[107] In Buchenwald waren gegen Ende 1941 nur noch Gedalja Mohler und ein Bruder von Salomon Majerowicz am Leben. Sie wurden beide in Auschwitz ermordet, nachdem sie von Buchenwald dorthin abtransportiert worden waren.[108]

Bei den Verhaftungen im September 1939 fallen Ungereimtheiten auf. Tatsächlich blieben die Väter von Jakob und Benno Goldberg, Salomon Majerowicz und Josef Zamojre von der Verhaftung ausgenommen. Auch einige Jungen, die schon über 15 Jahre alt waren, Max Federmann, Josef Zamojre, Herbert Mohler und Hans Sussmann, hätten dem Wortlaut der Anordnungen nach verhaftet werden müssen, was aber nicht geschah. Die Väter von Joachim und Siegfried Kirschenbaum und von Fanny Senft sowie der Zwillingsbruder von Max Federmann wurden nach einiger Zeit doch noch abgeholt und kamen im Konzentrationslager Dachau um.[109]

Nach der Verschleppung der polnischen Juden in die Konzentrationslager waren außer Moses Goldberg, Szyja Majerowicz und Marcus Zamojre nur noch die Väter mit deutscher oder ungarischer Staatsbürgerschaft bei ihren Familien: Artur Karger in Berlin und Mauricy Awin, Israel Elster, Emanuel Hahn, Moses Rosenbaum, Siegfried Schiffmann, Max Schneider und Samuel Toeroek in Wien.[110] Die Schwierigkeiten und Risiken der Flucht waren während des Krieges größer denn je. Eine Hoffnung boten noch Ungarn und Jugoslawien, so restriktiv diese Länder auch die Aufnahme handhabten. Tatsächlich erreichten Jugoslawien Moses Goldberg mit seiner Frau und seinen drei Söhnen, Szyja Majerowicz mit seinem Sohn Salomon, Marcus Zamojre mit seinem Sohn Josef und das Ehepaar Karger mit der Tochter Ursula.[111] In Wien wurde Ende Februar 1941 den Juden

106 Auskunft der KZ-Gedenkstätte Buchenwald und des Jüdischen Museums in Frankfurt; SBA, Bestand J. II. 55 (-), Bd. 41/Issler, Emanuel; Bd. 59/Majerowicz, Salomon; Rebhun, Autumn 1939, S. 205.

107 Briefliche Mitteilung von Lilly Neumann (Lilly Lewin); eine Namensliste der Flüchtlinge auf der „Pentcho" in: CZA, L 15, 207.

108 DÖW, Datenbank zu den Wiener Juden nach 1938; Auskunft des Jüdischen Museums in Frankfurt; Konzentrationslager Buchenwald 1937–1945, S. 129.

109 Personaldossiers in SBA, Bestand J. II. 55 (-) und E 4264; Gespräch mit Joseph Zamora (Josef Zamojre); Gespräch mit Max Federmann.

110 DÖW, Datenbank; SBA, Bestand E 4246, Nr. 17581/Karger, Artur.

111 SBA, Bestand J. II. 55 (-), Bd. 30/Goldherg, Benno; Bd. 59/Majerowicz, Salomon; Gespräch mit Joseph Zamora (Josef Zamojre); SBA, Bestand E 4246, Nr. 17581/Karger, Artur.

verboten, das Stadtgebiet zu verlassen. Trotzdem wagten das Ehepaar Schneider und sein Sohn Kurt sowie Mauricy Awin und sein Sohn Fritz den Aufbruch an die jugoslawische Grenze, die sie mithilfe bezahlter Wegführer überwinden konnten.[112]

Für die meisten Mütter der Kinder war es nach Beginn des Krieges für die Flucht schon zu spät. Außer Gertrud Karger konnten sich nur noch sieben Frauen vor der Deportation retten. Bis auf eine Ausnahme führte ihre Flucht nach Jugoslawien. Von Frankfurt aus erreichten Ella Goldberg mit ihrer Familie und Gitla Zurkowski mit ihren Söhnen Rudolf und Siegfried das Ziel. Vom Sammellager in Leipzig aus machte sich Toni Korenstein mit ihrem Sohn Manfred auf den Weg nach Ungarn. Sie kamen beide unter unbekannten Umständen über die Grenze, wurden in Ungarn interniert und begaben sich anschließend nach Jugoslawien. Von Wien aus gelangten Josefine Weiss und ihr Sohn Robert dorthin.[113] Modla Lewin und Chaja Teitelbaum fuhren nach Juli 1941 von Berlin nach Ljubljana ab, als sie erfahren hatten, dass sich ihre Töchter, Lilly Lewin und Paula Teitelbaum, in Slowenien befanden. Sie wurden unterwegs weder auf der Reise noch an der Grenze aufgehalten.[114] Noch unglaublicher war die Flucht von Klara Nagler mit ihrem jüngsten Sohn aus Berlin Ende Februar 1942, als die Deportationen bereits eingesetzt hatten. Schmuggler brachten sie über die Grenze bei Toblach nach Italien.[115]

Von den Geschwistern der Kinder konnten während des Krieges noch 13 Deutschland und wahrscheinlich niemand mehr Österreich verlassen. Die älteste Schwester von Gisela Wiesner kam im Herbst 1940 beim Untergang der „Patria“ im Hafen von Haifa ums Leben, nachdem sie auf dem letzten Schiff der Aliyah Bet gewesen war, das die Donau abwärts fuhr.[116] Zwölf Brüder der Mädchen aus Deutschland gehörten zu einer Gruppe von fast 80 Kindern überwiegend polnischer Juden, die Recha Freier nach ihrer Flucht nach Zagreb mithilfe dortiger jüdischer Organisationen im Herbst 1940 nach Jugoslawien holte.[117]

112 Erika Weinzierl, Zu wenig Gerechte. Österreicher und Judenverfolgung 1938–1945, 4. Aufl., Graz 1997, S. 73; Zvi Schneider, Aron Menczer und die seinen, in: Trotz allem. Aron Menczer 1917–1943, hrsg. v. der Israelitischen Kultusgemeinde Wien, Wien 1993, S. 54–58; SBA, Bestand E 4246, N. 15 325/Awin, Mauricy.

113 SBA, Bestand J. II. 55 (-), Bd. 30/Goldberg, Benno; Bd. 50/Korenstein, Manfred; ACS, PS, A 4 bis Stranieri internati, Busta 384/Zurkowski, Ester; Auskunft des Jüdischen Museums in Frankfurt; Weiss, Joško's Children, S. 23 ff.

114 ACS, PS A 4 bis Stranieri internati, Busta 214/Lewin, Hirsch; Busta 259/Neugewürz, Chaja, vedova Teitelbaum e figlia.

115 ACS, ebenda, Busta 366/Waller, Czarke, in: Nagler e figlia.

116 Datenpool des Instituts für Schleswig-Holsteinsche Zeit- und Regionalgeschichte.

117 Vgl. unten, S. 60 f.

Die Flucht der 29 Kinder aus Deutschland und 13 aus Österreich vollzog sich zwischen November 1940 und März 1941. Sie war der Beginn ihrer fast fünfjährigen unfreiwilligen Wanderung durch drei Länder. Viele von ihnen, vor allem die Mädchen aus Berlin, verdankten ihre Rettung in entscheidendem Maß ebenfalls Recha Freier.

Die im Machtbereich der Nationalsozialisten zurückgebliebenen Mütter und Geschwister – in Wien auch einige Väter – wurden bis auf die erwähnten Frauen und Kinder, die noch nach März 1941 fliehen konnten, deportiert. Die Vorgänge gleichen sich in allen Städten: Es erging eine Aufforderung, sich an einem bestimmten Tag an einem Sammelpunkt einzufinden; danach erfolgte der Abtransport in einem verriegelten Güterwagen in östlicher Richtung. In vielen Fällen ist bisher nicht mehr als die Tatsache der Deportation bekannt. Der Zeitpunkt und der Zielort bleiben im Dunkeln. Für Berlin bestehen in einigen Fällen sichere Anhaltspunkte. So wurden Esther Drucker, Jenny Kirschenbaum und Regina Tuchner mit den frühesten Transporten im Oktober und November 1941 in das Ghetto Łódź gebracht. Sie gingen entweder schon dort zugrunde, oder sie wurden in Chełmno in Gaswagen erstickt. Sabine Schindelheim und Ruchla Endzweig mit fünf bei ihr gebliebenen Kindern kamen in das Ghetto Riga. Sie wurden bald danach in der Umgebung der Stadt von einem SS-Einsatzkommando erschossen. Beila Borus mit einem Kind und Luise Senft mit drei Kindern starben in Auschwitz in der Gaskammer wahrscheinlich sofort nach der Ankunft.[118] Für Frankfurt wissen wir nur, dass Sabine Federmann mit ihrer jüngsten Tochter dasselbe Los beschieden war. Der Name von Rosa Majerowicz und Ellinor Zamojre fehlt in allen überlieferten Transportlisten, und doch können sie nur deportiert worden sein.[119] Auch aus Leipzig führten im Herbst 1941 Deportationen in das Ghetto Riga, von denen Rachel Weininger mit einem Sohn, Cilli Wiesner mit ihrer jüngsten Tochter und vermutlich auch Fanny Zwick mit einer Tochter betroffen waren.[120] Eine Schwester Gisela Wiesners, die sich bei deren Fahrt in das Sammellager in Leipzig in einem Krankenhaus, vermutlich in einer psychiatrischen Klinik, befand, wurde ein Jahr später in der Euthanasie-Anstalt Brandenburg ermordet.[121] In Wien wurden die meisten Väter, Mütter

118 Personaldossiers in SBA, Bestand J. II. 55 (–) und E 4264; Gedenkbuch Berlins der jüdischen Opfer des Nationalsozialismus; GuMS Datenbank.

119 Auskunft des Jüdischen Museums in Frankfurt; Gespräch mit Max Federmann.

120 Gespräch mit Arnold Wininger (Arnold Weininger); Datenpool des Instituts für Schleswig-Holsteinsche Zeit- und Regionalgeschichte; SBA, Bestand E 4264, N. 17 978/Zwick, Blume.

121 Datenpool des Instituts für Schleswig-Holsteinsche Zeit- und Regionalgeschichte.

und Geschwister der von dort stammenden Kinder zwischen März 1941 und Juni 1942 an verschiedene Orte in den Provinzen Lublin und Radom „evakuiert“, wo sich ihre Spuren verlieren.[122]

Keiner der Deportierten hat überlebt; es waren über 50 Menschen. Die Voraussetzung zum Überleben bildeten in allen Fällen die Auswanderung oder die Flucht. Acht Väter, acht Mütter und etwa 40 Brüder und Schwestern der Kinder entgingen dadurch dem Völkermord.

Recha Freier

Die Frauen und Kinder, die sich nach der Verhaftung der Männer zu Beginn des Weltkriegs selbst überlassen waren, fanden eine Beschützerin in Recha Freier, deren Leistungen und Verdienste noch viel zu wenig bekannt sind. Sie war die Tochter eines Volksschullehrers aus Norden in Ostfriesland, wo ihr Geburtshaus noch heute steht. Sie ging in Schlesien zur Schule und studierte während des Ersten Weltkriegs Literatur- und Sprachwissenschaft an den Universitäten Breslau und München. Nach dem Abschluss des Studiums mit dem Staatsexamen heiratete sie den Rabbiner Dr. Moritz Freier aus Breslau, der ihre literarischen Interessen teilte. Vor seiner Berufung an die orthodoxe Synagoge in der Heidereuter Gasse in Berlin verbrachte sie mit ihm vier Jahre in Sofia, wo sie Lehrerin an der Deutschen Schule war. Die Begegnung mit der Welt der sephardischen Juden in Sofia und der aus Osteuropa eingewanderten Juden in Berlin öffnete ihren Blick über den deutschen Horizont hinaus für die Probleme der jüdischen Diaspora und bestärkte sie in ihrer zionistischen Einstellung. In Berlin, wo sie seit Mitte der zwanziger Jahre ansässig war, widmete sie sich außer der Erziehung ihrer vier Kinder der Volksmärchenforschung und schriftstellerischen Arbeiten. Einige in Berlin entstandene Gedichte wurden in den siebziger Jahren verlegt.[123]

Recha Freier setzte sich als Erste für die organisierte Einwanderung von Kindern und Jugendlichen aus Deutschland nach Palästina ein. Schon im Oktober 1932 gelang es ihr, zwölf Jugendliche, die während der Wirtschaftskrise ohne Arbeit

122 DÖW, Datenbank.

123 Gespräch mit Ma'ayan Landau, der Tochter Recha Freiers, Jerusalem, 21. 12. 1995 und 3. 5. 2000; Angaben auch nach Recha Freiers Entschädigungsakte, die freundlicherweise von Gudrun Maierhof, Frankfurt, zur Einsicht überlassen wurde. Recha Freiers Gedichte sind in den beiden Bänden: Auf der Treppe, Hamburg 1976, und Fensterläden, Hamburg 1979, erschienen. Vgl. auch Oda Kova, Recha Freier – the Dreaming Woman, in: Walter Zadek (Hrsg.), Sie flohen vor dem Hakenkreuz. Selbstzeugnisse der Emigranten. Ein Lesebuch für Deutsche, Reinbek 1981, S. 93–100.

Recha Freier nach der Ankunft in Palästina.
Ma'ayan Landau, Jerusalem

und Berufsaussichten waren, an das Kinderdorf Ben Shemen zu vermitteln. Der Gedanke der Jugendaliyah stieß anfangs auf große Bedenken und Widerstände, die erst überwunden wurden, als die nationalsozialistische Verfolgung einsetzte und die Eltern bereit waren, sich von ihren Kindern zu trennen. Am 30. Januar 1933, zufällig am selben Tag, als Hitler Reichskanzler wurde, gründete Recha Freier mit einem Kreis Gleichgesinnter die Jüdische Jugendhilfe in der Form eines eingetragenen Vereins, dessen Vorsitzende sie in den folgenden sieben Jahren war. Die Jüdische Jugendhilfe wählte die 15- bis 16-Jährigen für die Einwanderung nach Palästina aus und sorgte in besonderen Ausbildungsstätten für ihre Vorbereitung auf die vor ihnen liegenden Aufgaben. Sie arbeitete eng mit der Arbeitsgemeinschaft für Kinder- und Jugendaliyah und dem Palästina-Amt zusammen.[124]

Es sollte jedoch noch ein Jahr vergehen, bis die ersten Kinder mit der Jugendaliyah nach Palästina gehen konnten. Trotzdem war die Gründung der Jüdischen Jugendhilfe der eigentliche Beginn der Jugendaliyah, wie Recha Freier stets mit Nachdruck betont hat. Von der Jüdischen Jugendhilfe gingen alle entscheidenden Anstöße für die künftige Entwicklung aus. Gegen Ende 1933 entstand in Jerusalem die Jugendaliyah-Abteilung der Jewish Agency, der zentralen Organisation, die den jüdischen Bevölkerungsteil gegenüber den britischen Mandatsbehörden vertrat. Damit erhielt die Jugendaliyah ihren endgültigen institutionellen Rahmen. Die Jugendaliyah-Abteilung war vor allem für die Erlangung der Einwanderungszertifikate, die Errichtung von Lehrstellen, die Verteilung der Jugendlichen auf die Kibbuzim und die Aufbringung des größten Teils der Mittel verantwortlich. Die Leitung wurde an die aus den Vereinigten Staaten stammende Henrietta Szold übertragen. Recha Freier in Berlin und Henrietta Szold in Jerusalem bildeten die Pole einer Zusammenarbeit, die sich trotz des unterschiedlichen Naturells der beiden Frauen bewährte. Recha Freier trat, wenn sie von einer Idee erfüllt war, leidenschaftlich für sie ein. Sie blickte weit in die Zukunft und hatte wenig Sinn für formales und administratives Denken. Die schon über 70-jährige Henrietta Szold besaß durch ihre lange Tätigkeit in jüdischen Organisationen große Verwaltungserfahrung, sie orientierte sich stets streng an der Realität und ging diplomatisch vor. Die erste von der Jüdischen Jugendhilfe gemeinsam mit der Jugendaliyah-Abteilung auf den Weg gebrachte Kindergruppe traf im Februar 1934 im Hafen von Haifa ein. Von diesem Zeitpunkt an bis zum Beginn des Zweiten Weltkriegs fanden ungefähr 5000 Jugendliche mit der Jugendaliyah in Palästina

124 Recha Freier, Let the Children Come. The Early History of Youth Aliyah, London 1961, S. 9 ff.; Die Jüdische Emigration aus Deutschland 1933–1941. Die Geschichte einer Austreibung. Eine Ausstellung der deutschen Bibliothek Frankfurt am Main, Frankfurt a. M. 1985, S. 155 f.

eine neue Heimstatt. Etwa zwei Drittel von ihnen stammten aus Deutschland, ein Fünftel aus Österreich und die restlichen aus anderen Ländern.[125]

Recha Freiers Tätigkeit für die Jugendaliyah wurzelte außer in ihrer zionistischen Überzeugung in ihrem Mitempfinden für die Not anderer. Als nach der Verhaftung der polnisch-jüdischen Männer fast täglich Todesmeldungen bei ihren Frauen und Müttern eingingen, wandten sich diese in ihrer Verzweiflung an die Berliner Jüdische Gemeinde und die Reichsvereinigung der Juden in Deutschland mit der Bitte um eine Intervention bei den Behörden, um Hafterleichterungen zu erwirken. Die Bitte der Frauen wurde, wie Recha Freier ausführt, von der Reichsvereinigung mit der Begründung abgelehnt, dass sie für die zu „feindlichen Ausländern" erklärten polnischen Juden nichts unternehmen könne.[126] Daraufhin versammelten sich Ende September etwa fünfzig Frauen im Gebäude der Jüdischen Gemeinde in der Rosenstraße, wo sie einem Mitglied des Vorstands ihr Anliegen vortragen wollten. Doch niemand war zu sprechen. Wenige Tage später fand eine zweite Zusammenkunft einer noch größeren Zahl von Frauen im Verwaltungsgebäude der Jüdischen Gemeinde in der Oranienburger Straße statt. Dabei wurde Moses Ortner, der dem Vorstand des vor Kurzem aufgelösten Verbands der polnischen Juden angehört hatte und von der Internierung ausgenommen worden war, beauftragt, Recha Freier anzusprechen. Sobald sie erfuhr, dass die jüdischen Organisationen untätig blieben, war sie entschlossen zu helfen. Die Gemeinde stellte ihr ein Zimmer zur Verfügung, wo sie dreimal in der Woche eine Sprechstunde für die Frauen abhielt.[127]

Zum einen galt es, den Frauen in ihrer materiellen Not beizustehen. Da sie ohne Einkommen waren, wussten sie oft nicht mehr, wie sie sich und ihre Kinder ernähren sollten. Da die Juden aus der öffentlichen Sozialfürsorge ausgeschlossen waren, wurden sie von der Jüdischen Gemeinde unterstützt. Die Beträge, die den Frauen zuteil wurden, reichten jedoch nicht für den Lebensunterhalt aus. Pessla Reich zum Beispiel erhielt für sich und ihre beiden Kinder monatlich 32 Reichsmark von der Jüdischen Gemeinde, musste aber 33,– RM Miete zahlen. An Ruchla Endzweig mit ihren neun Kindern wurden bei einer Miete von monatlich

125 Freier, Let the Children Come, S. 27 ff.; Salomon Adler-Rudel, Jüdische Selbsthilfe unter dem Nazi-Regime 1933–1939, Tübingen 1974, S. 98; Anderl, Emigration und Vertreibung, S. 218 ff.; Wetzel, Auswanderung aus Deutschland, in: Benz, Die Juden in Deutschland, S. 413–498 (418 ff.). Die Zahlenangabe zur Jugendaliyah nach Encyclopädia Judaica, Bd. 16, S. 862–865.

126 YVA, 033/85, Recha Freier, Die zwangsweise Abschiebung der polnischen Juden, S. 4 (Der Titel ist mit der Überschrift des ersten Abschnitts verwechselt worden und daher irreführend. Der Bericht bezieht sich hauptsächlich auf die Internierung der polnischen Juden zu Beginn des Krieges). Das Manuskript hat Gudrun Maierhof zur Verfügung gestellt.

127 Freier, Die zwangsweise Abschiebung, S. 5 f.

50,– RM 130,– RM ausgezahlt. Klara Nagler, deren Mann ein gut gehendes Herrenbekleidungsgeschäft geführt hatte, war hingegen anfangs mit ihren drei Kindern nicht auf Unterstützung angewiesen. Ein durchschnittlicher Arbeiterlohn lag zu der Zeit bei ungefähr 200,– RM. Da an Lebensmitteln kaum mehr gespart werden konnte, gerieten viele Frauen bald mit der Miete in Rückstand, sodass ihnen Kündigung drohte, die in einigen Fällen auch ausgesprochen wurde.[128]

Anfang November 1939 richtete Recha Freier einen Unterstützungsfonds ein, den sie selbst verwaltete. In ihren Gesprächen mit den Frauen und bei Besuchen in ihren Wohnungen überzeugte sie sich von dem Grad ihrer Bedürftigkeit, von dem die Höhe der ausgezahlten Beträge abhing. So erhielt Pessla Reich aus dem Fonds wöchentlich 15,– RM, Ruchla Endzweig den vollen Betrag ihrer Monatsmiete von 50,– RM und Klara Nagler einen Zuschuss von 10,– RM auf ihre Miete von 50,– RM. Anfangs wurde nur ein kleiner Kreis von fünfzig bis sechzig Frauen betreut. Doch Ende Januar 1940 waren es bereits zweihundertdreißig oder die knappe Hälfte aller Frauen, deren Männer in Berlin von der Polizei abgeholt worden waren.[129]

Recha Freier stützte sich bei ihrem Bemühen, die notwendigen Gelder zusammenzubringen, auf die Jüdische Winterhilfe, die ihr zunächst 2000,– RM im Monat bewilligte. Mehr als einmal musste sie darauf drängen, dass der Betrag erhöht wurde, weil die Zahl der Hilfsbedürftigen ständig stieg. Obwohl die Jüdische Winterhilfe aufgrund dieser Tatsache ihre Zahlungen anhob, waren die Mittel des Unterstützungsfonds oft erschöpft. Dann weigerte sich das Hilfswerk, den einmal festgelegten Höchstbetrag zu überschreiten. Recha Freier appellierte wiederholt an Heinrich Stahl, den Präsidenten der Berliner Jüdischen Gemeinde, sich bei der Jüdischen Winterhilfe für ihre Schützlinge zu verwenden. Stahl übergab ihr daraufhin in einem Fall einen größeren Betrag. Als die Jüdische Winterhilfe Anfang April 1940, wie jedes Jahr am Ende der kalten Jahreszeit, ihre Zahlungen einstellte, verwies sie Recha Freier an die Jüdische Wohlfahrts- und Jugendpflegestelle, die jedoch mitteilte, den Frauen nicht beistehen zu können, da sie bereits von der Jüdischen Gemeinde Unterstützung bezogen.[130]

Beim Pogrom im November 1938 waren etwa 30 000 jüdische Männer verhaftet worden, vor allem in der Absicht, sie zur Auswanderung zu zwingen. Die meisten wurden aus den Konzentrationslagern entlassen, als sie nachweisen konnten, dass ihre Auswanderung unmittelbar bevorstand. Daran knüpfte sich die Hoffnung, dass dies auch bei den zu Kriegsbeginn verhafteten polnischen

128 YVA, P 1/1 Recha Freier, Korrespondenz 30. 10. 1939–26. 4. 1940; Freier, Let the Children Come, S. 65 f.

129 YVA, P 1/1 Recha Freier, Korrespondenz 30. 10. 1939–26. 4. 1940.

130 Ebenda.

Juden möglich wäre. Im Oktober erfuhr Recha Freier, dass tatsächlich zwei polnische Juden, die Auswanderungsnachweise vorlegen konnten, freigelassen worden waren. In einem Fall war die Entlassung aufgrund einer Bescheinigung des Palästina-Amts erfolgt, das die Teilnahme an einer Fahrt zur illegalen Einwanderung nach Palästina oder Aliyah Bet bestätigte. Die Aussicht, dass wenigstens einige Menschenleben gerettet werden konnten, ließ Recha Freier keine Ruhe und spornte sie zu äußerster Anstrengung an. Wenn etwas getan werden konnte, war es die Bereitstellung von Plätzen auf einem Aliyah-Bet-Schiff. Sobald ein Platz gesichert war, konnte das Palästina-Amt die zur Entlassung aus dem Lager erforderliche Bescheinigung ausstellen.[131]

Lange Zeit wurden Transporte zur illegalen Einwanderung nach Palästina von den zionistischen Organisationen abgelehnt, weil sie dadurch Nachteile für die Erteilung von Zertifikaten zur legalen Einwanderung befürchteten. Die einzige Gruppierung, die sich dafür schon vor dem Krieg einsetzte, war die Neue Zionistische Organisation. Als die britische Mandatsbehörde nach dem Beginn des Krieges an Juden im nationalsozialistischen Herrschaftsbereich keine Zertifikate mehr ausgab, erkannte das Palästina-Amt die Notwendigkeit illegaler Transporte. Es berief deshalb die Kommission für Sondertransporte, die auch unter der Bezeichnung Kommission für Sonderhachscharah auftrat. Ihre Aufgabe war es, etwa durch das Anheuern von Schiffen, die Transporte vorzubereiten. Ihr stand die Sonderhachscharah-Bestätigungskommission zur Seite, von der die Teilnehmer einer Fahrt ausgewählt wurden.[132] Die Schwierigkeit, mehr oder weniger geeignete Schiffe zu finden, war so groß, dass das Palästina-Amt nach Beginn des Krieges nur knapp tausend Menschen auf den Weg schicken konnte. Sie verteilten sich auf die „Hilda", die Mitte Oktober 1939 von Wien abging, die „Uranos" die ihre Fahrt einen Monat später in Bratislava antrat und in Kladovo vor der rumänischen Grenze hängenblieb, und die „Pacific", die Anfang September 1940 Bratislava verließ und wie die „Hilda" ihr Ziel erreichte.[133]

Die Langsamkeit des Palästina-Amts bei der Vorbereitung der Transporte, die auf zahllose Widerstände stieß, veranlasste Recha Freier, selbst die Initiative zu ergreifen. Mitte Oktober wandte sie sich an Abraham Silberschein, einen früheren Abgeordneten der zionistischen Arbeiterpartei Poale Zion im Sejm, der in Genf

131 Freier, Die zwangsweise Abschiebung, S. 6 f.

132 YVA, P 1/1 Recha Freier, Korrespondenz 30. 10. 1939–26. 4. 1940; P 1/2 Recha Freier, Korrespondenz 1. 2.–1. 6. 1940.

133 Kurt Jakob Ball-Kaduri, Illegale Judenauswanderung aus Deutschland nach Palästina 1939/40 – Planung, Durchführung und internationale Zusammenhänge, in: Jahrbuch des Instituts für deutsche Geschichte 4 (1975), S. 387–421 (394 f.); Anderl, Emigration und Vertreibung, S. 256 ff.; Ofer, Escaping the Holocaust, S. 3 ff.

ein Hilfskomitee, Relico (Relief Committee for the War-Stricken Jewish People), unterhielt, das den Juden im besetzten Polen beistand. Mit Silberschein vereinbarte sie die Einrichtung eines Treuhandkontos, an das polnische Juden in den Vereinigten Staaten und anderen Ländern Zahlungen für Verwandte in Deutschland leisten konnten, um ihnen die Überfahrt nach Palästina mit einem illegalen Transport zu ermöglichen. Nach einigen Wochen waren 25 000 Dollar eingegangen. Silberschein brachte Recha Freier auch mit Organisatoren von Transporten zur illegalen Einwanderung nach Palästina in Verbindung, mit denen sie zu korrespondieren begann.[134]

Gleichzeitig bemühte sich Recha Freier, das Palästina-Amt zu bewegen, polnische Juden, die sich in einem Konzentrationslager befanden und für die Einwanderung nach Palästina in Betracht kamen, etwa weil sie dort Verwandte hatten, unter die Teilnehmer der Fahrten aufzunehmen. Ihre Einflussmöglichkeiten waren freilich begrenzt, denn als Leiterin der Jüdischen Jugendhilfe gehörte sie zwar der Großen Palästina-Amts-Kommission an, aber nicht der Kommission für Sondertransporte und der Sonderhachscharah-Bestätigungskommission.[135] Sie stellte wiederholt Anträge in der Großen Palästina-Amts-Kommission auf Ausstellung von Bescheinigungen für polnische Juden in den Konzentrationslagern, durch die bestätigt wurde, dass sie Deutschland verlassen konnten. Die Ausreise musste spätestens vierzehn Tage nach der Entlassung erfolgen, andernfalls drohte die Wiedereinlieferung in ein Lager. Die Anträge wurden fast immer abgelehnt.[136] Die Gründe hierfür waren verschiedener Art: Es bestand ein grundsätzlicher Beschluss, dem Recha Freier selbst zugestimmt hatte, wonach 70 Prozent der Teilnehmer einer Fahrt „chaluzim" (Pioniere) aus den zionistischen Verbänden sein mussten. Zudem kamen viel zu wenig Fahrten zustande.[137] Wenn aber eine überhöhte Zahl von Bescheinigungen zur Haftentlassung ausgegeben wurde, bestand die Gefahr, dass die Gestapo die Entlassungen gänzlich einstellte.

Mitte November, wenige Tage vor der Abfahrt des Kladovo-Transports in Bratislava, gelang es Recha Freier, wie sie schreibt, „durch Überrumpelung eines Unterzeichnungsberechtigten" 13 Bescheinigungen zu erhalten. Kurz danach

134 YVA, M 20, 14/1, Korrespondenz Silberschein – Freier, 31. 10. 1939 – 23. 2. 1940; M 20, 14/2, Korrespondenz Silberschein-Freier, 29. 2.–16. 11. 1940; YVA, P 1/3 Recha Freier, Korrespondenz Freier – Buko Levy, Sofia, Okt. 1939.

135 CZA, L 17, 720, Palästina-Amt Berlin an Zweigstelle des Palästina-Amts in München, 14. 2. 1940.

136 Freier, Die zwangsweise Abschiebung, S. 9 ff.; Gespäch mit Ze'ev Rebhun, Jerusalem, 29. 4. 2000.

137 YVA, M 20, 14/1, Freier an Moshe Averbusch, 14. 12. 1939; Freier an Silberschein, 26. 12. 1939.

gelangten auf nicht genannte Weise weitere 30 solcher Dokumente in ihre Hände. „Ende November wurden diese Männer entlassen. Sie glichen kaum Lebenden. Sie flehten mit Tränen um Rettung ihrer Brüder.“ Nachdem Mitte Dezember zahlreiche Frauen im Palästina-Amt zusammengekommen waren, um ihrer Forderung nach Ausgabe von Bescheinigungen Nachdruck zu verleihen, war die Große Palästina-Amts-Kommission zum ersten Mal bereit, 75 Bescheinigungen für polnische Juden in den Lagern zu bewilligen. Etwa 25 entlassene Männer konnten der Angabe von Recha Freier zufolge mit Transitvisen für die Slowakei nach Bratislava aufbrechen, wo sie in einem Notlager auf die Abfahrt eines Schiffes warteten. Eine Erhöhung auf 200 Bescheinigungen wurde von der Kommission abgelehnt. Ein Angestellter des Palästina-Amts, Rudolf Pick, war danach bereit, „im geheimen, ohne Palamtsbeschluß, die ihm von mir vorgelegten Bescheinigungen zu unterschreiben“. Als die Gestapo etwas später beim Palästina-Amt anfragte, ob es auch für die Ausreise der Männer garantieren könne, wurde dies verneint, woraufhin die bereits genehmigten Entlassungen rückgängig gemacht wurden. Nach Ansicht Recha Freiers wäre diese Antwort absolut vermeidbar gewesen.[138]

Nach einiger Zeit war Recha Freier im Palästina-Amt weitgehend isoliert. Auf ihrer Seite stand im Wesentlichen nur noch Rudolf Pick, der ihr humanes Engagement schätzte, auch wenn es über den zionistischen Rahmen hinausging. Pick warnte sie jedoch vor übertriebenen Hoffnungen im Hinblick auf die Bereitschaft der Gestapo zu Haftentlassungen.[139] Die Widerstände, gegen die sie zu kämpfen hatte, machten sie zunehmend ungehalten. Bei ihr Nahestehenden beklagte sie sich über „die Langsamkeit und den Formalismus“, ja über die „Gleichgültigkeit“ den „Unwillen“ und die „Animosität der jetzt leitenden Herren gegenüber dem infrage stehenden Kreis unseres Jishuv“.[140] Mit anderen Worten, sie bezichtigte das Palästina-Amt und die Reichsvereinigung, die polnischen Juden den deutschen hintanzustellen. Dieser Vorwurf wird etwa dadurch bestätigt, dass die Auflösung des Verbandes der polnischen Juden am 19. September 1939 mehr oder weniger mit Billigung der Reichsvereinigung geschah. Der erste Kritikpunkt, die schleppende und formalistische Verfahrensweise, ist durch die Sitzungsprotokolle der Kommissionen des Palästina-Amts reichlich belegt.[141]

138 Freier, Die zwangsweise Abschiebung, S. 9 ff.; Weiss, Deutsche und polnische Juden, S. 216.

139 CZA, L 17, 720, Korrespondenz Freiers als Leiterin der Jüdischen Jugendhilfe mit Palästina-Amt Berlin, 1940; insbesondere Ausschuss für Sondertransporte an Franz Lyon, 22. 1. 1940; YVA, M 20, 12, Pick an Silberschein, 5. 9. 1940.

140 YVA, M 20, 14/1, Freier an Silberschein, 7. 1. und 7. 2. 1940; Freier an Averbusch, 14. 12. 1939.

141 Weiss, Deutsche und polnische Juden, S. 213; YVA, P 1/1-2, Sitzungsprotokolle der Großen Palästina-Amts-Kommission und der Sonderhachscharah-Bestätigungskommission.

Das Palästina-Amt und die Reichsvereinigung wünschten, dass Recha Freier alle Schritte zur Vorbereitung von Aliyah-Bet-Transporten mit der Kommission für Sondertransporte abstimmte.[142] Sie standen dabei unter dem Druck der Gestapo, die vollständige Aufklärung über alle Vorgänge der Aliyah-Bet verlangte. Oft genug war den Vertretern der Reichsvereinigung, zumal von Adolf Eichmann als Leiter der Reichszentrale für jüdische Auswanderung, die Einlieferung in ein Konzentrationslager angedroht worden, wenn sie sich nicht strikt an die Anweisungen der Gestapo hielten. Als Recha Freier zu einer Besprechung mit Silberschein nach Genf fahren wollte, lehnte es die Reichsvereinigung ab, den dafür notwendigen Ausreisesichtvermerk im Pass zu beantragen, weil sie sonst Schwierigkeiten befürchtete. Recha Freier begab sich daraufhin selbst zur Gestapo, wo sie zu Eichmann zitiert wurde, der ihr den Pass ins Gesicht warf und sie aufforderte, ihn bei der Reichsvereinigung abzuliefern. Wie sie wahrscheinlich nicht ohne Grund vermutete, war sie zuvor von der Reichsvereinigung „desavouiert" worden.[143]

Immer mehr geriet Recha Freier in einen inneren Zwiespalt: Die Rettung der Männer aus den Konzentrationslagern war für sie höchstes Gebot. Sie wusste, wie groß das Risiko war, wenn sie selbstständig, ohne Wissen oder zumindest ohne vollständiges Wissen des Palästina-Amts und der Reichsvereinigung handelte. Sie ging das Risiko aber ein, weil sie anders nicht zum Ziel zu kommen glaubte. Ein Konflikt mit den beiden Institutionen war somit angesagt. Die Kommission für Sondertransporte brachte den Stein ins Rollen, indem sie im Januar 1940 ihren Ausschluss aus der Großen Palästina-Amts-Kommission forderte. Die Begründung lautete, sie habe erneut ohne Kenntnis des Palästina-Amts Verhandlungen über Aliyah-Bet-Transporte geführt und dadurch ihr Wort gebrochen, nur in gegenseitigem Einvernehmen tätig zu sein. Außerdem wurde ihr unter anderem vorgehalten, sie habe die Kommission entgegen ihrer Zusage nicht über die Einzahlungen auf das Treuhandkonto Silberscheins unterrichtet.[144] Genauestens registriert wurden, als wollte man Anklagepunkte gegen sie sammeln, auch in der Erregung ausgesprochene Äußerungen, durch die sich Einzelne gekränkt fühlten. Es würde zu weit führen, den Konflikt in allen Einzelheiten darzustellen. Zusammengefasst lauteten die gegen Recha Freier erhobenen Vorwürfe: Überschreitung von Kompetenzen, Eigenmächtigkeit und mangelnde Disziplin.[145]

142 CZA, L 17, 720, Franz Lyon, Aktennotiz, 22. 11. 1939, und folgende Korrespondenz.

143 Ebenda, Paul Eppstein an Freier, 2. 2. 1940, und folgende Korrespondenz; Freier, Let the Children Come, S. 67.

144 CZA, L 17, 720, Ausschuss für Sondertransporte an Präsidium des Palästina-Amts, 15. 1. 1940.

145 Ebenda, Präsidium des Palästina-Amts an Freier, 16. 1. 1940.

Am 9. Februar 1940 schließlich suspendierten das Palästina-Amt und der Vorstand der Jüdischen Jugendhilfe Recha Freier von ihren Ämtern. Es wurde eine Aussprache anberaumt, die eine Klärung herbeiführen sollte.[146] Bei dieser Aussprache rechtfertigte Recha Freier ihre Handlungen, indem sie vor allem auf ihre erfolgreiche Zusammenarbeit mit Silberschein hinwies. Eine Aktennotiz vermerkt hierzu: „Sie sei der Überzeugung, daß viel versäumt wäre, und daß man ihre vielfältigen Anregungen zu Unrecht bekämpft habe, statt sie in die Gesamtkonzeption einzubauen. Da es sich hierbei um lebenswichtige Fragen gehandelt habe, hätte sie den Versuch nicht unterlassen, mit sachverständigen Korrespondenten im Ausland hierüber Verbindung zu halten [...] Sie mache dem Ausschuß für Sondertransporte den Vorwurf, daß dieser aus Voreingenommenheit ihre Vorstellungen sabotiert habe."[147]

Des Weiteren verwahrte sie sich gegen die Behauptung, sie habe die Frauen der in den Konzentrationslagern festgehaltenen polnischen Juden zu den „Demonstrationen" und „Sitzstreiks" bei der Reichsvereinigung, dem Palästina-Amt und dem Hilfsverein der Juden in Deutschland angehalten, so sehr sie ihren Protest billige.[148] Zu der verhinderten Reise nach Genf führte sie aus, sie habe sich selbst an die Behörden wenden müssen, um den Ausreisesichtvermerk zu erhalten, weil die Reichsvereinigung nicht einmal den Versuch dazu unternommen habe. Um die Erfolge der Zusammenarbeit mit Silberschein nicht zu gefährden, habe sie das Äußerste wagen müssen. Am Ende der Aussprache bestand sie darauf, in den Gremien, denen sie bisher angehört hatte, weiterhin Verantwortung auszuüben.[149]

Doch der Bruch war bereits zu tief. In der Sitzung des Präsidiums vom 9. März 1940 schloss das Palästina-Amt auf Drängen der Reichsvereinigung Recha Freier aus der Großen Palästina-Amts-Kommission aus. Wie es hieß, seien alle Verhandlungen mit ihr gescheitert, sodass „eine Zusammenarbeit nicht weiter möglich ist". Die Jüdische Jugendhilfe wurde beauftragt, ihre Nachfolge als Vorsitzende zu klären. Ihre monatlichen Bezüge sollten bis auf Weiteres noch an sie ausgezahlt werden.[150]

Der Ausschluss aus dem Palästina-Amt, vor allem aber aus der Jüdischen Jugendhilfe, die ihr Werk war, traf Recha Freier hart. Ihre Verbitterung schlug sich in Briefen an Silberschein nieder, in denen sie zu übersteigerten, persönlich

146 Ebenda, Präsidium des Palästina-Amts an Freier, 9. 2. 1940.

147 Ebenda, Aktennotiz über die Besprechung des Präsidiums mit Frau Recha Freier, die im Beistand von Dr. Pick erschienen war, 28. 2. 1940.

148 Ebenda, Aktennotiz von Franz Lyon, 27. 2. 1940.

149 YVA, M 20, 14/1, Erklärung von Recha Freier vor dem Präsidium des Palästina-Amts am 25. 2. 1940.

150 CZA, L 17, 720, Protokoll über die Vorstandssitzung am 29. 3. 1940.

gefärbten Gegenanklagen überging. Trotzdem war sie fest entschlossen, das Rettungswerk notfalls auch ohne Unterstützung des Palästina-Amts und der Reichsvereinigung fortzuführen. Zum ersten Mal stellten sich aber auch Müdigkeit und Resignation ein, und sie begann, an ein Zertifikat für Palästina zu denken.[151]

Aus dem historischen Abstand ist zu fragen, ob der Bruch in der für die Juden in Deutschland äußerst ernsten Lage nicht vermeidbar war. Recha Freier war mit ihrer Unbedingtheit, ihrer Risikobereitschaft und ihrer „optimistischen" Einschätzung des Handlungsspielraums der jüdischen Institutionen sicherlich eine schwierige Partnerin. Ihre männlichen Kollegen empfanden ihr Auftreten geradezu als Affront. Im Rahmen der ihnen von der Gestapo aufgezwungenen zentralistischen und autoritären Entscheidungsstruktur waren sie ständig besorgt, dass ihnen die Kontrolle entgleiten könnte – mit unabsehbaren Folgen für die jüdischen Institutionen und für sich selbst. Dass es dennoch einen dritten Weg gegeben zu haben scheint, dafür spricht die Einschätzung von Rudolf Pick. Er begegnete Recha Freiers Tätigkeit trotz mancher Kritik mit Wohlwollen und versuchte, zwischen ihr und den leitenden Persönlichkeiten des Palästina-Amts und der Reichsvereinigung zu vermitteln. Er sah durchaus eine Möglichkeit der Zusammenarbeit mit Silberschein außerhalb des Palästina-Amts: „Ich stimme mit Frau Freier darin überein, daß auf dem Gebiet der Internierungsfälle wesentlich mehr hätte geleistet werden können. Die zögernde, größtenteils ablehnende Haltung der Großen Palästina-Amts-Kommission hat die Entwicklung gehemmt. Die Abneigung, mit Frau Freier zusammenzuarbeiten, indem man ihre Fehler und formalen Verstöße in den Vordergrund stellte, hat das Vertrauen in die Leitung des Palästina-Amts untergraben. Der Ausschuß für Sondertransporte war ständig darauf bedacht, seine Kompetenzen zu wahren [...] Der Ausschuß ist zu einem beherrschenden Fremdkörper innerhalb des Palästina-Amts geworden, und die meisten Unzuträglichkeiten unserer Arbeit, auch das Verhältnis zu Frau Freier, sind darauf zurückzuführen."[152]

Mitte März bot sich Recha Freier zum ersten Mal Gelegenheit, einige aus den Lagern befreite polnische Juden auf einem Aliyah-Bet-Schiff nach Palästina zu bringen. Die Fahrt sollte von Bratislava ausgehen und wurde vom slowakischen Betar organisiert. Wie es oft bei solchen Transporten geschah, war es zur Finanzierung nötig, außer der eigenen Gruppe zusätzliche Passagiere mitzunehmen, die zu den Fahrtkosten beitrugen. Obwohl Recha Freier und Abraham Silberschein den Betar ablehnten, zögerten sie nicht, über einen Korrespondenten in Bratislava

151 YVA, M 20, 14/2, Freier an Silberschein, 20. 3. 1940, und folgende Korrespondenz.

152 Ebenda, Aus der Aktennotiz von Dr. Pick zu meinem Brief an Herrn Lyon vom 20. 5. 1940.

mit den Organisatoren der Fahrt Verhandlungen zu führen, die erfolgreich abgeschlossen wurden. Die Kosten für ihre Schützlinge wurden aus Silberscheins Treuhandkonto, aus Mitteln des American Jewish Joint Distribution Committee und aus Eigenbeiträgen einiger Passagiere bestritten. Das Palästina-Amt, ohne das die Ausreiseformalitäten nicht erledigt werden konnten, fand sich nun doch bereit, mit Recha Freier zusammenzuarbeiten. Auf ihren Wunsch wurde eine größere Zahl von Bescheinigungen zur Haftentlassung ausgestellt, wodurch etwa hundert Männer aus den Lagern freikamen. Um die Teilnehmerliste entstand ein zäher Kampf, bei dem Recha Freier in einigen Punkten nachgab und dem Palästina-Amt eine Anzahl von Plätzen für deutsche Juden überließ. Die Ausreise blieb bis zum letzten Augenblick in der Schwebe, weil Schwierigkeiten bei der Erteilung der slowakischen Transitvisa eintraten. Recha Freier reiste eigens nach Wien, um beim dortigen slowakischen Konsulat die Visa zu sichern. Bis zum 6. Mai waren 41 Männer und zwei Frauen aus Berlin über Wien in Bratislava eingetroffen. Wenig später war die Abfahrt einer zweiten Gruppe von Berlin vorgesehen. Doch nicht alle konnten aufbrechen. In einer Passagierliste sind 76 Namen einer „Berliner Gruppe" (60 Männer und 16 Frauen) verzeichnet. Von ihnen hatten 23 deutsche Pässe, und 50 waren staatenlose Juden polnischer Herkunft, die zu dem Kreis der von Recha Freier Betreuten gehört haben müssen.[153]

Das Schiff, die „Pentcho", lief am 16. Mai 1940 in Bratislava aus und war vier Monate unterwegs. Es war eine der schlimmsten Fahrten der Aliyah Bet. Auch wenn Recha Freier dies vorausgesehen hätte – sie war nur unzureichend über den Zustand des Schiffes unterrichtet worden –, hätte sie in Anbetracht der ständigen Todesdrohung in den Konzentrationslagern sicher nicht auf ihren Plan verzichtet. Auf dem ausgedienten und seeuntüchtigen Flussraddampfer von 55 m Länge und 7,50 m Breite waren in drei in den Rumpf eingebauten Etagen 513 Menschen zusammengepfercht. Wie durch ein Wunder gelangte die „Pentcho" durch das Schwarze Meer und das Marmarameer in die Ägäis, wo sie nach einem Maschinenschaden vor einer menschenleeren Insel auf Grund lief und bald danach auseinanderbrach. Die Schiffbrüchigen wurden von der italienischen Marine gerettet und anschließend auf Rhodos, das sich damals in italienischem Besitz befand, interniert. Im Frühjahr 1941 wurden sie von dort über Bari in das Internierungslager Ferramonti-Tarsia in Kalabrien überführt. Das Lager wurde in den

153 Ebenda, Freier an Silberschein, 18. 3. 1940, und folgende Korrespondenz; M 20, 12, Korrespondenz Silberscheins mit dem Palästina-Amt Berlin, 16. 2.–23. 8. 1941; YVA, P 1/2, Information, Wien, 25. 4. 1940, und folgende Korrespondenz; CZA, L 15, 207, Herbert Silberschein an Palästina-Amt Bratislava, 24. 1. 1941 (mit Passagierliste der „Pentcho"); Freier, Let the Children Come, S. 66 f.

ersten Tagen der deutschen Besetzung Italiens von den Alliierten befreit, noch bevor Gestapo und SS auf den Plan treten konnten.[154]

Die Vorbereitungen für die Fahrt der „Pentcho" hatten zu einem neuen Zerwürfnis zwischen Recha Freier und dem Palästina-Amt geführt, das sie wissen ließ, es wolle künftig unter keinen Umständen mehr ihre Mitarbeit annehmen.[155] In ihren Briefen an Abraham Silberschein und Moses Ortner äußerte sich immer deutlicher der Wunsch, Deutschland zu verlassen.[156] Silberschein versuchte, sie zum Ausharren zu ermutigen: „Es ist die Wichtigkeit der Arbeit, die Verantwortlichkeit für sie, das Gefühl, das man bei dieser Arbeit den Leuten entgegenbringt, die Ihre Mitarbeit unerläßlich machen."[157] Obwohl Recha Freier am Rande der physischen und psychischen Erschöpfung war, bemühte sie sich gemeinsam mit Silberschein, einer Gruppe von polnischen Juden zur Teilnahme an einer Fahrt nach Palästina zu verhelfen, die der Ausschuss für Sondertransporte mit über 500 Männern und Frauen, überwiegend „chaluzim" des Hechaluz, vorbereitete. In einigen Fällen müsste ihr dies sogar gelungen sein.[158] Es war die Fahrt der „Pacific" die am 3. September 1940 von Bratislava abging und die letzte war, die das Palästina-Amt während des Krieges in die Wege leitete. Viele Teilnehmer kamen kurz nach der Ankunft in Palästina bei der Explosion der „Patria" im Hafen von Haifa ums Leben, die sie auf Anordnung der Mandatsbehörde zur Internierung nach Mauritius bringen sollte.[159]

Zuletzt konnte Recha Freier die eigene Abreise nicht länger aufschieben, denn sie war von dem Leiter der Reichsstelle für das Auswanderungswesen gewarnt worden, dass ihr Verhaftung drohe.[160] Sie teilte die von ihr betreuten Frauen in zwölf Gruppen ein und übergab sie der Obhut von Rudolf Pick und Meyer Pines, einem russischen Juden, mit dem sie eng befreundet war und in dessen Wohnung am Kaiserdamm sie vorübergehend Unterschlupf gefunden hatte, als sie bereits

154 Ofer, Escaping the Holocaust, S. 85 ff.; Ball-Kaduri, Illegale Judenauswanderung, S. 398, 407 f.; Carlo Spartaco Capogreco, Ferramonti. La vita e gli uomini del più grande campo d'internamento fascista (1940–1945), Firenze 1987, S. 99 ff.

155 YVA, M 20, 14/2, Lyon an Freier, s. d. (Ende Mai 1940).

156 Ebenda, Freier an Silberschein, 10. 4. 1940, und folgende Korrespondenz; YVA, P 1/2, Freier an Ortner, 24. 5. 1940: „Ich möchte so gern fort, Ortner! Glauben Sie, daß ich ein Zertifikat bekomme?"

157 YVA, M 20, 14/2, Silberschein an Freier, 11. 6. 1940.

158 Ebenda, Freier an Silberbusch, 28. 5. und 18. 7. 1940; Silberbusch an Freier, 3. 9. 1940. An Bord der „Pazific" befand sich die älteste Schwester von Gisela Wiesner.

159 Ofer, Escaping the Holocaust, S. 118, 121 ff.; Anderl, Emigration und Vertreibung, S. 304 ff.; Ball-Kaduri, Illegale Judenauswanderung, S. 398, 411 ff.

160 Gespräche mit Ma'ayan Landau (Ma'ayan Freier).

zu einem früheren Zeitpunkt ihre Verhaftung befürchtete. Die Trennung von den Frauen und Kindern kam ihr wie „ein halbes Sterben" vor.[161] Am 7. Juli verließ sie ihre Wohnung in der Alten Schönhauser Straße im Scheunenviertel und fuhr in Begleitung ihrer jüngsten Tochter Ma'ayan, die sich als Einzige ihrer Kinder noch bei ihr befand, mit dem Zug nach Wien. Das Ziel war Jugoslawien. Ihr Mann, der Rabbiner Dr. Moritz Freier, war bald nach dem Novemberpogrom nach Mailand geflohen und von dort wenig später nach England gereist.[162]

In Wien blieb Recha Freier im ganzen zwölf Tage. Als Anschrift in Wien gab sie das Palästina-Amt in der Marc-Aurel-Straße an.[163] Die Abreise aus Berlin war mit der festen Absicht verbunden, auch von fern für die zurückgebliebenen Familien zu sorgen. „Ich trennte mich von Berlin, nicht aber von meiner Arbeit", schrieb sie an Silberschein.[164] In Wien reifte ein erster Plan. Sobald sie Jugoslawien erreicht hatte, wollte sie 30 Frauen und 50 Kinder dorthin holen in der Hoffnung, dass sie dort Zertifikate für Palästina erhielten.[165] Aus ihrer Korrespondenz ist nicht ersichtlich, mit wem sie in Wien über diesen Plan sprach. Es ist anzunehmen, dass sie ihn mit Aron Menczer, dem Leiter der Jugendaliyah-Schule erörterte, mit dem sie seit Langem eng zusammenarbeitete. Menczer müsste ihr auch die„ Schmugglerpassage" nach Jugoslawien besorgt haben.[166]

Am 20. Juli fuhren Recha und Ma'ayan Freier von Wien mit dem Zug nach Graz, wo sie auf dem Bahnhof von einem Schmuggler erwartet wurden. Von Graz ging die Fahrt gemeinsam mit zwei Männern und zwei weiteren Frauen mit der Bahn bis Wies und von dort im Autobus bis Eibisfeld weiter. Nachdem sich alle der deutschen Zollkontrolle unterzogen hatten, wurden sie von dem Schmuggler zu einem Bauernhaus dicht an der Grenze begleitet. Gegen Mitternacht erreichten sie von dort auf Bergpfaden jugoslawisches Gebiet, wo sie an einer verabredeten Stelle ein Auto aufnahm, das sie nach Zagreb brachte. Nach ihrer geglückten Überquerung der Grenze war Recha Freier endgültig entschlossen, so vielen Frauen und Kindern aus Berlin, wie nur möglich, zur Flucht nach Jugoslawien zu verhelfen, Den Weg über die Berge, den sie mit ihrer elfjährigen Tochter zurückgelegt hatte, traute sie auch ihnen zu.[167]

161 YVA, M 20, 14/2, Freier an Silberschein, 1. 7. 1940.

162 CAHJP, B-343 Ma'ayan Freier, Reisebericht; Entschädigungsakte Recha Freier, Erklärungen vom 22. 12. 1958 und 12. 7. 1964.

163 YVA, M 20, 14/2, Freier an Silberschein, 18. 7. 1940.

164 Ebenda, Freier an Silberschein, 12. 7. 1940.

165 Ebenda, Freier an Silberschein, 18. 7. 1940.

166 CAHJP, B-343 Ma'ayan Freier, Reisebericht; Gespräche mit Ma'ayan Landau (Ma'ayan Freier).

167 Ebenda, Ma'ayan Freier, Reisebericht.

Auf dem „Schleich-Weg" nach Jugoslawien

Jugoslawien zog in den ersten Jahren der nationalsozialistischen Verfolgung nur wenige jüdische Emigranten an, obwohl die Regierung ihre Niederlassung förderte, wenn sie zur Belebung der Wirtschaft Kapital mitbrachten. In allen anderen Fällen wurde die Arbeitsgenehmigung verweigert. Da die Ausfuhr von Kapital aus Deutschland nur beschränkt möglich war und Investitionen in Jugoslawien zudem als Risiko angesehen wurden, waren im Mai 1934 in Zagreb, der Wirtschaftsmetropole des Landes, nur 130 ständig ansässige Emigranten gemeldet. Bis zum Frühjahr 1938 stieg ihre Zahl in ganz Jugoslawien auf ungefähr 500. Erst nach der Annexion Österreichs kam es zu einem stärkeren Zustrom. Aufgrund der unerträglichen Verhältnisse und des von der Polizei ausgeübten Auswanderungsdrucks wählten immer mehr österreichische Juden den Weg in das Nachbarland, meist in der Absicht, sich dort auf die Weiterreise an ein endgültiges Ziel vorzubereiten.[168] Bezeichnend ist die Episode, die sich schon in den ersten Wochen nach dem „Anschluss" an der jugoslawischen Grenze zutrug, als die Juden aus dem Burgenland vertrieben wurden. Ähnlich wie es später bei der Abschiebung der polnischen Juden geschah, sammelten sich über hundert Menschen im engen Streifen des Niemandslands an, bevor sie nach einiger Zeit einreisen durften. Anschließend wurden sie in einem Auffanglager untergebracht, dem ersten seiner Art auf jugoslawischem Boden.[169]

Die Flüchtlingspolitik der jugoslawischen Regierung ist für den Zeitraum nach dem „Anschluss" noch nicht eingehend erforscht. Sicher schränkte die Regierung schon bald die Erteilung von Visen an österreichische Juden ein. Dem stand jedoch die Schwierigkeit entgegen, dass sie nicht an ihren Pässen zu erkennen waren. Erst nach der Einführung der mit dem roten „J" gestempelten Pässe im Oktober 1938 konnten die Konsulate und die Grenzpolizei die Einreise

168 Die folgende Darstellung der Lage der jüdischen Flüchtlinge in Jugoslawien bezieht sich auf Korrespondenzen, Memoranden und Berichte in: JDC, 1057 Countries/Jugoslavia, General, 1937–1944; Alexander Klein, Zehn Jahre jüdischen Flüchtlingshilfswerks in Jugoslawien (1933–1942), CAHJP, G-873, und Dragutin Rosenberg, Über die Lage der Juden in Jugoslawien 1941–1943, in: Zdenko Leventhal, Auf glühendem Boden. Ein jüdisches Überlebensschicksal in Jugoslawien 1941–1947, Konstanz 1994, S. 215–253. Vgl. Yehuda Bauer, American Jewry and the Holocaust. The American Jewish Joint Distribution Committee 1939–1945, Detroit 1981, S. 277 ff.; Katrin Boeckh, Jugoslawien, in: Handbuch der deutschsprachigen Emigration, S. 279–284. Vgl. jetzt auch: Anna Maria Grünfelder, Von der Shoa eingeholt. Ausländische jüdische Flüchtlinge im ehemaligen Jugoslawien 1933–1945, Wien 2013.

169 Klein, Zehn Jahre Jüdischen Flüchtlingshilfswerks, S. 7.

wirksam kontrollieren. Infolgedessen nahmen die illegalen Grenzübertritte zu. Um dem Zustrom von Flüchtlingen Einhalt zu gebieten, folgte Jugoslawien dem Beispiel Italiens, das im September desselben Jahres den meisten nach 1918 eingewanderten Juden die Ausweisung angedroht hatte, falls sie nicht innerhalb von sechs Monaten das Land verließen. In Jugoslawien wurde den Juden, die vor 1935 eingewandert waren, eine Frist von sechs Monaten zur Ausreise gesetzt und den später Eingetroffenen von drei Monaten. Anders als in Italien war jedoch keine Massenausweisung vorgesehen, sondern die Abschiebungen sollten individuell durchgeführt werden. Insgesamt waren etwas über tausend Flüchtlinge aus Deutschland und Österreich von der Ausweisung betroffen, die, wie zeitgenössische jüdische Beobachter feststellten, anfangs strikt angewandt wurde. Viele Flüchtlinge konnten trotzdem mit einer auf wenige Monate befristeten Aufenthaltsverlängerung in Jugoslawien bleiben, weil die Behörden einsehen mussten, dass Abschiebungen kaum durchführbar waren.[170]

Nach einem Regierungswechsel im Februar 1939 wurde der Aufenthalt der noch im Land befindlichen Flüchtlinge toleriert. Gleichzeitig aber unternahm das Innenministerium energische Schritte, um eine weitere Zuwanderung zu unterbinden. An Inhaber von „J"-Pässen wurden grundsätzlich keine Visa mehr ausgestellt. Die Grenzpolizei wurde verstärkt und hatte Anweisung, alle Flüchtlinge, die illegal über die Grenze zu gelangen suchten, zurückzuschicken. Eine unmittelbare Übergabe an die deutsche Polizei war dabei nicht vorgesehen. Es galt auch noch die Regel, dass jemand, der über den Befehlsbereich der Grenzpolizei hinausgekommen war und sich bei einem jüdischen Hilfskomitee gemeldet hatte, nicht mehr an die Grenze gestellt wurde. Als nach Beginn des Krieges eine neue Fluchtwelle einsetzte, wurden einige Hundert Juden in Maribor, Murska Sobota und anderen Grenzstädten festgenommen und sollten abgeschoben werden. Doch die jüdischen Hilfskomitees konnten dies durch die Fürsprache bei den Behörden verhindern.[171] Insgesamt darf man davon ausgehen, dass Jugoslawien nach dem Beginn des Weltkriegs bis zur deutschen und italienischen Besetzung des Landes noch ungefähr zweitausend jüdischen Flüchtlingen Aufnahme gewährte.[172]

170 JDC, 1057 Countries/Jugoslavia, Boris Smolar, The Jewish Position in Jugoslavia, November 1938; Boeckh, Jugoslawien, S. 283.

171 JDC, 1057 Countries/Jugoslavia, Report on the Situation of Native Jews and Refugees in Yugoslavia, Januar 1940, und folgende Korrespondenz; einzelne Dokumente auch in PA AA, Inland II g 406 SD-Berichte und Meldungen zur Lage in Jugoslawien; Inland II A/B 65/4 Juden in Jugoslawien (1936–1943).

172 Die Präsenz der Flüchtlinge entwickelte sich nach den Unterlagen in: JDC, 1057 Countries/Jugoslavia, wie folgt: Mai 1939: 1200; Dezember 1939: 1500; April 1940: 2000; Januar 1941 (ohne Kladovo-Transport): 3561.

In den ersten Kriegsmonaten traf die Regierung eine schwerwiegende Entscheidung. Sie untersagte die Ansammlung von Flüchtlingen in Zagreb und anderen größeren Städten und ordnete ihre Verteilung auf eine Vielzahl kleinerer Orte an. Man durfte sich dort frei bewegen, jedoch nicht ohne besondere Genehmigung den Ort verlassen. Im Ganzen entsprach die Lage einem Zwangsaufenthalt oder einer lockeren Form der Internierung. Mit weiter zunehmender Flüchtlingszahl wurden Sammelunterkünfte in leer stehenden Hotels und anderen mehr oder weniger geeigneten Gebäuden eingerichtet, wo Männer, Frauen und Kinder von den jüdischen Hilfskomitees betreut wurden. Im Januar 1941 führte das zentrale Hilfskomitee in Zagreb solche Sammelunterkünfte oder -lager an 16 Orten auf, an denen sich 2302 Flüchtlinge aufhielten. Zu ihnen kamen 1002 Passagiere der „Uranos" hinzu, die, nachdem sie einige Zeit in Kladovo verbracht hatten, nach Šabac verlegt wurden, wo sie verzweifelt auf die Möglichkeit der Weiterfahrt nach Palästina warteten. Immerhin 1199 Flüchtlinge befanden sich nach Angabe des Komitees noch in verschiedenen Städten, vor allem in Zagreb und Belgrad, teils mit, teils ohne Aufenthaltsgenehmigung. Insgesamt waren es 4562 Menschen, mehr als je zuvor.[173]

Das Zagreber Hilfskomitee ließ die Sorge nicht los, dass auch Flüchtlinge, die sich bereits in seiner Obhut befanden, abgeschoben werden könnten. Schon im Frühjahr 1940 schrieb Alexander Klein, der Sekretär des Komitees, es sei immer schwieriger, den Flüchtlingen zu helfen, deren Aufenthalt nicht legalisiert werde. „Wir verstoßen gegen die Gesetze und gehen das Risiko ein, bestraft zu werden, wenn wir diesen Unglücklichen beizustehen suchen. Wir befürchten, in einem solchen Fall auch die Lage der Flüchtlinge zu gefährden, die schon eine Aufenthaltsgenehmigung haben".[174] Ein Jahr später war die Befürchtung Tatsache geworden, und Klein musste der Israelitischen Kultusgemeinde in Wien mitteilen, dass in letzter Zeit 30 bis 40 Menschen verhaftet und „unter furchtbaren Qualen" an die deutsche Grenze zurückgeschickt worden waren. Trotzdem kamen, zumal infolge der Deportationen von Wien in das Generalgouvernement im Oktober 1939, tagtäglich neue Flüchtlinge in Zagreb an.[175]

Die deutsche Grenzpolizei begünstigte im Einklang mit der Politik der Gestapo, die Juden durch forcierte Auswanderung zu vertreiben, lange Zeit die illegalen Grenzüberschreitungen. Die Bedingung war, dass sich die Flüchtlinge

173 JDC, 1057 Countries/Jugoslavia, Hilfskomitee für die Jüdischen Flüchtlinge, Zagreb, an JDC Lissabon, 20. 1. 1941; Klein, Zehn Jahre jüdischen Flüchtlingshilfswerks, S. 8; Rosenberg, Bericht über die Lage der Juden, S. 217.

174 JDC, 1057 Countries/Jugoslavia, Alexander Klein an JDC Paris, 8. 4. 1940.

175 JDC, ebenda, Hilfskomitee für die Jüdischen Flüchtlinge, Zagreb, an Israelitische Kultusgemeinde Wien, 10. 1. 1941.

der deutschen Grenzpolizei- und Zollkontrolle stellten, bei der überprüft wurde, dass im Pass der Ausreisesichtvermerk eingetragen war und keine Wertgegenstände und nicht mehr Geld als die zugelassenen zehn Reichsmark mitgeführt wurden. Die Flüchtlinge mussten sich bei der Kontrolle schriftlich verpflichten, nicht nach Deutschland zurückzukehren. Es soll vorgekommen sein, dass sie anschließend von Grenzpolizisten an eine für den Übergang günstige Stelle der Grenze begleitet wurden.[176]

Die Begünstigung der Flucht hatte schon Ende 1939 eine Intervention der jugoslawischen Gesandtschaft beim Auswärtigen Amt in Berlin zur Folge. In dem Gesuch wurde gebeten, die von den jugoslawischen Grenzwachen festgenommenen Juden zurückzunehmen.[177] Das Gesuch wurde an das Büro des Chefs der Sicherheitspolizei und des Sicherheitsdienstes weitergeleitet und dort keinem anderen als Adolf Eichmann vorgelegt. In seiner Antwort führte er aus, dass gegen verschiedene Personen, die „aus gewinnsüchtigen Motiven beim Grenzübertritt Hilfsdienste geleistet haben“, staatspolitische Maßnahmen ergriffen worden seien. Die von den jugoslawischen Behörden zurückgeschickten Juden würden „auf normalem Wege raschestens zur Auswanderung gebracht“.[178] Damit hatte er mit der üblichen Heuchelei das Problem der staatlichen Begünstigung umgangen.

Die erfolgreiche Überschreitung der Grenze hing somit in entscheidendem Maß davon ab, ob es gelang, den jugoslawischen Grenzwachen zu entgehen. Da sie Anweisung hatten, jeden, der von ihnen angehalten wurde, zurückzuschicken, konnte die Flucht im Grunde nur mit ortskundigen Wegführern gewagt werden. Mit der Zeit entstanden auf beiden Seiten der Grenze regelrechte Fluchthilfeorganisationen, die sich im Wesentlichen auf Schmugglerkreise stützten. Sie waren vor allem in den bewaldeten, bis zu tausend Meter aufsteigenden Höhenzügen nördlich der Drau tätig, wo die Bergpfade und Forstwege kaum durchgehend zu kontrollieren waren. Punkte illegaler Grenzüberschreitungen sind aber auch am Dreiländereck nördlich von Murska Sobota bezeugt.[179]

Auf jugoslawischer Seite trat vor allem der Vertreter des Zagreber Jüdischen Hilfskomitees in Maribor, Marko Rosner, hervor, der in der Stadt ein Kaufhaus unterhielt. Er stellte Schmuggler in seinen Dienst, organisierte Fahrten von Taxis und Lastkraftwagen, mit denen Flüchtlinge von grenznahen Stellen nach

176 YVA, P 1/1 Recha Freier, Ella Hammerschmidt, Unser Exodus vom 15. 12. 1940–15. 12. 1941; Robert Weiss, Joško's Children, S. 21; Vorwort von Recha Freier zu Josef Ithai, Yaldei Villa Emma, Tel Aviv 1983, S. 13.

177 PA AA, Inland II A/B 65/4 Juden in Jugoslawien, Verbalnote, Berlin, 15. 12. 1939.

178 PA AA, ebenda, Der Chef der Sicherheitspolizei und des SD (gezeichnet Eichmann) an Auswärtiges Amt, 15. 4. 1940.

179 PA AA, ebenda, Deutsche Gesandtschaft Budapest an Auswärtiges Amt, 5. 12. 1939.

Maribor und Zagreb gebracht wurden, und wirkte, wenn nötig mit Bestechung, auf die Behörden ein, damit sie die illegalen Grenzüberschreitungen duldeten. Außer mit dem Zagreber Hilfskomitee stand er mit jüdischen Organisationen in Wien in Verbindung, auch wenn im Einzelnen noch nichts dazu bekannt ist. In Wien wurde den Flüchtlingen vor ihrer Abreise ein Treffpunkt mit dem für sie bestimmten Wegführer genannt.[180] Alexander Klein schreibt: „Marko Rosner vollbrachte wahre Wunder unter Gefährdung seiner persönlichen Sicherheit und Freiheit. An der österreichisch-jugoslawischen Grenze vollbrachte er unbeschreibliche Leistungen, um die Flüchtlinge legal oder illegal herüberzuretten. Er führte die Verhandlungen mit den übrigens in der Mehrzahl wohlwollenden Grenzpolizeiorganen, denen es an Menschlichkeit nicht fehlte. Die damit verbundenen Ausgaben, mehrere Hunderttausende von Dinaren, leistete dieser edle Mann ohne Wiedererstattung aus Eigenem."[181]

Die wichtigste Fluchthilfeorganisation auf österreichischer Seite befand sich in Graz und wurde von Josef Schleich geleitet, dessen Beruf mit Elektriker angegeben wird. Die Tätigkeit der Organisation erreichte ihren Höhepunkt zwischen Herbst 1940 und März 1941, als die Gestapo im Zusammenhang mit dem Verbot für Juden, Wien zu verlassen, die Grenzübertritte untersagte.[182] Schleich, der, wie sich ziemlich sicher sagen lässt, weder der nationalsozialistischen Partei noch der SS oder der SA angehörte, agierte mit Wissen der Gestapo, die ihm Auflagen machte und mit ihm Vereinbarungen traf, an die er sich zu halten hatte. Er musste der Gestapoleitstelle in Graz vor allem vollständige Listen der von seiner Organisation an die Grenze gebrachten Juden vorlegen und war dafür verantwortlich, dass sie die Zoll- und Devisenvorschriften einhielten. Im Einvernehmen mit der Gestapo reiste er regelmäßig nach Wien, wo er im Palästina-Amt die Flucht einzelner Gruppen vorbereitete und in einem Arbeitszimmer „Sprechstunden" abhielt.[183] Ein Merkblatt des Palästina-Amts – „Informationen für Auswanderungsinteressenten" – legte die Bedingungen für die Teilnahme an einer Grenzüberschreitung fest und wies darauf hin, was dabei zu beachten war. Infrage kamen Männer und

180 Josef Ithai, Die Kinder der Villa Emma, Typoskript, S. 12; Joškos Kinder. Flucht und Alija durch Europa, 1940–1943. Josef Indigs Bericht, hrsg. von Klaus Voigt, Berlin 2006, S. 24; Klein, Zehn Jahre jüdischen Flüchtlingshilfswerks, S. 7 f.

181 Ebenda.

182 Hannelore Fröhlich, Spurensuche, Graz 1999, S. 87 ff.; Personalangaben zu Schleich im Stadtarchiv Graz, Meldekarten der ehemaligen K. K. Polizeidirektion Graz und der Bundespolizeidirektion Graz. Zuletzt auch: Heimo Halbrainer, Josef Schleich – Ein „Judenschlepper" an der Grenze zu Jugoslawien 1938–1941, in: Zwischenwelt, 27 (2011) 4, S. 32–40.

183 Fröhlich, Spurensuche, S. 96 ff., 119. Eine Anfrage beim BArch Document Center, hat keine Mitgliedschaft in einer nationalsozialistischen Organisation ergeben.

Frauen von 14 bis 65 Jahren. Kinder, soweit sie nicht in Begleitung ihrer Eltern waren, sollten „in geschlossenen Kindertransporten unter Aufsicht" über die Grenze geführt werden. In Punkt 4 des Merkblatts ist zu lesen: „Der Abtransport der Teilnehmer geschieht womöglichst in genauer Reihenfolge der Voranmeldung. Es wird daher ersucht, sich im Palästina-Amt, Wien I, Marc-Aurelstraße 5, 3. Stock, rechtzeitig zu melden." Ferner wurde auf die Bestimmungen zur Mitnahme von Gepäck und Geld aufmerksam gemacht. Zu den „Reisekosten", deren Höhe ungenannt bleibt, erfährt man, dass sie im Voraus an das Palästina-Amt zu entrichten waren.[184] Die Gruppen von vier bis fünf Personen reisten zunächst von Wien nach Graz, wo sie Schleich in seiner Wohnung am Glockenspielplatz empfing. Danach brachte er die Flüchtlinge auf seiner Hühnerfarm in dem Vorort Liebenau unter, bis sie dort von den Wegführern abgeholt wurden. Auf der Hühnerfarm erschienen auch Beamte der Gestapo, um die Anwesenden anhand der ihr von Schleich übergebenen Namenslisten zu überprüfen.[185]

Die illegalen Grenzübertritte mithilfe von Schmugglern lenkte die Aufmerksamkeit der slowenischen Presse auf sich. Der in Ljubljana herausgegebene und klerikalen Kreisen nahestehende „Slovenec" widmete dem Thema mehrere Artikel. Sie wurden vom Deutschen Konsulat in Ljubljana gesammelt und an das Auswärtige Amt gesandt. Schon im Oktober 1939 hob die Zeitung hervor, dass die deutsche Seite die illegale Einwanderung von Juden nach Jugoslawien fördere. Wörtlich hieß es: „bei der deutschen Polizei (Gestapo) bestehen besondere Grenzabteilungen, die sich mit der ‚Ausfuhr' von Juden befassen".[186] Im Januar 1941 meldete eine andere Zeitung in Ljubljana, der „Slovenski Dom", der Schmuggel werde von der Gestapo mithilfe slowenischer „Fachleute" durchgeführt, die eng mit der Jüdischen Gemeinde in Zagreb zusammenarbeiteten und ausgiebig belohnt würden. „Sie haben in unseren Staat einige Tausend Fremde eingeschmuggelt, deren Geschick uns zwar mit Mitleid erfüllt, die bei uns aber keinesfalls willkommene Gäste sind." In die Schmuggelaffäre seien auch einige angesehene Persönlichkeiten verflochten.[187] Auf diesen Artikel hin wandte sich der deutsche Konsul an die Banatsverwaltung mit Bitte um Aufklärung. Ihre Antwort lautete, den jugoslawischen Grenzbehörden sei es bisher in den meisten Fällen gelungen, die über die Grenze gekommenen Juden festzunehmen und auf deutsches Gebiet abzuschieben. „Der Judenschmuggel nach Jugoslawien werde von der Agentur ‚Schleich' in

184 Ebenda, S. 118 f.

185 Ebenda, S. 98 ff.

186 PA AA, Gesandtschaft Belgrad, Bd. 62/5 Judenangelegenheiten. Deutsches Konsulat Laibach an Auswärtiges Amt, 13. 10. 1939, mit beigefügtem Artikel im „Slovenec" vom 12. 10. 1939.

187 PA AA, Inland II A/B 65/4 Juden in Jugoslawien, Deutsches Konsulat Laibach an Auswärtiges Amt, 28. 1. 1941, mit Artikel im „Slovenski Dom" vom 24. 1. 1941.

Graz gegen entsprechende Entlohnung vermittelt."[188] Anfang März 1941 nach der Wiederaufnahme der Deportationen von Wien nach Polen kam der „Slovenec" in einem Artikel mit der Überschrift „Ein Ansturm von Juden auf unsere Grenze" noch einmal auf die Flucht und die Rolle der Schmuggler zurück.[189] „Manchmal drängen sich an einem einzigen Tag auch bis zu hundert solcher Flüchtlinge an unserer Grenze [...] Unsere Grenzwachen sind trotz aller Wachsamkeit zu schwach, um die Übergänge erfolgreich und hermetisch abzuschließen, und so gelingt es oftmals ganzen Gruppen, die Grenzlinie zu überschreiten, und häufig kommen sie bis ins Hinterland." Weiter heißt es: „Die Führer des Mariborer Schmuggelwesens, das bekanntlich vorbildlich organisiert ist und das sich im Laufe der Jahre zu einem fundierten Großhandel mit Sacharin, Streichhölzern, Spielkarten und anderen Schmuggelwaren entwickelt hat, der die Abnehmer dieser Gegenstände im ganzen Staat versorgt, haben sich dieser Aktion zur Verfügung gestellt. Die Führer des Mariborer Schmuggelwesens haben rasch eingesehen, daß man jetzt mit Lebendware mehr verdienen kann als mit toten Gegenständen." Auch der „Slovenec" erwähnt die Zusammenarbeit der Jüdischen Gemeinde in Zagreb mit den Schmugglern, ohne sie jedoch unnötig herauszustellen. Die slowenische Presse war also erstaunlich gut über die Vorgänge unterrichtet.

Recha Freier wurde nach ihrer Ankunft in Zagreb am 23. Juli 1940 von den zionistischen Verbänden herzlich empfangen. „Mein Zertifikat habe ich schon", schrieb sie in ihrem ersten Brief aus Zagreb an Silberschein, „doch möchte ich erst weiterreisen, wenn die Sache mit den Kindern wirklich begonnen hat."[190] Bereits in den ersten Wochen ihres Aufenthalts legte sie, wie sie im selben Brief schrieb, „den Repräsentanten der maßgebenden jüdischen Organisationen" ihren Plan vor, eine größere Zahl der von ihr in Berlin betreuten Frauen und Kinder nach Jugoslawien zu bringen und sie von dort, wenn es möglich war, nach Palästina weiterzuleiten. Sie erhielt die Zustimmung zunächst für hundert Kinder im Alter von 10 bis 17 Jahren. Wahrscheinlich beschränkte man sich auf die Kinder, weil man hoffte, für sie Zertifikate im Rahmen der Jugendaliyah zu erhalten. Die „maßgebenden jüdischen Organisationen" in Zagreb waren das Palästina-Amt, geleitet von Richard (Riki) Kohn, die zionistische Frauenorganisation WIZO mit ihrer unermüdlich tätigen Sekretärin Roža Hacker und das Hilfskomitee für die jüdischen Flüchtlinge.[191]

188 PA AA, ebenda, Deutsches Konsulat Laibach an Auswärtiges Amt, 28. Jan. 1941.

189 Ebenda, Deutsches Konsulat Laibach an Auswärtiges Amt, 3. 3. 1941, mit Artikel im „Slovenec" vom 1. 3. 1941.

190 YVA, M 20, 14/2, Freier an Silberschein, 2. 8. 1940.

191 Ebenda. Vgl. Klein, Zehn Jahre jüdischen Flüchtlingshilfswerks, S. 3 f., 13; Katrin Völkl, Die Jüdische Gemeinde von Zagreb. Sozialarbeit und gesellschaftliche Einrichtungen in

Den Beschluss, hundert Kinder nach Zagreb kommen zu lassen, teilte Recha Freier sofort Abraham Silberschein in Genf und Meyer Pines in Berlin mit. Sie konnte dabei sogar schon eine genaue Angabe zu den „Reisekosten", sprich zur Forderung der Schmuggler, machen, die sich auf 550 Reichsmark pro Kind beliefen und beim Palästina-Amt in Wien hinterlegt werden sollten.[192] Silberschein und Pines wandten sich nach dem Eintreffen der Nachricht unabhängig voneinander an Rudolf Pick im Berliner Palästina-Amt und baten ihn, für die Bereitstellung des Geldes zu sorgen. Pick sprach daraufhin mit dem Hilfsverein der Juden in Deutschland, der für die Auswanderungsangelegenheiten mit Ausnahme von Palästina zuständig war.[193]

Als Recha Freier nach vier Wochen immer noch ohne Antwort aus Berlin war, wo „alles in eisigem Schweigen" bleibe, beschloss sie, die erste Gruppe von zehn Kindern sofort abzurufen, wenn es sein musste auch ohne finanzielle Unterstützung des Palästina-Amts und des Hilfsvereins. Sie drängte deshalb Silberschein, die Kosten zu übernehmen und unter Umständen das American Jewish Joint Distribution Committee zur Freigabe einer Summe zu bewegen.[194] Silberschein konnte tatsächlich das Geld vorschießen. Mitte September versicherte Pick nach einer Besprechung mit dem Hilfsverein, alle seien der Ansicht, dass das Projekt verwirklicht werden solle. Als Grund für die Verzögerung führte er an, dass noch die polizeilichen Ausreisesichtvermerke fehlten, ohne die die Kinder nicht abreisen könnten, und die Auswahl der Kandidaten in einigen Städten größere Zeit beanspruche.[195] Recha Freier gab sich damit nicht zufrieden, wobei sie offensichtlich die Schwierigkeiten unterschätzte: „Die Durchführung bestand darin, die Kinder mit gepackten Rucksäcken, einem Ausweis, auch ein Schulzeugnis genügte, mit einer Fahrkarte nach Wien zu schicken und jedem zwanzig Mark zu geben. Alles andere war von anderen vorbereitet und organisiert worden."[196] Sie hatte freilich Grund zu Ungeduld, denn mit Einbruch des Winters bestand die Gefahr, dass die Bergpfade nicht mehr begehbar waren. Sie ließ deshalb einen Schmuggler nach Wien senden, der dort die Gruppe abholen sollte, aber unverrichteter Dinge zurückkehrte.[197]

der Zwischenkriegszeit, in: Münchner Zeitschrift für Balkankunde 9 (1993), S. 105–154, hier S. 131 ff.

192 YVA, M 20, 14/2, Freier an Silberschein, 2. 8. 1940.

193 Ebenda, 14/2, Korrespondenz Silberscheins mit Palästina-Amt Berlin, 1940–1941, Pick an Silberschein, 5. 9. 1940.

194 Ebenda, 14/2, Freier an Silberschein, 23. 8. 1940.

195 Ebenda, 14/2, Pick an Silberschein, 5. 9. 1940; Pick an Freier, 17. 9. 1940; Freier an Silberschein, 21. 9. 1940.

196 Ebenda, 14/2, Freier an Silberschein, 1. 10. 1940.

197 Ebenda, 14/2, Freier an Silberschein, 25. 9. und 1. 10. 1940.

An einem Sonntag, dem 13. Oktober, war es endlich so weit, und die erste Gruppe von elf Jungen im Alter von 13 bis 15 Jahren traf in Zagreb ein. Recha Freier wurde um sieben Uhr morgens verständigt und sandte sogleich den „madrich“ des Hashomer Hazair, Josef Indig, und andere junge Leute dieser Organisation in einen Vorort der Stadt, wo sie die Kinder in einem Wirtshaus von den Schmugglern übernehmen sollten. Recha Freier traf sie gegen elf Uhr beim Frühstück an und stellte fest, „daß sie sehr schlecht aussahen, was vielleicht aber nur den vergangenen schlaflosen Nächten zuzuschreiben ist“.[198] Bis Mitte November kamen im Abstand von acht bis 14 Tagen drei weitere Gruppen aus Berlin an. Insgesamt waren jetzt 51 Kinder am Ort.[199]

Bis Mitte Dezember stieg die Zahl der in Zagreb eingetroffenen Kinder auf 84. Sie stammten nun nicht mehr ausschließlich aus dem Kreis, um dessen Abreise sich Recha Freier gemeinsam mit Silberschein, Pines und Pick bemüht hatte, sondern einige waren von sich aus, zum Teil mit ihren engsten Verwandten, in Frankfurt und Leipzig aufgebrochen, nachdem die dortigen Vertretungen des Palästina-Amts auf die Fluchtmöglichkeit nach Jugoslawien hingewiesen hatten.[200] In Zagreb befanden sich jetzt auch zwölf Brüder von Mädchen, die erst im Februar dorthin gelangten und zu der Gruppe gehörten, die uns später in der Villa Emma in Nonantola begegnen wird.[201] Auch die ersten Kinder dieser Gruppe waren inzwischen in Zagreb versammelt: Arnold Weininger aus Leipzig sowie Salomon Majerowicz, Jakob und Benno Goldberg und Rudolf und Siegfried Zurkowski aus Frankfurt. Die fünf Jungen aus Frankfurt wurden auf Fürsprache der Jüdischen Gemeinde bei den Behörden in den Kreis um Recha Freier aufgenommen, während die Eltern der Brüder Goldberg und der Vater von Salomon Majerowicz ihren Aufenthalt in Banja Luka in Bosnien nehmen mussten, von wo der Letztere später während der deutschen Besetzung nach Auschwitz deportiert wurde.[202]

In der zweiten Dezemberhälfte und den ersten Januartagen kamen noch einmal zwanzig Kinder in Zagreb an. Insgesamt waren es jetzt 104. Zu ihnen gehörten die Brüder Siegfried und Joachim Kirschenbaum, die mit einer weiteren,

198 Ebenda, 14/2, Freier an Silberschein, 14. 10. 1940.

199 Ebenda, 14/2, Freier an Silberschein, 16. 11. 1940; Namenslisten in CZA, S 75, 1749, 1750.

200 CZA, ebenda, Namenslisten; Telegramm Palästina-Amt Zagreb an Henrietta Szold, 12. 12. 1940; Gespräche mit Max Federmann; Gespräche mit Jakob Goldberg, Tel Aviv, 30. 11. 1995, und Kibbuz Gat, 6. 5. 2000.

201 CZA, S 75, 1749, 1750, Namenslisten.

202 SBA, Bestand E 4264, N 14 364/Weininger, Arnold; Bestand J. II. 55(–), Bd. 30/Goldberg, Jakob, Benno; Bd. 59/Majerowicz, Salomon; ACS, PS, A 4 bis Stranieri internati, Busta 384/Zurkowski, Ester; Gespräche mit Arnold Wininger (Arnold Weininger), Nonantola, 21. 9. 1997, und Jakob Goldberg.

von Recha Freier nach Zagreb geholten Gruppe Berlin verlassen hatten. Ursula Karger kam zusammen mit ihren Eltern von Berlin nach Zagreb. Bevor diese in das Internierungszentrum in Draganic bei Karlovac eingewiesen wurden, nahm Recha Freier das Mädchen zu sich. Im selben Zeitraum trafen Max Federmann aus Frankfurt und aus Wien Kurt Hahn und Otto Liebling in Zagreb ein.[203]

Manfred Korenstein war nach der Flucht mit seiner Mutter aus Leipzig zuerst in Ungarn interniert gewesen, und zwar in Garanyi nahe der slowakischen Grenze. Die Zustände in diesem bisher kaum beachteten Lager, das in einem alten Jagdschloss mit den dazugehörigen Wirtschaftsgebäuden und Ställen eingerichtet worden war, werden als besonders schlimm geschildert. Über achthundert jüdische Flüchtlinge aus Polen, der Tschechoslowakei, Österreich und Deutschland waren hier unter strenger Bewachung auf engstem Raum zusammengezwängt. Auch Manfred wurde nach der Ankunft in Zagreb von seiner Mutter getrennt, die sich zum Zwangsaufenthalt an einen nicht genannten Ort begeben musste. Ihre letzte Nachricht stammt vom Juli 1943 aus Saloniki.[204] Über die ungarische Grenze kam auch eine junge Frau aus Polen nach Zagreb: Mala Braun. Sie war nach dem Einmarsch der deutschen Truppen über die Karpaten-Ukraine nach Ungarn geflohen und hatte dort vermutlich einige Monate ebenfalls in einem Internierungslager zugebracht. Sie schloss sich als eine der Letzten der Gruppe von Recha Freier an, nachdem sie vorübergehend auch in Jugoslawien interniert gewesen war.[205]

Josef Zamojre befand sich nach der Überquerung der Berge mit seinem Vater bereits auf jugoslawischem Boden. Im Zug nach Zagreb, den sie an einer Bahnstation nahe der Grenze bestiegen hatten, gerieten sie in eine Kontrolle. Es nützte nichts, dass sie ihre deutschen Fremdenpässe vorzeigten – die Gendarmen waren unerbittlich und ließen sie wieder an die Grenze bringen. Bei ihrem zweiten Versuch erreichten sie Zagreb, nachdem sie bei anhaltendem Schneefall den Weg über die Berge zurückgelegt hatten. In Zagreb lebten sie unangemeldet und wurden vom jüdischen Hilfskomitee unterstützt. Zu dieser Zeit hatte Josef, weil er mit 19 Jahren für die Jugendaliyah schon zu alt war, noch keinen Kontakt zu Recha Freier. Nach einiger Zeit wurden er und sein Vater von der Polizei in ihrer Unterkunft aufgespürt. Sie mussten sich einem Verhör im Polizeipräsidium unterziehen und wurden anschließend an die deutsche Grenze gebracht. Josef und sein

203 CZA, S 75, 1749, 1750, Namenslisten, vor allem Liste Recha Freier mit zwanzig Namen, 5. 1. 1941; SBA, Bestand E 4264, N 17 581/Karger, Ursula; Gespräche mit Max Federmann und Siegfried Kirschenbaum.

204 CZA, S 75, 1749, 1750, Liste Recha Freier; SBA, Bestand J. II. 55(–), Bd. 50/Korenstein, Manfred; Berichte zum Internierungslager Garanyi in CZA, L 15, 207.

205 SBA, Bestand E 4264, N 17 444/Braun, Mala.

Vater gehörten somit zu den von den jüdischen Organisationen in Zagreb so sehr gefürchteten Fällen der Abschiebung aus dem Landesinneren. Beim dritten Versuch schlossen sie sich Mitte März der letzten Gruppe von Jungen und Mädchen aus der Wiener Jugendaliyah an, die mithilfe der Organisation Schleichs von Graz aus die Grenze überqueren konnten. Auf diese Weise stieß Josef zum Kreis Recha Freiers.[206]

In den verbleibenden Januarwochen kam die Fluchtbewegung wegen der winterlichen Witterungsverhältnisse nahezu zum Erliegen. Als einziger Neuling der Gruppe um Recha Freier wird Hans Sussmann aus Graz erwähnt.[207] Da nicht vorauszusehen war, wie lange die Gestapo noch die Flucht zuließ, forderte Recha Freier trotz des hohen Risikos des Grenzübertritts bei Schnee und Eis 15 Mädchen in Berlin zur Abreise auf. Zwölf von ihnen waren dort schon seit Langem ansässig: Sonja Borus, Ruth Drucker, Betty und Frieda Endzweig, Lilly Lewin, Tilla Nagler, Berta Reich, Eva Reich, Lola Schindelheim, Fanny Senft, Paula Teitelbaum und Gerda Tuchner. Gisela Wiesner und Blume Zwick stießen aus Leipzig und Hilde Steinhardt, die in Eberswalde bei Berlin aufgewachsen war, aus Hamburg zu der Gruppe, wo sie an einer Hachscharah teilgenommen hatte. Am Morgen des 29. Januar 1941 nahmen die Mädchen am Anhalter Bahnhof Abschied von ihren Angehörigen. Sie reisten unter Führung der ältesten von ihnen, Tilla Nagler, nach Wien, wo sie sich bei der Jugendaliyah-Beratungsstelle im Palästina-Amt meldeten, die für ihre Unterbringung und Verköstigung sorgte. Sie erhielten dort die Anschrift von Josef Schleich, den sie in seiner Wohnung am Glockenspielplatz in Graz aufsuchen sollten.[208]

Der Name Schleich hat sich allen ins Gedächtnis eingeprägt, doch wie sie ihm begegneten, wo sie untergebracht waren und unter welchen Umständen sie von Graz an die Grenze gelangten, ist in der Erinnerung verblasst. Nur Ruth Drucker berichtet in einem Interview, dass sie und die anderen Mädchen von einem Vertrauensmann Schleichs zu einer Bäuerin in der Nähe der Grenze begleitet wurden, bei der sie sich etwas ausruhen konnten, bevor die Wegführer sie abholen kamen. Beim Anstieg in den winterlichen Bergen gingen sie in einer Kette hinter den Wegführern her, die Fußstapfen in den Schnee traten. Bald waren sie völlig durchgefroren. Als sie die Grenze schon ein gutes Stück hinter sich gelassen hatten, näherte sich an der Stelle, wo sie auf einen Lastwagen warteten, eine Polizeistreife. Die Schmuggler suchten das Weite. Die Mädchen wurden festgenommen

206 Joseph Zamora, Autobiografische Aufzeichnungen.

207 SBA, Bestand E 4264, N 15 726/Sussmann, Hans.

208 Ebenda und Bestand J. II. 55(–), Personaldossiers; Gespräche mit Tilla Offenberger (Tilla Nagler).

und zum Polizeikommissariat in Maribor gebracht, wo über ihr weiteres Schicksal entschieden werden sollte.[209]

Als die Festnahme in Zagreb bekannt wurde, eilte Josef Indig im Auftrag Recha Freiers nach Maribor, um sich nach den Mädchen zu erkundigen und sich um sie zu kümmern. Er traf sie in einem Hotel an, wo sie von Polizisten bewacht wurden. Mariborer Juden brachten ihnen Geschenke.[210] Das Verbleiben der Mädchen in Jugoslawien hing in entscheidendem Maß von dem Polizeikommissar Uroš Žun ab, der ihren Fall bearbeitete. Indig schildert ihn als einen mitfühlenden Mann, der es nicht über das Herz gebracht habe, die verängstigten Mädchen, zumal im Winter, an die Grenze zurückzuschicken. Er habe sogar die Presse mobilisiert, um die Abschiebung zu verhindern, und sich schließlich gegenüber dem Innenministerium in Belgrad durchgesetzt. Die Mädchen wurden daraufhin in Krško im südöstlichen Slowenien interniert. Bevor sie dorthin überführt wurden, erlaubte ihnen Žun einen zweitägigen Besuch in Zagreb, weil einige Mädchen gern ihre Brüder wiedersehen wollten, die von Recha Freier betreut wurden. Vier Jahrzehnte später sorgte Indig dafür, dass Žun, der inzwischen gestorben war, von der Gedenkstätte Yad Vashem in Jerusalem für seine menschliche Haltung geehrt wurde, der die Mädchen wahrscheinlich ihr Leben zu verdanken hatten.[211]

Die in Krško internierten Juden waren in einem auf einer Anhöhe gelegenen Schloss im Ortsteil Leskovec untergebracht, das den Krieg überdauert hat und heute noch steht. Der zentrale Gebäudeteil mit einem Arkadenhof im Stil der Renaissance wird an seinen vier Ecken von mächtigen Rundtürmen überragt.[212] Die Lebensverhältnisse in dem Schloss waren annehmbar, aber es war eben doch ein Lager, in welchem Männer, Frauen und Kinder in Gemeinschaftsräumen auf Pritschen schliefen.[213] Bei der Ankunft der Mädchen befanden sich schon 187 Menschen am Ort, von denen etwa hundert aus Deutschland und Österreich

209 ZfA, Interview Ruth Maschiach (Ruth Drucker), 6. 7. 1984; Joškos Kinder. Josef Indigs Bericht, S. 22 ff.; Ithai, Die Kinder der Villa Emma, Typoskript, S. 10 ff.

210 Ebenda.

211 Ebenda; Josef Ithai, The Children of Villa Emma. Rescue of the Last Youth Aliyah before the Second World War, in: Ivo Herzer (Hrsg.), The Italian Refuge. Rescue of Jews During the Holocaust, Washington 1986, S. 178–202, hier S. 179 f. Žun arbeitete zu dieser Zeit für den britischen Geheimdienst. Nach dem Krieg war er Professor für Staatswissenschaften an der Universität Ljubljana (Auskunft von Ljubar Dornik Subelj, Archiv Ministrstva za Notranse Zadeve, Ljubljana).

212 Ivan Jakić, Vsi slovenski gradovi. Leksikon slovenske grajske zepuščine, Ljubljana 1997, S. 332.

213 Joškos Kinder. Josef Indigs Bericht, S. 25 ff.; Ithai, Die Kinder der Villa Emma, Typoskript, S. 13 f.

und die anderen überwiegend aus Polen stammten. Die Internierten wurden in Zusammenarbeit mit den örtlichen Behörden vom jüdischen Hilfskomitee in Zagreb versorgt und betreut. Die Lagerleitung war dem Delegierten der jüdischen Auswandererhilfsorganisation HICEM in Zagreb, Eugenio Bolaffio, anvertraut, dessen Vorfahren aus Gorizia stammten. Er hatte sie bis zur deutschen Besetzung dieses Teils Sloweniens inne.[214]

Die 15 Mädchen in Krzko bildeten die letzte Gruppe aus Berlin. Recha Freier stand vor der Abreise nach Palästina und sah keine Möglichkeit mehr, noch weitere Kinder nach Zagreb zu holen, weil schon für die zuletzt eingetroffenen so gut wie keine Aussicht auf Zertifikate für Palästina bestand.[215] Bis Mitte März sind die Namen von 134 Kindern bekannt.[216] Die meisten, die sich noch bis dahin in Zagreb einfanden, kamen aus Wien. Zu den Ausnahmen gehörten Emanuel Issler aus Gelsenkirchen, der zuletzt in Hamburg wohnte, und Leo Teplitzki aus Frankfurt. Bei diesem und drei Wienern, Fritz Awin, der von seinem Vater begleitet wurde, Herbert Mohler und Eva Rosenbaum ist über die Umstände ihres Grenzübertritts nichts Näheres bekannt.[217] Bei den anderen Jungen und Mädchen aus Wien lässt sich hingegen nachzeichnen, wie sie auf dem „Schleich-Weg" ihr Ziel erreichten.

Leo Koffler fasste den Entschluss zur Flucht im Krankenhaus, wo er seine Schulterverletzung ausheilte, die er sich im Arbeitslager Doppl zugezogen hatte, als er sich mit seinem Sprung von einem Dach das Leben nehmen wollte. Da auf dem Wiener Südbahnhof häufig Juden verhaftet wurden, brachte ihn ein nichtjüdischer Freund im Auto nach Wiener Neustadt, wo er ihn einem Eisenbahner übergab, der ihn in einen Güterzug nach Leibniz einschmuggelte. Die letzten 15 Kilometer von Leibniz bis zur Grenze legte Leo zu Fuß zurück. Bei seinen beiden Versuchen, sie ohne Hilfe anderer zu überwinden, wurde er jedes Mal von jugoslawischen Grenzwächtern angehalten und zurückgeschickt. Daraufhin begab er sich zu Schleich nach Graz, dessen Anschrift er bei sich hatte.[218]

Hans Silbermann, der nicht zum Kreis der Wiener Jugendaliyah gehörte, lernte Schleich in Wien bei der Vorbereitung der Flucht eines Onkels kennen. Dabei bot Schleich ihm und seiner Mutter Hilfe an, falls sie selbst fliehen wollten.

214 JDC, 1057 Countries/Jugoslavia, Hilfskomitee für die jüdischen Flüchtlinge, Zagreb, an JDC Lissabon, 20. 1. 1941; CAHJP, Comitato Italiano di Assistenza, Scatola 1/1, Carlo Morpurgo an Lelio Vittorio Valobra, 29. 5. 1941; Scatola 3/30, Josef Kligler an HICEM, 7. 5. 1941.

215 Freier, Let the Children Come, S. 71.

216 CZA, S 75, 1749, 1750, Namenslisten.

217 SBA, Bestand E 4264, Personaldossiers.

218 Gespräche mit Arieh Koffler (Leo Koffler).

Als der 13-jährige Junge überraschend in Graz vor seiner Tür stand, nahm er ihn auf. Er erkundigte sich auch nach seiner Mutter, die in Wien zurückgeblieben war, weil sie sich wegen ihrer geschwächten Gesundheit die Flucht nicht zutraute. Auf der Hühnerfarm in Liebenau sah Hans „zwischen Brutkästen lange Reihen von Matratzen und auf ihnen Juden aus Wien, Polen und dem ‚Altreich'". Bei der Gestapokontrolle versteckte ihn Schleich in einem nahe gelegenen Bauernhaus. Er versah den Jungen dann mit einer Fahrkarte nach Zagreb und setze ihn zusammen mit anderen Flüchtlingen in einen Zug an die Grenze. Die jugoslawischen Grenzpolizisten, die offensichtlich eingeweiht waren, ließen sie passieren. Danach wurde Hans auf einem Bahnhof in Slowenien festgenommen, wo er auf einen Anschlusszug nach Zagreb wartete. Am nächsten Morgen begleiteten ihn zwei Polizisten in Handschellen an die Grenze bei Radkersburg. Dort schenkte ihm ein Unbekannter Geld für eine Fahrkarte, mit der er wieder bei Schleich in Graz anlangte. Diesmal übergab dieser Hans Schmugglern, mit denen er die Berge überquerte. Als er mit zerrissenen Schuhen am Ufer der Drau stand, fiel er vor Erschöpfung in den Schnee und wäre um ein Haar eingeschlafen.[219]

Robert Weiss verließ Wien gemeinsam mit seiner Mutter, einer Tante und einem etwas jüngeren Cousin. Die beiden Letzteren hatten bereits die Aufforderung erhalten, sich zur Deportation in das Generalgouvernement zu melden – die Deportationen setzten in Wien schon sehr früh ein. Die vier wagten, vom Südbahnhof abzufahren. Die Anschrift Schleichs hatte ihnen Aron Menczer mitgegeben. Bei der Ankunft in Schleichs Wohnung am Glockenspielplatz fanden sie dort bereits andere Flüchtlinge vor. Noch am selben Abend brachte Schleich alle mit der Straßenbahn zu seiner Hühnerfarm nach Liebenau. An einem der nächsten Tage wurde Robert mit seiner Mutter, seiner Tante und seinem Cousin in einer größeren Gruppe mit der Bahn zur Grenzstation Spielberg-Strass geschickt, wo er die deutsche Grenz- und Zollkontrolle passierte. In einem Bauernhaus, das ihm Unterkunft auf einem Strohlager bot, traf er Emanuel Issler, der sich den Knöchel verletzt hatte und nicht weitergehen konnte.[220] Als die anderen zur Grenze aufbrachen, blieb dieser als Einziger zurück. Kurz danach griffen ihn deutsche Grenzpolizisten auf, die bei der Israelitischen Kultusgemeinde in Wien anriefen. Diese ließ ihn von der Grenzpolizeistation in einem Wagen in das Rothschildhospital in Wien bringen, wo seine Verletzung behandelt wurde. Später fuhr er auf Rat Menczers wieder zu Schleich.[221]

219 Silbermann in Avenary, Kantor Salomon Sulzer, S. 276.

220 Weiss, Joško's Children, S. 21.

221 Briefliche Mitteilung von Zvi Schneider (Kurt Schneider), 24. 9. 2000.

Der Aufstieg von Roberts Gruppe zur Grenze begann gegen zehn Uhr abends bei vollständiger Dunkelheit. Es lag frisch gefallener Schnee. Kein Wort durfte gesprochen und keine Lampe angezündet werden. Mehrmals blieb die Gruppe stehen, weil die Führer den Weg erkunden mussten. Einige warfen ihr Gepäck fort, weil es ihnen zu schwer wurde. „Plötzlich ein Halt. Die Führer weisen uns auf ein Schild hin [...] Wir haben die Grenze überschritten. Gegen vier Uhr morgens erreichen wir einen großen Holzablageplatz. Wir werden angewiesen, uns unter einem Holzstapel zu verstecken und dort zu warten. Und tatsächlich halten die Führer Wort und kommen mit einem Lastwagen zurück. Wir müssen einsteigen, uns auf den Boden legen und werden mit Holz zugedeckt. Es beginnt eine lange Fahrt, ich weiß nicht mehr, wie lange sie dauerte. Ich war völlig erschöpft. Ich schlief den meisten Teil der Fahrt und ebenso die anderen. Als der Lastwagen hielt und wir unter dem Holz hervorkrochen, waren wir so steif, daß man uns beim Aussteigen helfen mußte. Wir befanden uns in der Garage eines Kaufhauses in Maribor, das einem Juden gehörte. Jetzt erhielten wir etwas zu essen, konnten uns waschen, und ich konnte mich rasieren. Später am Tag wurden Taxis geheuert, die uns in größeren Zeitabständen jeweils zu viert nach Zagreb brachten."[222]

Die letzten sieben Kinder überschritten die Grenze in den ersten Märztagen. Es dürften zugleich die Letzten gewesen sein, die den „Schleich-Weg" benutzten, denn wenig später wurde die Flucht nach Jugoslawien von der Gestapo unterbunden.[223] Den Kern der Gruppe bildeten zwei Jungen und ein Mädchen aus Wien, die dem Kreis von Aron Menczer in der Jugendaliyah-Schule angehörten: Kurt Schneider, Laszlo Toeroek und Susanne Elster.[224] Auf der Hühnerfarm in Liebenau stießen Leo Koffler und Emanuel Issler zu ihnen. Auch Josef Schiffmann aus Wien und Josef Zamojre müssen sich ihnen dort angeschlossen haben, denn sie überschritten die Grenze am selben Tag wie sie.[225] Schleich besorgte einen Opel Kapitän mit einem Fahrer, der die Gruppe wie üblich zu einem Bauernhaus nahe der Grenze brachte, wo sie Schmugglern übergeben wurde. Nachdem die Jungen und Mädchen beim ersten Versuch von den jugoslawischen Grenzwächtern abgefangen worden waren, kehrten sie zu dem Bauernhaus zurück, von wo

222 Weiss, Joško's Children, S. 24 f.

223 SBA, Bestand E 4264, Personaldossiers zu den im folgenden genannten Namen; zum Ausreiseverbot nach Jugoslawien, Weinzierl, Zu wenig Gerechte, S. 78.

224 Zvi Schneider, Aron Menczer und die seinen, in: Trotz allem Aron Menczer 1917–1943, S. 54 ff., hier S. 56.

225 Schneider, Aron Menczer, S. 56; Zamojre, Autobiografische Aufzeichnungen; SBA, Bestand E 4264, Personaldossiers; Gespräche mit Arieh Koffler (Leo Koffler).

ihnen beim zweiten Anlauf der Grenzübertritt gelang. Ein Lastwagen brachte sie anschließend nach Zagreb.[226]

Kurt Schneider war vor seiner Abreise aus Wien von Aron Menczer gewarnt worden, dass der Name seiner Eltern auf einer Deportationsliste stand, die sich im Büro der Kultusgemeinde befand. Sein Vater und seine Mutter entschlossen sich daraufhin, gemeinsam mit ihm zu fliehen. Vater Schneider hatte noch Rücklagen, und so konnte er die Passage für zwei weitere Kinder bezahlen. Nach der Ankunft in Zagreb wurden Max und Josefine Schneider von der Polizei gefasst. Da sie sich als polnische Staatsbürger ausgaben, wurden sie nicht an die deutsche Grenze gestellt, sondern nach Ungarn abgeschoben. Der 16-jährige Kurt hingegen durfte, wohl auf Fürsprache einer jüdischen Organisation, in Zagreb bleiben. Sein Vater wurde später aus Ungarn deportiert und kehrte nicht mehr zurück, seine Mutter überlebte in Ungarn.[227]

226 Briefliche Mitteilung von Zvi Schneider.

227 Schneider, Aron Menczer, S. 55 f.; Gespräche mit Zvi Schneider (Kurt Schneider).

2.

Zagreb

Palästina vor Augen

Anfang der vierziger Jahre lebten im Königreich Jugoslawien 71 000 Juden, die ungefähr 0,5 Prozent der Einwohner bildeten. Sie waren in 109 aschkenasischen und sephardischen Gemeinden organisiert, zu denen zwölf kleine orthodoxe Gemeinden hinzukamen. Die Trennlinie zwischen den aschkenasischen Gemeinden im Norden und Osten des Landes und den sephardischen im Süden und Südwesten entsprach weitgehend der früheren Grenze zwischen dem Habsburger und dem Osmanischen Reich, das seit dem frühen 16. Jahrhundert den aus Spanien vertriebenen Juden Zuflucht gewährt hatte. Die beiden größten sephardischen Gemeinden befanden sich in Belgrad und Sarajevo, kleinere auch in anderen Teilen Serbiens und Bosniens sowie in Dalmatien, Mazedonien und im Kosovo. Die größte aschkenasische Gemeinde, mit 10 000 Seelen zugleich die größte Jugoslawiens, bestand in Zagreb. Als weitere wichtige aschkenasische Gemeinden sind Subotica, Novi Sad und Osijek zu nennen. Seit 1921 waren die sephardischen und aschkenasischen Gemeinden im Bund der jüdischen Glaubensgemeinschaften (Savez jevrejskih vjeroispovjadnik općina) mit Sitz in Belgrad zusammengefasst. Er vertrat die finanziell autonomen Gemeinden gegenüber den staatlichen Organen, war höchste Schieds- und Schlichtungsinstanz und nahm wichtige Aufgaben im Bereich des Kultus, der Sozialarbeit und der Jugenderziehung wahr.[1]

Die sephardischen und die aschkenasischen Juden unterschieden sich nicht nur in ihren religiösen Bräuchen. Die Ersteren waren noch bis in die ersten Jahrzehnte des 20. Jahrhunderts hinein dem an ihre Herkunft erinnernden Ladino oder Spaniolisch treu, während die vor allem aus Österreich und Ungarn eingewanderten aschkenasischen Juden überwiegend deutschsprachig waren. Als

1 Vgl. vor allem Harriet Pass Freidenreich, The Jews of Yugoslavia. A Quest for Community, Philadelphia 1979; einzelne Hinweise auch in Rosenberg, Bericht über die Lage der Juden in Jugoslawien 1941–1943, in: Zdenko Leventhal, Auf glühendem Boden, S. 215–254, und in: Klein, Zehn Jahre jüdischen Flüchtlingshilfswerks in Jugoslawien (1933–1942), CAHJP.

nach der Gründung des jugoslawischen Staats Serbokroatisch als Landessprache eingeführt wurde, passten sich die Juden der neuen Gegebenheit an, doch in vielen Familien wurde noch lange Zeit weiterhin Spaniolisch oder Deutsch gesprochen. Die aschkenasischen Juden in den Städten des Nordens und Ostens gehörten bis auf wenige, die es zu Reichtum gebracht hatten, den Mittelschichten an und waren Kaufleute, Handwerker und Beamte. Sie waren für moderne wirtschaftliche und gesellschaftliche Entwicklungen aufgeschlossen, nach Mittel- und Westeuropa hin ausgerichtet und zum Teil stark assimiliert. Unter den Sephardim im Süden, vor allem in Mazedonien, aber auch in Sarajevo, herrschte hingegen bittere Armut. Die meisten waren als Kleinhändler und Handwerker auf Gelegenheitsarbeiten angewiesen und wohnten in unsäglich primitiven Verhältnissen. Die sephardischen Juden waren traditionsgebunden, schlossen sich stärker gegenüber der Umwelt ab und waren im Einklang mit dem Entwicklungsstand der Gegenden, in denen sie lebten, wirtschaftlich rückwärtsgewandt.[2]

Das jüdische Leben im Jugoslawien der Zwischenkriegszeit war nachdrücklich von zionistischen Ideen geprägt. Der Bund der Zionisten Jugoslawiens (Savez Cijonista Jugoslavije) zählte bis zu 10 000 Mitglieder und galt als einer der bestorganisierten der Welt. Die Erträge der Schekelsammlungen lagen pro Kopf höher als in vielen wohlhabenden Ländern. In den dreißiger Jahren hatten die Zionisten in den meisten sephardischen wie aschkenasischen Gemeindevorständen sowie im Bund der jüdischen Glaubensgemeinschaften die Mehrheit. Auch in den Jugend- und Frauenorganisationen waren sie führend. Präsident des Bundes der Zionisten Jugoslawiens war seit 1933 der Zagreber Rechtsanwalt Alexander Licht, der sich als Student in Wien für die Ideen Theodor Herzls begeistert hatte und danach maßgeblich an ihrer Verbreitung in Jugoslawien beteiligt war. Er war Gründer und Mitherausgeber der ersten zionistischen Zeitung des Landes. Seine Leitartikel in dem später entstandenen zionistischen Wochenblatt „Židov“ (Der Jude) waren richtungsweisend für die theoretische Diskussion und die praktische Arbeit. Sein zionistisches Engagement verband sich mit entschieden demokratischer Einstellung. Er erkannte frühzeitig die vom Nationalsozialismus ausgehende Gefahr und versuchte, ihr in seinen publizistischen Beiträgen aufklärend entgegenzuwirken.[3]

Im jugoslawischen Vielvölkerstaat genossen die Juden volle staatsbürgerliche Gleichberechtigung. Antisemitische Strömungen waren, ähnlich wie in Italien, nur schwach ausgebildet und traten in der Gesellschaft kaum in Erscheinung.

2 Ebenda.

3 Freidenreich, The Jews of Yugoslavia, S. 154 ff.; Katrin Völkl, Die Jüdische Gemeinde von Zagreb. Sozialarbeit und gesellschaftliche Einrichtungen, S. 131 f. Zu Alexander Licht vgl. Ziga Neumann, Dr. Alexander Licht in memoriam, CAHJP, P 187 (Yu/6-215) Ziga Neumann, und Enzyclopaedia Judaica, Bd. 11, S. 206 f.

Erst ab Mitte der dreißiger Jahre nahmen Schriften und Artikel antisemitischen Inhalts in beunruhigendem Maß zu, sodass der Bund der jüdischen Glaubensgemeinschaften zum ersten Mal öffentlich dagegen Stellung bezog.[4] Restriktive Maßnahmen wurden bis Ende der dreißiger Jahre nur gegenüber jüdischen Einwanderern und Flüchtlingen getroffen. Doch mit dem wachsenden wirtschaftlichen Einfluss Deutschlands auf dem Balkan, dem Vordringen der nationalsozialistischen Ideologie und der Einführung von Rassengesetzen in Italien war auch die Regierung geneigt, die Gleichberechtigung anzutasten. Dies geschah durch zwei im Oktober 1940 erlassene Gesetze, mit denen die Juden aus dem Lebensmittelgroßhandel ausgeschlossen wurden und ein Numerus clausus für jüdische Schüler, Hochschüler und Studenten verfügt wurde. Die Gesetze scheinen jedoch durch die Gewährung zahlreicher Ausnahmen unterlaufen worden zu sein. Obwohl sie hinter vergleichbaren Maßnahmen in anderen Ländern zurückblieben, wurden sie von den jugoslawischen Juden als Schock empfunden.[5]

Den Mittelpunkt jüdischen Lebens in Jugoslawien bildete nicht die Hauptstadt Belgrad, obwohl dort der Bund der jüdischen Glaubensgemeinschaften seinen Sitz hatte, sondern Zagreb mit der größten und reichsten Gemeinde. Außer der aschkenasischen Reformgemeinde befanden sich dort eine kleine sephardische und eine kleine orthodoxe Gemeinde. Die Reformgemeinde unterhielt ein Netz sozialer und karitativer Einrichtungen, unter anderem ein Kinderheim, eine Grundschule und ein Altersheim. Freizeitorganisationen, Frauenvereinigungen, Studentenorganisationen, literarische Zirkel und die Loge B'nai Brith entfalteten eine rege Tätigkeit. Vor allem aber war Zagreb Sitz der landesweiten zionistischen Organisation mit dem ihr angeschlossenen Palästina-Amt, der Frauenorganisation WIZO, einer Hachscharahkommission und mehreren Jugendverbänden, unter denen der Hashomer Hazair eine führende Rolle spielte.[6]

Besondere Bedeutung kam Zagreb auch für die Flüchtlingshilfe zu. Das Hilfskomitee für die jüdischen Flüchtlinge (Obdor za pomoć jevrejskim izbjeglicamy) wurde schon 1933 von der Reformgemeinde gegründet und vom Bund der jüdischen Glaubensgemeinschaften mit weitgehender Autonomie versehen. Es entwickelte sich binnen kurzer Zeit zur zentralen Anlaufstelle für die Flüchtlinge aus Deutschland und Österreich. Der Präsident des Komitees, Max Pscherhof,

4 Freidenreich, The Jews of Yugoslavia, S. 188 f.; Katrin Völkl, Zur Judenfeindlichkeit in Kroatien. Wieweit gab es Antisemitismus bis 1941? in Südosteuropa 1 (1993), S. 59–77; Katrin Völkl, Die jüdische Kultusgemeinde in Zagreb bis 1941, in: Wissenschaftliche Arbeiten aus dem Burgenland 92 (1993), S. 159–195, hier S. 184 ff.

5 Freidenreich, The Jews of Yugoslavia, S. 188 ff., 239 ff. (Abdruck der Gesetzestexte).

6 Völkl, Die Jüdische Gemeinde von Zagreb, S. 131 f.

und der erste Sekretär, Alexander Klein, blieben ununterbrochen im Amt. Als sie später im Ustascha-Staat am Leben bedroht waren, flohen sie nach Italien und von dort während der deutschen Besetzung in die Schweiz. Ab 1934 stand das Komitee in enger Verbindung zum Hilfsverein der deutschen Juden in Berlin, zum Joint in New York, auf dessen Zuschüsse es mit steigender Flüchtlingszahl immer dringlicher angewiesen war, und zur HICEM, der für die Finanzierung der Weiterwanderung zuständigen Organisation.[7]

Als die Kinder der Recha Freier ab Oktober 1940, von den Strapazen und Ängsten der Flucht gezeichnet, in Zagreb eintrafen, nahmen sich mehrere jüdische Organisationen ihrer an. Die Reformgemeinde und das Hilfskomitee für die jüdischen Flüchtlinge legten Fürsprache bei den Behörden ein, um ihren Aufenthalt zu sichern. Solange die Kinder nicht angemeldet waren, blieb es ungewiss, ob die Fremdenpolizei ihn tolerieren würde. Am Ende waren die Bemühungen wahrscheinlich wegen der Zusage der baldigen Weiterreise nach Palästina erfolgreich.[8]

Die WIZO und vor allem deren Sekretärin Roža Hacker sorgten dafür, dass die Kinder in jüdischen Familien untergebracht wurden. Wenn eine Familie nicht in der Lage war, ein Kind aus eigenen Mitteln bei sich aufzunehmen, kam die Organisation für die Kosten auf. Mitarbeiterinnen der WIZO besuchten die Familien, um sich zu überzeugen, dass alles Notwendige vorhanden war, trafen mit ihnen Vereinbarungen und sprachen über die Probleme des Zusammenlebens.[9] In einigen Fällen scheint es den Kindern schwergefallen zu sein, sich wieder an geregelte Verhältnisse zu gewöhnen. Es soll immer schwieriger geworden sein, Gasteltern zu finden, nachdem sich herumgesprochen hatte, dass ein Junge beim nächtlichen Herumschweifen und ein weiterer bei einem dummen Streich, durch den der Verdacht eines Diebstahls auf ihn fiel, von der Polizei festgenommen worden waren.[10]

Die Kinder verbrachten mit Ausnahme des Sabbat nur den Abend, die Nacht und den frühen Morgen in den Familien. Ab acht Uhr und am Nachmittag erhielten sie in den Räumen der Reformgemeinde mehrere Stunden Unterricht nach Art einer Jugendaliyah-Schule, um sie auf den Aufenthalt in Palästina vorzubereiten. Zum Stoff und zur Durchführung des Unterrichts ist im Wesentlichen nur bezeugt,

7 Ebenda, S. 139 ff.; Klein, Zehn Jahre jüdischen Flüchtlingshilfswerks, S. 3 ff.

8 Ebenda, S. 9, 12 f.

9 Ebenda und CZA, A 256 Personal Archives of Recha Freier/4/1, Report of Mrs. Freier rendered to the Executive Meeting of the PWE, 7. 4. 1941; CZA, S 75, 1749, Israel Ilnae, Das Jugendaliyahwerk auf dem Balkan während der Kriegszeit, s. d. (wahrscheinlich April 1941), Hebräisch.

10 Ithai, Die Kinder der Villa Emma, Typoskript, S. 17.

dass die Iwrith-Kurse auf mehreren Niveaustufen und in sieben Gruppen mit neun bis einundzwanzig Kindern abgehalten wurden.[11] Einer der Fortgeschrittenenkurse wurde von Recha Freier geleitet. Es heißt, die Kinder hätten ihr ehrfürchtig zugehört. Niemand habe zu stören gewagt, denn alle wussten, wie viel sie ihr zu verdanken hatten.[12] Wenn sie verhindert war, trat ein älterer Junge an ihre Stelle.

Als gemeinsamen Treffpunkt während der Zeit außerhalb der Schulstunden überließ die Gemeinde der Gruppe einen großen möblierten Kellerraum, der an einen Hof angrenzte. Die Kinder sollten tagsüber zusammenbleiben und nicht der Versuchung erliegen, in der Stadt herumzustreifen. Vor allem der Hang, ins Kino zu gehen, war mächtig, sodass die älteren Jungen kaum zurückzuhalten waren.[13] Um die Kinder sinnvoll zu beschäftigen, mussten erwachsene Betreuer gefunden werden, die Deutsch sprachen, Erfahrung im Umgang mit Kindern und Jugendlichen hatten und zugleich mit den Verhältnissen in Zagreb vertraut waren. Die Wahl fiel auf drei „madrichim" des Hashomer Hazair, Josef Indig, Armand Moreno und Zehava Weiner. Sie wurden von Recha Freier und Roša Hacker aus Golenić in Slawonien, wo sie an leitender Stelle in einer Hachscharah ihres Verbandes tätig waren, nach Zagreb gerufen. Indig war mit 23 Jahren der älteste der drei „madrichim".[14] Andere Helfer kamen hinzu. Oft genannt werden Liebmann Stein aus der Zagreber Gemeinde und Hirsch Feibisch, ein Zionist, der vor seiner Flucht aus Deutschland in Gelsenkirchen die Ortsgruppe des Verbands der polnischen Juden geleitet hatte und in der Wohlfahrtspflege und der Auswanderungsberatung der Jüdischen Gemeinde hervorgetreten war.[15]

Der Hashomer Hazair war zu der Zeit einer der aktivsten zionistischen Jugendverbände, der vor allem in Ost- und Südosteuropa, aber auch unter den von dort nach Deutschland, Österreich und Westeuropa eingewanderten Juden stark vertreten war. Sein Erziehungsideal war der Pionier (chaluz), der nach Palästina ging und praktisch wie theoretisch auf die Arbeit im Kibbuz vorbereitet war. Er sollte mit gestärktem Bewusstsein an seine Aufgabe herantreten und bereit sein, uneigennützig individuelle Bedürfnisse der gemeinsamen Sache unterzuordnen. Den äußeren Formen nach – Wanderungen, Zeltlager, Lagerfeuer, Morgenappelle, Pfadfinderkluft und Verwendung von Symbolen – stand der Hashomer

11 YVA, M 20/14/2, Freier an Silberschein, 14. 10. 1940; CZA,A 250/4/5, Verzeichnis der Hebräisch-Kurse.

12 Joškos Kinder. Josef Indigs Bericht, S. 21 (6).

13 Ebenda.

14 Briefliche Mitteilung von Armando Moreno (Armand Moreno), Sherman Oaks, Kalifornien, an den Verfasser, 9. 6. 1998; Joškos Kinder. Josef Indigs Bericht, S. 21 (6).

15 Ebenda, S. 28; CZA,L 15, 944, Empfehlungsschreiben für Hirsch Feibisch.

Hazair unter dem Einfluss der deutschen Jugend- und Wandervogelbewegung. Politisch vertrat er einen ethischen Sozialismus in Abgrenzung gegenüber marxistischen Positionen, mit denen jedoch eine rege Auseinandersetzung stattfand. Unter allen zionistischen Jugendverbänden stand der Hashomer Hazair am weitesten links. Innerhalb des Judentums wandte er sich gleichzeitig gegen Assimilation und gegen religiöse Rückständigkeit. Folglich wurde eine religiöse Erziehung in den eigenen Reihen abgelehnt.[16]

Die drei „madrichim" wandten gegenüber den ihnen anvertrauten Kindern die Erziehungsgrundsätze an, die sie vom Hashomer Hazair her kannten. In der Zeit außerhalb des Unterrichts sangen sie mit ihnen zionistische Lieder, lasen aus Büchern vor – bevorzugt waren leichte literarische Texte und Berichte über Palästina – und beschäftigten sie mit Gesellschaftsspielen. Am Sabbat wurde eine säkularisierte Feier, oneg shabbat, abgehalten mit Ansprachen, dem Vortrag von Liedern und Gedichten und szenischen Darbietungen. Bisweilen wurde den Jungen erlaubt, auf dem Hof vor dem Kellerraum Fußball zu spielen, wobei auch einmal eine Scheibe zu Bruch ging. Gelegentlich fand ein gemeinsamer Gang ins Kino statt. Darüber hinaus suchten die „madrichim" das Gespräch mit jedem einzelnen Kind, um auf seine Probleme eingehen zu können und ihm notfalls Trost und Mut zuzusprechen. Kennzeichnend für die Erziehung im Hashomer Hazair war die sichah, eine Art Aussprache innerhalb der Gruppe über Fragen des Gemeinschaftslebens und das Verhalten Einzelner mit dem Ziel, den Zusammenhalt zu stärken. Als erschwerend wirkte sich aus, dass einige Jungen nicht von der Jugendaliyah betreut worden waren und erst für zionistische Ideen gewonnen werden mussten. Manchmal konnten Kinder nur mit der Drohung, nicht nach Palästina mitkommen zu dürfen, davon abgehalten werden, sich von der Gruppe abzusondern. Einigermaßen ernüchtert fragte sich Indig, wie aus „der lärmenden Schar im Kellerraum" eine homogene Gruppe entstehen sollte, die den Weg nach Palästina antreten konnte.[17]

Recha Freier arbeitete in Zagreb unermüdlich an ihrem seit der Abreise aus Berlin verfolgten Ziel, die Kinder nach Palästina zu bringen. Würde es ihr gelingen, auch den zweiten Teil ihres Rettungsplans zu verwirklichen? An ein

16 Angelika Jensen, Sei stark und mutig! Chasak We'emaz! 40 Jahre jüdische Jugend in Österreich am Beispiel der Bewegung „ Haschomer Hazair" 1903–1943, Wien 1995; Jehuda Reinharz, Hashomer Hazair in Germany (I), 1928–1933, in: Leo Baeck Institute Year Book 31 (1986), S. 173–208; Hashomer Hazair in Germany (II), Under the Shadow of the Swastica, 1933–1938, in: Leo Baeck Institute Year Book 32 (1987), S. 183–229; Wolfgang Melzer, Die Bedeutung von Utopien für die Genese der Kibutzim und ihres Erziehungsarrangements, in: ders./Georg Neubauer (Hrsg.), Der Kibbutz als Utopie, Weinheim 1988, S. 38–69.

17 Joškos Kinder. Josef Indigs Bericht, S. 21 (9).

Scheitern wagte sie nicht zu denken. Nach ihrer Ankunft in Zagreb schrieb sie an Silberschein in Genf, das Zertifikatsproblem werde keine größeren Schwierigkeiten bieten, doch dieser widersprach ihr und mit Recht.[18] Die britischen Mandatsbehörden in Palästina verweigerten bekanntlich die Erteilung von Zertifikaten an Juden, die nach dem Beginn des Weltkriegs aus dem nationalsozialistischen Herrschaftsbereich in ein neutrales Land geflohen waren. Henrietta Szold, die Leiterin des Jugendaliyah-Department der Jewish Agency in Jerusalem, hoffte, dass für Kinder und Jugendliche Ausnahmen gewährt würden, und drängte die Jewish Agency, bei der britischen Regierung dafür einzutreten.[19] Es hat den Anschein, dass dies mit Erfolg geschah, denn anders wäre es kaum zu erklären, dass im August 1940 immerhin 117 Zertifikate an Jugendliche in Šabac, etwa hundert Kilometer westlich von Belgrad, ausgegeben wurden. Sie gehörten zu einer Gruppe, die im November 1939 – nach Kriegsbeginn – die Fahrt auf der Donau zur illegalen Einwanderung nach Palästina angetreten hatte und in Kladovo vor der rumänischen Grenze hängengeblieben war.[20] Die Erteilung der 117 Zertifikate konnte für die Kinder in Zagreb hoffnungsvoll stimmen.[21] Sie ändert jedoch nichts an der Tatsache, dass für die ständig wachsende Zahl von Anwärtern bei Weitem nicht genügend Zertifikate zu erhalten waren. Ein an den Hohen Kommissar in Palästina gerichtetes Gesuch Szolds, zusätzlich 1000 Jugendaliyah-Zertifikate bereitzustellen, wurde abgelehnt.[22] Schließlich war die Frage der Transitvisen zu lösen. Von Zagreb aus wurden sie für Griechenland oder Bulgarien, die Türkei, Syrien und den Libanon benötigt. Vor allem die Türkei verhielt sich lange Zeit abweisend. Im November 1940 stellte Henrietta Szold fest, dass in den letzten sechs Monaten keine einzige Einreise nach Palästina über die Türkei erfolgt sei.[23] Erst ab Januar 1941 kam der Transit wieder in Fluss, nachdem Chaim Barlas, der Vertreter der Jewish Agency in Istanbul, mit der türkischen Regierung eine Vereinbarung getroffen hatte, die feste Regelungen für die Durchreise vorsah.[24]

18 YVA, M 20/14/2, Freier an Silberschein, 22. 8. 1940; Silberschein an Freier, 30. 8. 1940.

19 CZA, S 75, 921, Szold an Moshe Shertok, The Jewish Agency for Palestine, 20. 2. 1940.

20 Dalia Ofer, Hannah Weiner, Dead-End Journey. The Tragic Story of the Kladovo-Šabac Group, Lanham/Maryland 1996, S. 120 ff. Vgl. auch Gabriele Anderl/Walter Manoschek, Gescheiterte Flucht. Der jüdische „Kladovo-Transport" auf dem Weg nach Palästina 1939–42, Wien 1993.

21 YVA, M 20/14/2, Freier an Silberschein, 25. 9. 1940.

22 CZA, L 15, 338, Instructions Regarding the Choice of Candidates for Youth Aliyah, 1. 10. 1940; Ofer/Weiner, Dead-End Journey.

23 CZA, A 125, 85, Szold an die madrichim der Jugendaliyah, 11. 11. 1940.

24 YVA, P1/4, The Jewish Agency for Palestine, Chaim Barlas, Rundschreiben Nr. 4, Istanbul 17. 2. 1941.

Die Zertifikate und Transitvisen für jüdische Kinder und Jugendliche in Jugoslawien musste das Palästina-Amt in Zagreb besorgen, mit dessen Leiter, Richard Kohn, Recha Freier ständig in Verbindung stand. Gleichzeitig suchte sie in Briefen an Szold in Jerusalem und Barlas in Istanbul ihrer Sache Nachdruck zu verleihen. Ende Oktober, nur 14 Tage nach der Ankunft der ersten von Freier betreuten Kinder in Zagreb, wandte sich Kohn mit einem Telegramm an Szold und erbat 36 Zertifikate. Mitte Dezember, als neue Gruppen eingetroffen waren, forderte er 45 weitere an.[25] Wenig später trat Freier in zwei Briefen an Szold für 84 Zertifikate ein.[26] Doch es verstrich viel Zeit, ohne dass etwas geschah. Wie Recha Freier in ihren Erinnerungen darlegt, stellte sich Szold auf den legalistischen Standpunkt und beantragte nicht die erbetenen Zertifikate, weil die Kinder aus dem nationalsozialistischen Herrschaftsbereich stammten. Vermutlich hielt sie nach ihrer Einschätzung der Lage zu diesem Zeitpunkt eine Bewilligung für aussichtslos. Schließlich gelang es Barlas in Istanbul, die Zertifikate bereitzustellen, indem er die Kinder als „jugoslawische Jugendgruppe" ausgab. Auf diese Weise waren bis Mitte Februar alle 84 Zertifikate zugesagt (48 für die Jugendaliyah und 36 für Kinder). Kohn konnte zusätzlich sechs Zertifikate aus einem ursprünglich für jugoslawische Jugendliche bestimmten Kontingent abzweigen.[27] Am 16. Februar telegrafierte Kohn an Szold mit der dringenden Bitte, noch einmal 22 Zertifikate zu beschaffen, doch die Antwort lautete: „Keine Zertifikate mehr zu unserer Verfügung."[28] So blieb es bei den 90 Zertifikaten.

Wie wurden nun diese Zertifikate auf die Kinder in Zagreb verteilt? Es trafen ja ununterbrochen neue Kinder ein, nicht zuletzt die 15 Mädchen aus Berlin, die in Krško interniert wurden, und eine kleine Gruppe aus Wien. Insgesamt warteten Mitte März ungefähr hundertvierzig Kinder und Jugendliche in Zagreb auf die Weiterreise nach Palästina.[29] Ausgewählt wurden die meisten, die bis zur Jahreswende nach Zagreb gekommen waren, das heißt vor allem die Jungen aus Berlin. Aus den Namenslisten ist zu ersehen, dass noch mindestens zwölf vor Januar 1940 eingetroffene Kinder in Zagreb zurückblieben, offenbar weil sie die strengen Auswahlkriterien nicht erfüllten. Arnold Weininger etwa wurde ausgeschlossen, weil er in Zagreb an einer Rippenfellentzündung erkrankt war.[30]

25 CZA, S 75, 1749, Palästina-Amt Zagreb (Kohn) an Szold, 31. 10. und 12. 12. 1940.

26 Ebenda, Freier an Szold, 15. 12. 1940 und 5. 1. 1941.

27 Ebenda, 1750, Palästinaamt Zagreb (Kohn) an Szold, 18. und 21. 2. 1941; Freier, Let the Children Come, S. 71; AH, Hechaluz-Sammlung von Nathan Dror (Schwalb), Indig an Schwalb,12. 9. 1941.

28 CZA, S 75, 1750, Kohn an Szold, 16. 2. 1941; Szold an Kohn, 19. 2. 1941.

29 Ebenda, Kohn an Szold, 28. 3. 1941.

30 Ebenda, 1749, Kohn an Szold, 12. 12. 1940 und ebenda, S 75, 1750, Namenslisten; Gespräch mit Arnold Wininger (Arnold Weininger).

Recha Freier fuhr mit ihrer Tochter Ma'ayan Anfang März noch vor den 90 Kindern nach Palästina ab.[31] Sie hatte spätestens im Februar das türkische Transitvisum erhalten und konnte die Abreise nicht mehr aufschieben. Ihre Freunde in Zagreb ermutigten sie, sich von den Kindern zu trennen, denn sie waren beim Palästina-Amt und der WIZO in guten Händen. Vielleicht würde es ihr in Palästina gelingen, durch ihr persönliches Eintreten Zertifikate auch für die übrigen Kinder zu erlangen.[32]

Eine Zeit lang war daran gedacht, die 90 Kinder von Zagreb zuerst nach Šabac zu bringen, von wo sie gemeinsam mit den Kindern der Kladovo-Gruppe nach Palästina aufbrechen sollten. Doch der Plan wurde, vermutlich wegen der Versorgungsschwierigkeiten in Šabac, bald wieder aufgegeben.[33] Stattdessen fuhr die erste Gruppe, von der WIZO mit Wegzehrung versehen, am 25. März in Begleitung von Armand Moreno nach Belgrad ab, wo sie am nächsten Morgen ankam und im jüdischen Waisenhaus untergebracht wurde.[34] Am 27. März putschten in Belgrad serbische Offiziere, stürzten die Regierung Cvetkovic und setzten den Prinzregenten ab. Der Putsch richtete sich gegen den kurz zuvor angekündigten Beitritt Jugoslawiens zum Dreimächtepakt, durch den das Land seine Neutralität aufgab und an die Seite Hitlers trat. Am selben Tag versammelten sich in der Belgrader Innenstadt riesige Menschenmengen, die den Umsturz mit Parolen wie „Lieber Krieg als Pakt“ und „Lieber begraben als Sklaven“ begrüßten.[35] Die jüdischen Organisationen in Zagreb begriffen sofort den Ernst der Lage, denn nunmehr war jeden Tag mit einem deutschen Angriff zu rechnen. Deshalb wurde Indig beauftragt, sich umgehend mit dem zweiten Teil der Kinder auf die Reise zu begeben.[36] Leo Koffler beschreibt, wie er und einige ältere Jungen und Mädchen,

31 Gespräche mit Ma'ayan Landau (Ma'ayan Freier), Jerusalem, 21. 12. 1995 und 3. 5. 2000.

32 Freier, Let the Children Come, S. 71; Ithai, Die Kinder der Villa Emma, Typoskript, S. 16.

33 YVA, M 20/14/2, Freier an Silberschein, 26. 10. und 16. 11. 1940.

34 CZA, S 75, 1750, Barlas an Szold, 26. 3. 1941; briefliche Mitteilung von Armando Moreno an den Verfasser, 2. 7. 1998.

35 Holm Sundhaussen, Geschichte Jugoslawiens 1918–1980, Stuttgart 1982, S. 101 ff.

36 Joškos Kinder. Josef Indigs Bericht, S. 30 ff. (22). Die Abfahrt war ursprünglich auf den 28. März festgelegt, müsste aber gemäß Indigs Darstellung auf den 27. April vorverlegt worden sein. Armando Moreno erklärt in zwei Briefen an den Verfasser vom 2. 7. 1998 und 16. 9. 1999, dass Indig seines Wissens Zagreb nicht verlassen hat, weil er dort für die Betreuung der Kinder unentbehrlich war. Dagegen stehen die ausführliche Darstellung des Aufenthalts in Belgrad in Indigs Erinnerungen und die im Folgenden zitierte Mitteilung Kofflers zur Abfahrt Indigs in Zagreb. Bemerkt sei aber, dass Indig in einem auf den 24. 3. 1941 datierten Brief an Recha Freier (YVA, P 1/4) noch nicht davon ausging, eine Gruppe nach Belgrad zu begleiten. Nach Mitteilung von Barlas fuhr eine dritte Gruppe am 1. 4. in Zagreb ab. Indig erwähnt zehn Kinder, die nach der zweiten Gruppe in Belgrad ankamen, CZA, S 75, 1750, Barlas an Jewish Agency, Jerusalem, 26. 3. 1941; Ithai, Die Kinder der Villa Emma, Typoskript, S. 30.

die noch auf Zertifikate warteten, ihre Gefährten zum Bahnhof begleiteten, wo sie sich am Zug von ihnen verabschiedeten und gemeinsam mit ihnen die Hatikwah sangen.[37] In Belgrad war die Ankunft der Gruppe nicht angekündigt worden, wahrscheinlich weil infolge des Putschs die Telefon- und Telegrafenleitungen unterbrochen waren. Deshalb war nichts für ihre Unterbringung vorbereitet. Außerdem war gerade Sabbat. Die Kinder mussten daher die erste Nacht in den Büro- und Versammlungsräumen der Jüdischen Gemeinde auf dem Fußboden verbringen, nachdem ihnen der Portier erst nach energischer Aufforderung das Haus aufgeschlossen hatte.[38]

Die beiden Gruppen blieben jeweils eine knappe Woche in Belgrad und fuhren am 31. März und 3. April weiter.[39] Indig begleitete die erste Gruppe zum Bahnhof und fuhr möglicherweise mit ihr bis nach Skoplje. Auf dem Rückweg nach Zagreb machte er in Osijek Halt, wo er seine Eltern besuchte, die er damals zum letzten Mal sah. Bei der Abfahrt in Belgrad befanden sich, wie Indig berichtet, Tausende von Menschen auf den Bahnsteigen, die panikartig die Stadt zu verlassen suchten. Die Züge wurden gestürmt. Menschen kletterten durch die Waggonfenster. Für einen hohen Geldbetrag war ein Bahnpolizist bereit, die Kinder schon auf dem Rangierbahnhof in einen Wagen einsteigen zu lassen.[40] Bei der Fahrt durch Griechenland, das seit dem italienischen Angriff im Krieg stand, blieb der Zug mehrmals auf freier Strecke stehen, weil Fliegeralarm gegeben wurde. Der letzte Teil der dreitägigen Fahrt bis Istanbul erfolgte in einem Güterzug. Die zweite Gruppe passierte die türkische Grenze am 6. April, nur wenige Stunden, bevor der Balkankrieg begann und deutsche Truppen über die bulgarische Grenze nach Griechenland vordrangen. In Istanbul kümmerte sich ein aus Wien stammender Jude, Simon Brod, fürsorglich um die Kinder, die er

37 Koffler, Die Entstehung unserer Jugendgemeinschaft, S. 304.

38 Joškos Kinder. Josef Indigs Bericht, S. 33 (28).

39 CZA, L 22, 14/2, Sime Spitzer, Belgrad, an Lichtheim, 2. 7. 1941; Indig an Lichtheim, 5. 6. 1941.

40 Joškos Kinder. Josef Indigs Bericht, S. 33 f. (30 f.). Armando Moreno schließt absolut aus, dass Indig von Belgrad mit der ersten Gruppe nach Skoplje weitergefahren ist. Die Darstellung Indigs ist in dieser Hinsicht nicht eindeutig. Die Annahme, dass er die Gruppe bis Skoplje begleitet haben könnte, wird jedoch durch ein nachweislich dort aufgegebenes Telegramm an Barlas in Istanbul mit unleserlicher Datierung erhärtet. Das Telegramm lautet: „44 Jugendliche 5 Erwachsene Skoplje Mittag abgereist. Stop. Karten nur bis Istanbul. Hammetsmied. Indig". Ella Hammerschmidt war eine Begleiterin der Gruppe und Freundin Recha Freiers, die bis Palästina mitfuhr. Es fällt jedoch auf, dass Indig in seinem Beitrag: The Children of Villa Emma, in: Herzer, The Italian Refuge, S. 181, ausdrücklich nur die Rückkehr von Belgrad nach Zagreb über Osijek erwähnt, nicht aber eine Fahrt bis Skoplje.

in Hotels unterbrachte. Spätestens am 9. April bestiegen alle neunzig Kinder gemeinsam einen Zug der Bagdadbahn. In Aleppo lud sie die Jüdische Gemeinde zum Sederabend ein, doch die Polizei verbot die Unterbrechung der Fahrt. Daraufhin wurden Mazzoth, Wein und Gläser zum Zug gebracht, und die Feier fand in den Abteilen statt. Von Beiruth ging es in Bussen bis zur palästinensischen Grenze. Vorläufiger Endpunkt der Reise war Haifa, von wo die Kinder zu den Kibbuzim weitergeleitet wurden, denen sie zugeteilt waren.[41]

Die Kinder müssen fort!

Am 6. April 1941 eröffneten Deutschland und Italien den Krieg mit Jugoslawien. Am Anfang stand ein schwerer Bombenangriff der Luftwaffe auf Belgrad, bei dem weite Teile der Stadt in Schutt und Asche gelegt wurden. Die Italiener bombardierten Sarajevo. Schon nach wenigen Tagen brach der Widerstand gegen die von Österreich und Bulgarien vorstoßenden Wehrmachtsverbände zusammen. Das jugoslawische Heer war der Übermacht nicht gewachsen und zudem durch seine inneren Gegensätze geschwächt. Die Kampfmoral der kroatischen Soldaten und Offiziere war gering, die teilweise sogar desertierten oder den Einberufungsbefehl nicht befolgten. Beim Einmarsch der deutschen Truppen am 10. April herrschte in den Straßen von Zagreb Jubel.[42]

Die Niederlage hatte die Auflösung des jugoslawischen Staats und seine Aufteilung zur Folge. Als größte territoriale Einheit entstand der „Unabhängige Staat Kroatien", der Bosnien, die Herzegowina und Teile Dalmatiens einbezog. Die Hauptstadt war Zagreb. Regierungschef wurde auf Betreiben Hitlers der „Poglavnik" (Führer) der Ustascha-Bewegung, Ante Pavelić, der mit einigen Hundert Gefolgsleuten aus dem Exil im faschistischen Italien zurückkehrte. Die Siegermächte errichteten ein Besatzungsregime, dem der neue Staat untergeordnet war. Die deutsche Besatzungszone umfasste Zagreb, Sarajevo und alle weiter nördlich und östlich gelegenen Gebiete und war von der italienischen Zone durch eine in südöstlicher Richtung parallel zur Adriaküste verlaufende Demarkationslinie getrennt.[43]

41 CZA, L 15, 198, Barlas an Jewish Agency, Jerusalem, 7. 4. 1941; CZA, S 75, 1750, Barlas an Jewish Agency, Jerusalem, 9. 4. 1941; YVA, P 1/1, Ella Hammerschmidt, Unser Exodus, S. 4 f.; Klein, Zehn Jahre jüdischen Flüchtlingshilfswerks, S. 13.

42 Sundhaussen, Geschichte Jugoslawiens, S. 108 ff., 112; Menachem Shelah, Un debito di gratitudine. Storia dei rapporti tra l'Esercito Italiano e gli Ebrei in Dalmazia (1941–1943), Rom 1991, S. 27; Leventhal, Auf glühendem Boden, S. 27 ff.

43 Sundhaussen, Geschichte Jugoslawiens, S. 112 ff.

Die Ustascha-Bewegung vertrat einen von rassistischen Denkmustern geprägten extremen Nationalismus und Chauvinismus. In dem nationalkroatischen Staat sollten Serben, Muslime, Juden und andere Minderheiten von öffentlichen Ämtern ausgeschlossen bleiben. Sie waren denen vorbehalten, „die der kroatischen Rasse und dem kroatischen Blut" angehörten. Es war nur eine Religion zugelassen, die katholische. Hauptfeinde waren die griechisch-orthodoxen Serben, die durch Zwangstaufen zur Aufgabe ihrer Identität gezwungen werden sollten. Wo sie sich gegen die Unterdrückung zur Wehr setzten, kam es zu Vertreibungen – „ethnischen Säuberungen", wie man heute sagen würde – und zu Massakern. Man schätzt die Zahl der Opfer auf weit über hunderttausend.[44]

Die Schärfe der Maßnahmen gegen die Juden erklärt sich zum Teil mit der Absicht der Ustascha-Regierung, die deutschen Besatzungsbehörden, auf deren Wohlwollen sie angewiesen war, zu beeindrucken und sich ihnen gegenüber als zuverlässig zu erweisen. Die ersten Maßnahmen gingen von der Gestapo aus, die sofort nach dem Einmarsch in Zagreb die Räume der Jüdischen Gemeinde und der jüdischen Vereinigungen besetzen ließ. Zahlreiche Rabbiner und führende Gemeinde- und Verbandsmitglieder wurden verhaftet und verhört. Einige von ihnen, so auch Alexander Licht, der Präsident des jugoslawischen Zionistenverbands, wurden in Gefängnisse in Graz und Wien verschleppt und dort weiteren Verhören unterzogen. Andere kamen in ein deutsches Konzentrationslager.[45]

Ab Mitte April trat auch die Ustascha-Regierung auf den Plan und erließ in rascher Abfolge eine Reihe judenfeindlicher Gesetze und Verordnungen, bei deren Vorbereitung ihr Berater aus dem Einsatzstab Rosenberg zur Seite standen.[46] Den Schwerpunkt bildete das Gesetz „zum Schutz des kroatischen Bluts", das sich eng an die „Nürnberger Gesetze" anlehnte. Innerhalb kürzester Frist befanden sich die rund 35000 kroatischen Juden in einem Zustand der Rechtlosigkeit, der Verelendung, des gesellschaftlichen Ausschlusses und der Erniedrigung, der sich kaum von dem im nationalsozialistischen Deutschland unterschied. In Zagreb zum Beispiel wurden die Juden ähnlich wie in Wien in vielen Vierteln aus ihren Wohnungen vertrieben. Alle jüdischen Geschäfte und Betriebe in der Stadt wurden enteignet und die Räume der Jüdischen Gemeinde und der jüdischen Vereinigungen beschlagnahmt. Die große aschkenasische Synagoge wurde auf ausdrücklichen Befehl des „Poglavnik" abgerissen. Über die Einhaltung der

44 Ebenda, S. 120 ff.

45 Shelah, Un debito di gratitudine, S. 33; Rosenberg, Bericht über die Lage der Juden, S. 222 f.; zu Lichts Verhaftung: Joškos Kinder. Josef Indigs Bericht, S. 30 (37).

46 PA AA, Inland IIg, 194 Judenfrage in Jugoslawien, Kroatien und Serbien, Bericht der Deutschen Gesandtschaft in Zagreb, 28. 6. 1941.

unzähligen Auflagen und Verbote, die in alle Lebensbereiche eingriffen, wachte eine Sektion der Ustascha-Polizei. Juden mit ausländischer Staatsbürgerschaft blieben vorerst von den Anordnungen ausgenommen.[47]

Schon Anfang Mai wurde in ganz Kroatien, wie nach Beginn der deutschen Besetzung zuvor schon in Polen und Serbien, das Tragen eines besonderen Abzeichens zur Pflicht erhoben, durch das die Juden in der Öffentlichkeit sofort zu erkennen waren. Es war anfangs ein gelbes Stoffstück mit einem aufgedruckten schwarzen Davidstern und dem Buchstaben „Ž" für „Židov": Jude. Später wurde es durch eine runde, ebenfalls gelbe Blechtafel nur mit dem Buchstaben „Ž" ersetzt.[48]

Ungefähr zur selben Zeit begannen in Zagreb die Verhaftungen ganzer Gruppen von Juden. Anfangs waren davon vor allem Rechtsanwälte betroffen. In einer zweiten Phase wurden fast alle Rechtsanwälte, die noch auf freiem Fuß waren, und viele wohlhabende Juden sowie sämtliche Mitglieder der Loge B'nai Brith mit ihren Angehörigen – über hundert Familien – festgenommen. Sie kamen in Lager auf der Insel Pag, in Karlobag an der Adriaküste und in Jadovno im Karstgebirge bei Gospić. Die Verhältnisse, die sie dort vorfanden, waren erschreckend. In Jadovno hatte man einfach ein Areal mit Stacheldraht abgeschlossen; die Baracken sollten erst von den Häftlingen gebaut werden. Die Männer mussten bei sommerlicher Hitze schwere körperliche Arbeit in Steinbrüchen und Salinen verrichten. Etwas später kamen dreihundert junge Männer hinzu, unter ihnen auch viele Mitglieder zionistischer Jugendverbände und Freunde Indigs, die sich unter Druck zum Arbeitsdienst gemeldet hatten, ohne im Geringsten zu ahnen, was ihnen bevorstand.[49]

Pag, Karlobag und Jadovno lagen in der italienischen Besatzungszone. Als das italienische Heer wegen der Ausschreitungen der Ustaschi gegen die Serben wieder die Polizeihoheit an sich zog, wurden die Häftlinge ab Mitte August nach Norden in die inzwischen in der deutschen Besatzungszone errichteten Lager in Jasenovac und Kruščica verlegt. Beide waren, wie sich bald herausstellte, Todeslager.[50] Später ermittelten die Italiener, dass ein Teil der Häftlinge auf Pag vor dem Abtransport ermordet worden war. Bei der Freilegung von Massengräbern stießen sie auf über 1500 Leichen. Die meisten Opfer waren Serben und etwa ein Fünftel Juden. Die Kenntnis der Vorgänge auf Pag hatte zur Folge, dass das italienische Heer die jüdischen Flüchtlinge vor den Ustascha-Behörden schützte und sie in der Regel nicht in den deutschen Besatzungsbereich abschob.[51]

47 Rosenberg; Bericht über die Lage der Juden, S. 222 ff.; Leventhal, Auf glühendem Boden, S. 34.

48 Rosenberg, Bericht über die Lage der Juden, S. 223 ff.

49 Ebenda, S. 224 ff.; Voigt, Zuflucht auf Widerruf, Bd. 2, S. 222 f.

50 Rosenberg, Bericht über die Lage der Juden, S. 230 f.; zu Jasenovac vgl. unten S. 188.

51 Shelah, Un debito di gratitudine, S. 45 ff.; Voigt, Zuflucht auf Widerruf, Bd. 2, S. 225 ff.

Die deutsche Besetzung und die Errichtung des kroatischen Ustascha-Staats stellten die in Zagreb zurückgebliebenen Kinder vor eine gänzlich neue Situation. Recha Freier hatte vor ihrer Abreise Indig ans Herz gelegt, die Kinder zu betreuen. Es war ein Zeichen besonderen Vertrauens, das Indig als Auftrag und Verpflichtung auffasste. Wie er versichert, habe er Recha Freier versprochen, ja ihr geradezu geschworen, die Kinder nicht zu verlassen, bevor sie in Palästina waren. Jetzt aber war der Weg dorthin versperrt. Dennoch richteten sich seine Gedanken auch weiterhin auf das Ziel, obwohl es in absehbarer Zeit nicht zu erreichen war.[52]

Was war zu tun? Von Tag zu Tag wurde deutlicher, dass die deutsche Besetzung nur Schlimmes befürchten ließ. Indig war jetzt weitgehend auf sich allein gestellt. Ihm fehlte vor allem die Hilfe Morenos, der durch die zwischen Serbien und Kroatien errichtete Grenzsperre an der Rückkehr aus Belgrad gehindert war. Viele Freunde Indigs in Zagreb, wie Roža Hacker und Richard Kohn, waren nach dem Verbot der zionistischen Organisationen ohne institutionellen Rückhalt. Die Jüdische Gemeinde war durch die Verhaftungen und Beschlagnahmen gelähmt und konnte die Kinder nicht mehr wie früher schützen. Sie nahm erst nach einiger Zeit ihre Tätigkeit mit einer ihr aufgezwungenen zentralistischen Struktur und unter strenger Kontrolle der Ustascha-Polizei wieder auf.[53]

Indig, der zu selbstkritischer Betrachtung neigte, zweifelte bisweilen, ob er den Aufgaben, die er auf sich genommen hatte, gewachsen war.[54] Außer der erzieherischen Arbeit im Hashomer Hazair schien ihn nichts dafür zu prädestinieren. Erst im Laufe der folgenden vier Jahre sollte sich zeigen, dass er Mut, Besonnenheit und Entschlusskraft besaß und bei Gefahr über sich selbst hinauswuchs. Sein Vater stammte aus einer strenggläubigen, chassidischen Familie in Ungarn und kam nach dem Ersten Weltkrieg als Kantor an die Synagoge in Osijek, wo er sich zionistischen Ideen öffnete. Der junge Indig besuchte in Osijek die Volksschule, die Mittelschule und das Gymnasium, an dem er das Abitur ablegte. Als Abiturthema im Fach Deutsch wählte er zum Entsetzen seiner Lehrer die Dramen des Rebellen Ernst Toller. Unter dem Einfluss seiner älteren Schwester, die später nach Palästina auswanderte, trat er schon als Neunjähriger dem Hashomer Hazair bei, dessen antireligiöse Ausrichtung ihn in Opposition zu seinem Elternhaus brachte. Im Hashomer Hazair lernte er auch etwas Hebräisch. Mit vierzehn wurde er „menahel“, der eine „kwuzah“, eine Gruppe Jüngerer, leitete. Mit zwanzig war er „madrich“. Danach wurde er in die Landesleitung seines Verbandes berufen, für die er Fahrten und Zeltlager durchführte. Für die

52 Ithai, Die Kinder der Villa Emma, Typoskript, S. 35.

53 Ebenda, S. 35, 37; Rosenberg, Bericht über die Lage der Juden, S. 225 f.

54 Joškos Kinder. Josef Indigs Bericht, S. 51 (35, 63).

Jugendarbeit verfasste er eine Broschüre mit einer Einführung in die Landeskunde Palästinas. Sein zionistisches Ideal war so tief verwurzelt, dass er auf ein Studium verzichtete und zur Vorbereitung auf praktische Arbeit in Palästina eine Automechanikerlehre antrat. Außer für alle Fragen des Zionismus interessierte er sich für Musik und moderne Literatur.[55]

Nach dem Einmarsch der deutschen Truppen in Zagreb war Indig im Ungewissen, was mit den 15 Mädchen in Krško geschehen war. Tatsächlich war ihnen und den nahezu zweihundert in dem Jagdschloss internierten Flüchtlingen nichts zugestoßen. Unmittelbar nach der Besetzung verließen die meisten in großer Unruhe das Schloss und zerstreuten sich in verschiedene Richtungen, ohne von den deutschen Militärbehörden daran gehindert zu werden. Der Verwalter des Internierungszentrums, Eugenio Bolaffio, führte eine Gruppe von 55 Menschen nach Ljubljana, das sich in dem von italienischen Truppen besetzten und später von Italien annektierten Teil Sloweniens befand. Andere folgten einzeln oder in kleineren Gruppen nach. Wahrscheinlich der größte Teil floh hingegen nach Zagreb, wo man sich Hilfe vonseiten der jüdischen Organisationen erhoffte.[56]

Den Weg nach Zagreb wählte auch Tilla Nagler, die Älteste unter den Mädchen, um Indig aufzufinden und mit ihm die Überführung ihrer Gefährtinnen nach Zagreb vorzubereiten. Sie wurde dabei von Marek Silberschatz begleitet, der sich als Internierter in Krško um die Mädchen gekümmert und ihr Vertrauen gewonnen hatte. Er fuhr dann auf Bitten Indigs nach Krško zurück und holte sie von dort nach Zagreb.[57]

Es war die erste Begegnung Indigs mit einem Mann, der für die Kindergruppe unentbehrlich werden sollte. Silberschatz war ungefähr Mitte dreißig und stammte aus einer Familie mit acht Kindern in Łódź. Von Beruf war er, wie er angab, Seifensieder. Wie sein Bruder berichtet, führte er in den dreißiger Jahren ein Geschäft in Danzig. Manchmal bezeichnete er sich, um Eindruck zu schinden, als „Seifenfabrikant" oder als „Industriellen". Wahrscheinlich aber betätigte er sich in allen möglichen Bereichen des Handels, auch des Schwarzhandels. Zu Beginn des Zweiten Weltkriegs wurde er in das polnische Heer eingezogen, und bei dessen Rückzug floh er, um der Gefangenschaft zu entgehen, über die Karpaten nach Ungarn.

55 Gespräche mit Josef Ithai (Josef Indig); Josef Indig, Hasomer Hacair u Sarczu cionista Jugoslavije halucim, Zagreb 1940, hektographiert in CZA.

56 CAHJP, Comitato Italiano di Assistenza, Scatola 3/30, Josef Kligler an HICEM, 7. 5. 1941; Bolaffio an Delasem, 28. 5. 1941; Comitato Italiano di Assistenza an Delasem, 19. 6. 1941; Scatola 1/1, Bolaffio an Comitato Italiano di Assistenza, 16. 5. 1941; Joškos Kinder. Josef Indigs Bericht, S. 40 f. (38 ff.).

57 Ebenda, S. 41 (37); Gespräche mit Tilla Offenberger (Tilla Nagler), Haifa, 14. und 28. 6. 1996.

Von dort schlug er sich, möglicherweise nach vorübergehender Internierung, nach Jugoslawien durch. Seine Frau und sein Kind blieben in Polen zurück.[58]

Silberschatz hatte eine rasche Auffassungsgabe und einen unübertrefflichen Geschäftssinn. Indig meint, er sei zeitweise – wohl Ende der dreißiger Jahre – in Italien gewesen und dort als Mitglied eines Passfälscherrings verhaftet worden, der jüdischen Flüchtlingen gegen Geld zur Weiterreise verhalf. Insofern würde es einleuchten, weshalb er sich später in Ljubljana gegenüber den italienischen Behörden den Namen Schoky – Marco Schoky – zulegte und seinen Geburtsort und sein Geburtsdatum änderte.[59] Zur Gruppe Indigs fühlte er sich hingezogen, weil er in seiner Jugend aktiver Zionist gewesen war. Er hatte sogar zwei Jahre, seiner Angabe zufolge von 1925 bis 1927, in Palästina verbracht und war von dort nach Polen zurückgekehrt. Aufgrund seines Naturells darf man annehmen, dass er sich auf Dauer nicht an die strengen Anforderungen des Pionierlebens gewöhnen konnte. Seine Sympathie für den Zionismus aber blieb bestehen und auch etwas vom Kameradschaftsgeist der Jugendverbände.[60]

Die 15 Mädchen aus Krško wurden nach ihrer Ankunft in Zagreb zunächst in einem Haus in der Ulica Boscoviceva untergebracht und kamen danach in ein leer stehendes jüdisches Mädchenheim in der Ulica Petrinska. Dort fanden sie möblierte Gemeinschaftsräume und nach langer Zeit wieder frisch bezogene weiße Betten vor. Wenig später kamen die bisher über die Stadt verstreuten Jungen in einem einige Häuser weiter in derselben Straße gelegenen Lehrlingsheim unter. Angesichts der neuen politischen Verhältnisse war von den Familien, die sie zu sich genommen hatten, nicht mehr zu verlangen, dass sie weiter die Verantwortung für sie trugen.[61] In den beiden Heimen wurde der Iwrith-Unterricht fortgeführt, und es fanden die üblichen Aussprachen – „sichoth" – über die Probleme der Gruppe statt.[62]

58 SBA, EJPD, Bestand E 4264, N 17922/Silberschatz-Schoky, Marco; Gespräch mit Jitzak Barschatz, dem Bruder von Silberschatz, Haifa, 29. 4. 2000.

59 Silberschatz machte zu seinem Nachnamen, Geburtsdatum und Geburtsort folgende Angaben: 1941 in Ljubljana: Marek Silberschatz, geb. am 23. 11. 1906 in Łódź (CAHJP, Comitato Italiano di Assistenza, Scatola 3/30, Lista complessiva degli emigranti a Ljubljana, Juni 1941); 1943 in Nonantola: Marco Schoky, geb. am 21. 11. 1909 in Wejherovo bei Gdynia (in Nonantola ausgestellte Identitätskarte in SBA, EJPD, Bestand E 4264, N 17922/Silberschatz-Schoky, Marco); 1943 in der Schweiz: Marco Silberschatz, geb. am 24. 11. 1907 in Lask (ebenda, Fragebogen). Das richtige Geburtsdatum und der richtige Geburtsort sind nach Auskunft von Jitzak Barschatz: 23. 10. 1907 in Łódź.

60 SBA, EJPD, Bestand 4264, N 17922/Silberschatz-Schoky, Marco; Joškos Kinder. Josef Indigs Bericht, S. 44 (41 f.).

61 Ebenda; Gespräche mit Tilla Offenberger (Tilla Nagler).

62 Joškos Kinder. Josef Indigs Bericht, S. 45 f. (45, 51 f.); Koffler, Die Entstehung unserer Jugendgemeinschaft, S. 306.

Marco Schoky, Herbst 1943 in der Schweiz.
Schweizerisches Bundesarchiv, Bern

Die Ulica Petrinska lag in einem Zagreber Altstadtviertel mit engen Gassen, Krämer- und Trödlerläden, Verkaufsbuden, ambulanten Händlern und Schänken. Tagsüber herrschten Gewimmel und Getöse von Fußgängern und Radfahrern, von Pferdefuhrwerken, Autos und Militärfahrzeugen. In den Schänken und Wirtshäusern saßen deutsche Soldaten, deren Johlen bis hinauf zu den Fenstern drang. Sobald es dunkel wurde, standen an den Ecken Prostituierte, die unter den Soldaten auf Kundenfang gingen. Indig war beunruhigt: „Die Chaverim waren der Straße ausgesetzt. Diese Petrinska zeigte ihnen, ‚wie man es machen kann', ohne Gewissensbisse zu haben. Sie sahen das ‚flotte' Leben, das Rauschen und Bummeln." Er ertappte einen Jungen, der in einen Laden ging und etwas verhökerte, einen anderen beim Schnorren und einen dritten, der ein Dominospiel aus dem Lehrlingsheim zu Geld gemacht hatte.[63] Habsucht und Gewinn waren für Indig Ausdruck einer überkommenen Mentalität, die es

63 Joškos Kinder. Josef Indigs Bericht, S. 41 f., 47 f., 50 (43, 48, 57 ff.).

im sozialistischen Kibbuz nicht mehr geben durfte. Und jetzt musste er so etwas mit ansehen!

Dies war jedoch das Wenigste. Auf Dauer wurde die Lage für die Kinder gefährlich. Man sah den Gefangenenwagen mit verhafteten Serben, Juden und Kommunisten durch die Straßen fahren und wagte nur noch, im Flüsterton darüber zu sprechen. Berechtigte Angst vor Spitzeln und Denunzianten griff um sich, die man in nächster Nähe wähnte. Der Hauswart des Gebäudes, in dessen zweitem Stock sich das Lehrlingsheim befand, war ein Ustascha-Mann und Juden nicht wohlgesonnen. Wenn die Jungen in den Räumen des Lehrlingsheims sorglos Lärm machten, kam er nach oben. Mit guten Trinkgeldern war er gerade noch bei der Stange zu halten.[64] In Indigs Zimmer in einem anderen Stadtviertel fand, als er gerade abwesend war, eine Haussuchung statt, bei der marxistische Literatur mitgenommen wurde. Dies konnte die Verhaftung bedeuten. Er nahm deshalb das Angebot Roža Hackers an, bei ihr und ihrem Mann zu wohnen. Später zog er zu den Jungen in das Lehrlingsheim.[65] Das gelbe Abzeichen mit dem schwarzen Aufdruck brauchten die Kinder als Ausländer nicht zu tragen. Aber Indig und viele seiner Freunde wären dazu verpflichtet gewesen, verweigerten sich aber der Vorschrift. Indig war bei der Verabschiedung der dreihundert jungen Männer, die sich zum Arbeitsdienst gemeldet hatten, zugegen. Als er wenig später erfuhr, dass sie in verschlossenen Viehwagen mit unbekanntem Ziel abtransportiert worden waren, ahnte er Grauenvolles.[66]

Die fortlaufenden Verhaftungen und vor allem die Ungewissheit über das Schicksal der 300 jungen Männer veranlassten Indig zu handeln. Ihm war klar, es gab keine andere Wahl: „Die Kinder müssen weg aus Zagreb!"[67] Aber wohin sollten sie gehen? In Betracht kamen nur Ungarn oder Italien. In beiden Ländern wurden die Juden zwar verfolgt, aber in weit geringerem Maß als in Kroatien unter nationalsozialistischer Vorherrschaft. In beiden Ländern war jedenfalls nicht ihr Leben bedroht. Ungarn wird merkwürdigerweise nicht erwähnt. Der Grund hierfür könnte sein, dass die Zustände in den dortigen Internierungslagern abschreckten. Zudem war Ungarn voller Flüchtlinge aus Polen.[68] Alle Aufmerksamkeit richtete sich von Anfang an auf Italien, wo sich einschließlich der annektierten Teile Jugoslawiens drei Gebiete anboten: die vor Kurzem entstandene Provinz Lubiana, die an der Adria gelegene Provinz Fiume und das Umland

64 Ebenda, S. 48, 62 (43, 47, 58, 62).

65 Ebenda, S. 44 (50, 67).

66 JDC, SM 24 - 25, Indig an Schwalb, 16. 7. 1941; Joškos Kinder. Josef Indigs Bericht, S. 47, 51 ff. (55 f., 63 ff.).

67 So formuliert in einem Brief Indigs an Schwalb, 18. 6. 1941, in: AH, Hechaluz.

68 René Geoffroy, Ungarn, in: Handbuch der deutschsprachigen Emigration, S.434–437.

von Split, jetzt Spalato, an der dalmatinischen Küste. Gegen die Provinz Fiume sprach, dass der Präfekt, Temistocle Testa, große Härte gegenüber den Juden zeigte und rücksichtslos Abschiebungen vornehmen ließ, sodass viele Flüchtlinge der Ustascha-Miliz in die Hände fielen. Das Risiko war einfach zu groß.[69] Split war über 500 km weit entfernt. Die slowenische Grenze hingegen lag unmittelbar vor der Tür. Zudem hatten dort bisher kaum Abschiebungen stattgefunden. Die Gruppe Bolaffios aus Krško hatte bleiben können und war in einer leer stehenden Zuckerfabrik am Stadtrand von Ljubljana untergebracht worden, wo sie vom Hilfskomitee für die jüdischen Auswanderer in Triest unterstützt wurde.[70]

Als Erster begab sich Schoky nach Slowenien, um die Möglichkeit des illegalen Grenzübertritts zu erkunden.[71] Er hatte sich einer jüdischen Fluchthelferorganisation angeschlossen, die gegen Bezahlung Menschen über die Grenze schmuggelte. Indig war empört, dass Juden in einer derart gefährlichen Lage von jüdischen Kindern profitieren wollten. Er hielt sich die Option trotzdem offen, suchte aber zugleich nach Wegen, die Einreise legal zu erwirken.[72] Er war sich darin mit der Zagreber Jüdischen Gemeinde einig, die nach der Auflösung des Hilfskomitees für die Flüchtlinge sorgte. Gemeindevertreter nahmen Kontakt zu Bolaffio in Ljubljana und zu Carlo Morpurgo, dem Präsidenten des Triester Hilfskomitees, auf. Am 26. Mai bot sich Morpurgo Gelegenheit zu einem Gespräch mit dem Hochkommissar für die Provinz Lubiana, Emilio Grazioli, den er wahrscheinlich persönlich kannte, denn Grazioli war lange Zeit Sekretär der Faschistischen Partei in Triest gewesen. Bei diesem Gespräch in Ljubljana, das vor allem die Internierung der eingetroffenen Flüchtlinge zum Gegenstand hatte, übergab Morpurgo auch eine Liste mit 46 Namen von „Waisenkindern, die früher der in Slowenien befindlichen Gruppe angehört haben und zur Zeit in Zagreb auf ihre Wiedereingliederung in sie warten". Damit sollte der Hochkommissar vorsichtig auf die Kinder aufmerksam gemacht und ihm suggeriert werden, dass sie in seine Kompetenz fielen. Um eine Einreisegenehmigung wurde vorläufig noch nicht nachgesucht.[73]

Anfang Juni beschloss Indig, selbst nach Slowenien zu fahren. Die Jüdische Gemeinde riet ihm von der Reise ab, denn es war Juden verboten, die Bahn zu benutzen, es sei denn mit einer Genehmigung der Ustascha-Polizei. Sie wurde in

69 Voigt, Zuflucht auf Widerruf, Bd. 2, S. 200 ff.

70 Ebenda, S. 211 ff.; August Walzl, Die Juden in Kärnten und das Dritte Reich, Graz 1987, S. 278 f.

71 Koffler, Die Entstehung unserer Jugendgemeinschaft, S. 307.

72 Joškos Kinder. Josef Indigs Bericht, S. 55 f., 57 (67 ff.).

73 CAHJP, Comitato Italiano di Assistenza, Scatola 3/30, Morpurgo an Lelio Vittorio Valobra, 29. 5. 1941.

der Regel nur dann erteilt, wenn jemand nachweisen konnte, zu der den Juden auferlegten Goldkontribution beigetragen zu haben. Indig setzte sich trotzdem in den Zug, ohne das gelbe Abzeichen und mit einem alten jugoslawischen Reisepass in der Tasche. Er hatte Glück und wurde nicht aufgehalten. In Novo Mesto, unmittelbar hinter der Grenze, suchte er Jakob Steinbrecher, den Leiter der ihm von Schoky empfohlenen Fluchthelferorganisation auf, doch er traf mit ihm keine endgültige Vereinbarung, auch weil er nicht die Unterbringung der Kinder zusagen konnte. Anschließend fuhr Indig nach Ljubljana weiter, wo ihn Bolaffio erwartete und ihm dessen Bruder, Carlo, ein dort ansässiger Weinhändler, Unterkunft bot.[74]

Der Verlauf des Gesprächs von Morpurgo mit Grazioli bestärkte Eugenio Bolaffio in der Auffassung, dass der Hochkommissar unter Umständen für die Aufnahme der Kinder zu gewinnen wäre. Die Hauptschwierigkeit bestand darin, dass das Innenministerium in Rom soeben erst die seit einem Jahr bestehende vollständige Einreisesperre für Juden auch auf die neue kroatische Grenze ausgedehnt hatte.[75] Es musste deshalb eine Ausnahmegenehmigung erlangt werden, die von der Zustimmung des Innenministeriums abhing. Die Voraussetzung bildete, wie Bolaffio im Amt des Hochkommissars erfahren haben dürfte, eine Unterhaltsgarantie der zentralen italienischen jüdischen Hilfsorganisation Delasem (Delegazione per l'Assistenza agli Emigranti)in Genua.[76] Nach der Ankunft Indigs in Ljubljana suchten daher Bolaffio und Morpurgo in Telefongesprächen untereinander und mit Lelio Vittorio Valobra, dem Leiter der Delasem, die Frage zu klären. Valobra sah sich jedoch vorläufig nur in der Lage, einen Zuschuss von wöchentlich 1200 Lire für höchstens drei Monate zuzusagen, womit die Unterhaltskosten bei Weitem nicht gedeckt waren, die Indig mit 3500 Lire veranschlagte.[77]

Indig fragte deshalb zunächst bei Richard Lichtheim in Genf an, weil er auf eine Unterstützung vonseiten der Zionistischen Organisation oder der Jewish Agency hoffte. Doch Lichtheim ließ ihn wissen, dass er über keine Mittel für den erbetenen Zweck verfüge, und er verwies ihn an den Joint und damit wieder an die Delasem, die einen erheblichen Teil ihrer Hilfsgelder vom Joint erhielt.[78]

74 Joškos Kinder. Josef Indigs Bericht, S. 57 f., 60 (73 ff., 77); CZA, L 22, 1412, Indig an Lichtheim, Novo Mesto, 5. 6. 1941.

75 Voigt, Zuflucht auf Widerruf, Bd. 2, S. 203.

76 CAHJP, Comitato Italiano di Assistenza, Scatola 3/30, Comitato Italiano an Delasem, 6. 9. 1941, mit Bezug auf ein Telefongespräch Bolaffios mit Carlo Morpurgo am 6. 6. 1941.

77 Ebenda, Scatola 3/30, Morpurgo an nicht genannten Empfänger, 6. 6. 1941; YVA, M 20/74, Valobra an Lichtheim, 12. 6. 1941; CZA, L 22, 14/2, Lichtheim an Valobra, 17. 6. 1941; AH, Hechaluz, Indig an Schwalb, 18. und 25. 6. 1941.

78 CZA, L 22, 14/2, Indig an Lichtheim, 16. und 28. 6. 1941; Lichtheim an Indig, 30. 6. 1941. Zu Lichtheim vgl. Encyclopaedia Judaica, Bd. 11, S. 210 f.

Gleichzeitig schrieb Indig an Nathan Schwalb, den Vertreter des Hechaluz in Genf, dem er ein ausgearbeitetes Unterrichts- und Hachscharahprogramm für den Aufenthalt der Kinder in Slowenien vorlegte. Schwalb ging freundschaftlich auf seine Vorschläge ein und versprach zu helfen, doch eine Garantie für die benötigten Beträge überstieg seine finanziellen Möglichkeiten.[79]

Der Unterhalt war also noch nicht gesichert, ebenso wenig die Unterkunft in Slowenien. Trotzdem richtete Bolaffio, weil die Zeit eilte, Mitte Mai ein Gesuch an Grazioli mit der förmlichen Bitte um Einreise. In dem Gesuch wurde erneut betont, dass die Kinder Waisenkinder seien und früher zu der Gruppe in Krško gehört hätten. Da sie aus Slowenien eingereist seien, hätten die Behörden in Zagreb sie aufgefordert, „auf der Stelle das kroatische Staatsgebiet zu verlassen".[80] Die Argumente waren gut gewählt und wirkten einleuchtend, widersprachen aber in dreifacher Hinsicht den Tatsachen: Nur ungefähr ein Drittel der Kinder war in Krško interniert gewesen, eine Aufforderung zum Verlassen Kroatiens bestand nicht, und die Kinder waren bis auf wenige Ausnahmen keine Vollwaisen, denn in vielen Fällen waren nur die Väter in Konzentrationslagern umgekommen, aber die Deportation der Mütter und Geschwister in die Vernichtungslager im besetzten Polen setzte erst wenige Monate später ein.

Die Antwort Graziolis konnte Wochen auf sich warten lassen, falls das Innenministerium nicht schnell reagierte.[81] Inzwischen war Zeit vorhanden, eine geeignete Bleibe für über 40 Kinder zu suchen. Carlo Bolaffio machte Indig auf ein Jagdschloss in Lesno brdo bei Horjul, 18 km westlich von Ljubljana, aufmerksam. Sie fuhren gemeinsam dorthin und verhandelten mit der Besitzerin, Malvine Golob, die mit der Unterbringung einverstanden war, nachdem die Höhe der Miete festgesetzt worden war.[82]

In Ljubljana stieß Indig unerwartet auf Schoky, der es mit den Fluchthilfegeschäften zu etwas Geld gebracht hatte und ihm eine Summe lieh.[83] Schoky stellte ihm einen Pianisten und Musikpädagogen aus Berlin, Boris Jochvedson,

79 AH, Hechaluz, Indig an Schwalb, 18. und 25. 6. 1941.

80 CAHJP, Comitato Italiano di Assistenza, Scatola 1/1, Bolaffio an Alto Commissario della Provincia di Lubiana, 17. 6. 1941. Das Gesuch ist mit Ernesto Bolaffio unterzeichnet. Da das Dokument nur in einer Kopie erhalten ist, könnte der Name später unter Verwechslung des Vornamens hinzugesetzt worden sein.

81 Die Korrespondenz Graziolis mit dem Innenministerium ist nicht auffindbar. Die Kindergruppe war dem Innenministerium jedoch schon am 15. 6. in einem Schreiben des Quästors der Provinz Lubiana angekündigt worden (ACS, PS, A 16/Ebrei stranieri, Busta 11/Lubiana).

82 Joškos Kinder. Josef Indigs Bericht, S. 60 (77 f.).

83 Ebenda, S. 58 (75 ff.).

vor, mit dem er sich in Krško angefreundet hatte. Indig hatte von ihm schon über Recha Freier gehört, die ihn aus Berlin kannte. Der Gedanke, einen Musiker unter die Erzieher der Kinder aufzunehmen, zog ihn an. Bald war entschieden, dass Jochvedson nach Lesno brdo kommen wird, sobald die Kinder dort eingetroffen waren.[84]

Jochvedson war in Rostov am Don geboren und in Tiflis aufgewachsen. Indig meint, er habe Russland verlassen müssen, weil er als Student sozialrevolutionären Kreisen nahestand, die mit dem kommunistischen System in Konflikt gerieten. Nach 1921 hielt er sich in Prag auf, wo er ein Universitätsstudium abschloss. Anschließend ließ er sich in Berlin nieder, wo er am Stern'schen Konservatorium bei dem bekannten Klavierpädagogen James Kwast studierte. Später soll er als Klavierbegleiter bei Chorproben an einem der beiden Berliner Opernhäuser tätig gewesen sein. Nach 1933 war er ausschließlich privater Klavierlehrer. Im September 1940 floh er seiner eigenen Angabe zufolge von Berlin nach Jugoslawien.[85]

Nach seiner Ankunft in Ljubljana aus Krško meldete sich Jochvedson bei der Fremdenpolizei unter seinem echten Namen an. Doch schon in Lesno brdo, ebenso später in Nonantola und in der Schweiz, nannte er sich Dr. Georg Bories, geboren 1900 in Schneidemühl, einer Stadt in Westpreußen, die bis zum Ende des Ersten Weltkriegs zum Deutschen Reich gehört hatte. Anders als bei Schoky sind Gründe für seine falschen Angaben nicht zu erkennen. Ein früherer Aufenthalt in Italien wird nicht erwähnt und ist unwahrscheinlich. Vielleicht befürchtete er als Staatenloser in Italien Schwierigkeiten, und deshalb wollte er unter anderem Namen als deutscher Staatsbürger auftreten, der seine Papiere verloren hatte. Dem Zionismus war Jochvedson im Wesentlichen nur dadurch verbunden, dass zwei Brüder in Palästina lebten, wohin er selbst auch gern ausgewandert wäre.[86]

Anfang Juli hatte Indig endlich den Bescheid in der Hand, dass die Kinder nach Slowenien einreisen durften. Es ist schwer zu entscheiden, aus welchen Gründen Grazioli die Aufnahme der Kinder befürwortet hat. Indig meint, er habe durch eine humanitäre Geste von der Unterdrückungspolitik in der Provinz Lubiana ablenken wollen.[87] Bisher ist keine weitere vom Innenministerium während des Krieges erteilte Genehmigung zur Einreise von Juden bekannt. Alle späteren

84 Ebenda, S. 61 (77 f.).

85 Klaus Voigt, Wer war Boris Jochvedson?, in: Federico Steinhaus/Rosanna Pruccoli (Hrsg.), Storie di ebrei. Jüdische Schicksale, Meran 2004, S. 105–120.

86 Ebenda und Joškos Kinder. Josef Indigs Bericht, S. 71 f. (96 f.).

87 Joškos Kinder. Josef Indigs Bericht, S. 66 (77).

Bemühungen der Jüdischen Gemeinde und des Oberrabbiners von Zagreb, Kindern zu legaler Einreise nach Italien zu verhelfen, scheiterten selbst bei Fürsprache katholischer Würdenträger.[88] Wahrscheinlich gewährte das Ministerium nur deshalb eine Ausnahme, weil sich zu der Zeit erst wenige jüdische Flüchtlinge in Ljubljana befanden. Aufgrund der Genehmigung wurde Indig ein Sammelpassierschein für den Grenzübertritt versprochen. Er begab sich daraufhin, begleitet von Eugenio Bolaffio, auf der Stelle nach Zagreb zurück.[89]

Die Lage der Juden in Kroatien verschlechterte sich von Tag zu Tag, sodass die Abreise nicht mehr aufgeschoben werden durfte. Aus Indigs Erinnerungen ist nicht ersichtlich, ob er den italienischen Sammelpassierschein noch rechtzeitig erhielt. Man darf jedoch davon ausgehen, dass er den schriftlichen Bescheid Graziolis vorweisen konnte, der die Einreise nach Slowenien befürwortete. Auf der Grundlage des ersteren oder des letzteren Dokuments erteilte ihm die Ustascha-Polizei, der daran gelegen war, dass jüdische Flüchtlinge das Land verließen, die Ausreisegenehmigung, die namentlich ausgestellt war. Angehörige von Kindern, die sich der Gruppe anschließen wollten, unter ihnen auch Väter und Mütter, konnten nicht mitgenommen werden. Ihnen blieb nur die Möglichkeit des illegalen Grenzübertritts, um wieder in ihre Nähe zu kommen.[90]

Als Begleiter hätte Indig am liebsten Freunde aus den Zagreber Zionistenverbänden gewonnen, aber viele waren bereits verhaftet oder geflohen, und andere wollten nicht ihre Arbeit in der Jüdischen Gemeinde aufgeben oder sich nicht von ihren Familien trennen. So konnte sich Zehava Weiner, die gemeinsam mit Indig und Moreno die Kinder betreut hatte, nicht zur Abreise entschließen, weil ihr Verlobter in ein Lager verschleppt worden war und sie hoffte, ihm noch helfen zu können. Dass Hirsch Feibisch aus Gelsenkirchen die Gruppe begleiten würde, um die er sich seit Langem unermüdlich gekümmert hatte, stand außer Frage. Mauricy Awin, der Vater eines Jungen, wurde vermutlich einbezogen, weil er sich ebenfalls unentbehrlich gemacht hatte. Helene Barkic, eine aus Polen stammende promovierte Chemikerin, war Indig von Roža Hacker empfohlen worden. Sie hatte mit ihrem jugoslawischen Mann in Sarajevo gelebt, der dort bei einem Bombenangriff ums Leben gekommen war. Als einzige Zionistin aus Indigs Zagreber Freundeskreis schloss sich der Gruppe die 19-jährige

88 Actes et documents du Saint Siège relatifs à la seconde guerre mondiale, Bd. 8, Città del Vaticano 1974, S. 409, 416 f., 749; Voigt, Zuflucht auf Widerruf, Bd. 2, S. 203.

89 Joškos Kinder. Josef Indigs Bericht, S. 61 (79).

90 Ebenda, S. 65 f. (81); YVA, M 20/74, Distinta dei ragazzi già facenti parte del gruppo di Leskovec e che ora si trovano a Zagabria in attesa di essere aggregati al gruppo cui appartenevano.

Lilli Neumann an, die „madricha“ des Hashomer Hazair war und wie Indig der Landesleitung angehörte.[91]

Am Morgen des 4. Juli waren 43 Kinder und sechs Begleiter in der Ulica Petrinska zur Abfahrt versammelt. Als die Gruppe den Zug besteigen wollte, fehlte plötzlich ein Junge, Max Federmann aus Frankfurt, der noch etwas hatte einkaufen wollen. Er verpasste den Zug und blieb wegen seines unglaublichen Leichtsinns in Zagreb zurück.[92]

Die Fahrt bis zur Grenze verlief ohne Zwischenfall, denn Indig konnte die Reisegenehmigung der Ustascha-Polizei vorweisen. Auf der slowenischen Seite der Grenze stiegen italienische Soldaten und Offiziere zu, die sich nach der Herkunft der Kinder und ihrem Reiseziel erkundigten. „Es war uns noch nicht ganz klar“, erinnerte sich Indig später, „wie man einem faschistischen Offizier aus dem mit Deutschland verbündeten Italien auf seine Fragen über die Herkunft der Kinder antwortet. Aber das neueste und die Sensation für unsere chawerim war, daß die Erklärung ‚jüdische Flüchtlingskinder‘ nur sympathische Reaktionen hervorrief.“ Gerührt bedachten die Soldaten die Kinder mit kleinen Geschenken. Es war ein gutes Vorzeichen.[93]

Bei einem Halt an einer Station bestieg unvermutet Schoky den Zug, der den Kindern entgegengefahren war, um sie zu begrüßen und sie den letzten Teil der Strecke bis nach Ljubljana zu begleiten. Dort warteten Eugenio Bolaffio und Boris Jochvedson gemeinsam mit einer Schwester des Slowenischen Roten Kreuzes auf dem Bahnsteig. Der italienische Bahnhofskommandant erschien in schmucker Uniform und gab Anweisungen, wie die Kinder bis zu ihrer Weiterfahrt zu bewirten waren. Soldaten liefen im Wartesaal hin und her und brachten Tee und Gebäck. Als die Kinder am frühen Nachmittag in einen Zug der Kleinbahnlinie nach Vrhnika einstiegen, war auch der Bahnhofskommandant wieder da, um ihnen gute Fahrt zu wünschen. In Denov Grič, der letzten Station vor Vrhnika, ging die Fahrt zu Ende. Nach einem langen Fußmarsch auf Sandwegen über bewaldete Hügel öffnete sich nach einer Wegbiegung plötzlich der Blick auf das Jagdschloss von Lesno brdo, das den Kindern ein Jahr als Bleibe dienen sollte.[94]

91 Joškos Kinder. Josef Indigs Bericht, S. 62 f. (81 ff.); zu Feibisch: ACS, PS, A 4 bis Stranieri internati, Busta 162/Feibisch, Hirsch, und Baltinester, Klara; zu Awin: SBA, EJPD, Bestand E 4264, N. 15325/Awin, Mauricy; zu Barkic: N 15311/Barkic, Helene; zu Neumann s. unten, S. 105.

92 Joškos Kinder. Josef Indigs Bericht, S. 65 (85); Gespräch mit Max Federmann.

93 Joškos Kinder. Josef Indigs Bericht, S. 67 f. (86 ff.).

94 Ebenda, S. 69, 71 (91 ff.); Koffler, Die Entstehung unserer Jugendgemeinschaft, S. 307.

3.

Lesno brdo

Das Jagdschloss

Das Jagdschloss von Lesno brdo stand auf einer Anhöhe über einem Tal, in dem die Ortschaft Horjul lag, und war von drei Seiten mit Wald umgeben. Vom Tal aus war es weithin sichtbar, näherte man sich ihm aber von Süden über die Hügel, wie die Kinder bei ihrer Ankunft von der Bahnstation aus, war es von Bäumen verdeckt. Es war ein massiver, viereckiger Bau mit zwei Stockwerken, der im frühen 17. Jahrhundert im Stil der Renaissance errichtet worden war. Aus dem pyramidenförmigen Dach ragten Luken und Schornsteine hervor. An der Südwestecke stand ein turmartiger, rechtwinkliger Vorbau, der bis zum Dach hinaufreichte. Das Gebäude betrat man durch ein mit einem Wappen bekröntes Portal, über dem im zweiten Stock ein von Efeu überrankter Balkon hing. Auf der gegenüberliegenden Seite schloss sich an die Außenwand eine verglaste Veranda an, über der sich gleichfalls ein Balkon befand. Von diesem Balkon und der Veranda aus bot sich ein prächtiger Blick auf das Tal mit einem See und Feldern im Vordergrund und dem Häusersaum von Horjul in einiger Ferne. Das Tal war von Höhenzügen eingerahmt, die mit Tannen und Weideflächen bedeckt waren, von denen sich verstreute Gehöfte und zwei barocke Kirchen abhoben. Bei guter Sicht traten über den Höhenzügen die Felsspitzen der Julischen Alpen hervor. An der Ost- und an der Westseite des Schlosses waren in drei Reihen je vier Fenster in die Mauer eingelassen, die im Erdgeschoss vergittert und im ersten Stock mit Läden versehen waren. Das Eingangsportal war über einige Stufen von einem gepflasterten Hof aus zu erreichen, der zum Wald hin von einem Wirtschaftsgebäude mit nicht mehr benutzten Ställen und Gesinderäumen sowie von einem Brunnenhaus begrenzt war. Der Brunnen stand in der Mitte eines gewölbten Raumes und wurde mit Regenwasser aus der Dachtraufe des Schlosses gespeist. Das Schloss und seine Nebengebäude bildeten den Mittelpunkt einer Ansiedlung, die sonst nur noch aus zwei bis drei Gehöften und einer kleinen, der Jungfrau Maria geweihten Kirche bestand, die von einem Friedhof umgeben war.[1]

1 Joškos Kinder. Josef Indigs Bericht, S. 75 f. (103 f.); Jakić, Vsi slovenski gradovi, S. 187.

Betrat man das Schloss durch das Portal, so stand man in einem großen kahlen Vorraum, von dem eine Treppe zu den Obergeschossen und eine zweite zum Keller führte. Durch eine dem Portal gegenüberliegende Tür kam man in ein geräumiges fensterloses Zimmer, den „Salon", der Licht durch eine Glastür empfing, hinter der die Veranda lag. Er hatte einen gepflegten Parkettfußboden und war mit alten Möbeln ausgestattet. Von dort gelangte man rechts in ein kleineres viereckiges Zimmer, das mit blauen Kacheln ausgelegt war und von einem Kamin beheizt wurde. Um den Kamin herum waren geschnitzte Bänke aufgestellt, auf denen man sich im Winter wärmen konnte. In einer Ecke stand ein Klavier. An das „Klavierzimmer" grenzte eine Backstube mit einem Ofen zum Brotbacken an. Links vom „Salon" befand sich ein weiterer großer Raum mit slowenischen Bauernmöbeln. Von dort betrat man die verhältnismäßig kleine und primitiv eingerichtete Küche, von der man durch eine Tür zurück in den Vorraum kam.[2]

Im ersten Stock befanden sich ebenfalls zum Teil große und schöne Zimmer, die ungefähr der Aufteilung im Erdgeschoss entsprachen. Im Vorraum standen hohe Wandschränke. In diesem Stock war auch eine Toilette eingebaut, die jedoch nur mit Wasser aus Kannen gespült werden konnte. Im zweiten Stock waren auf beiden Seiten eines langen Korridors die Schlafzimmer angeordnet, in denen wenige Holzbetten standen. Der Korridor endete vorn und hinten an einer Balkontür.[3]

Die Besitzerin des Schlosses, Malvine Golob, deren Vorfahren das Anwesen Mitte des 19. Jahrhunderts von einer adligen Familie erworben hatten, bewohnte mit der Schwester ihres verstorbenen Mannes einige Räume im ersten Stock. Die als tatkräftig geschilderte Frau war auf Vermietung angewiesen, weil sie keine anderen oder nicht genügend andere Einkünfte besaß. Sie hatte deshalb eine Zeit lang auf einer sich an das Schloss anschließenden Terrasse eine Hühnerzucht betrieben, die sich aber nicht als rentabel erwies und daher eingestellt werden musste. Darüber hinaus hatte sie in den von ihr nicht benötigten Räumen eine Art Pension für Jagdgesellschaften eingerichtet, denen außer Unterkunft auch Kost geboten wurde. Nach dem Beginn des Weltkriegs blieben die Jagdgesellschaften aus, sodass sie froh war, die Kindergruppe gefunden zu haben. Unmittelbar nach deren Ankunft schloss sie mit Eugenio Bolaffio als Vertreter der Delasem den vereinbarten Mietvertrag vorerst nur über sechs Monate ab. Die Miete von 11 400 Lire für diesen Zeitraum war sofort zu hinterlegen. Frau Golob wohnte auch während des Aufenthalts der Kinder mit ihrer Schwägerin im Schloss.[4]

2 Joškos Kinder. Josef Indigs Bericht, S. 76 (104 f.).

3 Ebenda.

4 Ebenda; Jakić, Vsi slovenski gradovi, S. 187; AH, Hechaluz, Bericht zum einjährigen Bestehen des Kinderheims Lesno brdo, 25. 6. 1942, S. 5 (vgl. CZA, L 22, 338); Indig an Schwalb 22. 11. 1941.

Das Jagdschloss in Lesno brdo, Herbst 1942.
Hans Silbermann, Bad Reichenhall

Am Abend nach der Ankunft in Lesno brdo waren die Kinder nach der langen, glücklich verlaufenen Reise müde und abgespannt. Die kleineren hatten von einem „Märchenschloss" geträumt, doch bereits am selben Abend zeigte sich, welche Schwierigkeiten die Unterbringung mit sich brachte. Die Betten in den Schlafzimmern reichten für 41 Kinder und fünf Erwachsene bei Weitem nicht aus, sodass etwa 20 Jungen im ersten Stock auf Strohsäcken nächtigen mussten. Die kleineren Mädchen teilten sich ein Bett zu zweit. Es waren auch nicht genug Decken vorhanden. Im ganzen Haus war es stockfinster, denn es gab kein elektrisches Licht. Es blieb nichts anderes übrig, als in sicherem Abstand zu den Betten und Strohsäcken Petroleumlampen aufzustellen. Fließendes Wasser war nur in der Küche zu finden. Es war, wie im Brunnen, Regenwasser, das wahrscheinlich in einem Behälter unter dem Dach gesammelt wurde. Waschen musste man sich an Trögen und Eimern im Brunnenhaus. Nachts rüttelte der Wind an den Fenstern, und er pfiff durch die Ritzen, sodass sich viele Kinder gruselten. Statt in ein „Märchenschloss" war man in ein „Geisterschloss" eingezogen.[5]

5 Joškos Kinder. Josef Indigs Bericht, S. 79 f. (102, 107, 110, 122); Bericht zum einjährigen Bestehen, S. 1; Koffler, Die Entstehung unserer Jugendgemeinschaft, S. 308; Weiss, Joško's Children, S. 72 ff.

Das Schloss war seit Langem nicht mehr gereinigt worden. Fußböden, Treppen und Möbel waren mit Staub bedeckt. Die Kinder mussten das Haus daher in den ersten Tagen unter Anleitung der Erwachsenen von oben bis unten putzen und schrubben. Aber war es überhaupt sauber zu halten? Die meisten Kinder hatten überhaupt nur ein Paar Schuhe, mit denen sie den Schmutz von den Waldwegen in die Zimmer trugen. Auch wenn sie sich Mühe gaben, die Schuhe waren nie ganz sauber. Und der anfängliche Putzeifer ließ nach dem Beginn des Schulunterrichts nach.[6]

Die Einrichtung der Zimmer entsprach in vielem nicht den Bedürfnissen der Gruppe. Möbel wurden umgestellt und zusätzliche besorgt. Der Vorraum im Erdgeschoss wurde als Esszimmer eingerichtet. Am dringendsten benötigt wurden Betten und Decken, denn im Winter konnte man in den ungeheizten Räumen nicht auf dem Boden schlafen. Indig und Bolaffio wandten sich deshalb an die Vizepräsidentin des Slowenischen Roten Kreuzes, Minka Krofta, die ihr Möglichstes zu tun versprach. Tatsächlich trafen nach einiger Zeit Bettgestelle, Matratzen, Decken und Bettwäsche aus Ljubljana ein, sodass auf die Strohsäcke verzichtet werden konnte.[7]

Ein anderes Problem, das anfangs kaum lösbar erschien, bildete die Beleuchtung. Öl für Petroleumlampen war knapp und höchstens zu überhöhten Preisen auf dem Schwarzen Markt zu erstehen. Wie sollte man aber an den langen Winterabenden ohne Licht das Zusammensein gestalten oder gar lesen und Schularbeiten machen? Zum Glück ging Frau Golob auf die Bitte ein, eine Lichtleitung legen zu lassen, an deren Kosten sich die Delasem beteiligte. So konnten ab Oktober einige Räume elektrisch beleuchtet werden.[8]

In Lesno brdo wurde zum ersten Mal nach langer Zeit wieder die Wäsche der Kinder gewaschen. Hierzu war das Brunnenhaus bestimmt. Das Wasser wurde mit einem Eimer an einem Seil, das an einem Rad aufgehängt war, aus der Tiefe geschöpft und anschließend auf einem Herd erhitzt. Wahrscheinlich war in dem Brunnenhaus nie so viel Wäsche auf einmal gewaschen worden. Bald stellte man fest, dass der Wasserspiegel in der Zisterne bedrohlich gesunken war. Vergeblich wartete man auf Regen. Nach einigen Wochen war der Brunnen versiegt. Als Ausweg bot sich eine Quelle an, die etwa eine halbe Stunde Weges vom Schloss entfernt war. Täglich legten mehrere Jungen mit Kübeln die Strecke zurück und schleppten das Wasser zum Schloss hinauf, bis dort alle Töpfe, Fässer und Eimer gefüllt waren. Das Versiegen des Brunnens bot Anlass, ihn mit allen Zu- und

6 Joškos Kinder. Josef Indigs Bericht, S. 80 (111 f., 144, 150).

7 Ebenda; Bericht zum einjährigen Bestehen, S. 1.

8 Joškos Kinder. Josef Indigs Bericht, S. 105 (107, 130, 167).

Ableitungen gründlich zu reinigen. Die Wäsche wurde jetzt von den Mädchen in einem noch weiter entfernten Bach gewaschen und von den Jungen auf einem Wägelchen zum Schloss gezogen, wo sie an allen möglichen Stellen zum Trocknen aufgehängt wurde. Als im Winter die Quelle zufror und der Brunnen zeitweise wieder ohne Wasser war, wurde die Lage bedenklich. Um Wasser zum Kochen und Waschen zu erhalten, musste jetzt Schnee aufgetaut werden. Mehr als eine Katzenwäsche war unter diesen Umständen nicht möglich. Gründliches Putzen war nahezu ausgeschlossen, und die Reinigung der Toilette wurde zur Qual.[9]

Mit dem Nahen des Winters stellte sich die Frage der Heizung. Außer den von Frau Golob und ihrer Schwägerin bewohnten Räumen waren nur der „Salon" und das „Klavierzimmer" beheizbar, in welchem sich die Kinder um den Kamin zusammendrängten. Die Kälte behinderte nicht zuletzt den Schulunterricht. In den Schlafzimmern war es bei Außentemperaturen von unter null Grad so kalt, dass die empfindlicheren Kinder in ihren Betten froren, weil es immer noch an Decken fehlte. Einige Betten wurden deshalb vor dem Schlafengehen in das „Klavierzimmer" hinuntergetragen und am nächsten Morgen wieder weggeräumt. Schon bald ging der Holzvorrat zur Neige, aber Brennholz war teuer. Indig kaufte kurzentschlossen 50 Kubikmeter Holz für 4500 Lire, obwohl die Hauskasse leer war, und ließ den Betrag anschreiben, wie ihm Nathan Schwalb in einem Brief geraten hatte. Später gelang es, einen verrotteten Kamin wieder in Gang zu setzen, sodass zwei weitere Zimmer gewärmt werden konnten. Holzsägen und Holzhacken war Sache der Jungen.[10]

Beständige Sorge bereitete Indig und seinen Mitarbeitern die Ernährung der Kinder. Die Ausgaben für Lebensmittel bildeten stets den größten Posten des bescheidenen Budgets. Ein Teil der Einkäufe konnte mit Lebensmittelkarten getätigt werden, die auch an Ausländer ausgestellt wurden, wenn sie regulär eingereist waren. Die Lebensmittelkarten bildeten die Voraussetzung zum Erwerb eines geringen Quantums rationierter Waren, falls solche überhaupt angeboten wurden. Der nächste Gemischtwarenhändler befand sich in Horjul, bei dem Mehl zum Brotbacken, Maismehl, Hülsenfrüchte, Kartoffeln, Reis, Tee und je nach der Saison auch Frischgemüse eingekauft wurden. Milch lieferte unregelmäßig ein Bauer in Horjul. Lebensmittelpakete vom Büro des Joint in Lissabon und von Schwalb in Genf füllten manche Lücke. Indig bat vor allem um Fett-, Eiweiß- und vitaminhaltige Nahrung und um Zucker. Die Pakete wurden nach Absprache mit

9 Ebenda, S. 105 (146 f., 168, 217 f.); Bericht zum einjährigen Bestehen, S. 1; Koffler, Die Entstehung unserer Jugendgemeinschaft, S. 310; Weiss, Joško's Children, S. 91.

10 Joškos Kinder. Josef Indigs Bericht, S. 119, 124 (203 f., 214); AH, Hechaluz, Indig an Schwalb, 19. und 22. 11. 1941; Koffler, Die Entstehung unserer Jugendgemeinschaft, S. 310.

Minka Krofta an das Slowenische Rote Kreuz in Ljubljana adressiert und von dort nach Lesno brdo weitergeleitet.[11]

Doch weder die auf Lebensmittelkarten erhältlichen Waren noch die Paketsendungen reichten aus, dass die Kinder genug zu essen hatten. Es wurde deshalb ein „Außendienst" eingerichtet, der für Einkäufe bei den Bauern sorgen sollte. Unter Missachtung der Ausgangsbeschränkungen zogen die älteren Jungen zu zweit oder zu dritt mit Rucksäcken bis zu abgelegenen und weit entfernten Höfen, wo sie den Bauern Butter, Käse und Eier abhandelten. Es heißt, die Jungen hätten sich gegenseitig zu übertreffen gesucht und besonderen Ehrgeiz entwickelt, von solchen Ausflügen am meisten mitzubringen. Wenn ein Überschuss an Butter und Käse erzielt war, wurde er von Schoky in Ljubljana weiterverkauft. Mit dem Erlös erwarb er in den Geschäften oder auf dem Schwarzen Markt unentbehrliche Gegenstände des täglichen Bedarfs. Im Sommer gehörte das Sammeln von Blaubeeren und Walderdbeeren zum festen Bestandteil des Tagesablaufs.[12]

Für die Versorgung mit Lebensmitteln war Hirsch Feibisch als Ökonom oder Hauswirtschaftsleiter und zugleich Koch der Gruppe verantwortlich. Als er die Aufgabe übernahm, ahnte er wohl kaum, welche Anforderungen sie an ihn stellen würde. Er gab sich redlich Mühe, aber Klagen über die eintönigen Mahlzeiten blieben nicht aus. Als er merkte, dass ihm die Arbeit über den Kopf wuchs, holte er aus Ljubljana Klara Baltinester, die aus Zagreb geflohen war, nach Lesno brdo. Sie war Jugoslawin, hatte aber längere Zeit in Wien gelebt. Sie führte mit ihm gemeinsam die Küche, konnte das Essen aber kaum gehaltvoller und abwechslungsreicher gestalten, weil die Lebensmittel einfach zu knapp waren. Das Geschick, Waren auf dem Schwarzen Markt aufzutreiben, besaß nur einer: Marco Schoky. Es lag daher nahe, ihn auch mit dem Amt des Ökonom zu betrauen. Indig entschloss sich zu diesem Schritt trotz erheblicher Bedenken, weil er einsah, dass

11 Bericht zum einjährigen Bestehen, S. 5 ff.; AH, Hechaluz, Indig an Schwalb, 8. 8. und 18. 10. 1941; CZA, L 17, 457, Bericht über die Umschichtungstätigkeit der Hechaluz-Zentrale, S. 11 f.; L 22, 338, Indig an Lichtheim, 5. 10. 1941; Joškos Kinder. Josef Indigs Bericht, S. 119 f. (205 f., 208, 227). Minka Krofta arbeitete später mit den slowenischen Partisanen zusammen. Sie wurde deshalb von den italienischen Behörden zeitweise im Gefängnis von Ljubljana festgehalten. Unter der deutschen Besetzung nach September 1943 wurde sie aus demselben Grund nach Dachau deportiert, wo sie überlebte. Freundliche Auskunft von Frau Ljubar Dornik Subelj, Archiv Ministrstva za notranje zadeve, Ljubljana, wo sich auch ein umfangreicher Bericht über die Tätigkeit des Slowenischen Roten Kreuzes während der italienischen und der deutschen Besetzung befindet (III 0050102, Slovenski „Rdeci kriz" med okupacije). Eine Unterstützung der Kindergruppe vonseiten des katholischen Klerus ist aus den erhaltenen Quellen nicht ersichtlich.

12 Joškos Kinder. Josef Indigs Bericht, S. 135 (194, 238, 265); Siegfried Kirschenbaum, Autobiografischer Bericht, S. 1, 3; Weiss, Joško's Children, S. 116 ff.

Kartoffelschälen im Hof des Jagdschlosses in Lesno brdo.
Tilla Offenberger, Haifa

die Gruppe auf Schoky angewiesen war. Feibisch und Baltinester verließen bald darauf Lesno brdo. Indig verlor dadurch seinen frühesten Mitarbeiter, den er auch als verdienten Zionisten schätzte. Entweder fühlte sich Feibisch durch seine Ablösung vor den Kopf gestoßen oder er hatte resigniert, weil ihm die Kinder nicht den erwarteten Respekt entgegenbrachten und er sich ihnen gegenüber nicht durchsetzen konnte. Seine Nachfolge als Koch trat Mauricy Awin an, der in der k. u. k Armee Feldkoch gewesen war.[13]

Schoky gelang das Wunder, dass im Winter, als die Lebensmittel knapper und teurer wurden, das Essen wenigstens nicht schlechter wurde. In einem gegen Ende des Aufenthalts in Lesno brdo verfassten Bericht ist zu lesen: „Das Mittagessen besteht aus einer Suppe und Gemüse oder aus Polenta. In den letzten Monaten mußte auch die Milch von der Speisekarte gestrichen werden."[14] Der damals 16-jährige Siegfried Kirschenbaum erinnerte sich noch Jahrzehnte danach an die ewige Polenta, die er später nicht mehr habe sehen können. „Wir waren alle so hungrig", schreibt er, „daß wir die Äpfel, meilenweit in unserer Umgebung, noch ganz grün von den Bäumen aßen."[15] Auch Robert Weiss erinnert sich an den beständigen Hunger. Indig stand lange Zeit das Bild vor Augen, wie manche Kinder hastig den Teller leerten und das Essen verschlangen, um als Erste einen Nachschlag zu bekommen. Paradoxerweise wurde mit Butter gekocht, wenn der „Außendienst" sie hatte besorgen können. Eine streng koschere Küche war in Anbetracht der Knappheit und des Hungers der Kinder kaum einzuhalten. Indig hätte sie aus seiner antireligiösen Einstellung heraus auch abgelehnt. Fleisch und Wurst werden jedoch nur ausnahmsweise erwähnt.[16]

Trotz der mangelhaften Ernährung stellten sich keine gesundheitlichen Schäden ein. Wegen der ungeheizten Räume traten häufig Erkältungskrankheiten wie Grippe und Angina auf, die jedoch normal verliefen. Die Rolle der Krankenschwester füllte Helene Barkic aus, die als Chemikerin Arzneien zubereiten konnte und eine kleine Hausapotheke einrichtete. Viele Medikamente kamen, wie im Übrigen auch Kleidungsstücke, in Paketen von Schwalb in der Schweiz. Wenn Sorge bestand, dass ein Kind ernsthaft erkrankt war, wurde ein Arzt in Vrhnika gerufen. Eine Schilddrüsen-, eine Mandel- und eine Blinddarmoperation wurden

13 Joškos Kinder. Josef Indigs Bericht, S. 93, 99 f., 126 (147, 203, 215 ff.); Bericht zum einjährigen Bestehen, S. 1; ACS, PS, A 4bis, Stranieri internati, Busta 162/Feibisch, Hirsch und Baltinester, Klara.

14 Bericht zum einjährigen Bestehen, S. 7.

15 Siegfried Kirschenbaum, Autobiografischer Bericht, S. 1, 3.

16 Joškos Kinder. Josef Indigs Bericht, S. 135 (190); Weiss, Joško's Children, S. 107; Gespräche mit Josef Ithai (Josef Indig).

mit Genehmigung der italienischen Behörden in Krankenhäusern in Ljubljana durchgeführt. Gegen Ende des Aufenthalts lag Indig in einem Krankenhaus in Ljubljana, nachdem er sich bei einem Sturz das Schlüsselbein gebrochen hatte.[17]

In der Abgelegenheit von Lesno brdo hatten die Kinder nur selten Umgang mit Einheimischen. Mit Ausnahme von Frau Golob und ihrer Schwägerin sowie von einigen Anwohnern des Schlosses begegneten sie im Wesentlichen nur den Bauern und Händlern, bei denen sie Einkäufe tätigten.[18] Die italienischen Behörden machten sich in Lesno brdo kaum bemerkbar. Einmal kam der Kommandant des für Horjul zuständigen Carabinieripostens in Vrhnika zu Besuch, um sich ein Bild von der Unterbringung und der Lebensweise der Gruppe zu machen. Die Ankündigung des Besuchs löste zunächst Unruhe aus. Doch der Brigadiere erwies sich als umgänglicher Mann, der als Familienvater für die Alltagssorgen der Kinder Verständnis hatte. Von ihm war kein strenges Regiment zu erwarten.[19]

An und für sich war den Kindern und ihren Betreuern untersagt, sich ohne Genehmigung über die nähere Umgebung hinaus fortzubegeben. Da die Anordnung aber kaum überwacht wurde, nahm sie bald niemand mehr ernst. So geschah es, dass zwei Jungen, die auf „Außendienst" nach Vrhnika zum Einkaufen gefahren waren, von faschistischen Milizionären, den Schwarzhemden, angehalten und ins Gefängnis gebracht wurden, wo sie einige Nächte blieben, bis ihre Identität geklärt war. Vielleicht wollte man sie auch nur einschüchtern und abschrecken.[20] Lediglich Indig und Schoky hatten einen Dauerpassierschein für Ljubljana, von dem sie häufig Gebrauch machten, denn in Ljubljana wohnten Eugenio und Carlo Bolaffio, und dort befand sich das Slowenische Rote Kreuz. Von Ljubljana aus konnte man während der ersten Zeit in die Schweiz telefonieren, dort traf man Flüchtlinge aus Zagreb und dort fand man Bücher für den Unterricht und die freie Zeit sowie alle möglichen Waren, die man in Horjul nicht erhalten konnte.[21]

Mit der Zeit kamen in Lesno brdo weitere Kinder und Erwachsene hinzu, andere wiederum verließen die Gruppe, sodass ihre Zusammensetzung nie konstant war. Mitte Juli fuhr Indig noch einmal nach Zagreb, wo er von der „Todesstimmung", die unter den Juden herrschte, entsetzt war. Auf der Rückreise begleiteten ihn Alice und Edgar Ascher, die Kinder eines Zagreber Fabrikanten,

17 Bericht zum einjährigen Bestehen, S. 4; AH, Hechaluz, Schwalb an Indig, 21. 8. 1941, 28. 2. 1942; CZA, L 22, 338, Indig an Lichtheim, 5. 3. 1942; Joškos Kinder. Josef Indigs Bericht, S. 164 (131, 259, 287).

18 Ebenda, S. 119 f., 135 (240, 251).

19 Ebenda, S. 94 f. (141 ff., 154).

20 Ebenda, S. 133 f. (196, 236 ff.); Weiss, Joško's Children, S. 115.

21 Joškos Kinder. Josef Indigs Bericht, S. 104 ff., 124 (168 f., 191).

mit denen er befreundet war, seitdem sie sich in den zionistischen Jugendverbänden kennengelernt hatten, und für die er in Ljubljana gefälschte italienische Kennkarten besorgt hatte. Als der italienische Grenzbeamte bei der Kontrolle die Fälschung erkannte, zerriss er das Papier, gab den beiden die unbeschädigten Passbilder zurück und forderte sie zum Weiterfahren auf. Ihrem Alter von 18 bis 20 Jahren nach waren Alice und Edgar eher zu den Erwachsenen zu zählen. Sie hatten das Abitur abgelegt, und Edgar hatte in Zagreb sogar schon vier Semester Physik und Chemie studiert.[22]

Wenig später traf auch Max Federmann ein, der mit freudigem Gejohle begrüßt wurde. Nachdem er in Zagreb den Zug verpasst hatte, war er bei einem Bekannten untergekommen. Bei dem Versuch, den Grenzfluss zwischen Kroatien und Slowenien, die Kupa, zu überqueren, kenterte das Paddelboot, das ein Bauer ihm und zwei Gefährten gegen Bezahlung zur Überfahrt überlassen hatte. Er rettete sich schwimmend an das slowenische Ufer. Später erfuhr er in Ljubljana, wo er vorübergehend mit anderen Flüchtlingen in einem Kloster untergebracht war, dass einer der beiden Gefährten ertrunken war.[23]

Ein einschneidendes Ereignis im Leben der Gruppe war die Ankunft von Alexander Licht, dem früheren Präsidenten des jugoslawischen Zionistenverbands. Seine Frau Erna und seine Tochter Tamar befanden sich nach ihrer Flucht aus Zagreb schon seit einiger Zeit in Lesno brdo, wo sie hofften, dass er bald aus dem Gestapo-Gefängnis in Graz entlassen wird. Mitte Oktober traf er in Ljubljana ein, von wo ihn Eugenio Bolaffio im Auto nach Lesno brdo brachte. Die Kinder, die schon viel von ihm gehört hatten, erwarteten ihn neugierig und aufgeregt. „Sie haben ihn sich prächtig vorgestellt", schreibt Indig, „nun stieg aus dem Auto ein viel zu früh gealterter Mann mit eingefallenem, schrecklich magerem Gesicht, an den Händen Geschwüre, die er im Gefängnis bekommen hatte."[24] Indig, der ihn wegen seiner herausragenden Stellung im jugoslawischen Zionismus und seiner betont demokratischen Einstellung geradezu wie einen Vater verehrte, tat sein Bestes, um ihm behilflich zu sein. Weil er überzeugt war, dass ihm das Zusammensein mit den Kindern guttat, nahm er ihn in die Gruppe auf und machte für ihn und seine Familie ein Zimmer im zweiten Stock des Schlosses frei. Der Reichtum seiner Lebenserfahrung und seines Wissens prädestinierte ihn zum Lehrer und Erzieher der Kinder. Er gab sich der Aufgabe mit großem Ernst hin. Doch die Gefängnishaft hatte ihn

22 Ebenda, S. 100 (154 f.); Gespräche mit Edgar Ascher; zur Reise Indigs nach Zagreb: CZA, L 22, 14/2, Indig an Lichtheim, 22. 7. 1941; JDC, SM 24 - 25, Indig an Schwalb, 2. 8. 1941.

23 Joškos Kinder. Josef Indigs Bericht, S. 106 (169 f.); Gespräch mit Max Federmann.

24 Joškos Kinder. Josef Indigs Bericht, S. 117 ff. (199 ff.); CZA, L 22, 338, Indig an Lichtheim, 17. 9., 5. und 20. 10. 1941.

psychisch gezeichnet, er war pedantisch, nörglerisch und zänkisch geworden, sodass der Umgang mit ihm nicht leicht war.[25]

Ein anderer Betreuer und Lehrer, Robert Stein, der bis zum Ende der Flucht bei den Kindern blieb, stieß frühestens im März 1942 zu ihnen. Er stammte, wie Indig, aus Osijek und war Regieassistent am Zagreber Nationaltheater gewesen. Als früherer „madrich" war er mit der zionistischen Jugendarbeit vertraut. Während der deutschen Besetzung war er in der Sozialabteilung der Jüdischen Gemeinde in Zagreb tätig, die den Häftlingen in den Konzentrationslagern Hilfe zu bringen suchte, was ihn lange Zeit davon abhielt zu fliehen. In Ljubljana hatte er das ungewöhnliche Glück, eine nicht genehmigte Anstellung als Bauarbeiter zu finden. Ungefähr zu der Zeit, als er den Bescheid seiner Internierung im Lager Ferramonti-Tarsia in Kalabrien erhielt, rief ihn Indig zu sich, sodass er in Slowenien bleiben durfte.[26]

Im Herbst 1941 konnten noch einige Väter und Mütter von Kindern in Lesno brdo aus Kroatien nach Ljubljana fliehen. Die Quästur in Ljubljana duldete den Aufenthalt jüdischer Flüchtlinge im Allgemeinen nur vorübergehend und ordnete nach einiger Zeit die Internierung an, die entweder in einem Lager in Süd- oder Mittelitalien oder in der Form des Zwangsaufenthalts, der „freien Internierung", meist in Norditalien erfolgte.[27] Der Wunsch der Eltern, wieder mit ihren Kindern zusammen zu sein, war vielfach so stark, dass sie sich für die gemeinsame Internierung entschieden. Schon vor der Jahreswende folgte Paula Teitelbaum ihrer Mutter in die Provinz Vicenca und Josef Zamojre seinem Vater in die Provinz Rovigo.[28] Ein zusätzlicher Grund für eine gemeinsame Internierung konnte sein, dass Männer ohne Kinder und bisweilen auch Frauen ohne Kinder für ein Lager vorgesehen waren, während Familien bevorzugt in die „freie Internierung" geschickt wurden. Die Internierung in einem Lager löste verständlicherweise Schrecken aus, denn jeder dachte dabei an Zustände wie in deutschen Lagern, mit denen die italienischen nicht zu vergleichen waren.[29] Esther Zurkowski nahm ihre Söhne Siegfried und Rudolf wahrscheinlich nur deshalb zu sich, weil sie dadurch dem Frauenlager in Casacalende im Molise entging und stattdessen einer Gemeinde in der Provinz Belluno zugewiesen wurde.[30]

25 Joškos Kinder. Josef Indigs Bericht, S. 119 (204, 238).

26 Ebenda, S. 154 (272); ACS, PS, A 4bis Stranieri internati, Busta 338/Stein, Robert; Gespräche mit Robert Stein, Jerusalem, 9. 6. 1996 und 28. 4. 2000.

27 Voigt, Zuflucht auf Widerruf, Bd. 2, S. 40 f.

28 ACS, PS, A 4bis Stranieri internati, Busta 259/Neugewirth, Chaja vedova Teitelbaum e figlia; Busta 379/Zamojre, Marco.

29 Voigt, Zuflucht auf Widerruf, Bd. 2, S. 79, 85 f.

30 ACS, PS, A 4bis Stranieri internati, Busta 384/Zurkowski, Ester.

Wohl einzigartig war das Schicksal der Familie von Lilly Lewin. Ihr Vater, Hirsch Lewin, war im Frühjahr 1941 als einer der Schiffbrüchigen der „Pentcho“ von Rhodos nach Ferramonti-Tarsia gebracht worden, wo er erfuhr, dass seine Tochter in Lesno brdo war. Zur gleichen Zeit befand sich seine Frau mit ihrer jüngsten Tochter in Rom, denen, so unglaublich es klingt, erst kurz zuvor die Flucht aus Berlin nach Italien gelungen war. Das Innenministerium verweigerte Hirsch Lewin einen Besuch in Rom, bewilligte aber das Gesuch Lillys auf Überführung nach Ferramonti-Tarsia. Später wurde der ganzen Familie das Zusammenleben in Farfa Filiorum Petri, einem Ort der „freien Internierung“ in der Provinz Chieti, gestattet.[31]

Tilla Nagler, die sich für ihre jüngeren Gefährten aus Berlin verantwortlich fühlte, entschied sich hingegen, vorerst in Lesno brdo zu bleiben, als ihre Mutter mit ihrem jüngsten Bruder zu einem ungewöhnlich späten Zeitpunkt im März 1942 nach Italien entkommen war. Sie war von einem Polizisten des Reviers ihres Wohnbezirks gewarnt worden, den zu ihrer Deportation nach Polen bestimmten Sammelplatz zu meiden. Durch einen Kunden des Geschäfts ihres in Sachsenhausen ermordeten Mannes konnte sie Kontakt zu in Berlin tätigen Fluchthelfern aufnehmen, die sie mit ihrem Sohn an die Grenze bei Toblach begleiteten. Dort wurden sie Schmugglern übergeben, die sie zusammen mit zwei bis drei weiteren Frauen unbemerkt auf die italienische Seite brachten. Erst im Zug wurden sie bei Venedig festgenommen. Da sie sich jetzt außerhalb des Grenzgebiets befanden, waren sie vor der Rückstellung an die deutsche Grenze sicher. Klara Nagler und ihr Sohn wurden stattdessen in Ferramonti-Tarsia interniert.[32]

In mehreren Fällen ließen die Eltern ihre Kinder lieber in Lesno brdo, weil sie meinten, dass sie dort besser aufgehoben waren als in der Internierung, wo sie außer in Ferramonti-Tarsia etwa keinen Schulunterricht vorfanden.[33] Die Eltern von Jakob und Benno Goldberg, dem Kleinsten der Gruppe, nahmen nur ihren jüngsten Bruder dorthin mit, der seit der Flucht aus Frankfurt ständig mit ihnen zusammengewesen war. Auch die Eltern von Ursula Karger ließen ihre Tochter in Lesno brdo zurück, als sie sich in die Provinz Como begeben mussten. Edgar Ascher blieb als Lehrer bei den Kindern, während seine Schwester Alice ihre Mutter in die Provinz Asti begleitete.[34]

31 Ebenda, Busta 214/Lewin, Hirsch.

32 Ebenda, Busta 366/Waller, Czarke in Nagler; Gespräche mit Tilla Offenberger (Tilla Nagler).

33 Klaus Voigt, Le scuole dei profughi ebrei in Italia (1933–1943), in: Storia contemporanea 19 (1988), S. 1153–1188 (S. 1170 ff.).

34 ACS, PS, A 4bis Stranieri internati, Busta 137/Goldberg, Moise; Busta 182/Karger, Arthur; Busta 336/Springer, Terese in Ascher e figli; Gespräche mit Edgar Ascher.

Als einzige Mutter eines Kindes wurde Josefine Weiss aus Wien in Lesno brdo in die Gruppe aufgenommen. Sie trat als Haushaltshilfe an die Stelle von Klara Baltinester, die im November gemeinsam mit Hirsch Feibisch die Internierung in der Provinz Asti vorgezogen hatte.[35]

Lilli Neumann, die jüngste Begleiterin der Gruppe, strebte von Lesno brdo fort. Sie ging zu ihren Eltern nach Ljubljana, folgte ihnen aber nicht nach Aprica in der Provinz Sondrio, sondern schloss sich einer kommunistischen Widerstandsgruppe an der Universität Ljubljana an, nach deren Aufdeckung sie Anfang März vom örtlichen italienischen Kriegsgericht zu 24 Jahren Zuchthaus verurteilt wurde. Sie kam in ein Gefängnis in Perugia, aus dem sie während der deutschen Besetzung ausbrechen konnte. Danach war sie in einer Gruppe jugoslawischer Partisanen in Istrien zu finden, wo sie bei Kämpfen den Tod fand.[36]

Die Voraussetzung für den Aufenthalt der Kinder in Lesno brdo bildete die Unterstützung durch die Delasem. Die Gesamtkosten beliefen sich monatlich je nach der Jahreszeit auf 14 000 bis 20 000 Lire.[37] Die Delasem hatte Indig vor der Niederlassung in Lesno brdo nur einen Zuschuss von wöchentlich 1200 Lire zugesagt, der, wie sofort zu erkennen war, bei Weitem nicht ausreichte. Tatsächlich waren die Mittel der italienischen Hilfsorganisation begrenzt, weil sie eine ständig wachsende Zahl von Flüchtlingen vor allem in den von Italien annektierten Gebieten Jugoslawiens zu betreuen hatte. Allzu oft konnte sie die in sie gesetzten Erwartungen nicht erfüllen.[38] Es mag auch sein, dass Valobra anfangs noch nicht den Ernst der Lage in Zagreb erkannte und deshalb die Überführung der Kinder nach Slowenien nicht für dringlich hielt.[39] Jedoch bereits im August erhöhte die Delasem, nachdem ihr der Joint einen besonderen Zuschuss für Slowenien und Dalmatien gewährt hatte, den Unterstützungssatz um das Doppelte. Im Laufe der Zeit kamen von Fall zu Fall weitere Beträge hinzu. Insgesamt trug die Delasem rund sechzig Prozent aller Kosten in Lesno brdo. Zuschüsse von anderer Seite sind in einem Finanzbericht von Juni 1942 als „Spenden“ und „Darlehen“ verbucht.[40] So wurde die sechs Monate im Voraus zu bezahlende Miete von 11 400 Lire vom Italienischen Hilfskomitee für die jüdischen Auswanderer in Triest aufgebracht.[41]

35 Weiss, Joško's Children, S. 107.

36 Joškos Kinder. Josef Indigs Bericht, S. 144 f. (256 f.); ACS, PS, A 4bis Stranieri internati, Busta 259/Neumann, Josip; CZA, L 17, 23/1, Maria Neumann an Dr. Pozner, s. d.

37 Bericht zum einjährigen Bestehen, S. 5 ff.

38 Voigt, Zuflucht auf Widerruf, Bd. 2, S. 278 ff.

39 Jedenfalls erschien es Indig so, Ithai, Die Kinder der Villa Emma, Typoskript, S. 76.

40 Bericht zum einjährigen Bestehen, S. 5 ff.; CZA, L 22, 1412, Morris Troper, Joint, an Lichtheim, 18. 7. 1941; Lichtheim an Troper, 19. 7. 1941.

41 CAHJP, Comitato Italiano di Assistenza, Scatola 3/30, Comitato Italiano an Valobra, 6. 7. 1941.

Erwähnt werden ferner Überweisungen aus Genf, und zwar kleinere Beträge von Schwalb aus einem Fonds des Hechaluz und eine größere Summe von Silberschein aus Mitteln des Relico. Indig wartete lange Zeit unruhig auf diesen dringend benötigten Betrag, bis er drei Monate nach der angekündigten Absendung doch noch eintraf.[42] Die „Darlehen" stammten von Schoky. Sie waren höchstwahrscheinlich schon während Indigs erstem Aufenthalt in Ljubljana für den Notfall vereinbart worden, als die Überführung der Kinder nach Lesno brdo vorbereitet wurde. Das Risiko, das durch Valobras Zusage eines viel zu niedrigen Zuschusses entstanden war, wurde dadurch vermindert. Obwohl fast jeden Monat ein Teilbetrag an Schoky zurückgezahlt wurde, blieben bis zum Ende des Aufenthalts in Lesno brdo ihm gegenüber Schulden von fast 10 000 Lire stehen.[43]

Die Beziehung Indigs zur Delasem gestaltete sich von Anfang an schwierig. Valobra, der Leiter der Delasem in Genua und Vizepräsident der Union der Israelitischen Gemeinden Italiens, war ein erfolgreicher Rechtsanwalt, der nach den im Herbst eingeführten Rassengesetzen seine Kanzlei weiterführen durfte, weil er im Ersten Weltkrieg Auszeichnungen erhalten hatte. Er war ein vorzüglicher Organisator, der Wert auf die Leistungsfähigkeit der Hilfsorganisation legte. Es fehlte ihm jedoch an psychologischem Einfühlungsvermögen in die Lage der Flüchtlinge, mit denen er kaum persönlich verkehrte.[44] Einer seiner Grundsätze war, mit Flüchtlingen nicht direkt zu korrespondieren, sondern nur mit den Vertretungen der Delasem in über zwanzig Städten und mit eigens ernannten Korrespondenten in den Internierungslagern und an den Orten der „freien Internierung". Den Vertretungen und den Korrespondenten fiel die Aufgabe zu, die Verbindung zu den Einzelpersonen zu unterhalten. Der Ansprechpartner Indigs war somit Eugenio Bolaffio in Ljubljana. Da Indig jedoch eine Gruppe von fast fünfzig Menschen vertrat, war Valobra zumindest anfänglich bereit, mit ihm am Telefon zu sprechen und wohl auch Briefe zu wechseln.[45]

Als sich Indig einige Wochen nach der Ankunft in Lesno brdo bei der Delasem nach der dringend erwarteten Überweisung Silberscheins erkundigte, von der er meinte, sie sei vielleicht in Genua eingegangen, und zugleich um Erhöhung der Unterstützung bat, reagierte Valobra irritiert. Er habe nach kurzer Zeit feststellen müssen, schrieb er an Silberschein, „daß Herr Indig sehr jung an Jahren und

42 CZA, L 17, 457, Bericht über die Umschichtungstätigkeit der Hechaluz-Zentrale, S. 11 f.; AH, Hechaluz, Indig an Schwalb, 25. 9., 2. und 19. 11. 1941.

43 Bericht zum einjährigen Bestehen, S. 7; AH, Hechaluz, Indig an Schwalb, 19. 11. 1941.

44 Voigt, Zuflucht auf Widerruf, Bd. 1, S. 361; Bd. 2, S. 278.

45 CZA, L 22, 1412, Indig an Lichtheim, 9. und 11. 7. und 26. 8. 1941; Voigt, Zuflucht auf Widerruf, Bd. 2, S. 278.

an Erfahrung und ziemlich wichtigtuerisch ist und den Verantwortungen unserer schwierigen Zeit absolut nicht gewachsen ist". Seine überhöhten Forderungen und sein Ton, „wir würden fast sagen von oben herab", zwängen ihn, in Zukunft nicht mehr mit ihm persönlich und stattdessen nur noch mit Bolaffio zu korrespondieren. Er forderte Silberschein und über ihn auch Lichtheim und Schwalb auf, es ihm gleichzutun.[46] In Genf war es nichts Neues, dass es Indig noch an Erfahrung fehlte, man schätzte dort aber seinen Mut und seine Selbstlosigkeit. Silberschein, Lichtheim und Schwalb müssen über Valobras Ansinnen einigermaßen verwundert gewesen sein und lehnten es ab. Sie spürten, dass Indig auf ihren Rückhalt und ihr Vertrauen angewiesen war. Zudem verdankten sie ihm wertvolle Informationen über die Lage der Juden in Kroatien, über die er in seinen Briefen regelmäßig berichtete. Indig war über Valobras Brief, von dessen Inhalt er Kenntnis erhielt, konsterniert und wusste nicht, was er sich vorzuwerfen hatte. Er bat Lichtheim, ihm „wegen der Kinder" weiter zur Seite zu stehen.[47] Das Verhältnis zu Valobra war fortan belastet, und es sollte sich lange Zeit kein gegenseitiges Vertrauen einstellen.

Ab Oktober kündigte Valobra einen Besuch in Lesno brdo an. Verschiedene Umstände, wie die Verweigerung eines Passierscheins für einen Begleiter, führten dazu, dass er die Reise erst ziemlich spät Ende Dezember antrat. Indig erwähnte Valobras Anwesenheit nur mit einer Zeile in einem Brief an Lichtheim.[48] Über Valobras unmittelbare Eindrücke sind keine Aufzeichnungen erhalten. Er scheint jedoch bei dem Besuch zu der Überzeugung gekommen zu sein, dass die Zustände in Lesno brdo unbefriedigend waren, denn bald danach reifte sein Entschluss, die Kinder an einen für ihre Ausbildung geeigneteren Ort nach Italien zu bringen.[49]

Erziehung und Unterricht

Das „Kinderheim Lesno brdo", wie es gelegentlich in den Dokumenten genannt wird, wurde von Indig, Jochvedson, Barkic und, nachdem Feibisch die Gruppe verlassen hatte und Stein hinzugekommen war, Schoky und Stein kollegial geleitet. Die Leitung, auf Hebräisch „hanhalah", war kein in Statuten festgelegtes Gremium. Man traf sich zur Beratung, sobald sich ein Anlass bot. Trotzdem nahm

46 YVA, M 20/14, Valobra an Silberschein, 21. 8. 1941. Der Brief ist im Auftrag Valobras vom Ersten Sekretär der Delasem, Enrico Luzzatto, unterzeichnet.

47 CZA, L 22, 1412, Indig an Lichtheim, 26. 8. 1941.

48 CZA, L 22, 338, Indig an Lichtheim, 5. 10. und 25. 12. 1941; AH, Hechaluz, Indig an Schwalb, 22. 11. 1941.

49 CZA, L 22, 17, Valobra an Lichtheim, 2. 1. 1942.

Indig eine führende Stellung ein und wurde von seinen Kollegen als eigentlicher Leiter anerkannt, vor allem weil es hauptsächlich seiner Umsicht und Entschlossenheit zu verdanken war, dass sich die Kinder in Lesno brdo befanden. Er verfügte auch als Einziger über die zur Finanzierung des Aufenthalts notwendigen Beziehungen zu Bolaffio und zur Delasem, zu Lichtheim, Schwalb und Silberschein. Seine zionistischen Erziehungsgrundsätze wurden nicht ernsthaft infrage gestellt, war es doch allen klar, dass die Kinder nach Palästina gehen sollten. Er kehrte freilich seine besondere Stellung unter den Betreuern der Kinder nie hervor und betrachtete sich als Primus inter Pares.[50]

Indig hielt es für wesentlich, dass das Gemeinschaftsleben in Lesno brdo unter aktiver Teilnahme der Kinder gestaltet wurde. Sie sollten frühzeitig an eigenverantwortliches und zugleich uneigennütziges und solidarisches Handeln im Rahmen demokratischer Regeln gewöhnt werden. Am Ende sollte eine feste Gemeinschaft, die „chewra", stehen, die von zionistischen und sozialistischen Ideen erfüllt war. Nachdem sich die Kinder in ihre neue Umwelt eingelebt hatten, wurde jede Woche eine Versammlung aller Kinder und Erwachsenen abgehalten, die allgemeine „sichah" oder „chewra-sichah", in der eine Aussprache über Probleme des Zusammenlebens stattfand und von Fall zu Fall auch Beschlüsse gefasst wurden. Wichtige Punkte der Beratung bildeten etwa die Arbeitseinteilung, die Gestaltung der freien Zeit und die Veranstaltung von Feiern. Manchmal wurde auch Streit geschlichtet.[51] Die Diskussionen, bei denen wahrscheinlich die älteren Kinder und vor allem die Jungen das Wort führten, sollen sich oft bis nach Mitternacht hingezogen haben. „Kein Wunder, wenn man bedenkt, welch gotterschütternde Probleme stundenlanges Gesprächsthema waren", befand Leo Koffler im Nachhinein. „Hier beklagt sich ein Mädchen, die Jungen arbeiteten weniger als sie selbst ... aber auch über ernstere Dinge wird debattiert. Man fordert einen Lesezirkel, und zwar nicht nur einen einfach literarischen, auch einen dramatischen, die Erweiterung der Bibliothek, Klavierunterricht auf Kosten der Arbeitszeit usw."[52] Im Winter wurde sogar die Herausgabe einer gemeinsamen Zeitung beschlossen, die den Titel „Yaldei ha-mazor" – „Kinder in Gefahr" erhielt. Jeder konnte Mitteilungen, Berichte, Kurzgeschichten oder Gedichte beisteuern. Die Zeitung wurde auf einer alten Schreibmaschine getippt und anschließend zum Lesen ausgelegt. Nach kurzer Zeit wurde sie wieder eingestellt.[53]

50 Bericht zum einjährigen Bestehen, S. 1; Gespräche mit Josef Ithai (Josef Indig).

51 Joškos Kinder. Josef Indigs Bericht, vor allem S. 96, 132 (122 f., 283). Gespräche mit Josef Ithai.

52 Koffler, Die Entstehung unserer Jugendgemeinschaft, S. 309.

53 Bericht zum einjährigen Bestehen, S. 4; Joškos Kinder. Josef Indigs Bericht, S. 132 (231). Exemplare von „Yaldei ha-mazor" aus Lesno brdo sind nicht erhalten.

Die Kindergruppe in Lesno brdo, Herbst 1942.
Arnold Wininger, Peoria, Arizona

Häufig ergriff Indig zu Beginn einer allgemeinen „sichah" das Wort, um den Kindern ihre Lage deutlich zu machen, aber auch Mut zuzusprechen. Er stellte den Aufenthalt in Lesno brdo in größere politische Zusammenhänge und erinnerte daran, was die Juden in anderen Teilen Europas zu erleiden hatten. Er berichtete über seine Korrespondenz mit Lichtheim und Schwalb und zeigte die Widerstände auf, die der Weiterwanderung nach Palästina vorläufig entgegenstanden, ließ aber an deren Gelingen zu einem späteren Zeitpunkt keinen Zweifel.[54] Als im Oktober 1941 in Deutschland und Österreich die Deportationen nach Polen einsetzten, bereitete er die Kinder darauf vor, dass auch ihre Eltern und Geschwister davon betroffen sein könnten. Er bat um Verständnis und erhielt allgemeine Zustimmung, dass die eingehende Post zuerst von den Erwachsenen geöffnet wurde, damit sie im Fall einer Todesnachricht den Einzelnen vor einem Schock bewahren und ihm einfühlend und tröstend zur Seite stehen konnten.[55]

54 Joškos Kinder. Josef Indigs Bericht, S. 88 ff. (132 f., 152).

55 Ebenda, S. 101 f. (157 f.); Koffler, Die Entstehung unserer Jugendgemeinschaft, S. 309.

Die Kinder wählten in der allgemeinen „sichah" aus ihren Reihen einen vierköpfigen Ausschuss, den „waad ha-kibbuz", der die Beschlüsse und Anregungen der Versammlung gegenüber der „hanhalah" der Erzieher zu vertreten und mit deren Zustimmung in die Tat umzusetzen hatte. Der „waad", dessen Zusammensetzung meist nach kurzer Zeit wechselte, trat im Allgemeinen jeden dritten Tag zusammen und beriet anschließend mit der „hanhalah". Er machte vor allem Vorschläge für Ausflüge und Geländespiele und kümmerte sich um die Bunten Abende am „oneg shabbat" und um Festveranstaltungen. Er bildete das Redaktionskomitee der Zeitung „Yaldei ha-mazor". Er übte auch Kritik und trug Klagen und Beschwerden vor, zu denen die „hanhalah" Stellung nehmen musste, die bei allem natürlich das letzte Wort hatte.[56]

Die eigentliche zionistische Erziehungsarbeit vollzog sich in der Kleingruppe oder „kwuzah". Ihr gehörten zwischen acht und zwölf Kinder an, die ein älterer Jugendlicher, der „menahel", betreute, der in einem zionistischen Jugendverband ausgebildet worden war.[57] Besonders stolz war Indig auf die „kwuzah lehavah" (Die Fackel), die bereits in Zagreb entstanden war und um die sich Leo Koffler kümmerte. In Lesno brdo kamen die „kwuzah gimmel" und die „kwuzah cheruth" hinzu. Jede „kwuzah" führte ein Tagebuch und hatte nach Pfadfinderart eine Hymne und einen Wimpel, den sie bei Wanderungen mit sich führte. Für die Zusammenkünfte stand eine Zimmerecke zur Verfügung, wo der Wimpel aufgehängt war. Außer zu Wanderungen traf man sich zu gemeinsamem Spiel, lernte praktische Dinge des Pfadfinderlebens wie das Karten- und Kompasslesen, sang Lieder, sprach über Palästina und trug zur Gestaltung von Festlichkeiten bei. Gelegentlich wurden auch kleine Prüfungen über das Erlernte abgelegt.[58]

Der zionistische Charakter der Erziehung wurde auch dadurch unterstrichen, dass immer wieder hebräische Lieder gesungen wurden, außer in der „kwuzah" und an Festtagen zu Beginn der allgemeinen „sichah" und bei der „assefah", einer Art Morgenappell, der im Hof nach dem Aufstehen und vor der Morgengymnastik durchgeführt wurde.[59] Zionistische Gedenktage wurden mit Ansprachen, Chorgesang, Klaviermusik und Bunten Abenden begangen. Zum Tod Menachem Ussischkins, eines Pioniers der Siedlungsbewegung in Palästina, fand eine Trauerfeier statt, bei der Alexander Licht die Verdienste des Verstorbenen würdigte.[60]

56 Joškos Kinder. Josef Indigs Bericht, S. 85, 90, 106, 127 (121 f., 133 ff., 151, 175, 252).

57 Reinharz, Hashomer Hazair in Germany (I), S. 148 f.

58 AH, Hechaluz, Indig an Schwalb, 25. 9. 1941; Joškos Kinder. Josef Indigs Bericht, S. 96, 111, 132, 141, 159 (121, 144 f., 126, 247, 257).

59 Ebenda, vor allem S. 89, 107, 114 (123 f., 131, 151 f.).

60 AH, Hechaluz, Indig an Schwalb, 2. 11. 1941; Joškos Kinder. Josef Indigs Bericht, S. 126 f. (167, 218 ff.).

Da die Erziehung in Lesno brdo nicht religiös war, wurden am Sabbat, an dem der Unterricht und die Arbeit für das Haus ruhten, häufig bunte Abende veranstaltet. Ein solcher von der „kwuzah cheruth“ vorbereiteter Abend mit Theaterszenen, Sprechchören und Liedern fand lebhaften Beifall.[61] Die Feiertage, vor allem Chanukka und Pessach, wurden liebevoll gestaltet, damit sich die Kinder an Zuhause erinnert fühlten. Sie trugen ihre beste Kleidung, und es wurde ein reichhaltiges Essen geboten. An Chanukka zündete ein Kantor, der aus Ljubljana zu Besuch war, eine Menorah an und sang geistliche Lieder. Alexander Licht erläuterte in einer Ansprache den Sinn des Festes. Anschließend fand eine gegenseitige Bescherung statt, zu der die Kinder Geschenke aus Holz, Pappe, Papier und Stoff angefertigt hatten: Ohrenschützer, Pantoffeln, Bücherständer, Bilderrahmen, Abzeichen, Zeichnungen und vieles mehr. Das Pessachfest in Lesno brdo setzte in gewohnter Weise mit dem Sederabend ein, der traditionell gestaltet wurde, und ging mit einem großen Bunten Abend unter dem Motto „Auszug aus Ägypten“ zu Ende. Unter anderem wurde eine Szene aus dem „Jeremias“ von Stefan Zweig aufgeführt.[62]

Indig musste sich bald eingestehen, dass die Kinder noch weit von dem Gemeinschaftsbewusstsein entfernt waren, das er anstrebte. Im „Hashomer Hazair“ war er es gewohnt gewesen, dass die Mitgliedschaft gleichbedeutend mit der Zustimmung zu den politischen und pädagogischen Zielen des Verbandes war. In Lesno brdo stand er Kindern gegenüber, die sich in Alter, sozialer Herkunft, Anschauungen und Anpassungsfähigkeit erheblich voneinander unterschieden. Soweit die Kinder zionistisch erzogen waren, kamen sie aus Verbänden verschiedener politischer und pädagogischer Ausrichtung, in einem Fall sogar aus dem weit rechts stehenden „Betar“, der Jugendorganisation der revisionistischen Zionisten, die für ihre unversöhnliche Haltung gegenüber dem arabischen Bevölkerungsteil in Palästina bekannt war.[63] In ausgiebigen Gesprächen versuchte Indig, jeden Einzelnen, der sich keiner „Kwuzah“ anschließen wollte, von den Ideen, wie sie ihm vom „Hashomer Hazair“ vertraut waren, zu überzeugen. Etwa ein Viertel der Kinder, meist ältere und solche, die aus einem assimilierten Elternhaus stammten, verhielt sich bis zuletzt abweisend. Ein Berliner Mädchen trat sogar aus einer „kwuzah“ wieder aus.[64] Zudem hatte es Indig in Lesno brdo mit Flüchtlingskindern zu tun,

61 Ebenda, S. 141 (249).

62 Bericht zum einjährigen Bestehen, S. 3; Joškos Kinder. Josef Indigs Bericht, S. 127 ff., 140 f. (221 f., 246 f.).

63 Koffler, Die Entstehung unserer Jugendgemeinschaft, vorangestellte Widmung in CZA, A 256/4/1.

64 Joškos Kinder. Josef Indigs Bericht, S. 85 ff., 111, 137 (165, 188, 194 ff.).

die kein Zuhause mehr hatten und deshalb starken inneren Belastungen ausgesetzt waren. Sie hatten in der Regel wenig Ausdauer, und es fiel ihnen schwer, sich auf eine Sache zu konzentrieren.[65] Indig kamen seine „chawerim" bisweilen geradezu apathisch vor. Sie bedurften besonders einfühlsamer Behandlung und mussten immer wieder zu Initiativen angeregt werden.[66]

Solidarität, wie sie Indig vorschwebte, war ihnen in ihrem jugendlichen Existenzkampf nur selten begegnet. Einige ältere Jungen, wie Max Federmann und Leo Teplitzki, hatten nach der Verschleppung ihrer Väter in ein Konzentrationslager weitgehend allein für ihren Unterhalt sorgen müssen.[67] Manchen Jungen imponierte Schoky, weil er auf dem Schwarzen Markt so erfolgreich war. Eines Tages ertappte Indig zwei Jungen, die Butter veruntreut hatten und damit nach Ljubljana fahren wollten, um sie, wie sie sagten, einem Onkel zu bringen, in Wirklichkeit aber, um sie zu verkaufen. Es kam auch vor, dass Jungen auf „Außendienst" den Bauern zusätzliche Lebensmittel für sich selbst abbettelten oder unterwegs heimlich etwas von dem Eingekauften aufaßen, weil sie hungrig waren. Besonders erregte Indig der Fall eines Jungen, der die Milchrechnung gefälscht hatte, um Geld für sich zurückzubehalten. Natürlich wusste Indig, dass die Kinder Hunger litten, aber gerade deshalb durfte er ein solches Verhalten nicht ungeahndet lassen, so sehr er Strafen abgeneigt war. Nachdem der Junge die Unterschlagung gestanden und sich bußfertig gezeigt hatte, musste er eine Zeit lang im Keller des Schlosses verbringen, wo ihn seine Gefährten besuchen durften.[68]

Schoky war nicht nur im Hinblick auf seine Betätigung auf dem Schwarzen Markt ein schlechtes Vorbild. Er fügte sich auch nicht in das Gemeinschaftsleben ein, kam und ging, wie es ihm passte, und wies vor den Augen der Kinder das Essen zurück, wenn es ihm nicht schmeckte. Er hofierte eines der älteren Mädchen und bedachte Kinder, die er gern mochte, mit Mitbringseln und Geschenken. Indig war sich des Widerspruchs zu seinem Erziehungsideal völlig bewusst. Trotzdem suchte er Schoky unter allen Umständen zu halten, selbst wenn dieser Unzufriedenheit äußerte und andeutete, die Gruppe verlassen zu wollen, weil er als Ökonom einfach unentbehrlich war.[69]

65 Zur Psychologie von Flüchtlingskindern vgl. Nettie Sutro, Jugend auf der Flucht. 1933–1948. Fünfzehn Jahre im Spiegel des Schweizer Hilfswerks für Emigrantenkinder, Zürich 1952, S. 181 ff.

66 Joškos Kinder. Josef Indigs Bericht, S. 74 (102, 139, 162); Ithai, Die Kinder der Villa Emma, Typoskript, S. 130, 156 f.; Gespräche mit Josef Ithai (Josef Indig).

67 Gespräch mit Max Federmann.

68 Joškos Kinder. Josef Indigs Bericht, S. 113 ff., 129 ff., 135 (194 ff., 206 f., 228 ff.).

69 Ebenda, S. 124 f., 155 (207, 215 ff., 234, 270).

Die gemeinsame Erziehung von Jungen und Mädchen bildete in den dreißiger Jahren und während der Kriegszeit noch die Ausnahme. Auch in den jüdischen Schulen in Deutschland waren, solange sie bestanden, Jungen und Mädchen meist voneinander getrennt. In fast allen Landschulheimen der deutschen Emigration war hingegen teils unter dem Zwang der Umstände, teils in bewusster Absetzung von herkömmlichen Erziehungsmustern unter dem Einfluss der Reformpädagogik die Koedukation üblich. Im „Hashomer Hazair" bestanden seit Mitte der dreißiger Jahre nur noch koedukative Gruppen. In Lesno brdo war es daher nicht anders.[70] Indig versichert, dass das Zusammenleben von Jungen und Mädchen keine Schwierigkeiten hervorgerufen habe. Im „Hashomer Hazair" wie in den anderen zionistischen Jugendverbänden waren sexuelle Beziehungen verpönt. Natürlich empfanden in Lesno brdo einige Jungen und Mädchen Zuneigung zueinander, es gab Liebeskummer und Eifersucht, doch zu einer intimen Bindung kam es nicht.[71]

Es ist zu fragen, ob sich Indig mit seinen Erziehungsmethoden bei den Kindern durchsetzen konnte. Strafen waren ihm, wie gesagt, zuwider, ebenso sehr autoritäres Auftreten. Er vertraute in Anlehnung an Ideen der modernen Reformpädagogik auf die Überzeugungskraft, auf das Gewicht von Argumenten, auf Einsicht, Vernunft und demokratische Formen. Die Kinder durften ihn mit Joško, der Diminuitivform seines Vornamens Josef, anreden. Er betrachtete sich als ihr Kamerad, ihr Freund. Die anderen Betreuer teilten nicht in vollem Umfang seine Einstellung. Vor allem Schoky hätte eine mehr auf Autorität beruhende Gangart vorgezogen, worüber es mit Indig zu Auseinandersetzungen kam, und gelegentlich sprach er ein Machtwort.[72] Jochvedson hielt sich aus pädagogischen Streitfragen weitgehend heraus und lebte nur für sein Klavierspiel und seinen Unterricht. Indig erklärte seine Passivität mit Resignation aufgrund seiner Flucht aus Russland, wo er sich in seiner Jugend auf der Seite der Volksrevolutionäre politisch engagiert hatte.[73] Liest man aufmerksam Indigs Erinnerungen, so trifft man auf selbstkritische Beobachtungen, denen zu entnehmen ist, dass die Kinder von seinen Erziehungsprinzipien zum Teil überfordert waren und sich Freiheiten nahmen, die er nicht verhindern konnte. Sie gingen unregelmäßig und oft sehr spät ins Bett, machten lange in den Zimmern Krach – besonders beliebt war das Geistern, wozu das Schloss geradezu einlud – und verschliefen

70 Reinharz, Hashomer Hazair in Germany (I), S. 148 f.

71 Joškos Kinder. Josef Indigs Bericht, S. 97, 109, 161 (130,140, 152, 280 ff.). Vgl. Jensen, Sei stark und mutig, S. 118 ff.; Gespräche mit Josef Ithai (Josef Indig).

72 Joškos Kinder. Josef Indigs Bericht, S. 141, 155 (108, 258, 273).

73 Ebenda, S. 72, 78 (96, 138 f.).

manchmal die „assefah“ und die Morgengymnastik. Oft blieb die Arbeit für das Haus liegen. Die Zimmer waren vielfach unaufgeräumt, auch weil es an Schränken fehlte. Kurz, die Disziplin, wie sie verbreiteten Vorstellungen entspricht, ließ zu wünschen übrig. Aber eine gewisse Lockerheit gehörte zu Indigs Stil. Trotzdem hatte er den Eindruck, dass mit der Zeit die Bereitschaft zu Eigenverantwortung zunahm und der Zusammenhalt gestärkt wurde.[74]

Im August, über einen Monat nach dem Einzug in das Schloss, konnte endlich mit dem Schulunterricht begonnen werden. Er fand jeden Nachmittag außer am Sabbat an vier Stunden statt, während der Vormittag weiterhin für die Arbeit im Haus: Aufräumen, Reinemachen, Wäschewaschen, Küchenhilfe, Wasserholen, Holzhacken und Einkaufen sowie für die zionistische Gruppenarbeit freigehalten wurde. Die Bildung von Klassen stieß auf die Schwierigkeit, dass der Wissensstand der Kinder nicht nur wegen des Altersunterschieds, sondern auch infolge wiederholter Umschulungen, bedingt durch den Ausschluss aus den öffentlichen Schulen, höchst unterschiedlich war. Alle Kinder hatten seit mindestens einem halben Jahr keine Schule mehr besucht. Schließlich wurden, auch auf die Gefahr hin, dass einige nicht mithalten konnten, drei Klassen gebildet, die den Altersstufen von zehn bis 13 Jahren, von 14 bis 15 Jahren und von 16 bis 17 Jahren entsprachen. Das Schuljahr war in drei Semester eingeteilt, an deren Ende jeweils Prüfungen standen, die freilich nur symbolische Bedeutung hatten.[75]

Unter den gegebenen Umständen blieb nichts anderes übrig, als den Unterricht weitgehend zu improvisieren. Unter den Erwachsenen gab es keinen einzigen ausgebildeten Lehrer. Lehrmaterial fehlte fast vollständig. Man behalf sich damit, dass man Bücher aus Bibliotheken in Ljubljana auslieh, die über reichhaltige deutschsprachige Bestände aus der Zeit der Habsburger Monarchie verfügten. Lehrbücher für Iwrith schickte Schwalb aus Genf. Aufgrund der geringen Vorbereitungsmöglichkeiten bestanden die Schulstunden zu einem großen Teil aus Vorlesen und Diktieren. Die Hauptsache war, dass die Kinder geistig beschäftigt waren und nicht untätig herumsaßen. Wenn einige zu selbstständiger Weiterarbeit angeregt wurden, war schon viel gewonnen.[76]

Als Unterrichtsfächer der drei Klassen führte ein Jahresbericht von Juni 1942 an: Italienisch, Neuhebräisch, Geografie, Menschenkunde, Naturkunde, Botanik, Physik, Chemie, Rechnen, Geschichte und Grundlagen der Philosophie,

74 Ebenda, S. 79, 101, 104, 145 (111 f., 156, 168, 258 ff.).

75 Bericht zum einjährigen Bestehen, S. 2 f.; Joškos Kinder. Josef Indigs Bericht, S. 102 f. (159 ff.).

76 Bericht zum einjährigen Bestehen, S. 2 f.; AH, Hechaluz, Indig an Schwalb, 18. 10. 1941; Joškos Kinder. Josef Indigs Bericht, S. 102, 104 (160 f., 166).

Weltliteratur und Freihandzeichnen. Den Unterricht teilten sich anfangs drei Betreuer der Gruppe, und zwar Indig vor allem in Iwrith, Barkic in den naturwissenschaftlichen Fächern und Jochvedson in Literatur, Geschichte und Rechnen – er soll künftig nur noch unter dem von ihm in Lesno brdo gewählten falschen Namen Georg Bories genannt werden. Später kamen als Unterrichtende Alexander Licht und Edgar Ascher hinzu. Weitere Lehrkräfte wurden unter den Flüchtlingen in Ljubljana gewonnen, so der Iwrith-Lehrer Edmund Jäger. Zusätzlich zu den drei Klassen wurde eine Musikklasse aus allen Altersgruppen gebildet, in welcher Bories an zehn Schüler vor allem intensiven Klavierunterricht erteilte. Nach einigen Monaten eifrigen Übens waren die Begabtesten imstande, leichte Stücke von Mozart, Beethoven, Schumann und Mussorgsky zu spielen und zu verschiedenen Anlässen vor den Kindern vorzutragen. Mit besonderer Aufmerksamkeit widmete sich Bories der Gesangsausbildung von Laszlo Toeroek, der gute Fortschritte machte und, von seinem Lehrer am Klavier begleitet, mit Liedern und Arien Begeisterung entfachte.[77]

Mitte Oktober fanden die ersten „Prüfungen" statt, die hauptsächlich aus schriftlichen Arbeiten bestanden. Mit Freude stellte Indig fest, dass sich die Kinder eifrig vorbereiteten. Ihnen wurde unter anderem die Aufgabe gestellt, einen vorgelesenen Text schriftlich nachzuerzählen und einen Aufsatz über „Mein schönstes Erlebnis" oder „Freundschaft" zu schreiben. Bei einer späteren Prüfung wurde für den besten Aufsatz zum Thema „Meine wichtigste Erinnerung" ein Preis ausgesetzt, den Hans Silbermann gewann, der in ergreifenden Worten den Abschied von seiner Mutter und seine Flucht aus Wien geschildert hatte. Es stand von vornherein fest, dass bei den Prüfungen niemand durchfallen sollte. Trotzdem waren die Lehrer mit den Leistungen zufrieden.[78]

Der Schulunterricht sollte von Anfang an durch landwirtschaftliche und handwerkliche Ausbildung nach Art einer Hachscharah ergänzt werden. In seiner Korrespondenz mit Schwalb verzichtete Indig nie auf diesen zionistischen Begriff, obwohl er wusste, dass das Schloss für eine landwirtschaftliche Ausbildung keine guten Voraussetzungen bot. Nach dem Ende des Winters wurde beschlossen, die Terrasse, auf der sich die Hühnerzucht von Frau Golob befunden

77 Bericht zum einjährigen Bestehen, S. 2 f.; briefliche Mitteilung von Josef Ithai (Josef Indig), 29. 6. 1997; Joškos Kinder. Josef Indigs Bericht, S. 102 f., 137 f., 141 (156, 186, 240 ff.). Zu Jäger: ACS, PS, A 4bis Stranieri internati, Busta 168/Jaegher, Edvardo. Ein Erinnerungsbericht Jägers in hebräischer Sprache zu seinem Aufenthalt in Ljubljana und Lesno brdo sowie zu seiner Internierung in Olgiate Comasco und zu seiner Flucht in die Schweiz in: CDEC, Fondo Israel Kalk, Classificatore 7/2/12.

78 Bericht zum einjährigen Bestehen, S. 2 f.; AH, Hechaluz, Indig an Schwalb, 25. 9. und 10. 10. 1941; Joškos Kinder. Josef Indigs Bericht, S. 122 ff. (212 ff.).

hatte, von Schotter und Steinen zu befreien, um Gemüsebeete anlegen zu können. Die beschwerliche Arbeit wurde von den Jungen mit Geräten durchgeführt, die von den Bauern in der Nachbarschaft ausgeliehen waren. Es wurde gesät und gepflanzt, aber die Abreise nach Nonantola kam der Ernte zuvor.[79]

Eine Tischlerwerkstatt, die in den leer stehenden Räumen des dem Schloss gegenüberliegenden Wirtschaftsgebäudes eingerichtet werden sollte, kam nicht zustande. Frau Golob setzte die Miete für die Werkstatt auf 500 Lire im Monat fest. Schwalb stellte die Verbindung zur ORT her, einer jüdischen Organisation, die handwerkliche Projekte förderte und während des Kriegs ihren Sitz in Genf hatte. Im November sandte Indig der ORT einen Kostenvoranschlag für Werkzeuge, darunter mindestens eine Hobelbank, für Holz und für das Honorar eines Tischlermeisters in Horjul, der die Ausbildung übernehmen sollte. Bis Mai waren einige Werkzeuge vorhanden. Die Werkstatt nahm dann aber trotzdem nicht die Tätigkeit auf, wahrscheinlich weil der Tischlermeister nach dem Einsetzen des Partisanenkriegs nicht mehr nach Lesno brdo zu kommen wagte.[80]

Praktische Ausbildungsmöglichkeiten für Mädchen boten sich nur in der Küche beim Kochen und in einer Nähstube, in der die abgetragene Kleidung der Kinder ausgebessert wurde. Sie soll gut gearbeitet haben. Zu einer regelrechten Schneiderwerkstatt, für die ebenfalls Mittel bei der ORT beantragt wurden, und zur Anschaffung einer Nähmaschine scheint es nicht gekommen zu sein.[81]

Das Leben auf dem Schloss inmitten einer prächtigen Natur hatte etwas Romantisches, wie von Indig oft betont wurde. Auf Wanderungen und beim Spiel im Freien herrschten Fröhlichkeit und Ausgelassenheit. Das Klavierspiel von Bories und der Gesang Toeroeks, das gesellige Zusammensein zu festlichen Anlässen stimmten die Kinder glücklich. Doch über allem lag der Schatten der politischen Ereignisse und des Schreckens in der Ferne. Die Trennung von der Familie, in vielen Fällen der Tod des Vaters in einem Konzentrationslager und nach dem Beginn der Deportationen das ungewisse Schicksal der Mutter und der Geschwister lasteten schwer auf den Kindern. Viele waren seit Zagreb ohne Nachricht von zu Hause. Andere erhielten in Lesno brdo noch Post von Verwandten in Deutschland und Österreich.[82] Durch einen Brief einer unbekannten Frau in Berlin erfuhr Berta Reich, dass ihre Mutter an einer Krankheit gestorben war, nachdem ihr

79 Bericht zum einjährigen Bestehen, S. 4; Sammlung Arieh Koffler (Leo Koffler), Givataim, Indig an Schwalb, 27. 5. 1942; Joškos Kinder. Josef Indigs Bericht, S. 147 f. (260 f.).

80 Bericht zum einjährigen Bestehen, S. 4; AH, Hechaluz, Indig an ORT, 25. 11. 1941; Joškos Kinder. Josef Indigs Bericht, S. 155 f. (274, 296).

81 Bericht zum einjährigen Bestehen, S. 4.

82 Joškos Kinder. Josef Indigs Bericht, S. 101 f., 121 (157, 176).

Vater in Sachsenhausen den Tod erlitten hatte. Das Mädchen lag nach dem Lesen des ihr versehentlich ausgehändigten Briefs wie erstarrt auf dem Fußboden und musste in ihr Bett getragen werden, wo es ununterbrochen weinte.[83]

Vor der Deportation konnten einige Mütter noch die bevorstehende „Abreise“ nach Polen ankündigen. Später trafen vereinzelt genormte Postkarten aus den Ghettos in Łódź, Riga und Kowno sowie aus der Umgebung von Lublin ein. Indig sprach mit jedem Kind über eine eingegangene Nachricht und versuchte, ihm Hoffnung zu machen.[84] Die Mutter von Josef Schiffmann ließ in einem Brief aus einem Ort bei Lublin erkennen, dass sie am Erfrieren und Verhungern war. Sie flehte ihren Sohn an, ihr zu helfen und ihr Nahrungsmittel und Kleidungsstücke zu senden. Indig teilte daraufhin alle ihm bekannten Anschriften deportierter Mütter Schwalb in Genf mit und bat ihn, Pakete dorthin zu schicken, was umgehend geschah. Einige Pakete sollen sogar angekommen sein. Doch schon bald fehlte von den Deportierten jedes Zeichen.[85]

An Rosch Ha-Schana, dem Neujahrsfest im September, waren die Kinder von Schmerz überwältigt. Im „Salon“ waren Kerzen angezündet worden, und ausnahmsweise fand eine kleine religiöse Feier statt, bei der ein Junge aus Frankfurt den Dienst als Kantor versah. Während des gemeinsamen Gebets kamen vielen Kindern die Tränen. Erst verließen einige den Raum, dann immer mehr. Die Erwachsenen fanden sie im Korridor und in den Schlafzimmern, wo sie auf dem Bett oder auf dem Boden lagen. Einige riefen nach ihren Eltern: „Mutti, Mutti! Vati, Vati!“ Nur mit Mühe gelang es, sie wieder zu beruhigen und das Fest zu Ende zu führen.[86]

Der Partisanenkrieg beginnt

Der Partisanenkrieg setzte in der Gegend von Lesno brdo erst später ein als in einigen anderen Teilen Sloweniens. Nachdem das Zentralkomitee der Kommunistischen Partei Jugoslawiens im Juni 1941 nach dem Angriff Hitler-Deutschlands auf die Sowjetunion den bewaffneten Widerstand beschlossen hatte, kam

83 Ithai, Die Kinder der Villa Emma, Typoskript, S. 158.

84 ZfA, Interview mit Ruth Maschiach (Ruth Drucker), S. 4; Joseph Zamora (Josef Zamojre), Autobiografische Aufzeichnungen, S. 4.

85 AH, Hechaluz, Indig an Schwalb, 19. 11. 1941; Schwalb an Indig, 24. 11. 1941; Joškos Kinder. Josef Indigs Bericht, S. 121 f. (153, 210 f.).

86 AH, Hechaluz, Indig an Schwalb, 25. 9. 1941; Joškos Kinder. Josef Indigs Bericht, S. 109 ff. (182 f.).

es in den folgenden Monaten in Slowenien vereinzelt zu Anschlägen auf Telefonleitungen und auf die strategisch wichtigen Eisenbahnlinien sowie zu Überfällen auf italienische Wachposten und Patrouillen. Ab September wurden die Partisanenangriffe häufiger, vor allem in den Tälern südlich von Ljubljana, und sie erstreckten sich auch auf Kasernen und Truppentransporte, sodass die italienischen Garnisonen in erhöhte Alarmbereitschaft versetzt wurden und zunehmend Razzien durchführten. Zur Unterdrückung des Widerstands wurde in Ljubljana das Außerordentliche Kriegsgericht eingesetzt. Auf Waffenbesitz und die Verbreitung illegaler Schriften, die zum Widerstand aufriefen, stand die Todesstrafe, die binnen 24 Stunden nach der Verkündung des Urteils durch Erschießen vollstreckt wurde.[87]

Gleichzeitig machte sich der passive Widerstand der Bevölkerung bemerkbar. Am Jahrestag der jugoslawischen Staatsgründung folgten die Einwohner von Ljubljana dem Aufruf der Kommunistischen Partei, zu einer bestimmten Stunde nicht aus dem Haus zu gehen. Die gähnend leeren Straßen waren eine glänzende Demonstration![88] Auch die Attentate auf wirkliche und vermeintliche Kollaborateure mehrten sich. Schoky wurde in Ljubljana Zeuge, wie ein Mann auf offener Straße von einem Radfahrer erschossen wurde. Durch seinen Bericht erhielt man in Lesno brdo zum ersten Mal einen Eindruck von der sich zuspitzenden Lage.[89] Da sich das Kommando der Partisanenverbände in Ljubljana versteckt hielt, umgaben die italienischen Militärbehörden die gesamte Stadt mit Stacheldraht, um die Verbindungen zum Umland zu unterbrechen. An den Ausfallstraßen und auf dem Bahnhof wurden Kontrollposten errichtet, die nur mit einem Passierschein Durchlass gewährten.[90]

Von bewaffneten Überfällen waren hauptsächlich die Garnisonen, Carabinieri- und Grenzpolizeiposten betroffen, die außerhalb der Hauptverkehrswege lagen. Das Oberkommando der Zweiten Armee für Slowenien und Dalmatien (Supersloda) verfolgte deshalb eine Zeit lang eine defensive Strategie, indem es die Zahl der Garnisonen verringerte und die verbleibenden zu regelrechten Festungen ausbaute. Von dort sollten mobile Einheiten von Fall zu Fall gegen die Partisanen vorgehen. Diese Strategie erwies sich jedoch als Fehlschlag, weil sie die Initiative den Partisanen überließ, die ungestört ihre Verbände verstärken konnten. Im

87 Tone Ferenc, La provincia „italiana" di Lubiana. Documenti 1941–1942, Udine 1994 (slowenische Ausgabe: Fašisti brez krinke. Documenti 1941–1942, Maribor 1988), S. 64 ff., 86 ff., 141 ff., 175.

88 Ebenda, S. 244, 247.

89 Joškos Kinder. Josef Indigs Bericht, S. 133, 144 (235, 256).

90 Ferenc, La provincia „italiana", S. 195 f., 303 f.

Frühjahr 1942 kontrollierten sie italienischen Angaben zufolge 56 von insgesamt 95 Stadt- und Landgemeinden oder neun Zehntel des Territoriums.[91]

Um die Lage wieder in den Griff zu bekommen, bereitete das italienische Militär eine große Sommeroffensive vor, bei der die in Slowenien stationierten Truppen um zwei Divisionen verstärkt werden sollten. Insgesamt vorgesehen war der Einsatz von 65 000 Soldaten gegen 5000 Partisanen. In acht Operationsphasen sollte die gesamte „Provinz Ljubljana" durchkämmt werden. Den Offizieren wurde die Entscheidung über Repressalien freigestellt: Zerstörung von Gebäuden und Niederbrennen von Ansiedlungen, Erschießung von Geiseln und von im Kampfgebiet angetroffenen wehrfähigen Männern, Deportation der Zivilbevölkerung, wenn Verdacht auf Unterstützung der Partisanen bestand.[92] Mussolini stimmte der Internierung von 20 000 bis 30 000 Menschen zu, für die Lager auf der Insel Rab und im Innern Italiens, so in Gonars in der Provinz Udine und in Anghiari di Renicci in der Provinz Arezzo, errichtet wurden.[93]

Der Befehlshaber der Truppen in Slowenien, General Mario Robotti, kommentierte die Sommeroffensive mit den Worten: „Es gilt um jeden Preis die italienische Herrschaft und das italienische Prestige wiederherzustellen, selbst wenn dabei alle Slowenen vom Erdboden verschwinden und Slowenien zerstört wird."[94] Die Offensive begann am 16. Juli 1942 und zog sich mehrere Monate hin. Der gewünschte Erfolg blieb freilich aus, denn die Partisanenverbände konnten sich weitgehend dem Zugriff entziehen und bildeten sich nach dem Rückzug der italienischen Truppen aus einem Gebiet neu.[95]

Im Frühjahr 1942 wurden die Partisanen auch in den bewaldeten Hügeln um Lesno brdo tätig. Als Erste begegneten ihnen zwei Jungen, Siegfried Kirschenbaum und Kurt Schneider, auf dem Weg zu einem Bauern, bei dem sie Lebensmittel einkaufen wollten. Plötzlich versperrte ihnen ein Trupp bewaffneter Männer den Weg, denen sie Rede und Antwort stehen mussten. Offenbar wussten aber die Männer schon über das Schloss Bescheid, sodass sie die Jungen mit dem Gruß „Srmt fašizmu" (Tod dem Faschismus), der von ihnen eifrig erwidert wurde, ziehen ließen.[96]

Bald machten sich die Partisanen in unmittelbarer Nähe des Schlosses bemerkbar. Nachts hörten die Kinder in ihren Betten Marschschritte auf dem

91 Ebenda, S. 88 ff., 345 ff., 393 ff., 415.

92 Ebenda, S. 100 ff., 119 ff., 437 ff.

93 Ebenda, S. 404, 410; Carlo Spartaco Capogreco, Renicci. Un campo di concentramento in riva al Tevere, Cosenza 1998; zuletzt auch Carlo Spartaco Capogreco, I campi del duce. L'internamento civile nell'Italia fascista (1940–1943), Turin 2006, S. 67 ff., 135 ff.

94 Ferenc, La provincia „italiana", S. 460.

95 Ebenda, S. 103 ff., 399 ff., 452 ff.

96 Joškos Kinder. Josef Indigs Bericht, S. 135 f. (239).

Hof. Jetzt war es nur noch eine Frage der Zeit, bis die Partisanen Einlass in das Schloss begehrten, das wegen seiner weiten Aussicht über das Tal von Horjul von strategischem Interesse war. Ein Erwachsener oder ein Junge blieb immer wach, um von einem Fenster aus den Hof beobachten zu können. Wie erwartet, standen eines Abends, schon bei Dunkelheit, etwa zehn Männer mit geschultertem Gewehr vor der Tür, die sich durch lautes Klopfen bemerkbar machten. Der Anführer wird als ein etwa 28-jähriger bärtiger Mann mit einer Brille beschrieben, der eher einem Intellektuellen als einem Kämpfer glich und auf dem Kopf die typische Dreispitzkappe mit dem roten Stern über den slowenischen Nationalfarben blau-weiß-rot trug. Nachdem den Männern geöffnet worden war, wurde ihnen Essen angeboten, das sie im Vorzimmer in Gegenwart einiger Erwachsener und Kinder einnahmen. Es entwickelte sich ein lebhaftes Gespräch, bei dem die Partisanen hörten, dass die Kinder und ihre Begleiter jüdische Flüchtlinge auf dem Weg nach Palästina waren, die wie sie die Befreiung Sloweniens von der faschistischen Herrschaft wünschten. Schließlich trennte man sich im gegenseitigen Einvernehmen.[97]

Das gute Verhältnis zu den Partisanen, das sich somit angebahnt hatte, blieb bis zum Ende des Aufenthalts in Lesno brdo bestehen. Sie kamen noch mehrmals in das Schloss, ließen sich verköstigen – in einem Fall wurde für 60 Männer in einem Waschkessel gekocht – und Verwundete pflegen. An einem Abend wurde sogar auf dem Schlosshof gemeinsam gesungen und getanzt. Wie Indig berichtet, wehte zu diesem Anlass die slowenische Fahne auf dem Dach. Wäre es bei Tageslicht geschehen, hätte es die Kinder aufs Höchste gefährdet.[98]

Der unvermeidbare Umgang mit den Partisanen barg eine zweifache Gefahr in sich. Die italienischen Behörden durften unter keinen Umständen Verdacht schöpfen, dass die Gruppe mit den Partisanen sympathisierte. Die Sympathie war ehrlich und entsprach der politischen Einstellung Indigs und der anderen Betreuer. Die italienischen Behörden in Slowenien hatten sich bisher, obwohl sie die faschistische Staatsmacht vertraten, aus menschlichen Gründen großzügig und verständnisvoll gezeigt. Ihre Haltung konnte von einem Tag auf den anderen umschlagen und bedrohlich werden, sobald politische Gegensätze ins Spiel kamen.[99]

Zum anderen hatten die Partisanen rasch bemerkt, dass einige Jungen bereits ein Alter erreicht hatten, in dem sie an ihrer Seite kämpfen konnten. Gelegentlich wurden einzelne Jungen gefragt, ob sie sich ihnen anschließen wollten. Kurz vor der Abreise nach Nonantola erschien der örtliche Partisanenkommandant, Josip

97 Ebenda, S. 158 f. (276 ff.); Koffler, Die Entstehung unserer Jugendgemeinschaft, S. 310 ff.

98 Ebenda, S. 312; Joškos Kinder. Josef Indigs Bericht, S. 162, 164 f. (285, 287 ff.).

99 Ebenda, S. 153, 167 (279, 284, 289).

Černi, umgeben von einigen Männern, im Schloss. Für Indig war er „der Typ des primitiven und verbissenen Kämpfers, der gewohnt war, ohne viel Gerede jedem Feind den Garaus zu machen". Černi forderte nunmehr regelrecht dazu auf, dass die wehrfähigen Jungen zu den Partisanen übergehen. Nur mit Mühe konnte Indig ihn überzeugen, dass dies nicht nur für die anderen Kinder, sondern auch für die jüdischen Flüchtlinge in Slowenien verhängnisvolle Folgen haben müsse. Gleichzeitig gab er zu bedenken, dass die Jungen nur Deutsch sprachen und deshalb für Spione gehalten und als solche erschossen werden könnten.[100]

Mit dem Auftreten der Partisanen wurden auch italienische Soldaten in das Tal von Horjul verlegt, wo sich zeitweise eine Garnison befand. Sie zeigten sich nur bei Tage, während nachts die Partisanen Herr der Gegend waren. Wenige Stunden bevor die ersten Partisanen das Schloss betraten, waren italienische Offiziere in ihm gewesen.[101] Einmal stießen drei Jungen auf dem Rückweg von Einkäufen bei Bauern auf eine Kolonne italienischer Soldaten mit gepanzerten Fahrzeugen und Maschinengewehren. Zum Glück wurden die Jungen, die in Begleitung Indigs waren, sofort als Mitglieder der Kindergruppe erkannt. Damit ihnen die Partisanen unterwegs nichts antun konnten, mussten sie in einen Panzerwagen einsteigen, der sie bis nach Lesno brdo brachte. Indig war deswegen sehr besorgt, denn die Partisanen hätten ihn, falls sie von dem Vorfall Kenntnis erhielten, für einen Verräter und Kollaborateur halten können.[102]

Mit der Zeit wurde die Lage immer kritischer. In Horjul wurde der Gemischtwarenhändler Erbežnik erschossen, bei dem die Kinder oft eingekauft hatten, wenig später auch der Bürgermeister Bastic mit Frau und Sohn. Im Fall von Erbežnik stellte das Kommando der italienischen Truppen in Slowenien fest, dass er nicht für die Italiener gearbeitet hatte. Es verzichtete deshalb auf die vorgesehene Repressalie.[103] In denselben Wochen sahen die Kinder hinter dem gegenüberliegenden Bergkamm jenseits von Horjul einen Feuerschein. Er stammte von dem Dorf Koreno, das die Italiener zur Vergeltung für einen Partisanenangriff in Brand gesteckt hatten. Erst vor Kurzem hatten die Kinder dorthin einen Ausflug unternommen.[104]

Schließlich kam es zu Kämpfen auch in der näheren und nächsten Umgebung des Schlosses. Die Partisanen hatten die Waldwege mit Baumstämmen versperrt,

100 Ebenda, S. 167 f. (278, 292 ff.); Koffler, Die Entstehung unserer Jugendgemeinschaft, S. 312. Zu Černi vgl. auch Ithai, The Children of Villa Emma, in Herzer, The Italian Refuge, S. 188.

101 Joškos Kinder. Josef Indigs Bericht, S. 157 ff. (277, 279); Ferenc, La provincia „italiana", S. 371, 550.

102 Joškos Kinder. Josef Indigs Bericht, S. 152 f. (267 ff., 279).

103 Ebenda, S. 155, 162 (251, 284); Ferenc, La provincia „italiana", S. 386.

104 Joškos Kinder. Josef Indigs Bericht, S. 146 f. (259 f.).

damit sie für feindliche Fahrzeuge nicht benutzbar waren. Oft waren Schüsse zu hören. In einem Fall wurde von den Partisanen eine Fahrzeugkolonne im Tal angegriffen, in einem anderen Fall war eine Partisanenstellung auf einem Hügel umkämpft. Das Gefecht war von der Veranda, vom Balkon und von den Fenstern des Schlosses aus genau zu beobachten.[105] Leo Koffler erinnert sich, dass ihm bei einer Rückkehr vom Wasserholen „die Kugeln nur so über den Kopf flogen".[106] Indig schildert eine Szene, die ihm geradezu komisch vorkam. Eine Anzahl von Schwarzhemden, denen die Gegend fremd war, schritt mit gezogenem Bajonett hinter zwei Jungen mit ihren Wassereimern her, die sie auf diese Weise zum Schloss führten, um ihnen zu beweisen, dass sie keine Partisanen waren. Maschinengewehre wurden in Anschlag gebracht, und eine Haussuchung begann, bei der die Milizionäre erkennen mussten, dass sie sich getäuscht hatten.[107] Weitaus gefährlicher war eine Verfolgungsjagd auf einige Partisanen, die im Schlosshof gesichtet worden waren. Italienische Soldaten erzwangen den Zutritt zum Schloss und hätten um ein Haar die Kinder, die im Keller Schutz vor Kugeln gesucht hatten, mit Partisanen verwechselt. Beim Aufreißen der Kellertür soll ein Soldat bereits eine Handgranate in der Hand gehalten haben.[108]

Solche Situationen, wie überhaupt die Zunahme der Kampfhandlungen in der Umgebung des Schlosses, ließen es geraten sein, nicht mehr lange in Lesno brdo zu bleiben. Auf Ausflügen und bei Spielen im Freien, beim Wasserholen, ja selbst im Schloss waren die Kinder nicht mehr sicher. An einen regelmäßigen Schulunterricht war kaum mehr zu denken.[109] Unter den Erwachsenen gab es gegenteilige Ansichten, ob man sofort aufbrechen oder noch etwas warten solle. Für den raschen Aufbruch sprach die Wahrscheinlichkeit, dass sich die Kämpfe weiter verschärften. Das Schloss konnte wegen seiner strategischen Vorteile jederzeit entweder von Partisanen oder von italienischen Soldaten besetzt werden. Außerdem war nicht abzusehen, wie sich in Zukunft das Verhältnis zu den Partisanen und zu den italienischen Behörden entwickeln würde. Man war auf beide Seiten angewiesen und hatte sich mit ihnen bisher gut stellen können. Aber es war völlig ungewiss, wie lange sich dieser Zustand noch aufrechterhalten ließ.[110]

Eugenio Bolaffio in Ljubljana und folglich auch die Delasem in Genua waren über die Lage in Lesno brdo unterrichtet. Valobra hatte seit seinem Besuch in

105 Ebenda, S. 162 (284); Koffler, Die Entstehung unserer Jugendgemeinschaft, S. 312 f.

106 Ebenda, S. 313.

107 Joškos Kinder. Josef Indigs Bericht, S. 163 (285 f.).

108 Ebenda, S. 165 (289 f.).

109 Ebenda, S. 147, 158 (260, 285).

110 Ebenda, S. 166 (291 f.); Koffler, Die Entstehung unserer Jugendgemeinschaft, S. 313; Weiss, Joško's Children, S. 142 f.

dem Schloss an die Überführung der Kinder an einen Ort in Italien gedacht. Die Entscheidung darüber wurde dann aber allem Anschein nach in kürzester Frist getroffen. Nachdem die Delasem die Villa Emma in Nonantola bei Modena für den Aufenthalt der Kinder ausgewählt hatte, trat Bolaffio an Grazioli, den Hochkommissar für die Provinz Lubiana, heran. Diesem war bekannt, was man in Lesno brdo nicht wissen konnte, dass die große Sommeroffensive gegen die Partisanen bevorstand, bei der auch Horjul zum Operationsgebiet erklärt worden war. Er befürwortete deshalb in einem Schreiben an das Innenministerium vom 23. Juni den Umzug der Kinder nach Nonantola mit der Begründung, dass „die Lage dieser Provinz den weiteren Aufenthalt auf deren Territorium nicht wünschenswert erscheinen läßt".[111] Das Innenministerium war unter der Bedingung einverstanden, dass die Delasem für den Unterhalt in Nonantola aufkam, und benachrichtigte schon zwei Tage danach die Präfektur in Modena von seiner Entscheidung.[112] Am folgenden Tag, dem 26. Juni, teilte die Quästur in Modena dem Bürgermeister und dem Carabinieri-Posten in Nonantola die bevorstehende Ankunft der Kinder mit. Indig wusste spätestens am 6. Juli über die Genehmigung der Abreise Bescheid, die er am selben Tag Lichtheim in einem Brief ankündigte.[113]

In großer Eile wurden alle nötigen Vorbereitungen für die Abreise getroffen. Passierscheine mussten besorgt und noch fällige Rechnungen bezahlt werden. Aber wie sollte das Gepäck zu der vier Kilometer entfernten Bahnstation in Drenov Grič befördert werden, solange die Wege mit Baumstämmen versperrt waren? Indig, der nach seinem Schlüsselbeinbruch soeben erst aus dem Krankenhaus in Ljubljana zurückgekommen war, wandte sich an Černi, den Partisanenkommandanten. Dieser stellte ihm eine eigenhändig unterzeichnete Bescheinigung aus, mit der den Bauern befohlen wurde, die Stämme vorübergehend beiseite zu räumen und Pferdefuhrwerke für den Gepäcktransport zu stellen. Dem Befehl kamen die Bauern widerspruchslos nach.[114]

Schließlich stand der Abfahrtstermin am 15. Juli fest. Am Morgen dieses Tages machten die Kinder einen letzten Spaziergang in die Umgebung des Schlosses, um sich von liebgewonnenen Plätzen zu verabschieden. Indig verließ mit dem beruhigenden Gefühl den Ort, dass ihn das Jahr in Lesno brdo bei seinen päda-

111 ACS, PS, A 16 Ebrei stranieri, Busta 11/2 Lubiana, Hochkommissar für die Provinz Lubiana an Innenministerium, 23. 6. 1942; Ferenc, La provincia „italiana", S. 457.

112 ACS, P5, A 16 Ebrei stranieri, Busta 11/2, Innenministerium an Hochkommissar für die Provinz Lubiana und an Präfekt von Modena, 25. 6. 1942.

113 ASCN, E. C. A, Busta 21, Gruppo di orfani ebrei germanici, Quästur Modena an Podestà und Kommando der Carabinieri in Nonantola, 26. 6. 1942; CZA, L 22, 331, Indig an Lichtheim, 6. 6. 1942.

114 Joškos Kinder. Josef Indigs Bericht, S. 165 ff. (292, 296).

gogischen Bemühungen ein Stück weitergebracht hatte.[115] Malvine Golob sah die Abreise mit einem lachenden und einem weinenden Auge. Einerseits hatten die Kinder die Räume des Schlosses, zumal das Parkett, ziemlich abgewohnt – später machte sie eine Schadenersatzforderung gegenüber der Delasem geltend. Andererseits hatten sie das Schloss durch ihre Anwesenheit geschützt.[116] Tatsächlich wurde es im März 1943 von den Partisanen niedergebrannt, damit es nicht den Weißgardisten, der slowenischen faschistischen Miliz, in die Hände fiel.[117]

Nach dem Mittagessen machten sich die Kinder mit ihren Betreuern auf den Weg, begleitet von dem Hündchen Peterle, das mit ihnen das Leben im Schloss geteilt hatte. Das Gepäck war auf acht Pferdefuhrwerke verteilt – gegenüber zwei bei der Ankunft! Unter anderem wurden die bereits eingetroffenen Werkzeuge der geplanten Tischlerwerkstatt mitgenommen. Bis zur Bahnstation war ein größerer Umweg nötig, weil nicht alle Baumstämme entfernt worden waren. Gegen Abend kam die Gruppe in Ljubljana an, wo für ihre Weiterfahrt ein Waggon und ein eigener Gepäckwagen bereitstanden. Die Kinder verbrachten die Nacht in dem Waggon. Als sie am nächsten Morgen in Begleitung einiger Carabinieri nach Italien abfuhren, winkte ihnen Eugenio Bolaffio auf dem Bahnsteig nach. Am selben Tag begann die Sommeroffensive des italienischen Heeres.[118]

Der Zug blieb einige Zeit in Postumia, der italienischen Grenzstation, stehen, wo der Gepäckwagen abgehängt wurde, der einer gründlichen Zollinspektion unterzogen werden sollte. Die Kinder behielten nur einige Handkoffer und Rucksäcke bei sich. Das Gepäck kam erst anderthalb Monate später in Nonantola an.[119] In Triest hatten die Kinder mehrere Stunden Aufenthalt, bei dem Mitarbeiter des Italienischen Hilfskomitees für die jüdischen Auswanderer sie im Bahnhofsrestaurant zu einem Imbiss einluden. Es bestand sogar Gelegenheit zu einem kurzen Stadtspaziergang. An sich hätten die Kinder lieber Venedig besucht, doch hierfür

115 Ebenda, S. 169 f. (295 f.); CZA, S. 26, 1197, Brief Indigs an ungenannte Freunde, Nonantola, 23. 2. 1943, mit umfassendem Rückblick auf die Zeit in Lesno brdo und Einschätzung seiner dortigen Arbeit.

116 Joškos Kinder. Josef Indigs Bericht, S. 169 (296 f.); ACEM, Busta 537, Delasem/Lettere in partenza. Villa Emma. Nonantola, Pendenze Lesno brdo, 30. 8. 1942; CAHJP, Comitato Italiano di Assistenza, Scatola 3/30, Delasem an Comitato Italiano, 24. 4. 1943.

117 Rudolf Hribernik-Svarun, Dolomiti v NOB, Ljubljana 1974, S. 306, 382 f.

118 Koffler, Die Entstehung unserer Jugendgemeinschaft, S. 313; Joškos Kinder. Josef Indigs Bericht, S. 170 (296 ff.); ACS, PS, A 16 Ebrei stranieri, Busta 11/2, Hochkommissar für die Provinz Lubiana an Präfekt von Modena, 16. 7. 1942.

119 ACEM, Busta 574 Delasem/Lettere in arrivo. Villa Emma. Nonantola, Eugenio Bolaffio an Comitato Italiano di Assistenza, 21. 8. 1942; Busta 537 Delasem/Lettere in partenza. Villa Emma, Umberto Jacchia an Delasem, Vertretung Modena, 31. 8. 1942.

blieb nicht genug Zeit, denn der Zug hielt gegen 7 Uhr abends nur kurz in Mestre, wo ihnen Mitarbeiter der Vertretung der Delasem in Venedig Erfrischungen in die Abteile reichten. Gegen Mitternacht kam er in Bologna an.[120]

Später kam die Legende auf, dass der Waggon mit den Kindern auf Befehl der Gestapo in Mestre abgehängt und über Verona und den Brenner nach Deutschland umgeleitet werden sollte. Selbst Indig schenkte dem Glauben, obwohl er in seinen kurz nach Kriegsende verfassten Erinnerungen ebenso wenig davon erwähnt wie Koffler in seiner sogar noch früher entstandenen Darstellung der Reise.[121] Auch wenn die Gestapo, die beim Kommando des italienischen Heeres in Ljubljana einen Verbindungsmann unterhielt, Kenntnis von der Kindergruppe in Lesno brdo hatte, konnte sie doch, solange das faschistische Italien ein souveräner Staat war, dort nicht nach Belieben schalten und walten. Die Auslieferung war vielmehr an ein im geheimen deutsch-italienischen Polizeiabkommen von 1936 festgelegtes Verfahren gebunden. Danach musste ein Auslieferungsbegehren der Gestapo über den Polizeiattaché an der Deutschen Botschaft in Rom an das Innenministerium gerichtet werden, das für die Bearbeitung eines Falles in der Regel mehrere Monate benötigte und die Verhaftung durch die italienische Polizei vornehmen ließ. Zudem konnten nach dem Polizeiabkommen Juden nur dann ausgeliefert werden, wenn ein besonderer Grund, wie eine politische Betätigung gegen den Nationalsozialismus, angegeben wurde.[122]

In Bologna wurden die Kinder auf dem Bahnsteig von dem Vertreter der Delasem in der Stadt, Mario Finzi, empfangen, einem hochbegabten Pianisten, der während der deutschen Besetzung nach Auschwitz deportiert wurde und

120 Koffler, Die Entstehung unserer Jugendgemeinschaft, S. 113; Telegramm des Hilfskomitees in Triest an die Jüdische Gemeinde in Venedig, 16. 7. 1942, in: Renata Segre, Gli ebrei a Venezia 1938–1945. Una comunità tra persecuzione e rinascita, Venezia 1995, S. 146.

121 Indig erwähnt den Vorfall noch nicht in dem maschinenschriftlichen, deutschsprachigen Manuskript seiner Erinnerungen von 1945. Zum ersten Mal wird er von ihm in deren hebräischen Fassung von 1983, Yaldei Villa Emma, S. 225, angeführt. Später kommt er nochmals auf ihn zurück in: The Children of Villa Emma, in: Herzer, The Italian Refuge, S. 185, und in einem Interview in Nicola Caracciolo, Gli ebrei e l'Italia durante la guerra 1940–1945, Roma 1986, S. 65. Er bezieht sich hierbei allem Anschein nach auf Ilva Vaccari, Villa Emma. Un episodio agli albori della Resistenza modenese nel quadro delle persecuzioni razziali, Modena 1960, S. 19 f., wo leider eine Quellenangabe fehlt. Der Darstellung Vaccaris zufolge soll der General der Carabinieri Giuseppe Piechè die Weiterleitung nach Deutschland verhindert haben. Als Kommandant der Carabinieri im besetzten Jugoslawien konnte er jedoch kaum in Venedig in Erscheinung treten. Er wird häufiger im Zusammenhang mit der Hilfe für Juden erwähnt.

122 Voigt, Zuflucht auf Widerruf, Bd. 1, S. 113 ff.; Bd. 2, S. 299 f.; Ferenc, La provincia „italiana", S. 408 f.

dort umkam. Er sorgte dafür, dass die Kinder trotz der späten Stunde noch ein Abendessen erhielten, und blieb wahrscheinlich bis zur Abfahrt des Frühzuges nach Modena bei ihnen im Warteraum.[123] Auf dem Bahnsteig in Modena erwartete sie ein Mitarbeiter der Delasem, dessen Name nicht genannt wird. Er führte sie zu der im Stadtzentrum gelegenen Synagoge, wo sie sich mit dem Rabbiner der kleinen Gemeinde, Rodolfo Levi, zu einem – kaum mehr gewohnten – Gebet versammelten. Danach wurde ihnen in den Gemeinderäumen eine Schlummerstunde gegönnt, bevor sie nach dem gemeinsamen Mittagessen mit der Lokalbahn auf einer heute stillgelegten Strecke nach Nonantola weiterfuhren.[124]

In Nonantola hatte sich die Ankunft der Kindergruppe herumgesprochen, sodass sich am Bahnhof viele Menschen eingefunden hatten und ihnen beim Aussteigen zuschauten. Dann lag noch ein Fußweg von einigen Hundert Metern vor ihnen, den sie in Begleitung von zwei Carabinieri und einer Schar neugieriger Jungen aus dem Ort zurücklegten. Endlich erreichten die 40 Kinder mit ihren neun Betreuern die am Stadtrand gelegene, schon von Weitem sichtbare Villa Emma. Es war am Nachmittag des 17. Juli 1942.[125]

123 CDEC, 8-A-1 Enti, Delasem (Berl Grosser) an ihre Vertretung in Bologna (Mario Finzi), 21. 7. 1942; Renato Peri, Mario Finzi o del buon impiego della propria vita, Bologna 1995, S. 293 f. Vgl. auch Cesare Gnudi, Mario Finzi. Edito a cura del comitato bolognese per le onoranze dei martiri di Auschwitz, Bologna s. d.

124 Koffler, Die Entstehung unserer Jugendgemeinschaft, S. 313 f.; Joškos Kinder. Josef Indigs Bericht, S. 171 (300).

125 Koffler, Die Entstehung unserer Jugendgemeinschaft, S. 314; Joškos Kinder. Josef Indigs Bericht, S. 172 f. (301 f).

4.

Nonantola

Villa Emma

Mitte 1942 waren die Juden in Italien schon seit fast vier Jahren vom faschistischen Staat verfolgt. Mussolini hatte die Rassengesetze im Herbst 1938 auf eigenen Antrieb, aber unter dem Eindruck der Maßnahmen in Deutschland, auch der „Nürnberger Gesetze", erlassen, deren rassenpolitische Prinzipien er übernahm. Die Gründe für die Wende zur Rassenpolitik waren hauptsächlich außenpolitischer Natur. Mussolini strebte mit dem nationalsozialistischen Deutschland ein totalitäres Bündnis an, bei dem gesellschaftspolitische Abweichungen in grundsätzlichen Fragen soweit wie möglich vermieden werden sollten. Die staatliche Bürokratie war Mussolini zu Willen und führte die Rassengesetze beharrlich und hartnäckig durch. In der Bevölkerung hingegen fanden sie trotz großen propagandistischen Aufwands nicht den erhofften Widerhall, vor allem weil antisemitische Vorurteile in Italien wenig verbreitet und wenig ausgeprägt waren. Die Zustimmung blieb weitgehend auf die Faschistische Partei beschränkt.

Viele Italiener, vor allem viele Intellektuelle, wurden durch die Rassenpolitik aufgeschreckt und standen fortan dem Faschismus kritisch gegenüber, was sie später in den Widerstand führte.[1]

Aufgrund der Rassengesetze waren die italienischen Juden aus allen Bereichen der Öffentlichkeit und des kulturellen Lebens ausgeschlossen. Ihre Lage unterschied sich in dieser Hinsicht von der Entrechtung der deutschen Juden nur wenig.

1 Vgl. Michele Sarfatti, Gli ebrei nell'Italia fascista. Vicende, identità, persecuzione, Torino 2000, jetzt auch in deutscher Übersetzung: Die Juden im faschistischen Italien. Geschichte, Identität, Verfolgung, Berlin 2014. Zur Rolle der deutsch-italienischen Beziehungen bei der Entstehung der faschistischen Rassenpolitik vgl. Meir Michaelis, Mussolini and the Jews. German-Italian Relations and the Jewish Question in Italy 1922–1945, London 1978; zum Rassismus im Faschismus vgl. Juliane Wetzel, Der Mythos des „braven Italieners". Das faschistische Italien und der Antisemitismus, in: Hermann Graml/Angelika Königseder/Juliane Wetzel (Hrsg.), Vorurteil und Rassenhaß. Antisemitismus in den faschistischen Bewegungen Europas, Berlin 2001; sowie La menzogna della razza. Documenti e immagini del razzismo e dell'antisemitismo fascista, Bologna 1994.

Den italienischen Juden war verwehrt, öffentliche Schulen zu besuchen, sich an einer Universität einzuschreiben, zu publizieren und künstlerisch aufzutreten. Sie waren aus der staatlichen Verwaltung sowie aus dem Heer entfernt und durften keinen Wehrdienst leisten. Die Mitgliedschaft in der Faschistischen Partei, der sie früher vielfach wie andere Italiener angehört hatten, war ihnen verschlossen. Im Wirtschaftsleben bestanden erhebliche Einschränkungen. Es war verboten, einen Betrieb mit über hundert Angestellten zu besitzen oder zu leiten, einen neuen Betrieb jedweder Art zu gründen und in Banken und Versicherungsgesellschaften „von nationalem Interesse" tätig zu sein. Der Grund- und Immobilienbesitz war begrenzt, und freie Berufe durften nur gegenüber Juden ausgeübt werden.[2]

Die Stellung der Juden in der italienischen Gesellschaft blieb in den ersten vier Jahren nach dem Erlass der Rassengesetze mit Ausnahme einer Anzahl schikanöser Auflagen und Verbote in einzelnen Lebensbereichen nahezu konstant. In Italien schien sich somit zu verwirklichen, worauf viele deutsche Juden vergeblich gehofft hatten: die Duldung auf einem minderen Status. Es gab weiterhin, auch wegen des Arbeitskräftemangels während des Krieges, Erwerbsmöglichkeiten in der privaten Wirtschaft für Kaufleute, Ingenieure, Techniker, Handwerker, Kleinunternehmer und andere Berufsgruppen, sodass sich die Verarmung in Grenzen hielt. Allerdings bahnte sich im Sommer 1942 eine einschneidende Verschärfung durch die Zwangsaushebung zu körperlicher Arbeit an. Die Ausnahmen von den Einschränkungen der Berufstätigkeit für einen bestimmten Personenkreis, wie dekorierte Kriegsteilnehmer, blieben bis zur deutschen Besetzung Italiens bestehen. Die Verfolgung hielt sich im administrativen Rahmen. Gewaltakte gegen jüdische Einrichtungen oder gar gegen einzelne Juden kamen nur vereinzelt vor und gingen nicht über den lokalen Bereich hinaus. Die Juden brauchten nie ein sichtbares Zeichen ihrer Brandmarkung und Ächtung wie den gelben Stern zu tragen. Das Leben war durch die Verfolgung nicht bedroht.[3]

Im Gegensatz zu Italien war die Lage der Juden in Deutschland Mitte 1942 verzweifelt und hoffnungslos. Die Erwerbsmöglichkeiten beschränkten sich im Wesentlichen auf Zwangsarbeit. An die Stelle der Vertreibung war die Deportation getreten, deren Ziel die auf der Wannsee-Konferenz von Januar 1942 bestätigte und bereits vorher eingeleitete Ermordung aller Juden im nationalsozialistischen Herrschaftsbereich war. Richard Lichtheim in Genf hatte deshalb guten Grund, von einer „privilegierten Stellung" der italienischen Juden im damaligen Europa zu sprechen. Im Vergleich zu Kroatien befand er sogar – man möchte

2 Sarfatti, Gli ebrei nell'Italia fascista, S. 150 ff.; Renzo De Felice, Storia degli ebrei italiani sotto il fascismo, 4. Aufl., Turin 1988, S. 344 ff, 576 ff.

3 Sarfatti, Gli ebrei nell'Italia fascista, S. 187.

hinzufügen, auch zu Deutschland –, dass ein jüdischer Flüchtling in Italien wie im „Garten Eden" lebe.[4]

Trotzdem war die Lage der jüdischen Flüchtlinge in Italien während der Internierung in Lagern wie Ferramonti-Tarsia in Kalabrien oder in Form der „freien Internierung" in Stadt- und Landgemeinden außerhalb von militärischen Sicherheitszonen hart und entbehrungsreich. Sie litten oft bittere Armut und lebten am Rande des Existenzminimums – in Ferramonti-Tarsia wird sogar von Hunger berichtet. Die Behandlung vonseiten des Aufsichtspersonals war erträglich und hielt sich im Allgemeinen an die Genfer Konvention von 1929 über die Behandlung der Kriegsgefangenen, die vorschrieb, dass sie „menschlich" zu sein hatte.[5] In der Provinz Modena gab es keine Internierungslager, jedoch 24 Orte der „freien Internierung", an denen sich etwas über 200 vorwiegend aus Jugoslawien stammende Juden aufhielten.[6]

Als im Juli 1942 die Deportation von Juden aus der „freien Zone" Frankreichs einsetzte, befürchteten viele Internierte in Italien, dass ihnen dasselbe Los bevorstehe. „Danach sind wir an der Reihe", hörte man in Ferramonti-Tarsia sagen.[7]

Obwohl die deutsche Regierung, vor allem Gestapo und Auswärtiges Amt, die Haltung der italienischen Behörden gegenüber den Juden als nicht weitgehend genug und zu lasch missbilligte, forderte sie mit Rücksicht auf die Empfindlichkeit des Verbündeten die Auslieferung jüdischer Flüchtlinge nur aus der italienischen Besatzungszone in Jugoslawien und in Frankreich. Nachdem Mussolini solche Auslieferungen tatsächlich zugesagt hatte, bildete sich eine einflussreiche Gruppierung von hohen Funktionsträgern im Außenministerium und im Heer, die ihm mit Erfolg entgegentraten und die Durchführung von Auslieferungen verhinderten.[8]

Wer über Nonantola sprechen möchte, denkt zuerst an die berühmte Abtei, deren Geschichte bis in langobardische Zeit zurückgeht. Die Abteikirche im Stil der lombardischen Romanik bildet den Anziehungspunkt der Stadt und ist eines der bedeutendsten Baudenkmäler des hohen Mittelalters in Norditalien.

4 CZA, L22, 87, Lichtheim an Joseph Goldin, 5. 1. 1943; L 22, 338, Lichtheim an Leo Lauterbach, 28. 10. 1941.

5 Voigt, Zuflucht auf Widerruf, Bd. 2, S. 106 ff.

6 Klaus Voigt, Deportazione e salvataggio degli ebrei nel modenese, in: Giovanna Procacci, Lorenzo Bertucelli (Hrsg.), Deportazione e internamento militare in Germania. La provincia di Modena, Milano 2001, S. 488-505 (S. 489 f.).

7 Voigt, Zuflucht auf Widerruf, Bd. 2, S. 138.

8 Shelah, Un debito di gratitudine, S. 77 ff.; Daniel Carpi, Between Mussolini and Hitler. The Jews and the Italian Authorities in France and Tunisia, Hanover/New Hampshire, 1994, S. 102 ff.; Voigt, Zuflucht auf Widerruf, Bd. 2, S. 220 ff.; Jonathan Steinberg, Deutsche, Italiener und Juden. Der italienische Widerstand gegen den Holocaust, Göttingen 1992.

Unmittelbar neben der Abteikirche steht ein großes Gebäude, in dem sich das Archiv und die Bibliothek der Abtei mit wertvollen Handschriften befinden und bis Mitte der sechziger Jahre ein Priesterseminar untergebracht war.[9] Der Ortskern, der im Laufe der Jahrhunderte um die Abteikirche entstanden ist und früher mit einer Mauer umgeben war, wird von zwei viereckigen Backsteintürmen überragt, die an die Zeit erinnern, als sich Modena und Bologna im späten Mittelalter die Herrschaft über die Stadt streitig machten. Auf der kaum merklich gekrümmten Hauptstraße der Altstadt, der Via Roma, gelangt man von Westen am Turm der Modeneser mit seinen beiden Uhren vorbei zum Portal der Abteikirche. Von der Via Roma führt der Weg rechts durch eine schmale Gasse zu einem langgestreckten Platz, der von zweistöckigen, auf Arkaden ruhenden Häusern umgrenzt ist, wie sie für die Kleinstädte der Emilia kennzeichnend sind. Durch eine Passage betritt man von dort den Platz vor dem Rathaus, das sich in der gegenüberliegenden Fassadenfront an das Gebäude des Priesterseminars anschließt.[10]

Rings um die Altstadt sind, vor allem längs der Ausfallstraßen nach Modena, Ferrara und Castelfranco Emilia, in neuerer Zeit locker bebaute Wohnviertel hinzugekommen. Weiter außerhalb sind über das flache Land Bauernhäuser und Landvillen verstreut, die an einigen Stellen zu kleinen Ortseinheiten zusammengewachsen sind. Häufig begegnen dem Blick Wassergräben, von denen einige die Stadt durchziehen, soweit sie nicht unter die Straßendecke verlegt sind. In einer Entfernung von wenigen Kilometern windet sich der im Apennin entspringende Panaro durch die fruchtbare Ebene, der durch hohe, mit Gras und Buschwerk bewachsene Aufschüttungen am Überfluten gehindert wird.[11]

Zur Zeit des Aufenthalts der Kinder hatte Nonantola einen noch ganz ländlichen und dörflichen Charakter. Die einzige größere Industrieanlage war die nahe beim Bahnhof an der Straße nach Modena gelegene Cantina Sociale, eine Kooperative der Landbesitzer, in der bis heute die landwirtschaftlichen Produkte der Umgebung gelagert und verarbeitet werden. Zu dem mit Backstein errichteten Hauptgebäude mit einem mächtigen Tor gehört ein um ein Vielfaches höherer runder Fabrikschornstein. In der Erntezeit bildeten sich auf den Zufahrtswegen und auf dem Hof lange Schlangen von Pferdefuhrwerken, die auf die Abnahme der Ladung warteten. Etwas weiter zur Altstadt hin standen dicht nebeneinander die beiden auffallendsten, unter faschistischer Herrschaft entstandenen Gebäude,

9 Gabriella Malagoli, Ruggero Piccinini, Maria Luisa Zambelli, Nonantola. La storia e i monumenti, Nonantola 1998, S. 91 ff., 152 ff.

10 Die Beschreibung beruht auf historischen Stadtplänen im ASCN und auf dem Band von Massimo Baldini, Giorgio Malaguti (Hrsg.), Antiche fotografie di Nonantola, Modena 1983.

11 Ebenda.

deren unverkennbares Architekturmerkmal funktionalistische Modernität und repräsentative Schaustellung waren: die Volksschule und die Casa del Fascio, der Sitz der faschistischen Ortsorganisationen.[12]

Nonantola mit seinen außerhalb gelegenen Ortsteilen Bagazzano, Rubbiara, La Grande, Via Larga, Redù und Casette zählte Anfang der vierziger Jahre rund 10 000 Einwohner. Fast achtzig Prozent der 4900 Erwerbstätigen waren in der Landwirtschaft beschäftigt. Angebaut wurden vor allem Weizen, Wein, Mais, Tomaten und Obst. Eine wichtige Rolle spielten die Viehzucht und die Milchwirtschaft. In siebzehn Käsereien wurde der berühmte Parmeggiano-Reggiano hergestellt. Die landwirtschaftliche Nutzfläche gehörte überwiegend einer dünnen Schicht von Großgrundbesitzern, die den Boden von Halbpächtern, den mezzadri, bestellen ließen, die verpflichtet waren, ihnen den Ertrag bis zur Hälfte zu überlassen. In der Regel waren die vielfach adligen Großgrundbesitzer in Modena ansässig, von wo sie nur gelegentlich in ihre Landvillen kamen. Der weitaus größte Teil der in der Landwirtschaft Beschäftigten waren Landarbeiter, die gegen geringe Entlohnung vor allem Saisonarbeit verrichteten und sonst oft ohne Einkünfte blieben. Sie waren die Ärmsten in der Bevölkerung. Viele hatten kinderreiche Familien zu ernähren, die sich mit primitivstem Wohnraum begnügen mussten. Soweit die Landarbeiter der älteren Generation angehörten, waren sie, wie viele andere Bewohner Nonantolas, noch Analphabeten.[13]

Ein besonderes Merkmal der Agrarstruktur des Umlandes war die „Partecipanza", ein im 11. Jahrhundert von einem Abt gestifteter Gemeinschaftsbesitz, der sich bis heute erhalten hat. Die „Partecipanza" war auf eine bestimmte Zahl von Familien beschränkt, die ununterbrochen am Ort ansässig sein mussten. Da die Besitzanteile durch Erbteilungen immer kleiner wurden, gehörten der „Partecipanza" um 1940 rund 800 Familien an. Für viele Landarbeiter bedeutete das Stückchen Boden einen unverzichtbaren Beitrag zum Unterhalt.[14]

Die restlichen zwanzig Prozent Berufstätigen waren in der Mehrzahl Handwerker und Industriearbeiter. Die örtlichen Betriebe, vor allem die Cantina Sociale, die Molkereien und die Käsereien konnten höchstens 250 Arbeiter beschäftigen. Alle anderen waren Pendler, die mit dem Fahrrad zwischen Nonantola und Modena hin- und herfuhren. Die Gruppe der Kaufleute, meist Kleinhändler, umfasste kaum 200 Personen. Zu erwähnen sind ferner ungefähr 20 Priester und

12 Ebenda.

13 Federica Nannetti, Un comune in guerra. Nonantola 1940–1945, Nonantola 1998, S. 22 ff., 210; Luciano Casali, Storia della Resistenza a Modena, Bd. 1, Modena 1980, S. 20.

14 Rossana Venturali, La partecipanza agraria di Nonantola. Storia e documenti, Modena 1988, S. 85 ff.; Nannetti, Un comune in guerra, S. 68.

Kirchendiener, unter ihnen auch die Lehrer am Seminar, ungefähr 25 Gemeindeangestellte, zwölf Lehrer, zwei Ärzte, ein Tierarzt und eine Hebamme.[15]

Ein weiteres Merkmal Nonantolas war der ungewöhnlich hohe Anteil an jüdischem Grundbesitz innerhalb der Gemeindegrenzen. Er war meist im ausgehenden 19. Jahrhundert von wohlhabenden Familien in Modena erworben worden. Am bekanntesten ist die Familie Friedmann, die über 300 ha Land, eine ansehnliche Villa und sechzehn Wohn- und Wirtschaftsgebäude ihr Eigen nannte. Gino Friedmann war ein weit über die Provinz Modena hinaus bekannter Agrarfachmann, der mit Erfolg für moderne landwirtschaftliche Produktionsmethoden eintrat und sie in seinem Betrieb anwandte. Die 1913 erfolgte Gründung der Cantina Sociale, einer der größten Kooperativen in der Emilia, ging im Wesentlichen auf seine Initiative zurück. Fast drei Jahrzehnte war er Präsident ihres Verwaltungsrats. Nach 1922 war er Bürgermeister von Nonantola an der Spitze einer liberalkatholischen Koalition, die mit den Faschisten gegen die Sozialisten zusammenarbeitete, die ihre Wähler vor allem unter den Landarbeitern hatten und sich für die Verbesserung ihrer Arbeits- und Lebensbedingungen im Rahmen einer Neuordnung der Besitzverhältnisse einsetzten. Da Friedmann nicht der Faschistischen Partei beitrat, war er nach vier Jahren zum Rücktritt gezwungen. Bei der Ankunft der Kinder in Nonantola leitete er die Vertretung der Delasem in Modena und war Vizepräsident der Jüdischen Gemeinde der Stadt.[16]

Eine andere jüdische Familie in Modena, die in Nonantola Grund und Boden besaß, waren die Sacerdoti. Carlo Sacerdoti, ein Verwandter Friedmanns, war der Erbauer der Villa Emma. Guido Sacerdoti war zwischen 1905 und 1914 wiederholt Bürgermeister von Nonantola. Des Weiteren werden die Familien Kaufmann, Da Verona, Castelfranco, Iona und Padova genannt. Friedmann und seine Geschwister, die Erben von Guido Sacerdoti und der Familien Castelfranco, Iona und Padova verfügten noch bis zur deutschen Besetzung Italiens und zur Errichtung der Repubblica Sociale Italiana unter deutscher Besetzung in Nonantola über Grundbesitz, der danach beschlagnahmt wurde. In Nonantola selbst ansässig war nur eine einzige jüdische Familie, die Uzielli.[17]

15 Ebenda, S. 24 f., und Dokumente im ASCN, Miscellanea 1943–1945, Elenco dei componenti comunali in servizio, s. d.

16 Gino Malaguti, G. Friedmann: proprietario terriero di inizio del secolo, Bologna 1990; Nannetti, Un comune in guerra, S. 16 ff.; Rosa Paini, I sentieri della speranza. Profughi ebrei, Italia fascista e „La Delasem", Milano 1988, S. 188.

17 Malaguti, G. Friedmann, S. 20, 37; zur Familie Uzielli: ASCN, E. C. A., Busta 21, Fasz. Censimento ebrei 1938–1943; Dokumente zur Einziehung jüdischen Besitzes in ASCN, Miscellanea 1943–1945, und in Casali, Storia della resistenza a Modena, S. 242, Aziende agrarie sequestrate in provincia di Modena.

Jeder in Nonantola kannte Friedmann mindestens dem Namen nach und wusste, dass einige Grundbesitzer Juden waren. Die Handwerker und Kaufleute verdankten ihnen Aufträge, wodurch klientelare Beziehungen entstanden. Anders als in vielen Gegenden Italiens, vor allem im Süden, wo die Internierten die Erfahrung machten, dass die Einheimischen überhaupt keine Vorstellung von Juden hatten, waren in Nonantola Juden nichts Fremdes. Die heftigen Konflikte zwischen den Grundbesitzern, als deren Sprecher vielfach Friedmann auftrat, und den Ligen der Landarbeiter hatten keine feindliche Stimmung speziell gegenüber den jüdischen Grundbesitzern zur Folge. Im Gegenteil, sie hatten einen besseren Ruf als die anderen, vor allem die adligen Grundbesitzer, weil sie durch die Modernisierung ihrer Betriebe die Erträge steigerten, was auch den „Mezzadri" und den Landarbeitern innerhalb ihres Abhängigkeitsverhältnisses zugute kam.[18] Selbst die politischen Gegner Friedmanns dürften zugegeben und dem Maurermeister Aristide Barani darin beigepflichtet haben, dass er wie kaum ein zweiter zur Entwicklung und zum Wohlergehen Nonantolas beigetragen hat.[19]

Die Konsolidierung der faschistischen Herrschaft und die Unterdrückung der politischen Opposition führten in Nonantola wie in allen italienischen Kleinstädten zur Stabilisierung der Besitzverhältnisse. Bürgermeister oder Podestà, wie das Amt während der faschistischen Herrschaft hieß, war 13 Jahre lang wieder ein Vertreter der Grundbesitzerkaste, Carlo Zanni, der schon vor dem „Marsch auf Rom" der Faschistischen Partei beigetreten war. Seine Amtsführung gilt als unauffällig und routinemäßig. Da er leutselig war und offensichtlich die Begabung hatte, Gegensätze zu glätten, fand er Zuspruch in weiten Kreisen der Bevölkerung, nicht zuletzt im Klerus. Seine Gegner wagten nicht, öffentlich hervorzutreten. Sie liefen andernfalls Gefahr, in die Kartei der „Subversiven" aufgenommen zu werden und sich früher oder später im Gefängnis oder in der Verbannung, womöglich auf einer Insel vor der süditalienischen Küste, wiederzufinden. Im Verborgenen jedoch blieb bei vielen die Erinnerung an die Zeit sozialistischer Bürgermeister während und nach dem Ersten Weltkrieg und an die Kämpfe der Landarbeiter wach.[20]

Der Krieg machte sich im Alltagsleben der Stadt nur wenig bemerkbar. An einigen Hauswänden waren Beschriftungen mit faschistischen Siegesparolen zu

18 Gespräch mit Disma Piccinini, Nonatola, 12. 5. 1998. Seine Mitteilung über den Ruf der jüdischen Grundbesitzer, deren Begründung überzeugend ist, wird hier übernommen. Vgl. auch Aristide Barani, Vicende della mia vita, Nonatola 1985, S. 51 ff.

19 Zitiert nach Malaguti, G. Friedmann, S. 18; vgl. auch Barani, Vicende della mia vita, S. 51, 55 f.

20 Nannetti, Un comune in guerra, S. 44 ff.; Malaguti, G. Friedmann, S. 49, 52.

sehen. Viele Männer waren eingezogen und zum Teil an die Front geschickt worden. Hin und wieder traf eine Meldung ein, dass jemand gefallen war. Nachts war Verdunkelung angeordnet, und auf mehreren Gebäuden waren Sirenen installiert, die aber bis zum Beginn der Bombenangriffe auf Modena und Bologna im Sommer 1943 nur selten erschrillten. Die Rationierung der Lebensmittel während des Krieges wirkte sich in Nonantola wegen der Ergiebigkeit des Bodens weniger drückend aus als in anderen Gegenden Italiens.[21]

Die Villa Emma wurde 1898 von Carlo Sacerdoti, einem in Modena ansässigen Grundbesitzer, für sich und seine Familie als Sommersitz erbaut. Er widmete sie seiner Frau, indem er sie nach ihrem Vornamen benannte. Die Pläne wurden von dem damals bekanntesten Architekten in Modena, Vincenzo Maestri, dem Erbauer des Teatro Storchi, entworfen.[22] Die kalte Pracht ausstrahlende Villa Emma erinnert viel eher an einen Stadtpalast als an eine Landvilla. Sie wirkt daher in ihrer Umgebung fast fremdartig. Die zwei Geschosse und der ausgedehnte Mezzanin unter dem flachen Dachgiebel erreichen eine Höhe, die nach heutiger Vorstellung mindestens vier Geschossen Platz bieten würde. An den zentralen, quadratischen Baukörper schließen sich zwei hinter die Vorderfront zurückgesetzte Seitenflügel an, die nach hinten Raum für einen Innenhof lassen, der an seinem offenen Ende durch ein Eisengitter begrenzt wird. Alle vier Seiten des Gebäudes sind mit Pilastern und Gesimsbändern ausgestaltet und erwecken jeweils den Eindruck einer Fassade, sodass auf den ersten Blick nicht auffällt, dass die eigentliche Vorderfront im Südosten liegt. Sie ist streng symmetrisch gegliedert und weist in ihrer Mitte eine doppelte Loggia auf, die im Ober- wie im Erdgeschoss von Säulen und Rundbögen begrenzt wird. Im Erdgeschoss hat sie den Charakter einer offenen Eingangshalle, der eine Terrasse mit einer abgerundeten Balustrade vorgelagert ist, zu der vom Gartenniveau aus in der Mitte und an beiden Seiten einige Stufen hinaufführen. Besondere Sorgfalt hat der Architekt auf die sämtlich in Terracotta gefertigten Verzierungen vor allem an den Einfassungen der Rundbogenfenster, den Kapitellen und den Friesen verwandt. Sie sind Vorbildern der Renaissance nachempfunden und sicher das Reizvollste an dem Bauwerk. Das Innere mit seinen 46 Zimmern, Korridoren und Treppenhäusern ist entweder durch die Loggia an der Vorderfront oder durch zwei Türen an den Seitenflügeln sowie durch eine zum Innenhof gelegene Tür an der Rückseite zu erreichen. Der

21 Gespräche mit Giambattista Moreali, Nonantola, 27. 6. 1996, 30. 6. 1997, 15. 5. 1998 und 9. 6. 2000.

22 Giuseppe Moreali, Sprazzi di luce, Modena 1978, S. 3 f.; Baldini, Malaguti, Antiche fotografie, S. 32 ff.

Villa Emma im Sommer 1943.
Marcel Hofmann, Jerusalem

Eingang am südwestlichen Seitenflügel befindet sich unter einem geräumigen Säulenportikus, während der Eingang an der entgegengesetzten Seite von einer ähnlichen Loggia gebildet wird wie an der Vorderfront.[23]

Die Villa Emma war ursprünglich der Mittelpunkt eines sieben Hektar großen Parks mit Kieswegen, Rasenflächen, Blumenbeeten, Hecken und einem künstlich angelegten Teich. Parallel zur Vorderfront verlief am Ende des Parks ein Wassergraben, die Fossa Signora, hinter der die Via Mavora, eine Landstraße nach Bagazzano und Rubbiara, entlangführte. Zu der Anlage gehörten noch vier weitere Gebäude: das am Gittertor in Stadtrichtung gelegene Pförtner- und Gärtnerhaus, von dessen viereckigem Turmaufsatz aus der Park zu überblicken war, das einer Orangerie ähnliche Gewächshaus, der „Marstall" für Pferde und Wagen und ein Wohn- und Wirtschaftsgebäude für die „Mezzadri", die für die angrenzenden Felder, Weiden und Weingärten zu sorgen hatten.[24]

23 Ebenda und Architekturzeichnungen der Villa Emma von Paola Ganzerla, die sie dem Verfasser freundlicherweise überlassen hat.

24 Moreali, Sprazzi di luce, S. 3 f.; Baldini, Malaguti, Antiche fotografie, S. 32 ff.

1913 war Sacerdoti gezwungen, den gesamten Besitz wahrscheinlich weit unter seinem Wert zu verkaufen. Da für einen so großen Sommersitz, Ausdruck großbürgerlicher Hybris, kein Bedarf bestand, waren die späteren Besitzer hauptsächlich an der Rendite aus der Halbpacht interessiert. Während des Ersten Weltkriegs soll das Gebäude zeitweise sogar als Kornspeicher für das Heer gedient haben. Danach blieb es weitgehend leer und unbewohnt. Reparaturen wurden nur noch in den dringendsten Fällen vorgenommen, sodass mit der Zeit an einigen Stellen der Putz abbröckelte und das lichte Ocker der Außenwände einem verwaschenen Grau wich. Am rechten Seitenflügel wurde die Loggia zugemauert. Die Nebengebäude wurden vermietet oder von „Mezzadri" und Landarbeitern als Unterkünfte genutzt. Im Gewächshaus fanden Hühner- und Kaninchenställe Platz. Zuletzt gehörte die Villa samt der sie umgebenden Nutzfläche der Mailänder Immobilienfirma „Agellus".[25]

Ein leer stehendes Gebäude war in Anbetracht der Knappheit an Wohnraum in Nonantola etwas Ungewöhnliches. Die Villa Emma bot sich daher geradezu für die Belegung mit Internierten an, für die mit einem Dekret des Präfekten Unterkünfte requiriert werden konnten. Dazu kam es im April 1942, als 37 als „feindliche Ausländer" in Libyen verhaftete Juden mit britischer Staatsangehörigkeit, die mit dem Schiff von Tripolis nach Tarent gebracht worden waren, auf fünf Gemeinden in der Provinz Modena verteilt wurden, darunter auch Nonantola.[26] Sie gehörten zu den ungefähr 300 Juden, die ab Januar desselben Jahres von Libyen nach Italien deportiert und hier interniert wurden.[27] Nach der Ankunft in Nonantola wurden nach einer ärztlichen Untersuchung ein gebrechliches Ehepaar – der Mann war 80 Jahre alt, die Frau 75 – in ein Altersheim in Modena und ihr geistig behinderter Neffe in eine Heilanstalt im Apennin eingewiesen.[28]

Sechs libysche Juden blieben in Nonantola und wurden auf vier Zimmer im ersten Stock des separaten linken Seitenflügels der Villa Emma verteilt, wo wahrscheinlich noch einige Möbel standen. Je drei waren miteinander verwandt: Haim

25 ACEM, Busta 537, Umberto Jacchia an Delasem, 23. 8. 1942; Moreali, Sprazzi di luce, S. 3 f.; ASCN, E. C. A., Busta 21, Fasz. Ebrei inglesi sfollati dalla Libia, Stadtverwaltung Nonantola an Quästur Modena, 24. 4. 1942, und weitere Dokumente.

26 ACS, PS, A4bis Stranieri internati, Busta 17/Alfon, Heria, Elenco degli ebrei inglesi internati nella provinicia di Modena giunti il giorno 21 aprile 1942; ASCN, E. C. A., Busta 21, Requirierungsdekret der Präfektur Modena, 24. 4. 1942, und weitere Dokumente; Voigt, Deportazione e salvataggio, S. 491 f.

27 Voigt, Zuflucht auf Widerruf, Bd. 2, S. 46 f.

28 ASCN, E. C. A., Busta 21, Fasz. Ebrei inglesi sfollati, Relazione sulla visita eseguita dall'Ufficio Sanitario di Nonantola agli ebrei inglesi internati, 21. 5. 1942; Quästur Modena an Polizeistation Nonantola, 25. 5. 1942, und weitere Dokumente.

Benjamin, ein 78-jähriger Kaufmann aus Bengasi, eine Nichte und deren Tochter, sowie eine 27 Jahre alte Frau, Heria Alfon, ebenfalls aus Bengasi, deren Mann sich in einem Lager in Libyen befand, und ihre beiden Töchter. Alda war zwei Jahre und Ester, die noch von der Mutter gestillt wurde, zehn Monate alt.[29] Die sechs Erwachsenen und Kinder waren den üblichen Bedingungen der „freien Internierung" unterworfen, das heißt, sie mussten sich morgens um 9 Uhr und abends um 6 Uhr beim Carabinieri-Posten melden, durften Nonantola nicht ohne besondere Genehmigung verlassen, mussten das Ausgangsverbot nach Sonnenuntergang einhalten und bezogen vom italienischen Staat ein geringfügiges Tagegeld, mit dem sie gerade noch ihren Unterhalt bestreiten konnten.[30] Die Bevölkerung hielt sich von ihnen fern, weil die Präfektur in Modena durch eine übertriebene Warnung vor ansteckenden Krankheiten, die aus Libyen eingeschleppt werden könnten, Angst erzeugt hatte.[31]

Auf die weitgehend leer stehende Villa Emma hatte auch Gino Friedmann seit Langem ein Auge geworfen. Seiner Ansicht als Agrarfachmann nach eignete sie sich wegen der ihr angeschlossenen Anbaufläche vorzüglich zur Errichtung einer Hachscharah für junge italienische Juden. Obwohl Friedmann nie zionistisch hervorgetreten war, hatten die mangelnden Berufsaussichten unter den Rassengesetzen sein Verständnis für eine landwirtschaftliche Ausbildung geweckt, die der Einwanderung nach Palästina diente. Aber seine Bemühungen, die Union der Israelitischen Gemeinden Italiens zum Kauf der Villa und des Grundstücks zu bewegen, blieben wahrscheinlich hauptsächlich aus finanziellen Gründen ohne Erfolg.[32] Als Vizepräsident der Union und Leiter der Delasem hatte somit auch Lelio Vittorio Valobra von den Vorteilen der Villa Emma Kenntnis. Sobald die Übersiedlung der Gruppe in Lesno brdo nach Italien notwendig wurde, beauftragte er Friedmann, Verbindung mit der Firma „Agellus" aufzunehmen, um die Villa zu mieten und gleichzeitig die dazugehörige Landwirtschaft zu pachten. Als jedoch der Ankunftstermin kurzfristig feststand, war der Miet- und Pachtvertrag noch nicht abgeschlossen, geschweige denn eine Schlüsselübergabe erfolgt. Die Requirierung des Gebäudes, zu der die Präfektur in Modena durchaus bereit

29 ASCN, E. C. A., Busta 21, Fasz. Gruppo di orfani ebrei germanici, Stadtverwaltung Nonantola an Quästur Modena, 1. 7. 1942.

30 ASCN, E. C. A., Busta 21, Fasz. Ebrei inglesi sfollati, Quästur Modena an Podestà und Commissari prefettizi der Provinz Modena, 17. 5. 1941 (Internierungsvorschriften).

31 ASCN, E. C. A., ebenda, Commissario prefettizio Nonantola an Ufficiale sanitario Nonantola, 2. 5. 1942; Präfektur Modena an Ufficiale sanitario Nonantola, 5. 6. 1942, und weitere Dokumente.

32 ACEM, Busta 574, Fasz. Delasem. Convocazione dei collaboratori a Roma nei giorni 29 e 30 novembre 1942. Relazione dell'Avvocato Gino Friedmann su Villa Emma in Nonantola, S. 1 f.

gewesen wäre, wurde von Valobra und Friedmann abgelehnt, weil sie sich im Hinblick auf die erhoffte landwirtschaftliche Nutzung des Grundstücks lieber gütlich mit der „Agellus" einigen wollten.[33]

Nachdem die Kinder am Nachmittag des 17. Juli den Fußweg vom Bahnhof zurückgelegt hatten, standen sie vor verschlossener Tür. Den Schlüssel hatte der „Mezzadro" Ernesto Leonardi in Verwahrung, der nebenan in dem Wirtschaftsgebäude wohnte. Er war nicht ermächtigt, jemanden ohne Einwilligung des Besitzers in das Haus einzulassen. Auf Zureden Friedmanns, der inzwischen herbeigeeilt war, ordneten die anwesenden Carabinieri die Öffnung der Tür an. Vorläufig durften die Kinder aber nur zwei Zimmer in Beschlag nehmen. Wie die meisten waren sie vollkommen leer.[34]

Bei einem ersten Rundgang bewunderte man die hohen Räume und das himmelblaue Deckenfresko mit seinen Putti in dem großen Zimmer hinter der Eingangshalle. Gleichzeitig stellte man fest, dass tatsächlich keine Möbel vorhanden waren, elektrisches Licht fehlte und kein Wasser aus den Hähnen floss, das mit einer Handpumpe im Hof aus einem Brunnen gesaugt werden musste. Auch Kamine und Öfen entdeckte man nicht, die in einen Sommersitz nicht eingebaut worden waren. Der Staub lag noch dichter als in Lesno brdo. Mit Entsetzen dachten die Kinder an die bevorstehende Putzarbeit, die wiederum mehrere Tage in Anspruch nehmen sollte.[35]

Die zwei von den Carabinieri freigegebenen Zimmer waren rasch gefegt und gewischt. Diesmal mussten alle Kinder auf dem Boden schlafen. Leonardi im Nachbarhaus gab ihnen Stroh, das sie auf die Fliesen streuten. Morgens wurde es weggekehrt und abends durch frisches ersetzt. Zum Glück war es Sommer, sodass man ohne Decken auskommen konnte. Da der Waggon mit dem Gepäck in Postumia stand, hatten Kinder wie Erwachsene nur die notwendigsten Kleidungsstücke bei sich, sodass viele in den Sachen schlafen mussten, die sie tagsüber trugen. Nach

33 Relazione Friedmann, S. 2 f.

34 Ebenda, S. 3; Joškos Kinder. Josef Indigs Bericht, S. 175 (302 ff.); Koffler, Die Entstehung unserer Jugendgemeinschaft, S. 315; zur Schlüsselverwahrung: ASCN, E. C. A., Busta 21, Fasz. Ebrei inglesi sfollati, Commissario prefettizio Nonantola an Präfektur Modena, 23. 4. 1942. Vgl. Ilva Vaccari, Villa Emma. Un episodio agli albori della Resistenza modenese nel quadro delle persecuzioni razziali, Istituto storico della Resistenza, Modena 1960, S. 20 f.; nach Paini, I sentieri della speranza, S. 91 f., war es Aldo Conigliani, der die Carabinieri zum Öffnen der Tür überredete.

35 Joškos Kinder. Josef Indigs Bericht, S. 175 (303 f., 324, 351); Koffler, Die Entstehung unserer Jugendgemeinschaft, S. 315; ASCN, E. C. A., Busta 21, Fasz. Gruppo di orfani ebrei germanici, Stadtverwaltung Nonantola an Quästur Modena, 1. 7. 1942: „La villa predetta è completamente sprovvista di un qualsiasi arredamento e senza luce elettrica."

dem Aufstehen spielte sich das Leben im freien, auf der Terrasse und der Loggia ab. Die Mahlzeiten wurden vorerst in vier Trattorien in der Altstadt eingenommen. Die Betreuung durch die Delasem beschränkte sich in den ersten Tagen auf Besuche Friedmanns und anderer Mitarbeiter der Vertretung in Modena.[36]

Die Stunde der Delasem

Die Delasem hatte den Aufenthalt der Kinder im Jagdschloss von Lesno brdo immer als Provisorium betrachtet und, solange sie dort nicht durch den Partisanenkrieg gefährdet waren, mit ihrer Überführung nach Italien gewartet, weil sie größere Ausgaben auf sich zukommen sah. Trotz ihrer knappen Mittel wollte sie den Kindern in der Villa Emma ein unbeschwerteres Leben und eine bessere Ausbildung als in Lesno brdo bieten. Sie nahmen deshalb in der Tätigkeit der Delasem bald eine gegenüber anderen Flüchtlingsgruppen bevorzugte Stellung ein.[37]

Als die offizielle Hilfsorganisation der italienischen Juden unterstand die Delasem auf Anweisung der Regierung der Union der Israelitischen Gemeinden Italiens und ihrem Präsidenten, Dante Almansi. Die enge Bindung an die Union wurde auch dadurch unterstrichen, dass der Leiter der Delasem, Lelio Vittorio Valobra, zugleich Vizepräsident der Union war.[38]

Ihrem Selbstverständnis nach übte die Delasem ihre Hilfstätigkeit für die jüdischen Flüchtlinge im Namen aller italienischen Juden aus. Bei den Kindern der Villa Emma betonte sie dies mit besonderem Nachdruck, weil die über den üblichen Rahmen hinausgehende Betreuung eine Steigerung der Spenden voraussetzte. Dies wird in einem Rechenschaftsbericht Gino Friedmanns auf einem Arbeitstreffen von Mitarbeitern der Delasem Ende November 1942 in Rom deutlich, wo er sagte, die Kinder seien für die italienischen Juden „ein Leitstern, ein Ansporn, eine feste Hoffnung".[39] Im Hinblick auf die Aufbringung der Mittel führte er aus: „Die Errichtung der Kolonie in Nonantola ist für die Delasem Anlaß zu Stolz. Die Kolonie muß deshalb um jeden Preis erhalten und würdig erhalten werden. Wir vertrauen deshalb darauf, daß von diesem Treffen Vorschläge für praktische Schritte ausgehen, damit die Kolonie bestehen und gedeihen kann. Dies soll gewiß

36 Joškos Kinder. Josef Indigs Bericht, S. 176 (304); Koffler, Die Entstehung unserer Jugendgemeinschaft, S. 315; ASCN, E. C. A.,Busta 21, Fasz. Gruppo di orfani ebrei germanici, Quittungen der Trattorien.

37 Relazione Friedmann, S. 5 f., 9; vgl. Voigt, Zuflucht auf Widerruf, Bd. 2, S. 275 ff.

38 Voigt, Zuflucht auf Widerruf, Bd. 1, S. 259 ff.

39 Relazione Friedmann, S. 11, 15.

nicht in Luxus geschehen, sondern in der Form einer Betreuung, die den Bedürfnissen eines Lebens in Bescheidenheit, aber ohne Not entspricht und damit einem Komfort gerecht wird, den wir Menschen schulden, die materiell und seelisch so sehr gelitten haben wie die Jungen und Mädchen aus Lesno brdo."[40]

Infolge der bevorzugten Behandlung wurde die Villa Emma für die Delasem zu einer Frage des Prestiges. Das einmalige Experiment musste unter allen Umständen erfolgreich sein. Sie appellierte an die Gastfreiheit, Großzügigkeit und Güte der italienischen Juden und verstand Geben nicht nur als materiellen Beistand, sondern mit hoher Selbsteinschätzung auch als Vermittlung religiöser und kultureller Werte der italienisch-jüdischen Tradition.[41]

Auch im Verhältnis zu den faschistischen Behörden hatte die Anwesenheit der Kinder in der Villa Emma für die Delasem und die Union besondere Bedeutung. Der Hochkommissar für die Provinz Lubiana, das Innenministerium und die Präfektur in Modena hatten Entgegenkommen gezeigt. Die Kinder hatten als Gruppe zusammenbleiben dürfen und waren nicht auf verschiedene Internierungslager und -orte verstreut worden. Anfangs war sich die Delasem nicht vollkommen über den Status der Gruppe im Klaren und meinte, dass sie „Internierte auf eigene Kosten" seien, das heißt Internierte, die kein staatliches Unterhaltsgeld beziehen.[42] Erst ab Februar 1943 war eindeutig zu erkennen, dass die Kinder nicht den Status von Internierten hatten, sondern wie gewöhnliche Ausländer behandelt wurden, indem sie regelmäßig Aufenthaltserklärungen abzugeben hatten.[43] Die Haltung der Regierung war für die jüdischen Organisationen ein Zeichen für Mäßigung und Kooperationsbereitschaft im Rahmen der rassenpolitischen Verfolgung. In diesem Sinne sind auch die Worte Friedmanns zu verstehen: „eine feste Hoffnung". Damit war nicht nur das Wohlergehen der Kinder, sondern auch die ihnen gegenüber erwiesene Gutwilligkeit der Behörden gemeint. Die Behörden durften keinen Anlass zum Klagen haben. Die Villa Emma musste in ihren Augen mustergültig und in strenger Anlehnung an die Gesetze und Verordnungen geführt werden. So war zu hoffen, dass sie auch in anderen Fällen zum Einlenken bereit waren.

40 Ebenda, S. 14.

41 Ebenda, S. 5 und passim.

42 ACEM, Busta 574, Fasz. Lettere in partenza. Villa Emma Nonantola. Scuola agraria. 1943, Umberto Jacchia an Valobra, 8. 1. 1943.

43 ASCN, E. C. A., Busta 21, Fasz. Gruppo di orfani ebrei germanici, Quästur Modena an Podestà Nonantola, 20. 2. 1943; Podestà Nonantola an Jacchia, 22. 2. 1943: „Tenete presenti che gli stranieri residenti in codesto comune a Villa Emma non sono internati"; ACS, PS, A4 bis Stranieri internati, Busta 12/Abinum, Aron, Präfektur Modena an Innenministerium, 17. 6. 1943: „... tutti i ragazzi ivi raccolti, considerati non internati".

Lelio Vittorio Valobra, Herbst 1943 in der Schweiz.
Schweizerisches Bundesarchiv, Bern

Die Delasem stand bei der Betreuung der Kinder vor einer umso größeren Aufgabe, als sie bisher auf diesem Gebiet keine Erfahrung hatte. Unter ihren Mitarbeitern in Genua gab es keine ausgebildeten Pädagogen. Eine besondere Abteilung für Flüchtlingskinder, die „Delasem dei piccoli", wurde erst Anfang 1943 gegründet.[44] Bisher hatte die Delasem – wegen ihrer beschränkten Mittel – das Feld der Kinderbetreuung weitgehend der Mensa dei Bambini überlassen, einer kleinen privaten Hilfsorganisation in Mailand, die von Israel Kalk, einem Juden aus Lettland, geleitet wurde und bei den Flüchtlingen allgemeine Anerkennung fand. Sie stand in einem gespannten Verhältnis zur Delasem, der sie vorwarf, nicht genug für die Flüchtlinge zu tun.[45] Als sich Kalk an Indig wandte und ihm Unterstützung anbot, stellte sich Valobra dazwischen und bestand darauf, dass

44 Paini, I sentieri della speranza, S. 84 f.

45 Klaus Voigt, Israel Kalk e i figli dei profughi ebrei in Italia, in: Storia in Lombardia 2 (1990), S. 201–250; Voigt, Zuflucht auf Widerruf, Bd. 1, S. 366 ff.; Bd. 2, S. 286 ff.

die Hilfe für die Villa Emma über die Zentrale der Delasem in Genua geleitet wurde, woraufhin Kalk sich zurückzog.[46]

Nach der Ankunft der Kinder in Nonantola, die früher als erwartet stattfand, musste die Delasem in kurzer Zeit den organisatorischen Rahmen ihrer Betreuung festlegen. Sie war dabei an die Auflage des Innenministeriums gebunden, wonach ihre Entscheidungsstruktur streng zentralistisch zu sein hatte.[47] Somit war die Delasem, und letztlich die Union, dem Innenministerium gegenüber für die Villa Emma verantwortlich. Deshalb bestand keine andere Möglichkeit, als einen Direktor zu ernennen, der im Einvernehmen mit der Zentrale in Genua handelte. Er musste die italienischen Verhältnisse kennen, die italienische Sprache sprechen und zugleich mit der Arbeit der Delasem vertraut sein. Indig kam somit nicht in Betracht, auch wenn ihm gegenüber nicht schon seit Langem Vorbehalte bestanden hätten, die zum Teil wohl auch politischer Natur waren. Die Wahl Valobras fiel auf Umberto Jacchia, einen jungen Literaturwissenschaftler, der etwas Deutsch sprach. Er hatte infolge der Rassengesetze seine Stelle in der römischen Filmstadt Cinecittà verloren und gehörte zu den Mitarbeitern der Delasem zuerst in Mailand und später in Genua. Er war 26 Jahre alt und sechs Monate älter als Indig.[48] Er war ein feingebildeter, vielseitig interessierter Mann, hatte aber keine Erfahrung im Unterricht und im beruflichen Umgang mit Kindern. Seine Anwesenheit in Nonantola wird zum ersten Mal am 1. August erwähnt. Fünf Tage später übernahm er die Leitung der Villa Emma.[49]

Eine nicht zu unterschätzende Rolle spielte, vor allem in den ersten Wochen, die Vertretung der Delasem in Modena. Gino Friedmann, ihr Leiter, genoss das Vertrauen Valobras, der auf seinen Rat und, falls es nötig war, seine Vermittlung großen Wert legte. Friedmann unterhielt die Verbindung zur Quästur in Modena, mit der er von Fall zu Fall Absprachen traf. Am wichtigsten war seine Zusage, die Kinder einer Ausgangskontrolle durch den Direktor der Villa Emma zu unterziehen.[50] Da sie die Bevölkerung von Nonantola „wahrhaft brüderlich, ja mit überschwenglicher Herzlichkeit" empfangen habe, die von den Behörden

46 ACEM, Busta 537 Delasem. Unione Comunità Israelitiche Italiane 1940–1942, Fasz. Lettere in partenza. Villa Emma Nonantola. Scuola agraria. 1942, Kalk an Indig, 29. 8. 1942; Busta 574, Fasz. Lettere in arrivo. Villa Emma Nonantola. Scuola agraria. 1942, Valobra an Jacchia, 3. 9. 1942.

47 Voigt, Zuflucht auf Widerruf, Bd. 1, S. 360 f.; Bd. 2, S. 275 f.

48 Paini, I sentieri della speranza, S. 92.

49 ACEM, Busta 537, Fasz. Lettere in partenza. 1942, Rendiconto cassa gestione Dr. Jacchia dal 6 al 24-8-42; Koffler, Die Entstehung unserer Jugendgemeinschaft, S. 316.

50 ACEM, Busta 537, Fasz. Lettere in partenza. 1942, Jacchia an Kommandant des Carabinieripostens in Nonantola, 26. 8. 1942.

Gino Friedmann, Herbst 1943 in der Schweiz.
Schweizerisches Bundesarchiv, Bern

bereits „gedämpft" worden sei, erschien ihm eine solche Kontrolle unerlässlich.[51] Der Umgang von jüdischen Flüchtlingen mit Einheimischen war, wie Friedmann und Valobra von den Internierungsorten wussten, den faschistischen Ortsorganisationen unerwünscht, sodass sie oft Einspruch erhoben, wenn die Gemeindeverwaltung oder die Carabinieri darüber hinwegsahen.[52]

Die Verhandlungen Friedmanns mit der Firma „Agellus" über den Miet- und Pachtvertrag zogen sich lange Zeit hin. Sie waren ihm von Valobra überlassen worden, weil er über die notwendige Kompetenz verfügte, Vereinbarungen über die landwirtschaftliche Nutzung des Grundstücks zu treffen. Ende August nahmen Valobra und Almansi zu einem ersten Vertragsentwurf Stellung.[53] Doch erst Ende Dezember wurde der endgültige Vertrag abgeschlossen, obwohl die Kinder

51 Relazione Friedmann, S. 3 f.

52 Voigt, Zuflucht auf Widerruf, Bd. 2, S. 108, 148 ff.

53 ACEM, Busta 574, Fasz. Lettere in arrivo. 1942, Valobra an Friedmann, 18. 9. 1942.

schon seit über fünf Monaten in der Villa wohnten. Die Miete wurde mit 20000 Lire für ein Jahr festgelegt, von denen die Hälfte sofort zu zahlen war.[54] Friedmann suchte häufig die Villa Emma auf, die nur wenige Hundert Meter von seiner nahe der Straße nach Modena gelegenen Landvilla entfernt lag, und machte sich aus der eigenen Anschauung ein Bild von den Vorgängen.[55]

Außer Friedmann bezog Valobra auch den Zweiten Sekretär der Delasem, Berl Grosser, in die Tätigkeit für die Villa Emma ein. Dies hatte gute Gründe, denn Grosser stammte, wie die meisten Kinder, aus einer von Polen nach Deutschland eingewanderten Familie und war zionistisch eingestellt. Er war in Polen geboren und wuchs in Zwickau auf, wo sein Vater Präsident der orthodoxen Gemeinde war. Obwohl er hier dem zionistischen Jugendverband Tcheleth Lewan (Blau-Weiß) beitrat, bereitete er sich nicht auf die Einwanderung nach Palästina vor, sondern baute in Annaberg im Erzgebirge eine Posamentenfabrikation auf. Er entging der nationalsozialistischen Verfolgung durch die Emigration nach Belgien, von wo er den Weg nach Frankreich und, als ihm dort die Ausweisung drohte, nach Italien fand.[56] Nach der Gründung der Delasem im Dezember 1939 ernannte ihn Valobra zum Zweiten Sekretär, dem die Abteilung Flüchtlingsbetreuung unterstand.[57] Somit fiel auch die Villa Emma in seinen Aufgabenbereich. Valobra erteilte ihm ausdrücklich den Auftrag, sich um sie zu kümmern. Grosser reiste regelmäßig von Genua nach Nonantola, wo er sich jedes Mal mehrere Tage aufhielt und gewissermaßen die Zentrale gegenüber dem Direktor der Villa Emma vertrat. Nach der Festlegung der organisatorischen Richtlinien ließ ihm Valobra bei seinen Entscheidungen weitgehend freie Hand.[58]

Als Jurist und erfahrener Organisator wünschte Valobra, dass die Grundsätze des Zusammenlebens der Gruppe in der Villa Emma, ihre rechtliche Stellung im Verhältnis zur Delasem sowie die Aufgaben und Verantwortlichkeiten der Mitarbeiter schriftlich fixiert wurden. Er war zum ersten Mal in den ersten Augusttagen einige Stunden in Nonantola, um Jacchia in das Amt einzuführen und Indig seine Vorstellungen vorzutragen.[59] Ein zweiter Aufenthalt Mitte August in

54 ACEM, Busta 574, Fasz. Corrispondenza nostra su Villa Emma. 1943, Società Immobiliare „Agellus“ an Delasem, Vertretung Modena, 28. 1. 1943; Friedmann an Delasem, 10. 1. 1943, und an Angelo Grassi, 15. und 23. 1. 1943; Relazione Friedmann, S. 3.

55 Gespräche mit Giambattista Moreali.

56 Gespräche mit Bernardo Grosser (Berl Grosser), Jerusalem, 26. 11. 1995, 29. 5. 1996 und 2. 5. 2000.

57 Voigt, Zuflucht auf Widerruf, Bd. 1, S. 363; Bd. 2, S. 276.

58 ASCN, E. C. A., Busta 21, Fasz. Censimento ebrei 1938–1943, Aufenthaltserklärungen Grossers in Nonantola; Gespräche mit Bernardo Grosser.

59 CZA, L 22, 338, Indig an Lichtheim, 8. 8. 1942.

Begleitung des Ersten Sekretärs der Delasem, Enrico Luzzatto, diente dazu, die Zustimmung zu seinem Konzept zu erlangen, das freilich in den Grundlinien kaum noch Veränderungen zuließ.[60] Das Ergebnis der Besprechungen wurde in zwei von ihm und Jacchia ausgearbeiteten Schriftstücken, der am 20. August datierten „Hausordnung" und den „Regeln für die Mitglieder der Leitung und des Schulkollegiums" vom folgenden Tag niedergelegt.[61] Beide Texte hatten den Charakter von Statuten und waren nach Art einer vertraglichen Vereinbarung von den an der Beratung Beteiligten unterzeichnet. Valobras Unterschrift erscheint nur auf der „Hausordnung". Höchstwahrscheinlich wurde auch Grosser zu den Beratungen hinzugezogen, da er sich zur selben Zeit in Nonantola aufhielt. Sein Name fehlt jedoch unter beiden Dokumenten.

Die „Hausordnung" stellt im ersten Teil, der mit „Allgemeine Prinzipien" überschrieben ist, fest, dass die Kindergruppe in der Villa Emma „hinsichtlich ihrer Aktivitäten, ihrer inneren Organisation und ihrer Verwaltung" von der Delasem abhängt und somit „der Organisation der Union der Israelitischen Gemeinden Italiens im besonderen und des italienischen Judentums im Allgemeinen" angehört. Der Direktor der Villa Emma, Dr. Umberto Jacchia, ist zugleich Delegierter der Delasem und an ihre Weisungen gebunden. Alles in der Villa Emma muss mit seinem Wissen und seiner Zustimmung geschehen. Ihm unterstellt sind der „Leiter der Gruppe und madrich" Josef Indig, der „Leiter der Schule" Dr. Georg Bories, der „Hauswirtschaftsleiter und Ökonom" Marco Schoky, der „Leiter des Innendiensts und Zuständige für den Sport" Robert Stein und die „Leiterin des Gesundheitsdienstes und Verantwortliche für die Frauenhygiene" Dr. Helene Barkic. Das Lehrerkollegium setzt sich zusammen aus Edgar Ascher, Helene Barkic, Georg Bories, Josef Indig und Umberto Jacchia. Alle Genannten bilden die „Leitung" der Villa Emma, die gegenüber dem Direktor beratende Funktionen hat.

Die Namen von fünf weiteren Mitarbeitern der Villa Emma fehlen in der „Hausordnung". Alexander Licht wohnte anfangs mit seiner Frau in der Villa Emma und zog dann mit ihr in eine Locanda in der Altstadt um. Er engagierte sich aber weiterhin als Lehrer und Erzieher der Kindergruppe. Sein nach einiger Zeit geäußerter Wunsch, in die Villa Emma zurückzukehren, stieß wegen der Schwierigkeiten im täglichen Umgang mit ihm auf den Widerspruch der Delasem.[62] Zum alten Stamm in Lesno brdo gehörten Mauricy Awin, der Koch, und

60 AH, Hechaluz, Indig an Schwalb, 24. 8. 1942; Relazione Friedmann, S. 5.

61 ACEM, Busta 537, Fasz. Lettere in partenza. 1942, Regolamento di disciplina, 20. 8. 1942; Norme per i componenti della direzione e del collegio scholastico, 20. 8. 1942.

62 CZA, L 22, 338, Indig an Lichtheim, 22. 7. und 29. 9. 1942; ACEM, Busta 574, Fasz. Lettere in arrivo, 1942, Valobra an Friedmann, 18. 9. 1942.

Josefine Weiss, die sich um Haushaltsdinge kümmerte und für die Waschküche und die Nähstube verantwortlich war.[63] Mit Jacchia traf in den ersten Augusttagen auch die junge Ärztin Laura Cavaglione aus Genua ein, die sich später in Nonantola mit ihm verlobte. Sie war spätestens ab Anfang Oktober ständig in der Villa Emma mit dem Auftrag, die Kinder ärztlich und zahnärztlich zu betreuen und ihnen außerdem italienischen Sprachunterricht zu erteilen.[64]

Schließlich darf Goffredo Pacifici nicht vergessen werden, das Faktotum des Hauses, offiziell als „Assistent des Direktors" bezeichnet. Die Kinder nannten ihn „Cicibu", weil sein Name für sie so schwer auszusprechen war. Er kam aber erst einige Monate nach der Ankunft der Kinder in die Villa Emma.[65]

Jacchia und Cavaglione erhielten mit 1200 bzw. 1000 Lire ein erstaunlich hohes Gehalt, von dem 400 Lire für Kost und Logis abgezogen wurden, während sich alle anderen Mitarbeiter mit einem Unterhaltsgeld von wöchentlich 40 Lire bescheiden mussten.[66] Indig lehnte entrüstet ab, als ihm Valobra bei einem seiner ersten beiden Besuche in Nonantola ein verhältnismäßig hohes Gehalt anbot, und verzichtete auf einen Teil des Unterhaltsgeldes zugunsten seines Bruders in Jugoslawien.[67]

Ein Abschnitt der „Hausordnung" ist dem Verhältnis der Gruppe zu den Behörden und zur Bevölkerung in Nonantola gewidmet. Der Umgang mit den Behörden steht allein dem Direktor zu. Er trägt auch die Verantwortung für die Beziehungen zu den Einwohnern und übt hierüber die Aufsicht aus. Im Einzelnen wird dazu ausgeführt: „Die Mitglieder der Gruppe, ausgenommen die leitenden, dürfen das Grundstück der Villa Emma nicht ohne eine von Dr. Jacchia oder in seiner Abwesenheit von Herrn Indig unterzeichnete Genehmigung verlassen," und weiter: „Auf Grund eindeutiger Anordnung der örtlichen Behörde haben die Mitglieder der Gruppe von Besuchen bei Einheimischen Abstand zu nehmen. Eventuelle Einladungen werden deshalb bestimmt, aber höflich abgelehnt."

Des Weiteren betont die „Hausordnung" die Pflicht zur Teilnahme am Unterricht, an der Kulturarbeit und an der Gymnastik. Ausdrücklich wird auch die Befolgung aller Anweisungen zur Arbeit für das Haus, zur Hygiene und zur

63 ACEM, Busta 537, Fasz. Lettere in partenza. 1942, Jacchia an Delasem, 24. 9. 1942; briefliche Mitteilung von Robert Weiss, Boynton Beach, Florida, 10. 4. 1998.

64 ACEM, Busta 574, Fasz. Lettere in arrivo. 1942, Valobra an Jacchia, 1. 10. 1942; Busta 537, Fasz. Lettere in partenza. 1942, Jacchia an Delasem, 13. 10. 1942; Rendiconto cassa gestione Dr. Jacchia dal 6 al 24-8-1942; Paini, I sentieri della speranza, S. 92. Vgl. auch Simonetta Pagnotti, Il tempo dell'amore tra i ragazzi ebrei, in: Famiglia Cristiana vom 10. 5. 1995, S. 72ff.

65 Paini, I sentieri della speranza, S. 96. Zu Pacifici vgl. unten, S. 162, 236 ff., 251.

66 ACEM, Busta 574, Fasz. Lettere in arrivo. 1942, Luzzatto an Friedmann, 7. 9. 1942; Busta 537, Fasz. Lettere in partenza. 1942, Jacchia an Delasem, 20. 10. 1942.

67 ACEM, Busta 537, Fasz. Lettere in partenza. 1942, Jacchia an Delasem, 20. 10. 1942.

Umberto Jacchia, Laura Cavaglione und Berl Grosser
auf der Terrasse der Villa Emma.
Berl (Bernardo) Grosser, Jerusalem

Versorgung mit Lebensmitteln und Gegenständen des täglichen Bedarfs verlangt. Das Schriftstück schließt mit einem Absatz zum Sabbat: „An diesem Tag ist auf gepflegte Kleidung zu achten. Alle Mitglieder der Gruppe haben am Freitag abend und Sonnabend vormittag den religiösen Zeremonien beizuwohnen. Mit Ausnahme der Zubereitung und Auftischung der Speisen ist jede andere materielle Tätigkeit, einschließlich der Benutzung des Fahrrads und jedes anderen Verkehrsmittels, zu vermeiden."

In den „Regeln für die Mitglieder der Leitung und des Schulkollegiums" sind die Aufgaben von Indig, Bories, Schoky, Stein und Barkic näher bestimmt. Hier soll nur die Stellung Indigs als „Leiter der Gruppe und madrich" betrachtet werden. Indig ist in Zusammenarbeit mit dem Direktor für die Einhaltung der Hausordnung verantwortlich und wacht über sie. Er gibt mit einem Horn das Zeichen zum Wecken, zum Schlafengehen und vor Appellen und Versammlungen. Er leitet die Kulturarbeit außerhalb des Schulunterrichts und vertritt den Direktor in dessen Abwesenheit. Spielraum zu Eigeninitiativen blieb ihm im Wesentlichen nur bei der Kulturarbeit. Im Vergleich zu der Stellung des Schulleiters und des Ökonomen erscheint seine Verantwortung begrenzt, denn der Direktor hatte bei der Auslegung und Anwendung der Hausordnung das letzte Wort, und seine Abwesenheit erstreckte sich jeweils nur auf kurze Zeitspannen bei gelegentlichen Reisen nach Modena oder Genua. Außer dem Titel madrich deutete nur noch wenig darauf hin, dass Indig in Lesno brdo der Spiritus Rector der Gruppe gewesen war. In Nonantola war er auf eine Nebenrolle abgedrängt.

Der Schlussteil der „Regeln" enthält Angaben zur Amtsführung des Direktors. Anschläge am Schwarzen Brett mussten von ihm gebilligt und visiert werden. Die Anschläge sollten auf Italienisch, Deutsch und später nach Möglichkeit auch auf Hebräisch abgefasst sein. Sobald die Kinder genügend Italienisch beherrschten, sollten die Anschläge auf Deutsch fortfallen. Ausgangsgenehmigungen wurden vom Direktor jeden Vormittag von 9 bis 10 Uhr erteilt. In Abwesenheit Jacchias und bei außergewöhnlichen Anlässen waren hierzu außer Indig auch Stein und Bories ermächtigt. Der Direktor hielt jeden Mittwoch von 14 bis 16 Uhr eine Sprechstunde ab, in der sich „unterschiedslos alle Mitglieder der Gruppe" an ihn wenden konnten. Ab 22 Uhr herrschte allgemeines Ausgangsverbot auch für die Betreuer.

Die während des zweiten Aufenthalts Valobras in Nonantola getroffenen Festlegungen stellten in zweierlei Hinsicht einen tiefen Einschnitt im Leben der Kinder dar. Das in Lesno brdo vorherrschende kollegiale Prinzip der Leitung war aufgegeben. Jacchia traf als Direktor, wie der Vorgesetzte an der Spitze einer Behörde oder wie der Direktor einer gewöhnlichen italienischen Schule, alle wichtigen Entscheidungen. Wie sich bald zeigen sollte, hielt er sich peinlich genau an die von der Delasem aufgestellten Regeln, und selbst bei Fragen von geringem Gewicht erkundigte er sich geradezu ängstlich bei der Zentrale in Genua, wie er vorgehen solle. Die autoritäre Struktur war gewiss durch den Zwang der Delasem zur Zentralisierung mitbedingt, spiegelte aber auch eine mentale Haltung wider, die sich in 20 Jahren faschistischer Herrschaft herausgebildet hatte und unter den Juden trotz der erniedrigenden Rassengesetze fortbestand. Valobra selbst hatte, wohl überwiegend aus Karrieregründen, der Faschistischen Partei angehört.[68] Noch nachhaltiger mussten sich die religiösen Vorschriften auf die Kindergemeinschaft auswirken, nachdem in Lesno brdo jede religiöse Erziehung gefehlt hatte. Es fällt auf, dass weder die „Hausordnung" noch die „Regeln" das eigentliche Ziel der Gruppe, die Ausbildung für ihre spätere Niederlassung in Palästina, erwähnen. Lediglich der Hinweis, dass die Anschläge am Schwarzen Brett nach Möglichkeit auf Hebräisch abgefasst sein sollten, lässt erahnen, dass in die Villa Emma eine zionistische Gruppe eingezogen war.

68 Voigt, Zuflucht auf Widerruf, Bd. 1, S. 361.

Die religiöse Erziehung der Kinder gemäß den Vorstellungen der italienischen Juden wurde sowohl von der Union der Israelitischen Gemeinden Italiens als auch von der Delasem und der Jüdischen Gemeinde in Modena gewünscht. Valobra schrieb einmal an Friedmann, es sei für ihn Herzenssache, „die Kinder zur Religion zurückzuführen".[69] Für die strikte Anwendung der religiösen Vorschriften setzte sich wie kaum ein zweiter Berl Grosser ein, der strenggläubig erzogen war. Mit besonderem Nachdruck bestand er darauf, dass die Küche koscher war.[70] Er erkannte, dass etwas über die Hälfte der Kinder, vor allem die 16 Mädchen aus Berlin, aus orthodoxen Familien stammten und in Lesno brdo die von zu Hause gewohnte religiöse Geborgenheit vermisst hatten. In Gesprächen hörte er heraus, dass einige Kinder sogar unter ihrem Fehlen gelitten hatten.[71] Schon in den ersten Tagen seiner Tätigkeit als Direktor bestimmte Jacchia ein Zimmer im Erdgeschoss der Villa Emma zum Andachtsraum oder, wie es oft auch hieß, zum Tempel, der anfangs nur unvollständig eingerichtet war.[72] Die Rolle des Vorbeters wurde dem 19-jährigen Leo Teplitzki anvertraut. Nachdem eine Thorarolle eingetroffen war, wurde der Andachtsraum Mitte August von dem Rabbiner von Modena, Rodolfo Levi, feierlich eingeweiht. Der Zeremonie wohnten alle Kinder und Betreuer sowie Grosser, Friedmann, Jacchia und wahrscheinlich auch Valobra und Luzzatto bei. Gleichzeitig fand eine Bar-mizwah eines Jungen, Jakob Goldberg, statt, der soeben 13 Jahre alt geworden war. Sie brachte eine herzliche Stimmung hervor, zu der die bei einem solchen Anlass dargebrachten Glückwünsche und Geschenke und eine große, ausnahmsweise mit Eierteig gebackene Torte beitrugen.[73]

Indig fiel der Entschluss, den von der Delasem verlangten Neuerungen zuzustimmen, alles andere als leicht. Obwohl sie seiner Überzeugung widersprachen, unterzeichnete er die „Hausordnung" und die „Regeln", um seinen guten Willen unter Beweis zu stellen. In den ersten Tagen nach der Ankunft in Nonantola hatte

69 ACEM, Busta 574, Fasz. Lettere in arrivo. 1942, Valobra an Friedmann, 18. 9. 1942; AH, Hechaluz, Indig an Schwalb, 24. 8. 1942; Relazione Friedmann, S. 8; Joškos Kinder. Josef Indigs Bericht, S. 179 (309 ff.).

70 ACEM, Busta 574, Fasz. Lettere in arrivo. 1942, Valobra an Friedmann, 18. 9. 1942; AH, Hechaluz, Indig an Schwalb, 24. 8. 1942; Relazione Friedmann, S. 10; Gespräche mit Bernardo Grosser.

71 Gespräche mit Bernardo Grosser und Tilla Offenberger (Tilla Nagler).

72 ACEM; Busta 479, Fasz. Rendiconto cassa dal 25-8-42 al 25-9-42, Preventivo per l'arredamento della villa.

73 Relazione Friedmann, S. 8 f.; Joškos Kinder. Josef Indigs Bericht, S. 184 f. (320); ASCN, E. C. A., Busta 21, Fasz. Censimento ebrei 1938–1943, Stadtverwaltung Nonantola an Quästor Modena, 16. 8. 1942 (Aufenthaltsmeldung für Rodolfo Levi).

er sich in einem Brief an Lichtheim noch begeistert über die „in jeder Hinsicht vortrefflichen Möglichkeiten" geäußert. Die Delasem habe alle Hebel in Bewegung gesetzt, um den Start in der Villa Emma zu erleichtern, und die Kinder erwiderten ihre Bemühungen mit Fleiß und Disziplin.[74] Doch nachdem Valobra ihm bei seinem ersten Besuch in Nonantola die Grundsätze der Delasem erläutert und ohne sein Wissen Jacchia als Direktor eingesetzt hatte, kamen ihm Bedenken, die er in einem zweiten Brief an Lichtheim darlegte.[75] Sein Hauptargument gegen die Einsetzung eines Direktors lautete, dass er im Grunde nicht gebraucht werde und es zu wenig für ihn zu tun gebe, denn die Gruppe sei in Lesno brdo auch ohne einen Direktor ausgekommen. Jacchia sei zudem in zionistischen Fragen „vollkommen ahnungslos".[76] Lichtheim riet ihm in seiner Antwort, alle Probleme freundschaftlich mit der Delasem zu regeln: „Es ist das einzig richtige unter den gegebenen Umständen."[77]

Offener sprach sich Indig in einem wenige Tage nach der Unterzeichnung der „Hausordnung" und der „Regeln" verfassten Brief an Nathan Schwalb aus, mit dem ihn zunehmend Freundschaft verband: „Die Gruppe, die ich geschaffen habe, wird verplant." Man habe ihm von Anfang an kein Vertrauen geschenkt, wie die Einsetzung eines Direktors hinter seinem Rücken zeige. Er könne die Begründung, sie sei mit Rücksicht auf die italienischen Behörden geschehen, nachvollziehen. Doch: „Im Hause ist ein Dualismus geschaffen: Direktor – Leiter der Gruppe." Er zweifle, ob er auf Dauer unter den neuen Bedingungen weiterarbeiten könne. Sollte er die Arbeit niederlegen müssen, so möge Schwalb wissen, dass ihm der Entschluss hierzu sehr schwer fallen würde.[78]

Auch unter den Kindern, von denen die ältesten eigentlich schon Jugendliche waren, regte sich Widerspruch gegen die von der Delasem eingeführten Neuerungen. Dabei zeigte sich, dass die Gruppe während ihres einjährigen Aufenthalts in Lesno brdo bereits ein starkes Zusammengehörigkeitsgefühl entwickelt hatte, sodass vor allem einige ältere Jungen die Vorkehrungen der Delasem als Einmischung von außen betrachteten. Der Leitungsstil Jacchias tat das Übrige, um die Kinder gegen ihn aufzubringen. In Lesno brdo waren alle wichtigen Entscheidungen in einer allgemeinen Versammlung, der „sichah", mitgeteilt und anschließend gemeinsam besprochen worden. Jetzt erschien am Schwarzen Brett jedes Mal eine „hodah – Bekanntmachung" des Direktors, die ohne Begründung

74 CZA, L 22, 338, Indig an Lichtheim, 22. 7. 1942.
75 CZA, L 22, 338, Indig an Lichtheim, 8. 8. 1942.
76 Ebenda und AH, Hechaluz, Indig an Schwalb, 24. 8. 1942.
77 CZA, L 22, 338, Indig an Lichtheim, 13. 8. 1942.
78 AH, Hechaluz, Indig an Schwalb, 24. 8. 1942.

und Aussprache zu befolgen war.[79] Indig und die anderen Betreuer von Lesno brdo waren zu jeder Tag- und Nachtstunde für die Kinder da, Jacchia hingegen hielt Abstand, wie die Einrichtung einer Sprechstunde in seinem Büro zeigt.[80]

Heftige Opposition löste bei den Kindern vor allem die schriftliche Ausgangsgenehmigung aus, deren Sinn sie nicht einsahen.[81] Auch die Ankündigung, dass das Gebet im Andachtsraum Pflicht werde, wurde als Zwang aufgefasst. Leo Koffler schreibt, dass daher selbst die religiös eingestellten Kinder dagegen protestiert hätten.[82] Indig verwahrte sich gegen „Zwang in Gewissensfragen", sodass in der „Hausordnung" ein Kompromiss gefunden und die Anwesenheitspflicht auf den Sabbat beschränkt wurde.[83] Als „Zensur" wurde schließlich angeprangert, dass Jacchia vor jeder „sichah" die Tagesordnung sehen wollte, um sie kontrollieren zu können. Wahrscheinlich war in den „sichoth" in gewohnter Weise offen über alles im Haus gesprochen und dabei vonseiten der Kinder auch an seiner Amtsführung Kritik geübt worden, die er als Angriff auf seine Autorität aufgefasst haben könnte.[84]

Die auch durch die rasche Umstellung bedingte „Trotzhaltung" vieler Kinder ließ mit der Zeit nach und wich der Bereitschaft anzuerkennen, dass die Delasem sich ernsthaft um ihr Wohl bemühte. Die Einrichtung der Villa Emma kam langsam, aber stetig voran, und man begann sich einzugewöhnen. Nach und nach traten einige Kinder dafür ein – meist die älteren wie Leo Koffler – sich nicht der Delasem zu verweigern und die Zusammenarbeit mit ihr zu suchen.[85] Diese Auffassung teilten auch Schoky, der pragmatisch eingestellt war und an erster Stelle die materiellen Vorteile wahrnahm, und Bories, der zwischen Indig und der Delasem zu vermitteln suchte.[86] Für Indig hingegen waren die erzieherischen Fragen bestimmend, nicht zuletzt, weil er sich an das Recha Freier gegebene Versprechen gebunden fühlte, die Kinder nach Palästina zu bringen und auf das Gemeinschaftsleben im Kibbuz vorzubereiten.[87] Er sah die von ihm angestrebte ganzheitliche Erziehung in

79 Koffler, Die Entstehung unserer Jugendgemeinschaft, S. 316; Joškos Kinder. Josef Indigs Bericht, S. 185 (313).

80 ACEM, Busta 537, Fasz. Lettere in partenza. 1942, Norme per i componenti della direzione e del collegio scholastico.

81 Koffler, Die Entstehung unserer Jugendgemeinschaft, S. 316 f.

82 Ebenda.

83 AH, Hechaluz, Indig an Schwalb, 24. 8. 1942; ACEM, Busta 537, Fasz. Lettere in partenza. 1942, Regolamento di disciplina.

84 Koffler, Die Entstehung unserer Jugendgemeinschaft, S. 317.

85 Ithai, Die Kinder der Villa Emma, Typoskript, S. 314 f., 321 f.; Gespräche mit Arieh Koffler (Leo Koffler).

86 ACEM, Busta 574, Fasz. Lettere in arrivo. 1942, Grosser an Bories, 4. 10. 1942.

87 CZA, L 22, 338, Indig an Lichtheim, 29. 11. 1942: „Ich aber betrachte es als heilige Pflicht unserer Sache und Frau Freier gegenüber, mit den Kindern bis zum letzten Augenblick zu

Gefahr und war besorgt, dass zu viele gegensätzliche Einflüsse den Zusammenhalt der Kinder gefährden könnten, den er auch als Ersatz für die Geborgenheit in der Familie für notwendig hielt. Zu seinen Erziehungsprinzipien gehörten nicht zuletzt Wahrheitsliebe, Aufrichtigkeit und Klarheit. Er war in dieser Hinsicht besonders sensibel, weshalb es ihm wie Heuchelei vorkam, dass er sich in der „sichah", dem für ihn so wichtigen demokratischen Erziehungselement, diplomatisch verhalten musste und sich nicht frei aussprechen konnte, um keinen Kontrast zu Jacchia hervorzurufen. Sehr belastete ihn auch, dass er für die Einhaltung der Disziplin mitverantwortlich war, ohne letztlich deren Inhalte bestimmen zu können.[88] Darüber hinaus gab es Auseinandersetzungen über die Gestaltung der Kulturarbeit, bei der Jacchia eine stärkere Berücksichtigung der italienischen jüdischen Kultur und der italienischen Literatur wünschte, mit denen Indig nicht vertraut war und die ihm für die zionistische Erziehung nicht wichtig erschienen.[89]

Indig versuchte noch eine Zeit lang, die Spannung oder den „Dualismus" auszuhalten. Ende August schrieb er an Schwalb: „Ich werde mich bemühen, alles zu tun, um trotzdem einen Chaluzgeist hineinzubringen."[90] Doch zunehmend gelangte er zu der Überzeugung, dass der förmliche Leitungsstil Jacchias und der Delasem, den er als „beamtenmäßige Bevormundung" bezeichnete, mit seiner Sicht der Erziehung unvereinbar war.[91] Die Kinder wussten jetzt seiner Auffassung nach nicht mehr, mit wem sie sich identifizieren sollten. Sie waren zwischen zwei Polen hin- und hergerissen, zwischen Jacchia und ihm, und dadurch verunsichert. Auf längere Zeit musste dies ihrer Entwicklung zu zielbewussten „chaluzim" abträglich sein, zumal sie als Flüchtlingskinder innerlich nicht gefestigt waren. Solange er „madrich" war, wollte er auch über die Richtlinien der Erziehung – und somit auch über den Leitungsstil – bestimmen.[92]

Mitte September war Indigs Entschluss gereift, von seinen Leitungsfunktionen zurückzutreten und auch den Titel „madrich" niederzulegen. Den letzten Anstoß dazu könnte eine Weisung Grossers gegeben haben, durch die ein von ihm im Rahmen der Kulturarbeit zwischen Rosh Hashanna und Jom Kippur vorbereiteter Bunter

bleiben und sie […] dem Ziel in jedem Sinne näherzubringen."; CZA, S 26, 1197, Indig an ungenannte Freunde, 10. 2. 1943: „Recha Freier, mit der ich persönlich befreundet bin und von der ich persönlich sozusagen ein Mandat für die Kinder bekam."

88 Hinweise in Ithai, Die Kinder der Villa Emma, Typoskript, S. 322, 338 f.

89 ACEM, Busta 574, Fasz. Lettere in arrivo. 1942, Valobra an Indig, 4. 10. 1942.

90 AH, Hechaluz, Indig an Schwalb, 26. 8. 1942.

91 CZA, L 22, 338, Indig an Lichtheim, 29. 11. 1942; Joškos Kinder. Josef Indigs Bericht, S. 186 (313).

92 CZA, L 22, 338, Indig an Lichtheim, 29. 9. 1942; S 26, 1197, Indig an ungenannte Freunde, 23. 2. 1943.

Abend (neshef) auf einen späteren Zeitpunkt verschoben wurde, weil die „traurigen Tage“ zwischen den beiden Festen eine lustige Veranstaltung nicht zuließen. Und doch hatte Indig gegenüber dem Gebot religiöser Observanz gute Gründe für einen fröhlichen Abend. Er sah die Gefahr, dass die Kinder durch das Los ihrer Eltern trübselig wurden, und wollte dem durch eine Aufheiterung entgegenwirken.[93]

Am 16. September teilte Indig in einem Brief an Valobra seinen Entschluss mit, alle Ämter abzugeben und fortan nur noch als Iwrithlehrer für die Gruppe tätig zu sein. Eine Kopie des leider verlorenen Briefs sandte er an Schwalb in Genf, von dem er notfalls Unterstützung erwartete.[94] Der Antwort Valobras, die erhalten ist, lässt sich entnehmen, dass er seinen Schritt im Wesentlichen mit zwei Punkten begründete, dem „Dualismus“ der Leitung und Erziehung und der Einmischung Jacchias in die Kulturarbeit.[95] Valobras Antwort war im Ton gereizt und autoritär. Er hielt Indig entgegen, dass es keinen Dualismus gegeben hätte, wenn er zu herzlicher Zusammenarbeit bereit gewesen wäre. Er habe einen seiner befähigsten Mitarbeiter nach Nonantola gesandt und dadurch bewiesen, „daß wir die Reorganisation der Gruppe wünschen und die Hilfstätigkeit für die Kinder ernst nehmen, denen unsere größte Zuneigung und Aufmerksamkeit gilt“. Jacchias Vorschläge für die Kulturarbeit hätte Indig begrüßen müssen. Stattdessen habe er es versäumt, diese in sein Programm aufzunehmen. Die Darlegung Valobras gipfelt in dem Satz: „Sie müssen deshalb begreifen, daß wir eine für die Kinder nützliche Erziehungsarbeit leisten wollen, aber es ist unser Recht und unsere Pflicht, daß es nach italienischem Brauch (secondo l’uso italiano) geschieht und in der Weise, die wir für richtig halten, denn die Verantwortung für die Arbeit in der Villa Emma und für die Kinder liegt bei uns, Herr Indig, und nicht bei Ihnen.“ Valobra nahm Indigs Demission als „Leiter der Gruppe und madrich“ an und ließ ihn wissen, dass Jacchia die Gruppe offiziell davon unterrichten werde. Gleichzeitig forderte er Indig auf, „bis auf neue Weisung von der Organisation von sichoth und anderen Zusammenkünften abzustehen“.

Am selben Tag wie die Antwort an Indig richtete Valobra auch ein Schreiben an Jacchia.[96] Darin verlieh er ihm „das ausschließliche Recht, Weisungen im Hinblick auf die gesamte Arbeit der Gruppe und das Haus zu erteilen. Alle anderen Aufgaben sind von Ihnen entsprechend den Erfordernissen der Villa Emma zu verteilen.“

93 ACEM, Busta 537, Fasz. Lettere in partenza. 1942, Jacchia an Delasem, 18. 9. 1942; Joškos Kinder. Josef Indigs Bericht, S. 194 (334 f.).

94 Joškos Kinder. Josef Indigs Bericht, S. 195 (336 f.).

95 ACEM, Busta 574, Fasz. Lettere in arrivo. 1942, Valobra an Indig, 4. 10. 1942.

96 ACEM, ebenda, Valobra an Jacchia, 4. 10. 1942.

Der Konflikt, der anderthalb Monate geschwelt hatte, lag nunmehr offen zutage. Man möchte meinen, dass er unvermeidlich war, so sehr ihn beide Seiten eigentlich vermeiden wollten. Im Hintergrund standen zwei jüdische Milieus, die wenig miteinander gemein hatten. Indig stammte aus bescheidenen Verhältnissen, war Zionist und Sozialist und erfüllt von den modernen, demokratischen Ideen der Reformpädagogik, die in das faschistische Italien noch kaum Eingang gefunden hatten. Er war Flüchtling und besaß außer ein paar Erinnerungsstücken nur noch seine Ideale und seinen Zukunftsglauben. Valobra, Friedmann und andere Mitarbeiter der Delasem, denen Indig begegnete, waren Rechtsanwälte, Grundbesitzer und Unternehmer, die das assimilierte jüdische Großbürgertum vertraten und noch in Wohlstand lebten. Erst unter dem Zwang der Verhältnisse, nach Einführung der Rassengesetze, waren sie für den Gedanken der Auswanderung nach Palästina gewonnen worden. Zwischen ihnen und den schuldlos in Not geratenen Flüchtlingen bestand eine tiefe soziale und mentale Kluft, die nur durch psychologische Einfühlung zu überbrücken war, die Valobra abging.[97]

Valobra und Indig waren zudem ihrem Naturell nach zwei grundverschiedene Persönlichkeiten. Der Erstere trat forsch und selbstbewusst auf, traf rasche Entscheidungen und war kaum durch Kritik zu erschüttern. Noch in schwierigen Situationen strahlte er Gelassenheit und Zuversicht aus. Als Leiter der Delasem vollbrachte er eine bewundernswerte Arbeitsleistung, die er als religiöse Pflicht auffasste. Indig war von ruhiger, bedächtiger Art, wirkte fast träumerisch und dachte selbstkritisch über sich nach. Er machte kein großes Aufhebens um seine Person; die Sache ging ihm über alles. Sein introvertiertes Wesen und seine zierliche Statur hatten zur Folge, dass man seine Willenskraft und Opferbereitschaft leicht unterschätzte.

Valobra wollte sich nicht eingestehen, dass die Probleme einer Gruppe von Kindern, zumal von Flüchtlingskindern, für ihn etwas völlig Neues darstellten und er hier an seine Grenzen stieß. Er verkannte, dass ein pädagogisches Konzept nicht allein durch straffe und effiziente Organisation zu ersetzen war und dass als Einziger Indig ein solches Konzept besaß. Er spürte nicht, dass es Indig verletzen musste, wenn er ihm kurzerhand die Verantwortung für die Kinder absprach, für die sich dieser in Zagreb und Lesno brdo ununterbrochen eingesetzt hatte. Der „madrich" des Hashomer Hazair hingegen verschloss sich den Handlungszwängen, denen die Delasem durch die faschistische Rassenpolitik unterworfen war. Er bestand zu einseitig auf seinen pädagogischen Prinzipien, überspitzte seine Kritik an der Delasem und ließ Flexibilität vermissen. Er war ungerecht, indem er der Delasem Absichten unterstellte, die ihr fernlagen, etwa wenn er argwöhnte, sie

97 Vgl. Voigt, Zuflucht auf Widerruf, Bd. 2, S. 288.

wolle ihn aus der Gruppe entfernen.[98] Hinzu kam der religiöse Gegensatz, der vielleicht nicht so sehr ins Gewicht gefallen wäre, wenn ihn Grosser nicht durch sein Auftreten verstärkt hätte. Es erschwerte das Verständnis mit ihm, obwohl er zionistisch geprägt war, wenn auch nicht in der radikalen Form des Hashomer Hazair, und sich als Flüchtling in die Lage von Flüchtlingen hineinversetzen konnte.

Wie es oft geschieht, hatte der Konflikt, nachdem er aufgebrochen war, etwas Heilsames. Auf allen Seiten setzte sich nach und nach die Einsicht durch, dass man auf Zusammenarbeit angewiesen war und sich nicht auf die eigenen Positionen versteifen durfte. Indig war durch seine Entscheidung, sich mit der Rolle eines Iwrithlehrers zu begnügen, erleichtert, auch deshalb glätteten sich die Wogen. Er stellte mit Genugtuung fest, dass die Gruppe mehrheitlich auf seiner Seite stand und ihn weiterhin als ihren „madrich" betrachtete.[99] „Nun lebe ich und arbeite in unserem Sinn wie früher", teilte er Ende November Lichtheim mit: „Es hat sich nur geändert, daß ich nicht die negativen Seiten der Sorge um Disziplin habe, jedoch immer ein Wort von mir die Gruppe leiten kann. Ich bin völlig zufrieden mit der Lage, was mich persönlich betrifft."[100] Einen Monat später fügte er in einem weiteren Brief an Lichtheim hinzu, das Misstrauen ihm gegenüber habe nachgelassen und man bitte ihn aufrichtig um Mitarbeit. Das Verhältnis zu Jacchia habe sich verbessert, der die Schwierigkeiten seiner Tätigkeit unterschätzt habe und geradezu desillusioniert sei.[101] Tatsächlich war Jacchia froh, dass sich Indig jetzt kooperativ zeigte und ihn unterstützte.

Auch mit Valobra und Grosser bahnte sich ein konstruktives Gespräch an. Dazu müsste beigetragen haben, dass sich Schwalb und die Vertreter der Jugendaliyah in Istanbul mit Indig solidarisch erklärten und dies Valobra wissen ließen.[102] Es wurde immer deutlicher, dass Indigs Erfahrung im Umgang mit den Kindern und sein pädagogisches Engagement für das Zusammenleben der Gruppe in der Villa Emma unentbehrlich waren.

Nach der Ankunft der Kinder in Nonantola sah sich die Delasem vor die Aufgabe gestellt, die leer stehende Villa Emma in kurzer Zeit wieder bewohnbar zu machen. Das Haus musste nicht nur mit Einrichtungsgegenständen ausgestattet

98 CZA, L 22, 338, Indig an Lichtheim, 29. 11. 1942: „Doch wollte die Delasem mich völlig von hier entfernen, was jedoch am festen Entschluß aller Kinder ‚mit mir zu gehen', scheiterte."; Joškos Kinder. Josef Indigs Bericht, S. 195 f. (339).

99 CZA, L 22, 338, Indig an Lichtheim, 29. 11. 1942; S 26, 1197, Indig an ungenannte Freunde, 18. 2. 1943; YVA, P 1/4, Indig an Freier, 29. 11. 1942; Joškos Kinder. Josef Indigs Bericht, S. 195 f. (339); Weiss, Joško's Children, S. 164 f.

100 CZA, L 22, 338, Indig an Lichtheim, 29. 11. 1942.

101 Ebenda, Indig an Lichtheim, 27. 12. 1942.

102 CZA, S 26, 1197, Indig an ungenannte Freunde, 10. und 18. 2. 1943.

werden, es waren auch umfangreiche Instandsetzungen notwendig. An erster Stelle musste die Wasserleitung in Gang gebracht werden, wobei fast alle Frischwasser- und Abwasserrohre zu ersetzen waren. Auch Spül- und Waschbecken sowie Duschen mussten installiert werden. Die elektrischen Leitungen waren defekt. Einige Maurer- und Anstreicherarbeiten waren unumgänglich. Nicht zuletzt mussten Öfen gesetzt werden, damit im Winter, der in der Poebene sehr kalt sein kann, wenigstens einige Räume beheizt werden konnten. Auf die Delasem kamen also Kosten zu, die sie in ihrer Höhe wahrscheinlich nicht richtig abgeschätzt hatte und die an die Grenze ihrer finanziellen Leistungsfähigkeit reichten.[103]

Da die Delasem ursprünglich mit einer etwas späteren Ankunft der Kinder gerechnet hatte, konnte sie nicht sofort Mittel für sie bereitstellen. Schoky, der bis zum Amtsantritt Jacchias am 6. August 1942 die Kassenführung innehatte, musste um Vorschüsse bitten. Er erhielt sie von Friedmann und von Alexander Licht. Auch drei der angesehensten Juden Modenas, der Präsident der Jüdischen Gemeinde, Umberto Campagnano, Inhaber eines Wäschereibetriebes, der Sekretär der Vertretung der Delasem, Salvatore Donati, Inhaber einer chemischen Fabrik, und der Rechtsanwalt Aldo Conigliani sprangen in die Bresche. Jacchia schoss einen Beitrag aus seinen Ersparnissen vor. Es wird sogar eine kleine „lokale Spende“ eines ungenannten Einwohners von Nonantola erwähnt. Schließlich zeigte sich Schoky hilfsbereit, indem er bei der Übergabe der Kassenführung an Jacchia den Saldo aus seinen persönlichen Rücklagen ausglich.[104] Anfang August setzten die Zahlungen vonseiten der Vertretung der Delasem in Modena ein, und erst drei Wochen später überwies die Zentrale der Delasem in Genua 15000 Lire, die etwa dem Betrag entsprachen, der in Lesno brdo jeden Monat benötigt worden war.[105]

Die dringendsten Instandsetzungen wurden zwischen Anfang August und Ende September durchgeführt. Die Kosten hierfür beliefen sich auf fast 10000 Lire. Etwa drei Viertel davon entfiel auf die Auswechslung der morschen Rohrleitungen, die von dem Klempnermeister Filippo Ferrari vorgenommen wurde, der schon zu Beginn von Jacchias Tätigkeit eine erste Abschlagszahlung für ausgeführte und laufende Arbeiten erhielt.[106] Eine im November entstandene Kosten-

103 ASCN, E. C. A., Busta 21, Fasz. Gruppo di orfani ebrei germanici, Stadtverwaltung Nonantola an Quästur Modena, 1. 7. 1942; ACEM, Busta 537, Fasz. Lettere in partenza. 1942, Jacchia an Delasem, 2. 9. 1942 und 2. 12. 1942; ACEM, Busta 574, Fasz. Lettere in partenza. 1943, Jacchia an Delasem, 23. 12. 1942; Relazione Friedmann, S. 11.

104 ACEM, Busta 537, Fasz. Lettere in partenza. 1942, Rendiconto cassa gestione Marco Schoky dal 16 luglio al 6 agosto 1942.

105 ACEM, ebenda, Rendiconto cassa gestione diretta Dr. Jacchia dal 6 al 24 agosto 1942.

106 Ebenda; ACEM, Busta 537, Fasz. Lettere in partenza. 1942, Jacchia an Delasem, 2. 9. 1942; debiti al 8-10-1942.

aufstellung „zur vollständigen Ausstattung der Villa Emma" zeigt, dass auch zu diesem Zeitpunkt noch viel zu tun blieb. Vor allem war jetzt der Einbau einer Motorpumpe geplant, weil die Jungen unter Vernachlässigung des Unterrichts und der Kulturarbeit bis zu drei Stunden am Tag damit zubrachten, das Wasser mit der Hand aus der Zisterne in den im Dachboden befindlichen Speicher zu pumpen.[107] Aber erst im Juni 1943 konnte sich die Delasem mit der Firma „Agellus" über den Bau einer Rohrleitung von einer Quelle am Rande des Grundstücks bis zu dem Gebäude einigen. Die Kosten für das Ausschachten, bei dem auch einige Jungen mithalfen, und das Verlegen der Rohre trug die Firma „Agellus" als Eigentümerin der Villa Emma, während die Delasem dank einer Spende des Amtsarztes von Nonantola, Giuseppe Moreali, der die Kinder betreute, für den Anschluss der Leitung im Innern der Villa aufkam.[108]

Schoky sorgte während seiner Kassenführung für die Aufstellung eines in Modena ausfindig gemachten Küchenherds mit dem dazugehörigen Rohr und die Anschaffung von Küchenzubehör und einigen Geschirrstücken. Bei den Trattorien Candido, Stazione, Umberto I° und Al Sole, wo die Kinder in der ersten Zeit das Essen einnahmen, ließ er Schulden anschreiben, ebenso wahrscheinlich bei dem Bäcker Gioacchino Nasi und anderen Ladenbesitzern, die den Kindern gewogen waren. Einen erheblichen Teil des knappen Budgets wandte er für Putzmittel, Bürsten, Schrubber und Besen auf, die zur Hausreinigung gebraucht wurden, sowie für kleine Dinge des täglichen Bedarfs wie Schreibpapier, Postkarten, Bleistifte, Tinte, Briefmarken, Schuhcreme, Schuhreparaturen, Seife, Zahnpasta, eine Schere, Nägel, Schrauben und Arzneimittel. Gelegentlich gönnte er den Kindern bei einem Spaziergang durch Nonantola in der Bar dell'Orologio ein Eis, das die meisten von ihnen noch nie im Leben gegessen hatten und an das sich viele bis heute erinnern. In Schokys Ausgabenverzeichnis sind zunehmend auch Lebensmittel, vor allem Milch, Obst, Frisch- und Trockengemüse, aufgeführt, was darauf schließen lässt, dass die Küche in Betrieb genommen wurde und in ihr warme Getränke und in geringem Umfang auch Speisen zubereitet wurden.[109] Erst im Laufe des September wurde auf Vermittlung der Florentiner Zionisten Raffaele Cantoni und Matilde

107 ACEM, Busta 479, Fasz. Rendiconto cassa dal 25-8-42 al 25-9-42, Preventivo definitivo di tutte le spese straordinarie che sono ancora da sostenere per una completa attrezzatura di Villa Emma.

108 ACEM, Busta 574, Fasz. Lettere in partenza. 1943, Valobra, Nonantola, an Delasem, 23. 5. 1943; Busta 574, Fasz. Lettere in arrivo Villa Emma Nonantola. Scuola agraria. 1943, Società Immobiliare „Agellus" an Friedmann, 16. 6. 1943; Busta 574, Fasz. Corrispondenza nostra su Villa Emma. 1943, Friedmann an „Agellus", 3. und 11. 6. 1943.

109 ACEM, Busta 537, Fasz. Lettere in partenza. 1942, Rendiconto cassa gestione Marco Schoky dal 16 luglio al 6 agosto 1942.

Cassin ein zweiter Herd nach Nonantola gebracht, sodass von da an regelmäßig in der Küche zu allen Mahlzeiten und für alle Kinder gekocht werden konnte.[110]

Ein Teil der Einrichtungsgegenstände wurde von einer Hachscharah für junge italienische Juden in Alano di Piave übernommen. Es waren vor allem Bettgestelle, Matratzen, Decken, Kopfkissen und eine Menge Geschirr und Küchengerät, aber auch ein kleiner Thorahschrein für den Andachtsraum.[111] Da die Gegenstände erst Mitte Oktober in Empfang genommen wurden, mussten die Kinder bis dahin noch auf dem Fußboden und auf Stroh schlafen. Bettgestelle, Matratzen und Kissen waren danach reichlich vorhanden, während die Decken noch nicht ausreichten, von denen im Winter wegen der Kälte in den Zimmern mindestens zwei für jedes Kind benötigt wurden. Lange Zeit mussten noch mit Stroh und trockenen Maisblättern gefüllte Säcke zum Zudecken dienen.[112] Einige kleinere Einrichtungsgegenstände, die in Lesno brdo angeschafft worden waren, trafen Ende August mit dem vom Zoll zurückgehaltenen Gepäck ein. Weitere folgten etwas später zusammen mit gebrauchten Kleidungsstücken, Büchern und Spielzeug in zwölf Kisten, die von den Florentiner Zionisten nach Nonantola gesandt wurden.[113]

Zur Ausstattung der Räumlichkeiten wurden weitere Möbel benötigt, vor allem Stühle, Bänke, Tische, Schränke, Regale, Kleideraufhänger und Lampen. Ein Kostenvoranschlag ging von 7477 Lire aus.[114] Die Regale der Bibliothek waren für tausend Bände bestimmt. In der Küche sollten ein großer schwerer Tisch und eine Anrichte stehen. In den drei Klassenzimmern waren eine Wandtafel und je drei Wandkarten mit Ansichten von Italien, von Europa und der Welt vorgesehen. Der Andachtsraum sollte außer dem Thorahschrein vier Bänke, einen Tisch mit einem Lesepult für die Thorahrolle und ein Regal für die Gebetsriemen aufweisen. Für die Nähstube war außer zehn Stühlen und einem Zuschneidetisch vor allem die Anschaffung einer Nähmaschine, eines elektrischen Bügeleisens und mehrerer Scheren vorgesehen. Die Waschküche konnte nicht ohne einen Ofen und einen Herd zum Wäschekochen auskommen. Die Wasch- und Duschräume

110 ACEM, Busta 537, Fasz. Lettere in arrivo. 1942, Matilde Cassin an Friedmann, 28. 8. 1942; Busta 479, Fasz. Documenti rendiconto finanziario. 1942, Rendiconto cassa dal 26 settembre 1942 al 25 ottobre 1942.

111 ACEM, Busta 537, Fasz. Lettere in partenza. 1942, Jacchia an Delasem, 15. und 20. 10. 1942; Jacchia an Franco Muggia, 20. 10. 1942; relazione Friedmann, S. 5.

112 ACEM, Busta 537, Fasz. Lettere in partenza. 1942, Jacchia an Delasem, 20. 11. 1942.

113 ACEM, Busta 537, Fasz. Lettere in partenza. 1942, Jacchia an Delasem, 14. 9. 1942, und an Enrico Levi, 15. 9. 1942.

114 ACEM, Busta 479, Fasz. Rendiconto cassa dal 25-8-42 al 25-9-42. Preventivo per l'arredamento della Villa, s. d. (Sept. 1942); Busta 537, Fasz. ACEM, Busta 574, Fasz. Lettere in partenza. 1942, Jacchia an Delasem Vertretung Modena, 27. 9. 1942.

brauchten Fußmatten und Spiegel. Für die Einrichtung der Tischlerwerkstatt waren außer dem aus Lesno brdo mitgebrachten Gerät eine ungenannte Zahl von Hobelbänken, zwei Arbeitstische, zwei Sitzbänke und ein verschließbares Regal für das Werkzeug nötig.[115]

Den Stolz des Musikzimmers bildete ein Flügel, der schon Anfang August in Modena besichtigt und ausgewählt wurde, aber erst einen Monat später aufgestellt werden konnte. Da in den Abrechnungen nur die Transportkosten, aber keine Leihgebühren aufgeführt sind, darf man annehmen, dass er der Kindergruppe für die Zeit ihres Aufenthalts kostenlos überlassen wurde.[116]

Die Möblierung des Hauses war bis Ende November kaum zur Hälfte abgeschlossen. Dem Kostenvoranschlag lässt sich entnehmen, dass ein Teil der Möbel in der eigenen Tischlerwerkstatt hergestellt wurde, also nur das Material gekauft werden musste. Da die Werkstatt aber erst im Januar 1943 die Arbeit aufnahm, verging noch einige Zeit, bis die erforderlichen Möbel hergestellt waren.

Um die Heizung war es kaum besser bestellt. Ende November klagte Indig, dass die Kinder unter der Kälte litten. Auch Friedmann räumte zur selben Zeit ein, dass das Heizungsproblem noch nicht gelöst sei.[117] Ende November ließ Jacchia zwei zusätzliche Öfen setzen, sodass mindestens sechs Räume beheizbar waren: der Hauptaufenthaltsraum, der zugleich als Speisesaal diente, die drei Klassenzimmer, zu denen auch das Musikzimmer gehörte, die Nähstube und das Büro des Direktors. In allen anderen Teilen des Hauses herrschte den ganzen Winter über feuchte Kälte, der die Kinder vor allem in den Schlaf- und Waschräumen ausgesetzt waren.[118]

Den Kosten für Instandsetzungen und Einrichtungsgegenstände von rund 20 000 Lire bis zur Jahreswende standen weitaus höhere Ausgaben für den Unterhalt der Kinder gegenüber. Die Delasem ging dabei anfangs von 10 000 im Monat aus, was ungefähr dem Zuschuss in Lesno brdo entsprach, und bat Jacchia dringend, diesen Betrag einzuhalten. Etwa neun Zehntel davon waren für Lebensmittel und der Rest für Brennholz und verschiedene Dinge des täglichen Bedarfs bestimmt.[119] Doch schon Mitte September musste Jacchia nach Genua melden,

115 ACEM,Busta 479, Fasz. Rendiconto cassa dal 25-8-42 al 25-9-42, Preventivo per l'arrendamento della villa.

116 ACEM, ebenda, Resoconto finanziario e statistico 25 agosto – 25 settembre 1942.

117 CZA, L 22, 338, Indig an Lichtheim, 29. 11. 1942; Relazione Friedmann, S. 11.

118 ACEM, Busta 537, Fasz. Lettere in partenza. 1942, 1942, Jacchia an Delasem Vertretung Modena, 23. 12. 1942; ACEM Busta 479, Fasz. Rendiconto cassa dal 25-8-42 al 25-9-42, Preventivo definitivo di tutte le spese straordinarie.

119 ACEM, Busta 537, Fasz. Lettere in partenza. 1942, Villa Emma an Delasem, 14. 9. 1942, Gestione finanziaria Villa Emma.

dass er damit nicht auskam. Er schlug daher vor, auch um die Qualität des Essens zu verbessern, die monatliche Unterstützung auf 13 500 Lire anzuheben.[120] Die Delasem zögerte zunächst, darauf einzugehen, und war erst Mitte Dezember einverstanden, 14 000 Lire im Monat zu bewilligen. 11 000 Lire übernahm die Zentrale in Genua und 3000 Lire die Vertretung in Modena. Diese Regelung blieb bis zur Ankunft der 33 Kinder aus Split im April 1943 bestehen.[121] Für den Zeitraum danach sind keine Dokumente mehr erhalten.

Die Kinder ernährten sich vor allem von Kartoffeln, Gemüse, Obst, Milch, Brot und Marmelade. Ein Teil davon wurde von Ernesto Leonardi im Rahmen des Pachtvertrags aus der landwirtschaftlichen Produktion auf dem Grundstück der Villa Emma geliefert. Pasta und Reis waren verhältnismäßig teuer und wurden nur ausnahmsweise eingekauft. Fleisch kam wegen der koscheren Küche nicht in Betracht und wurde zum Teil durch Fisch ersetzt.[122] Der Mangel an Fett war ein ernstes Problem, sodass Friedmann zeitweise daran dachte, einen Dispens von den rituellen Speisevorschriften zu erwirken.[123] Milch, Butter, Käse, Öl, Brot, Reis und Pasta waren in den Läden nur auf Lebensmittelkarten erhältlich, während Kartoffeln, Gemüse und Obst nicht rationiert waren und im Spätsommer und Herbst während und nach der Erntezeit reichlich und preiswert angeboten wurden. Zu dieser Zeit wurden in der Villa Emma Vorräte für den Winter und das Frühjahr angelegt: Kartoffeln, Hülsenfrüchte, Mais, Äpfel und Birnen wurden eingekellert, Tomaten und Obst eingekocht und eingeweckt.[124] Den notwendigen Großeinkäufen stand jedoch die zu der Zeit noch auf 10 000 Lire im Monat begrenzte Unterstützung der Delasem entgegen, sodass sie wiederholt außerordentliche Zuschüsse leisten musste, etwa zum Kauf von Brennholz.[125]

Selbst mit außerordentlichen Zuschüssen hielt die Delasem nicht mit den Ausgaben Schritt. Die Schulden wuchsen beängstigend und konnten auch durch Spenden und Anleihen nicht ausgeglichen werden. Unter den Spendern traten mit

120 Ebenda.

121 ACEM, Busta 574, Fasz. Lettere in arrivo. 1942, Valobra an Delasem Vertretung Modena, 20. und 24. 12. 1942; Busta 574, Fasz. Lettere in arrivo. 1943, Valobra an Friedmann, 28. 2. 1943, und an Delasem Büro Nonantola, 16. 3. und 8. 4. 1943.

122 ACEM, Busta 537, Fasz. Lettere in partenza. 1942, Rendiconto cassa gestione diretta Dr. Jacchia dal 6 al 24 agosto.

123 Relazione Friedmann, S. 10.

124 ACEM, Busta 537, Fasz. Lettere in partenza. 1942, Jacchia an Delasem, 24. 9. 1942; Debiti 8-10-42; ACEM, Busta 479, Fasz. Documenti rendiconto finanziario. 1942, Esistenza magazzini alimentari al 25 octobre 1942; Kassenberichte in Busta 479, passim.

125 ACEM, Busta 479, Fasz. Rendiconto cassa dal 26 ottobre 1942 al 25 novembre 1942, Prospetto raffronto spese dei tre periodi (26 agosto–25 novembre 1942).

größeren Beträgen der Rabbiner von Modena, Rodolfo Levi, der Vermessungstechniker Amadeo Osima in Finale Emilia und der nach seiner Flucht aus Paris in Nizza ansässige Bankier Angelo Donati, ein Bruder Salvatore Donatis, hervor, der durch seine Bemühungen um die Rettung der jüdischen Flüchtlinge in der italienischen Besatzungszone Frankreichs vor dem deutschen Zugriff bekannt ist.[126] Zunehmend gingen auch Spenden aus weiter entfernten Teilen Italiens ein, vor allem aus Mailand, Florenz, Ivrea, Ferrara und Reggio Emilia. Besonders tat sich der Kreis Florentiner Zionisten hervor, der eine Patenschaft für mehrere Kinder übernahm und in dessen Namen Raffaele Cantoni im Frühjahr 1943 insgesamt 10 000 Lire überwies, die von vier Spendern stammten, darunter auch er selbst.[127] Anleihen kamen von den Förderern der Villa Emma in Modena: Gino Friedmann, Salvatore Donati, Umberto Campagnano und Aldo Conigliani.[128] Ende November betrugen die Schulden trotz allem 21 875 Lire.[129] Friedmann zeichnete in seinem Bericht auf dem Arbeitstreffen von Mitarbeitern der Delasem in Rom ein düsteres Bild der finanziellen Lage und mahnte drei Maßnahmen an: die Befreiung von den Schulden, die Erhöhung der monatlichen Unterstützung und einen dauernden Vorschuss, damit jederzeit preisgünstige Angebote auf dem Markt wahrgenommen werden konnten. Die rasche Begleichung der Schulden begründete er mit der Pflicht der Delasem, „zu verhindern, daß die Unzufriedenheit, die bereits unter den Lieferanten und Handwerkern grassiert, [...] zunimmt und das große Wohlwollen, das die Bevölkerung von Nonantola der Gruppe bei ihrer Ankunft entgegengebracht hat, nachläßt". Die Aufstockung der Unterstützung hielt er sogar für so wichtig, dass er riet, „das Unternehmen lieber ganz aufzugeben", falls es nicht dazu komme.[130] Sein eindringlicher Appell hatte zur Folge, dass Valobra wenige Tage später einen Scheck über 23 000 Lire an Jacchia schickte und der Erhöhung des Unterhaltssatzes auf monatlich 14 000 Lire zustimmte.[131] Insgesamt lagen die Aufwendungen der Delasem in Genua und ihrer Vertretung in Modena zugunsten der Villa Emma, bezieht man die Miete ein, bis Ende März 1943 bei 160 000 bis 170 000 Lire und somit um ungefähr drei Viertel über denen für Lesno brdo in einem vergleichbaren Zeitraum.

126 Busta 479, Fasz. Rendiconto cassa dal 25-8-42 al 25-9-42, Rendiconto finanziario e statistico.

127 ACEM, Busta 574, Fasz. Corrispondenza Delasem in partenza, Korrespondenz mit Spendern. Die Florentiner Spender waren Agosto Levi, der frühere Präsident des italienischen Zionistenverbands, Guido Bigiavi sowie die Brüder Ottolenghi und Cantoni.

128 ACEM, Busta 479, Fasz. Rendiconto cassa dal 26 ottobre 1942 al 25 novembre 1942, Jacchia an Delasem Vertretung Modena, 26. 11. 1942.

129 ACEM, ebenda, Debiti al 25 novembre 1942; Relazione Friedmann, S. 12.

130 Ebenda, S. 12 f.

131 ACEM, Busta 574, Fasz. Lettere in arrivo. 1942, Valobra an Friedmann, 7. 12. 1942.

Eine wichtige Veränderung trat in der Villa Emma ein, als die Delasem wegen der zunehmenden Bombenangriffe auf Genua als Hafenstadt ihr Magazin, in welchem für die Internierten bestimmte Hilfsgüter gelagert wurden, von dort nach Nonantola verlegte. Die Initiative hierzu ging von Grosser aus, der den großen ungenutzten Dachboden der Villa Emma als Standort auswählte. Ende November traf die erste Ladung auf dem Bahnhof von Nonantola ein, wo in Gegenwart Jacchias die Siegel von dem Waggon entfernt wurden.[132] Der Dachboden wurde mit Tischen, Bänken, Regalen und Kleiderständern bestückt, wo Altkleider, Stoffe, Schuhe, Medikamente, Bücher, Spielzeug und andere Gegenstände Platz fanden, die sortiert, ausgebessert und versandt wurden. Das Magazin bot den Kindern ein ideales, auch von Indig begrüßtes Betätigungsfeld.[133] Vom Tag der Aufnahme der Arbeit am 12. Dezember bis Ende Januar wurden 825 Pakete in die Internierungslager und an die Internierungsorte geschickt.[134] Die Unterbringung des Magazins in der Villa Emma erwies sich als solch ein Erfolg, dass Valobra Ende Februar auch die Abteilung für die Betreuung der Internierten dorthin überführte. Dadurch kam Goffredo Pacifici in die Villa Emma, der später bei der Flucht der Kinder in die Schweiz eine zentrale Rolle spielen sollte. Die Leitung der Abteilung wurde Jacchia anvertraut, dem Pacifici dabei assistierte. Wahrscheinlich hatte Jacchia bis dahin die Leitung des Magazins inne, in der ihn später der aus Polen stammende Arzt Salomon Brawer ablöste.[135]

Die von der Delasem für die Kinder der Villa Emma erbrachte Hilfe war in Anbetracht der widrigen politischen Umstände außerordentlich. Die Villa Emma war zu ihrer Zeit in den jüdischen Gemeinden Italiens weithin bekannt und weckte ihre Anteilnahme und ihr Solidaritätsgefühl, wie die zahlreichen Spenden an vielen Orten beweisen. Friedmann unterstrich die geradezu symbolische Bedeutung der Villa Emma für den Selbstbehauptungswillen der italienischen Juden in

132 CAHJP, Delasem Padova, Valobra an Michelangelo Romanin Jaccur, 23. 2. 1943; ACEM, Busta 537, Fasz. Lettere in partenza. 1942, Jacchia an Delasem, 2. 12. 1942; Busta 574, Fasz. Lettere in arrivo. 1942, Luzzatto an Friedmann, 18. 12. 1942; Paini, I sentieri della speranza, S. 95 f.

133 Ein Bericht in CB, 44 F Delasem/Circolari, Comunicazioni d'ufficio, Nr. 62, 27. 8. 1943; CZA, L 22, 338, Indig an Lichtheim, 27. 12. 1942; Joškos Kinder. Josef Indigs Bericht, S. 199 f. (351 f.).

134 ACEM, Busta 574, Fasz. Lettere in partenza. 1943, Tabella statistica dell'attività del Magazzino „Delasem" di Nonantola, Villa Emma, dal 12 dicembre 1942, inizio del funzionamento della nuova sede a tutto il 31 gennaio 1943.

135 CAHJP, Comitato di assistenza agli emigranti ebrei, Scatola 1/23 Comunità Israelitica di Trieste, Delasem an Comitato di Assistenza, 26. 2. 1943; ACEM, Busta 574, Fasz. Lettere in partenza. 1943, Valobra an Friedmann, 2. 8. 1943.

seinem Ausspruch, die Kinder seien für sie „ein Leitstern, ein Ansporn, eine feste Hoffnung“. Die denkwürdige Leistung der Delasem wurde von ihr jedoch einseitig herausgestellt, indem sie nie erwähnte, was andere vor ihr in Berlin, Zagreb und Lesno brdo, zum Teil unter Einsatz ihres Lebens, für die Kinder getan hatten. Indigs Name tritt in keinem an die jüdische Öffentlichkeit gerichteten Dokument der Delasem auf. Lediglich auf einer für die Organisation angefertigten Fotomontage sind außer Valobra, dessen Porträt in großem Format den Mittelpunkt bildet, Luzzatto, Grosser, Jacchia und auch Indig sowie die Betreuer aus Lesno brdo und Gruppen von Kindern abgebildet.[136] Indig muss die Zurücksetzung, die zugleich eine Vereinnahmung war, sehr wohl empfunden haben. Sie war ein Grund für den Konflikt mit ihm, der deutlich die Grenzen der Delasem zeigte.

Ein vielgestaltiger Tageslauf

Nach einiger Zeit war den Kindern die Umstellung geglückt, und sie fühlten sich in der Villa Emma nicht mehr fremd. Sobald ein Teil der Zimmer bescheiden möbliert war, man nicht mehr auf dem Fußboden auf Stroh zu schlafen brauchte, sondern ein eigenes Bett hatte, Wasser und Beleuchtung vorhanden waren und die Mahlzeiten in der Küche zubereitet und gemeinsam im Haus eingenommen wurden, spielte sich ein vielgestaltiger Tageslauf ein. Die 46 Räume der Villa Emma boten den vierzig Kindern und anfangs neun Erwachsenen reichlich Platz, sodass kein Gefühl der Beengung aufkam.[137]

Die von der Delasem eingeführten Neuerungen veränderten die Form des Zusammenlebens, die sich in Lesno brdo entwickelt hatte, in einer Anzahl wesentlicher Punkte nicht. Die Kinder wählten weiterhin eine Vertretung, den „waad“, der sich gegenüber dem Direktor und der Leitung, der „hanhalah“, Gehör zu verschaffen suchte. Die „sichoth“ waren auf dem Höhepunkt der Krise zwischen Indig und der Delasem zeitweise unterbrochen, fanden aber sonst wie gewohnt statt, und die zionistische Schulung in den „kwuzoth“ nahm ihren Lauf. Jede „kwuzah“ führte, wie üblich, ein Tagebuch und hatte jetzt sogar ein eigenes Zimmer für ihre Zusammenkünfte. Der Schulunterricht, die kulturelle Tätigkeit und die Arbeit für das Haus wurden nach einiger Zeit durch die „produktive Arbeit“

136 Die Fotomontage in ACEM, Busta 537, Fasz. Delasem 1946.

137 Hinweise zum Forschungsstand zur Geschichte der Villa Emma in einer Vorveröffentlichung zu diesem Buch: Klaus Voigt, I ragazzi di Villa Emma a Nonantola, in: Franco Bonilauri, Vincenza Maugeri (Hrsg.), Le Comunità ebraiche a Modena e a Carpi. Dal medioevo all'età contemporanea, Firenze 1999, S. 241–269.

in der Landwirtschaft, der Tischlerei und der Nähstube ergänzt, die trotz aller Unzulänglichkeiten Züge einer ernsthaften Berufsvorbereitung annahm.[138]

Für den Tageslauf war ein „Zeitplan" vorgesehen, der gleichzeitig mit der „Hausordnung" festgelegt wurde.[139] Dem „Zeitplan" zufolge ertönte um 6 Uhr 25 der Weckruf. Zehn Minuten später fand der erste Appell statt, an den sich die Gymnastik anschloss. Die Zeit von 7 bis 7 Uhr 30 diente dem Waschen, Bettenmachen und Anlegen der Tageskleidung. Die nächste halbe Stunde stand den Kindern zum Gebet im Andachtsraum zur Verfügung. Danach wurde beim zweiten Appell die Arbeit für das Haus eingeteilt, die bis 12 Uhr dauerte. Von 12 Uhr 30 bis 13 Uhr 30 trafen sich alle zum Mittagessen im großen Aufenthaltsraum. Nach einer eineinhalbstündigen Ruhepause begann um 15 Uhr der Schulunterricht, der eine Vesperpause einbezog und um 19 Uhr zu Ende ging. Der Zeitraum von 19 bis 20 Uhr war der Kulturarbeit vorbehalten. Von 20 Uhr bis 20 Uhr 30 wurde zu Abend gegessen. Danach bestand während einer halben Stunde Gelegenheit zum Beten im Andachtsraum. Um 22 Uhr 30 war Bettzeit.

Der Sabbat hatte einen besonderen Ablauf und stand als Ruhetag im Zeichen der religiösen Verrichtungen. Die gemeinsame Andacht, an der die Teilnahme im Gegensatz zu den Gebeten an den anderen Tagen Pflicht war, fand am Freitagabend von 19 bis 20 Uhr und am Sonnabendvormittag von 8 bis 9 Uhr 15 statt. Am Sabbat durften die Kinder eine Stunde später aufstehen, um 7 Uhr 30, und sie brauchten keine Appelle abzuhalten und keine Gymnastik zu betreiben. Aus dem „Zeitplan" ist auch zu erfahren, dass bei der Mahlzeit am Freitagabend nach der Andacht Kerzen angezündet, hebräische geistliche Lieder gesungen und Segenssprüche vorgetragen wurden. In demselben festlichen Rahmen vollzog sich das Mittagessen am Sonnabend. „Freizeit", die an den anderen Wochentagen nicht erwähnt wird, war vormittags von 10 bis 13 Uhr 30 und nach dem Mittagessen von 13 Uhr 30 bis 16 Uhr angesetzt. Am späten Nachmittag und am Abend von 16 Uhr 30 bis 20 Uhr blieb noch reichlich Zeit für den „oneg shabbat", das gesellige Zusammensein mit Spiel, Gesang, Musik und szenischen Vorführungen. Um 16 Uhr und 21 Uhr war der Andachtsraum jedes Mal eine halbe Stunde zum freiwilligen Beten geöffnet. Die Bettruhe begann wie immer um 22 Uhr 30.

Der im „Zeitplan" festgelegte Tageslauf blieb auf Dauer nur am Sabbat und an den Festtagen unverändert. An den gewöhnlichen Wochentagen kam es immer wieder zu zeitlichen Verschiebungen. Zudem mussten einzelne Kinder oft von

138 Joškos Kinder. Josef Indigs Bericht, S. 183, 199 (334, 345, 372, 378); Tagebuch der kwuzah Bar Kochbah, Sammlung Arieh Koffler, Givataim.

139 ACEM, Busta 537, Fasz. Lettere in partenza. 1942, Orario, 20. 8. 1942.

im Tageslauf festgelegten Verpflichtungen entbunden werden, weil sie anders den von ihnen übernommenen Aufgaben nicht nachkommen konnten.[140]

In Nonantola stellte die Versorgung nicht dieselben, oft kaum lösbaren Probleme wie in Lesno brdo. Die wichtigsten Gegenstände des täglichen Bedarfs und fast alle Grundnahrungsmittel waren, wenn zum Teil auch nur beschränkt auf Lebensmittel- und Kleiderkarten, in den Geschäften erhältlich, die sich überwiegend in der Altstadt und hier vor allem in der Via Roma befanden: der Gemischtwarenhändler Luigi Monari, der Bäcker Gioacchino Nasi, der Milchhändler Mario Bruni, der Obst- und Gemüsehändler Emore Cappelli und andere mehr.[141] Gelegentlich wurden Lebensmittel auch bei Bauern in der Nachbarschaft eingekauft, soweit sie nicht Leonardi lieferte. Wenn eine Ware, wie etwa Büromaterial, in Nonantola fehlte, war sie im Allgemeinen in Fachgeschäften in Modena zu finden. Schoky hatte deshalb zum Einkaufen in Modena eine Dauergenehmigung, die er sicher auch dazu benutzte, sich mit dem dortigen Schwarzen Markt vertraut zu machen.[142] Aber im Ganzen ist von diesem wenig zu hören.

Wenn etwas in Nonantola einzukaufen war, schickte Schoky einen oder mehrere Jungen im Rahmen der Arbeit für das Haus mit einer von ihm gegengezeichneten Bestellliste zu dem entsprechenden Geschäft, wo ihnen daraufhin die Ware ausgehändigt wurde. Später rechnete Schoky mit dem Händler ab. Da meist größere Mengen eingekauft wurden, erfolgte der Transport oft auf einer Ladefläche, die an einem Dreirad festgemacht war.[143] Die Jungen lieferten die entgegengenommenen Waren bei Schoky ab, der deren Eingang in einem Notizbuch festhielt, sie auf die drei Magazine für Lebensmittel, Kleidung und Schul- und Büromaterial verteilen ließ und sie auf Anforderung, etwa des Kochs, herausgab, wobei er ihren Ausgang vermerkte.[144]

Obwohl die in der Küche der Villa Emma zubereiteten Speisen weniger eintönig waren als in Lesno brdo, blieben sie den Umständen gemäß bescheiden und ähnelten weitgehend dem, was der Landbevölkerung in der Umgebung zu Gebote

140 Vgl. S. 170 f.

141 ACEM, Busta 479, Fasz. Documenti rendiconto finanziario. 1942, Documenti cassa rendiconto 25-8 – 25-9-1942; Gespräche mit Giambattista Moreali.

142 ACEM, Busta 537, Fasz. Lettere in partenza. 1942, Jacchia an Quästur Modena, 13. 12. 1942 (Gesuch auf Gewährung eines Dauerpassierscheins für Schoky); Busta 479, Fasz. Rendiconto cassa dal 25-8-42 al 25-9-42, Debiti presenti al 25 settembre 1942.

143 ACEM, Busta 574, Fasz. Lettere in arrivo. 1942, Delasem an Jacchia, 20. 9. 1942; Busta 537, Fasz. Lettere in partenza. 1942, Rendiconto cassa gestione diretta Dr. Jacchia; Busta 479, Fasz. Rendiconto cassa dal 25-8-42 al 25-9-42, Preventivo definitivo di tutte le spese straordinarie.

144 ACEM, Busta 479, Fasz. Documenti rendiconto finanziario. 1942, Esistenza magazzino alimentari al 25 ottobre 1942.

stand. Zufällig ist der Speiseplan für den Monat November erhalten.[145] Danach gab es zum Frühstück Milch oder mit etwas Zucker gesüßten Milchkaffee und ein Stück trockenes Brot oder ein Brötchen. Im Allgemeinen nur am Sabbat und an den Festtagen war das Brot mit Butter oder Marmelade bestrichen. Zum Mittagessen stand so gut wie jeden Tag eine Minestra nach Art einer Gemüsesuppe oder eines Eintopfs auf dem Tisch. Die Grundlage der Minestra bildeten stets Kartoffeln, zu denen abwechselnd Bohnen, Spinat, Zucchini, Kichererbsen und Blumenkohl hinzukamen. Oft wurde noch anderes Gemüse hinzugeschnitten: Tomaten, Möhren, Peperoni, Zwiebeln. Manchmal wurden auch Brühwürfel beigefügt, und nach dem Kochen wurde Käse über die Speise gerieben. Zum Nachtisch gab es frisches Obst, Obstkompott oder Milchpudding. Bei der Nachmittagsvesper zwischen den Unterrichtsstunden war das Brot in der Regel mit Marmelade bestrichen. Das Abendessen wurde entweder warm oder kalt serviert. Im ersten Fall werden mehrmals Pasta mit Tomatensoße, Pasta oder Reis in Milch und Polenta angeführt. Aber auch hier bestimmten Kartoffeln, sei es mit Tomatensoße oder in Form von Kartoffelbrei, das Bild. Als man in Nonantola hörte, dass die Kinder Pasta und Reis in Milch aßen, war man über diese in Italien unübliche Kost nicht wenig erstaunt. Das kalte Abendessen bestand meist aus Kartoffelsalat, grünem oder gemischtem Salat mit Käse oder eingesalzenen Sardellen. Am Sabbat und an den Festtagen war die Küche um größere Abwechslung bemüht. So findet man etwa Gnocchi, natürlich aus Kartoffeln hergestellt, und „Pizza napoletana" auf dem Speisezettel. Bei Rekonvaleszenz wurde für gehaltvollere Kost gesorgt, zu der Butterbrote und Eier gehörten.[146]

Die Küche war, dem Speiseplan nach zu urteilen, nahezu vegetarisch. War sie deshalb auch koscher? Die Frage beschäftigte die Delasem bis zuletzt. Hierbei standen sich die strenggläubige Auffassung Grossers, den Valobra gewähren ließ, und die, man möchte sagen, flexible Linie Friedmanns gegenüber. Valobra bemühte sich schon bald nach dem Einzug der Kinder in die Villa Emma, Mauricy Awin als Koch abzulösen oder ihm zumindest einen zweiten Koch an die Seite zu stellen, der nach den jüdischen Speiseregeln kochte. Es wurden verschiedene Namen von Internierten genannt, doch es kam zu keiner Überführung nach Nonantola.[147] Schließlich wurde mit dem aus Ungarn stammenden Emilio Freilich ein geeigneter Anwärter gefunden. Er war streng orthodox und hatte vor

145 ACEM, Busta 479, Fasz. Rendiconto cassa dal 25-8-42 al 25-9-42, Schede consumo giornaliero dal 26 ottobre al 25 novembre 1942.

146 ACEM, ebenda, Rendiconto cassa dal 26 ottobre al 25 novembre 1942.

147 ACEM, Busta 537, Fasz. Lettere in partenza. 1942, Verbale della seduta tenuta in data 3-9-1942; Busta 574, Fasz. Lettere in arrivo. 1942, Valobra an Jacchia, 17. 9. 1942.

seiner Internierung als Schiffskoch auf der Palästinaroute des Lloyd Triestino gearbeitet. Obwohl seine Überführung aus dem Internierungslager in Campagna bei Eboli schon Ende Februar beantragt wurde, verzögerte sie sich bis Ende Mai.[148] Friedmann ging es hingegen vor allem darum, dass die Jungen, die körperliche Arbeit in der Landwirtschaft und der Tischlerwerkstatt leisteten, genügend fett- und kalorienhaltige Kost zu sich nahmen und dass die Ressourcen des Grundstücks der Villa Emma genutzt wurden. Wenn schon nicht die Kaninchen, deren Fleisch grundsätzlich nicht koscher ist, sollte doch wenigstens das Geflügel in den Kochtopf kommen. Er kündigte an, er wolle die Frage gemeinsam mit dem Rabbiner von Modena klären.[149]

Die Versorgung mit Bekleidung wurde im Wesentlichen durch Altkleidersammlungen in verschiedenen jüdischen Gemeinden gelöst.[150] Das eine oder andere Stück wurde in der Nähstube neu angefertigt. Einige Kinder hatten nach dem Eintreffen des Gepäcks aus Lesno brdo genügend eigene Bekleidung, während es anderen an fast allem fehlte. In einem solchen Fall half das Kleidermagazin aus, wo je nach Bedarf bestimmte Stücke ausgegeben wurden, die dorthin zurückkehrten, wenn sie nicht mehr gebraucht wurden. Im Oktober betrug der Bestand des Magazins etwa 150 verschiedene Stücke.[151] Schlechter war es um Schuhe bestellt, die weniger leicht aufzutreiben waren als Kleidung. Viele Kinder hatten aus Lesno brdo überhaupt nur leichte Sommerschuhe oder Sandalen mitgebracht, nachdem sie dort im Winter und im Frühjahr ihre festen Schuhe abgetragen hatten.[152] Schuhe konnten im Allgemeinen nicht in der Villa Emma ausgebessert werden, sondern mussten einem Schuster in der Via Montegrappa hinter dem Abteigarten übergeben werden.[153] Manchmal ging es nicht ohne Neuanschaffungen ab, etwa als die Jungen, die in der Landwirtschaft arbeiteten, wasserfeste Stiefel brauchten.[154]

148 ACS, PS, A 4 bis Stranieri internati, Busta 120/Freilich, Emilio, Delasem an Innenministerium, 23. 2. 1943; ASCN, E. C. A., Busta 21, Fasz. Freilich, Emilio.

149 Relazione Friedmann, S. 10.

150 ACEM, Busta 537, Fasz. Lettere in partenza. 1942, Jacchia an Delasem, 14. 9. 1942, Distinta indumenti usati e oggetti vari contenuti nella cassa; Busta 574, Fasz. Lettere in partenza. 1943, Jacchia an Delasem Vertretung Modena, 24. 2. und 22. 3. 1943.

151 ACEM, Busta 479, Fasz. Documenti rendiconto finanziario. 1942, Indumenti distribuiti dal 26 settembre al 25 ottobre 1942; Esistenza magazzino indumenti e diversi al 25 ottobre 1942.

152 ACEM, Busta 537, Fasz. Lettere in partenza. 1942, Jacchia an Delasem, 20. 10. 1942.

153 ACEM, Busta 479, Fasz. Rendiconto cassa dal 25-8-42 al 25-9-42; Rendiconto cassa dal 25 agosto al 25 settembre 1942.

154 ACEM, Busta 574, Fasz. Lettere in arrivo. 1942, Delasem an Jacchia, 3. 11. 1942.

Die Gesundheit der Kinder war trotz der mangelhaften Ernährung in Lesno brdo im Ganzen befriedigend.[155] Die ärztliche Betreuung wurde anfangs ausschließlich von Giuseppe Moreali, einem der beiden Amtsärzte in Nonantola, ausgeübt, der für den Wohnbezirk der Villa Emma zuständig war. Indig beschreibt ihn als einen Mann von kleiner und schmächtiger Körperstatur mit einer Glatze und einem ruhigem Blick.[156]

Moreali stammte aus Sassuolo am Fuß des Modeneser Apennin, war im Ersten Weltkrieg Sanitäter gewesen und hatte 1925, zu der Zeit, als Friedmann Bürgermeister von Nonantola war, die Stelle als Amtsarzt erhalten. Später erwarb er Landbesitz in der Nähe der Villa Emma. Er war einer der wenigen entschiedenen Antifaschisten am Ort und machte aus seiner Auffassung keinen Hehl, ja er ging deswegen sogar Konflikte ein. Seine politische Einstellung muss der Quästur in Modena bekannt gewesen sein, wurde aber, wohl aufgrund seiner gehobenen sozialen Stellung, nicht an das Innenministerium in Rom gemeldet.[157] Indig und Moreali empfanden sofort Sympathie füreinander, die nicht zuletzt in gemeinsamen politischen Anschauungen wurzelte. Moreali bewährte sich als Arzt der Kinder bestens und verdiente sich auch die Anerkennung der Delasem, die ihn in einem Dankschreiben lobte.[158]

Auch nachdem Laura Cavaglione als Ärztin in die Villa Emma berufen worden war, blieb Moreali mit der Kindergruppe in Kontakt. Als Amtsarzt hatte er alle Behandlungen bei einem Spezialisten und alle Einweisungen in ein Krankenhaus zu befürworten. In schwierigen Fällen wurde er weiterhin zu Rat gezogen, denn Cavaglione fehlte es noch an Berufserfahrung. Anlass zu einem Krankenhausaufenthalt bestand bis zum Frühjahr 1943 zweimal. Robert Stein lag einige Tage und Arnold Weininger immerhin fast fünf Wochen im Städtischen Krankenhaus in Modena.[159] Lebensgefährlich war eine Blutvergiftung Edgar Aschers, die er sich bei einem Sturz mit dem Fahrrad zugezogen hatte und die danach vereiterte. Er hatte plötzlich hohes Fieber, dessen Ursache Cavaglione nicht erkannte. Zum

155 Koffler, Die Entstehung unserer Jugendgemeinschaft, S. 321.

156 Joškos Kinder. Josef Indigs Bericht, S. 180 (315 f.).

157 Gespräche mit Giambattista Moreali und mit Giancarlo Moreali, Nervesa della Battaglia, 29. 9. 1997 und 1. 3. 1998; Moreali, Sprazzi di luce, S. 14 ff; Enrico Ferri, La vita libera. Biografia di Don Arrigo Beccari, Nonantola 1997, S. 32 ff.; Joškos Kinder. Josef Indigs Bericht, S. 180 f. (315 f.). In der zentralen Polizeikartei der Antifaschisten ist Morealis Name nicht aufgeführt, ACS, Casellario politico centrale, Busta 3396 (Mordini-Morellato). Der zweite Amtsarzt in Nonantola war Lorenzo Montorsi, der Moreali gelegentlich bei der Betreuung der Kinder vertrat.

158 ACEM, Busta 537, Fasz. Lettere in partenza. 1942, Valobra an Moreali, 7. 10. 1942.

159 ACEM, ebenda, Jacchia an Delasem, 22. 9., 13. 10. und 4. 12. 1942.

Guiseppe Moreali, Ende der dreißiger Jahre.
Giambattista Moreali, Nonantola

Glück wurde Moreali gerufen, der sofort das Knie aufschnitt und seinen Patienten dadurch rettete. Dieser war anschließend mehrere Wochen rekonvaleszent.[160]

Wegen der schlechten Zähne vieler Kinder wollte die Delasem zur zahnärztlichen Behandlung durch Cavaglione einen Bohrer mit Tretpedal für die Villa Emma anschaffen. Als ein solcher in Modena angeboten wurde, bat Jacchia um Ermächtigung zum Kauf. Später wird das Gerät nie mehr erwähnt, sodass man wahrscheinlich weiterhin zur Behandlung nach Modena fahren musste, denn in Nonantola gab es damals noch keinen Zahnarzt.[161]

Die ärztliche Betreuung wurde durch die von Helene Barkic eingerichtete Hausapotheke ergänzt. In ihr waren, wie aus einem Inventar ersichtlich ist, schon nach wenigen Monaten fast hundert Gegenstände aufbewahrt: Medikamente verschiedener Art in Form von Tabletten, Salben und Essenzen, Mullbinden,

160 Joškos Kinder. Josef Indigs Bericht, S. 201 (354 f.); Gespräche mit Edgar Ascher.
161 ACEM, Busta 574, Fasz. Lettere in arrivo. 1942, Jacchia an Delasem, 8. 1. 1943.

Pflaster und Verbandsmaterial, Lebertran, Rizinusöl und ein Impfbesteck, womit die Übersicht bei Weitem nicht erschöpft ist.[162] Barkic stellte sicherlich einige Medikamente selbst her. Die anderen wurden mit einem Rezept Morealis oder Cavagliones aus der Apotheke von Eligio Muzzioli in der Via Roma geholt.[163] Ein Medikament, das in keinem Kassenbericht fehlt, war Saridon für Georg Bories, der an schweren Migräneanfällen litt.[164]

Der Schulunterricht beschränkte sich anfangs auf „Sommerkurse" in Iwrith, Italienisch und allgemeiner Kultur. Frühestens Mitte Oktober, als das Haus ausreichend möbliert war, wurde der vollständige Unterricht wieder aufgenommen.[165] Auf der ersten Sitzung des Schulkollegiums wurde das Ziel aufgestellt, ihn nach Möglichkeit an die in der Villa vorgesehene praktische Berufsvorbereitung anzupassen und ihm das Programm der italienischen Mittelschule zugrunde zu legen. Es wurden vier statt früher drei Niveaugruppen oder Klassen mit fünf bis zwölf Kindern gebildet. In der für die über 16-Jährigen in der Villa Emma bestimmten dritten und vierten Klasse sollten außer den Pflichtfächern, wie Iwrith und Italienisch, auch Wahlfächer, wie andere Fremdsprachen, Geschichte und Kultur, angeboten werden.[166] Bei der vierten Klasse, der Otto Liebling, Josef Schiffmann, Kurt Schneider, Fanny Senft und Arnold Weininger angehörten, wurde später erwogen, sie auf die Jüdische Schule in Modena zu schicken, die bereits von Tamar Licht besucht wurde. Der Gedanke wurde jedoch von der Delasem abgelehnt, wahrscheinlich weil die italienischen Sprachkenntnisse noch nicht weit genug fortgeschritten waren.[167]

Wie schon in Lesno brdo trat das Problem auf, dass die Arbeit für das Haus in den Vormittagsstunden zu wenig Zeit für die Schulaufgaben ließ. Anfang November wurde deshalb festgelegt, dass sie mit Ausnahme des Küchendiensts bis spätestens 12 Uhr abgeschlossen sein musste. Die Unterrichtszeit wurde auf 17 bis 20 Uhr

162 ACEM, Busta 479, Fasz. Documenti rendiconto finanziario. 1942, Esistenza farmacia al 25 ottobre 1942.

163 ACEM, ebenda, Documenti appoggio cassa 26 settembre a 25 ottobre 1942.

164 ACEM, Busta 537, Fasz. Lettere in partenza. 1942, Jacchia an Delasem, 14. Sept. 1942; Rendiconto cassa gestione diretta Dr. Jacchia. Gespräche mit Giambattista Moreali.

165 ACEM, Busta 537, Fasz. Lettere in partenza. 1942, Verbali della seduta tenuta in data 3-9-1942; Jacchia an Delasem, 13. 10. 1942, Situazione scolastica.

166 ACEM, ebenda, La seduta del collegio scolastico, 22 settembre 1942; Koffler, Die Entstehung unserer Jugendgemeinschaft, S. 317 f.

167 ACEM, Busta 537, Fasz. Lettere in partenza. 1942, Jacchia an Delasem, 3. 11. 1942, Istruzione scholastica. Zu den jüdischen Schulen in Italien vgl. Alessandra Minerbi, Tra nazionalizzazione e persecuzione. La scuola ebraica in Italia 1930–1943 in: Contemporaneo, Rivista di storia dell'800 e del '900, 4 (1998), S. 703–730.

statt bisher 15 bis 19 Uhr verlegt, damit zwischen dem Mittagessen und der Vesper mindestens drei Stunden für die Vorbereitung der Schulstunden frei blieben. Später wurde in der Unterstufe auch vormittags von 9 bis 11 Uhr 30 unterrichtet.[168]

Als Lehrer, die regelmäßig Unterricht erteilten, werden Bories für Musik, Literatur und Geschichte, Indig für Hebräisch, Menschenkunde und Zionismus, Licht für Geschichte, Philosophie, Judaistik und Zionismus, Jacchia für Italienisch und Literatur und Cavaglione für Italienisch genannt.[169] Zeitweise müssen aber auch Ascher, Barkic und Stein Stunden gegeben haben. Die genannten Fächer lassen kaum eine Ausrichtung am Programm der italienischen Mittelschule erkennen und waren im Wesentlichen dieselben wie in Lesno brdo. Die Lehrer hatten jetzt aber ein Schulbuch zu führen, in das der Gegenstand jeder Unterrichtsstunde und der Hausaufgaben sowie die Namen der abwesenden Schüler mit der Begründung für ihr Fehlen eingetragen wurden.[170]

Auch in Nonantola fanden von Zeit zu Zeit Prüfungen statt, an denen die Teilnahme im Gegensatz zum Unterricht fakultativ war. Durch einen Bericht Indigs ist Genaueres über die Hebräisch-Kurse bekannt. Danach gab er neben dem laufenden Unterricht ungefähr zwanzig Kindern Nachhilfestunden, damit das von ihm bei den Prüfungen angestrebte Niveau erreicht wurde. Bei den Prüfungen, die im Mai stattfanden, mussten die Schüler leichte Texte vorlesen und übersetzen, Fragen zur Grammatik beantworten und die Fortgeschrittenen auch schon etwas Konversation betreiben. „Alles in allem waren die Prüfungen ein guter Erfolg. Die meisten Kinder haben Anstrengungen unternommen, Fortschritte gemacht und auf diese Weise Interesse an den Problemen unserer Zukunft gezeigt." Fünf Kinder wurden wegen vorzüglicher Leistungen mit Büchern prämiert. Insgesamt acht waren nicht zu den Prüfungen angetreten „und haben damit ihren völligen Mangel an Vorbereitung unter Beweis gestellt".[171]

Nicht nur Bories suchte mit seinen Klavier- und Gesangsstunden begabte Schüler außerhalb des allgemeinen Unterrichts zu fördern. Jacchia bat die Delasem, für Tilla Nagler und Susanne Elster, die Modezeichnerinnen werden wollten, eine Staffelei, einen tragbaren Zeichentisch, Öl-, Pastell- und Aquarellfarben, Zeichenkarton, Pinsel und Zeichenstifte zu besorgen. Zum Nachweis ihrer Begabung

168 ACEM, Busta 537, Fasz. Lettere in partenza. 1942, La seduta del collegio scolastico; Jacchia an Delasem, 3. 11. 1942, Istruzione scolastica.

169 ACEM, Busta 574, Fasz. Lettere in partenza. 1943, Bericht Indigs, 19. 5. 1943; Koffler, Die Entstehung unserer Jugendgemeinschaft, S. 317 f.

170 ACEM, Busta 537, Fasz. Lettere in partenza. 1942, Jacchia an Delasem, 3. 11. 1942, Istruzione scolastica.

171 ACEM, Busta 574, Fasz. Lettere in partenza. 1943, Rapporto sugli esami di lingua ebraica che hanno avuto luogo a Villa Emma dal 10 al 19 maggio 1943.

sandte er von ihnen angefertigte Zeichnungen nach Genua.[172] Die Wünsche waren freilich so anspruchsvoll, dass ihnen die Delasem nicht nachkam. Einige Mal- und Zeichenutensilien wurden aus der Kasse der Villa Emma angeschafft, andere in einem großer Paket von einem Spender zugesandt. Für beide Mädchen wurde auch eine Modezeitschrift abonniert.[173] Tilla Nagler wandte sich an den Leiter der Kunsthochschule in Modena um Rat, wo sie sich fortbilden könne. Da sie sich wegen der Rassengesetze nicht an der Kunsthochschule selbst einschreiben konnte, empfahl er ihr einen Kollegen, Arcangelo Salvarani, der ihr in den Räumen der Schule kostenlos Privatunterricht erteilte. Einmal in der Woche fuhr sie deshalb – wohl mit Genehmigung der Carabinieri – mit dem Fahrrad nach Modena.[174] Hingegen zerschlug sich der Plan von Edgar Ascher, das in Zagreb unterbrochene Chemiestudium im Labor der Jüdischen Schule in Mailand fortzuführen, an den zu hohen Kosten.[175]

Nach dem Rücktritt Indigs von den leitenden Funktionen bestand die Kulturarbeit im Wesentlichen aus der Veranstaltung des einen oder anderen „oneg shabbat" mit den bei ihm üblichen Lesungen, dem Vortrag von Gedichten, Liedern und Klavierstücken und kurzen szenischen Darbietungen. Die Vorbereitungen lagen jetzt vor allem in den Händen von Stein, der seine Theatererfahrungen einbrachte.[176] Spätestens ab März wurde die Kulturarbeit wieder von Indig betreut. Zur Bestreitung der Kosten überließ ihm die Delasem einen kleinen Fonds.[177] In einem Bericht legte er dar, wie unbeständig und sprunghaft das Interesse der durch die Flucht gezeichneten Kinder an kulturellen Dingen war: „Das Interesse bricht hervor, aber ebenso leicht erlischt es."[178] Trotzdem vermochten nicht nur Indig, sondern vor allem auch Licht und Bories die Aufmerksamkeit zu fesseln. Dafür zeugen nicht zuletzt die Erinnerungen von Leo Koffler, der noch nach der Niederlassung in Palästina über die Klavierkonzerte von Bories, die Arien Laszlo Toeroeks und die Vorträge Lichts zur jüdischen Geschichte und zum Zionismus

172 ACEM, Busta 537, Fasz. Lettere in partenza. 1942, Jacchia an Delasem, 28. 8., 3. und 24. 9. 1942.

173 ACEM, ebenda, Rendiconto cassa gestione diretta Dr. Jacchia; Jacchia an Delasem, 24. 9. und 6. 11. 1942; Busta 574, Fasz. Lettere in arrivo. 1942, Delasem an Jacchia, 26. 8. 1942.

174 Gespräche mit Tilla Offenberger (Tilla Nagler).

175 ACEM, Busta 537, Fasz. Lettere in partenza. 1942, Jacchia an Delasem, 24. 9. und 13. 10. 1942; Busta 574, Fasz. Lettere in arrivo. 1942, Delasem an Jacchia, 17. 9. 1942.

176 ACEM, Busta 574, Fasz. Lettere in partenza. 1943, Bericht Indigs, 19. 5. 1943; Gespräche mit Robert Stein.

177 ACEM, Busta 574, Fasz. Lettere in arrivo. 1943, Delasem an Büro Delasem Nonantola, 16. 3. und 8. 4. 1943.

178 ACEM, Busta 574, Fasz. Lettere in partenza. 1943, Bericht Indigs, 19. 5. 1943.

schwärmte und gern an einen von Bories geleiteten Lesezirkel zurückdachte, der meist erst abends nach 10 Uhr begann, weil tagsüber so viel zu tun war.[179]

Einen ersten Höhepunkt erreichte die Kulturarbeit bereits im September, als Jacchia die Anregung aufgriff, wieder eine Hauszeitung herauszugeben.[180] Sie hieß, wie schon in Lesno brdo, „Yaldei Bamazor" (Kinder in Gefahr), war aber jetzt auf Italienisch abgefasst. Die notwendigen Übersetzungen führte Jacchia selbst durch. Es blieb wohl bei einer einzigen Nummer, die zum Neujahrsfest, Rosh Hashannah 5703, verbreitet wurde. Sie war mit der Schreibmaschine auf Matrizen geschrieben und wurde mit einem Apparat in Jacchias Büro vervielfältigt. Insgesamt enthielt die Nummer dreizehn Beiträge, denen ein von Jacchia gewünschtes Grußwort der Delasem voranging. Die Verfasser der Beiträge waren Indig, Jacchia, Bories, Ascher, Fanny Senft, Kurt Schneider und Arnold Weininger. Betrachtungen zu Rosh Hashannah standen neben Erinnerungen an Lesno brdo und an ein Sommerlager des Hashomer Hazair, Gedichte und Erzählungen, die das Aufbauwerk in Palästina zum Gegenstand hatten, neben Gedanken zur jüdischen Musik, die natürlich von Bories stammten.[181]

Die Betreuer in der Villa Emma waren sich mit der Delasem einig, dass für den Schulunterricht und die Kulturarbeit eine gute Bibliothek notwendig war. Zum Bibliothekar wurde Edgar Ascher ernannt, der als leidenschaftlicher Leser Jacchia für die Aufgabe besonders geeignet erschien. Nach seiner schweren Erkrankung trat Fanny Senft an seine Stelle.[182] Den Grundstock der Bibliothek, die in einem Aufenthaltsraum aufgestellt wurde, bildete der Bestand aus Lesno brdo, der mit dem übrigen Gepäck eingetroffen war. Im Gegensatz zu dem Schloss in Slowenien gab es in der Umgebung von Nonantola keine Leihbibliothek mit Büchern in deutscher Sprache. Fast alle mussten von der Delasem besorgt werden, die damit Schwierigkeiten hatte, weil Bücherspenden im Allgemeinen nur italienische Titel aufwiesen.[183] Einmal gelang es Grosser, eine Sendung mit deutschsprachigen Büchern zusammenzustellen.[184] Indig erwartete zu viel, wenn er beklagte, die Delasem schicke statt Büchern von Max Brod, Franz Werfel und Sholem Asch,

179 Koffler, Die Entstehung unserer Jugendgemeinschaft, S. 318 f.

180 ACEM, Busta 537, Fasz. Lettere in partenza. 1942, Jacchia an Delasem, 2. 9. 1942.

181 „Jaldei Bamazor" („Ragazzi in difficoltá"), Anno 2, numero 1, Rosh Hashannah 5703, Villa Emma, Nonantola. Das einzige erhaltene Exemplar in der Sammlung von Bernardo Grosser, jetzt in Yad Vashem, Jerusalem.

182 ACEM, Busta 574, Fasz. Lettere in arrivo. 1942, Delasem an Jacchia, 8. 9. 1942; Busta 537, Fasz. Lettere in partenza. 1942, Jacchia an Delasem, 14. 9. 1942.

183 CAHJP, Comitato Italiano, Scatola 3/30, Delasem an Carlo Morpurgo, 26. 10. 1942, und an Comitato Italiano, 12. 11. 1942.

184 ACEM, Busta 537, Fasz. Lettere in partenza. 1942, Jacchia an Grosser, 14. 9. 1942.

um die er gebeten hatte, nur italienische und französische Titel, „mit welchen wir nichts anzufangen wissen".[185]

Bemerkenswert war die Vielfalt an Büchern und Druckschriften, die in der ersten Zeit fast jede Woche in Nonantola ankamen. Ein Teil diente zum Unterricht, wie Lehrbücher, Grammatiken und Lexika, der andere Teil, vor allem belletristische Literatur und Sachbücher, aber auch einige religiöse Schriften, war für die Lesezirkel und die Freizeit bestimmt. Mit einer Sendung gingen zum Beispiel 70 Taschenlexika Italienisch–Deutsch–Italienisch, 50 Hefte der Zeitschrift „Israel dei ragazzi", 20 hagadoth - volkstümliche Pessacherzählungen –, 20 Notizhefte, 16 Bände mit deutschsprachiger Literatur, zehn Hefte der Zeitschrift „Il dramma", ein Band mit jüdischen Liedertexten, ein Band über den Dibbuk ein, ferner weitere Zeitschriften und religiöse Schriften, englische Grammatiken, Kalender, Almanache und Verlagsprospekte.[186] Ende Oktober zählte die Bibliothek bereits 828 Bände, davon etwa die Hälfte in deutscher Sprache. Von den italienischen und hebräischen Sprachlehrbüchern waren durchschnittlich jeweils 20 Exemplare vorhanden. Unter den deutschsprachigen Büchern werden 169 belletristische Werke, 30 Dramen und Komödien, 29 Kinderbücher und 19 Gedichtbände aufgeführt.[187] Die meistgelesenen Autoren waren, wie Koffler mitteilt: Jakob Wassermann, Stefan Zweig, Heinrich Heine, John F. Galsworthy, Emile Zola, Pearl S. Buck, Louis Bromfield, Fjodor Michajlowitsch Dostojewskij und Leo Tolstoi.[188] Trotz der beeindruckenden Vielfalt der Auswahl wies die Bibliothek Lücken auf. Indig erwähnte im Mai das Fehlen vor allem von leichtverständlichen Darstellungen zu naturwissenschaftlichen, technischen und medizinischen Themen sowie zu Geschichte, Kunstgeschichte und politischer Geografie.[189] Außer Büchern und Zeitschriften wurden auch Noten für das Klavierspiel und den Gesang zugesandt, unter anderem von Beniamino Cesi, Johann Sebastian Bach, Franz Liszt und Robert Schumann.[190] Ja selbst Schallplatten fanden den Weg nach Nonantola, für die ein Grammophon mit einer Handkurbel zum Aufziehen im Musikzimmer stand.[191]

185 AH, Hechaluz, Indig an Schwalb, 24. 8. 1942.

186 ACEM, Busta 537, Fasz. Lettere in partenza. 1942, Distinta indumenti usati e oggetti vari nella cassa (Ordine n. 4420).

187 ACEM, Busta 479, Fasz. Documenti rendiconto finanziario. 1942, Volumi esistenti in biblioteca al 25 ottobre 1942.

188 Koffler, Die Entstehung unserer Jugendgemeinschaft, S. 319.

189 ACEM, Busta 574, Fasz. Lettere in partenza. 1943, Bericht Indigs, 19. 5. 1943.

190 ACEM, Busta 537, Fasz. Lettere in partenza. 1942, Jacchia an Delasem, 6. 9. 1942.

191 ACEM, Busta 574, Fasz. Lettere in arrivo. 1942, Delasem an Jacchia, 10. 9. 1942; Busta 537, Fasz. Lettere in partenza. 1942, Jacchia an Delasem, 22. 9. 1942; Paini, I sentieri della speranza, S. 122.

Im Mittelpunkt des Lebens in der Villa Emma sollte die Erziehung zu praktischer Arbeit in einer „Landwirtschaftsschule“ oder „Hachscharah“ stehen. Auch wenn beide Begriffe häufig in den Dokumenten auftreten, spiegeln sie nur unzureichend die Wirklichkeit wider. Gino Friedmann erkannte als Agrarfachmann von Anfang an, dass das sieben Hektar große, von dem „mezzadro“ Ernesto Leonardi bewirtschaftete Grundstück der Villa Emma trotz des guten Bodens nicht allen Jungen Beschäftigung bieten konnte. Es war Friedmanns Einfluss zuzuschreiben, dass die handwerkliche Arbeit gleichrangig neben die landwirtschaftliche gestellt und eine Tischlerwerkstatt eingerichtet wurde.[192] Später zeigte sich dann, dass die eine wie die andere Arbeit im Tageslauf der Villa Emma kaum größeren Raum einnahm als der Schulunterricht, die Arbeit für das Haus sowie für das Magazin der Delasem.

Der von Friedmann mit der Firma „Agellus“ abgeschlossene Miet- und Pachtvertrag sah vor, dass die Delasem auch die landwirtschaftliche Nutzung des Grundstücks übernahm. Dies bedeutete, dass ihr nach geltendem Recht, abgesehen von Abgaben an den Staat, die Hälfte des Ertrags zustand – die andere Hälfte verblieb bei dem „mezzadro“. Sie konnte dadurch nicht nur eine landwirtschaftliche Ausbildung gewähren, sondern auch zur Ernährung der Kinder beitragen. Mit der Pacht des Grundstücks gingen der Viehbestand: Kühe, Schweine, Hühner und Kaninchen, die eingelagerten Futtermittel und ein Teil des Arbeitsgeräts an die Delasem über.[193] Zur Wirtschaftsführung bedurfte es eines Startkapitals, das die Delasem nicht aus eigenen Mitteln aufbringen konnte. Erneut halfen ihr drei in Modena ansässige Juden aus der Verlegenheit: Salvatore Donati, Aldo Conigliani und Mayer Vita, die insgesamt 41 000 Lire vorschossen.[194] Später erteilte auch die Union der Israelitischen Gemeinden Italiens in Rom zweimal einen Vorschuss von je 10 000 Lire.[195] Die Verwaltung und Kassenführung der Landwirtschaft lagen bei Conigliani, der von Jacchia unabhängig war und als Ratgeber Amadeo Osima aus Finale Emilia hinzuzog. Auf die eigentliche Landarbeit verstand sich als Einziger Leonardi, der eine monatliche Vergütung von 666,66 Lire für die Unterweisung der in der Landwirtschaft tätigen Jungen erhielt, was in der Zeit ungefähr einem Fabrikarbeiterlohn entsprach.[196]

192 Relazione Friedmann, S. 6.

193 Ebenda, S. 14.

194 Ebenda; ACEM, Busta 574, Fasz. Lettere in arrivo. 1943, Conto gestione fondo Nonantola.

195 ACEM, ebenda, Friedmann an Unione delle Comunità Israelitiche Italiane, 25. 1. 1943; Unione an Friedmann, s. d. (Anfang Februar 1943).

196 ACEM, Busta 574, Fasz. Lettere in arrivo. 1943, Conigliani an Delasem, 25. 2. 1942, und Conto gestione fondo Nonantola.

Was wurde auf dem Grundstück der Villa Emma angebaut? Einem Einnahmen- und Ausgabenverzeichnis Coniglianis zufolge wurde Saatgut für Kartoffeln, Sommerweizen, Mais, Bohnen, Futterrüben und den Gemüsegarten gekauft. Hinzu kamen Düngemittel, Insektenschutzmittel, Draht und Maschendraht für Zäune sowie Material für den Bau von 16 Kaninchenställen und acht Hühnerställen. Ausgaben entstanden auch für die Ausleihe von Maschinen zum Pflügen und Dreschen. Ja sogar 30 Gänse zum Mästen wurden gekauft. In den Ställen Leonardis standen vier Milchkühe. Nach der Übernahme der Landwirtschaft durch die Delasem wurden Einnahmen durch den Verkauf von zwei Rindern, zwei Kälbern, einem Jungbullen und sechs Ferkeln erzielt.[197]

Die Arbeit auf den Feldern und in den Ställen unter Leonardis kundiger Anleitung begann Mitte November mit zunächst vier Jungen: Max Federmann, Kurt Hahn, Siegfried Kirschenbaum und Hans Sussmann. Sie wurden mit festen Stiefeln ausgerüstet und erhielten eine zusätzliche Brotration.[198] Erst im Frühling wurden weitere Jungen hinzugezogen.[199] Leonardi war mit seinen Schülern freilich nicht immer zufrieden. Im Mai erfuhr Friedmann, er habe sich bei Osima beklagt, dass er nicht genug Unterstützung finde. Friedmann konnte sich dies kaum erklären, denn er meinte, dass die Arbeit von den Jungen für ihre Zukunft gewünscht werde.[200] Bei der Ernte mussten später zeitweilig alle Bewohner der Villa Emma zugreifen, Jungen, Mädchen und Betreuer.[201]

Auch bis zur Eröffnung der Tischlerei im Erdgeschoss der Villa Emma vergingen mehrere Monate. Einiges Arbeitsgerät gelangte mit dem Gepäck aus Lesno brdo nach Nonantola.[202] Der naheliegende Gedanke, die Leitung der Ausbildung einem Tischlermeister aus Nonantola, wahrscheinlich Erio Tosatti, anzuvertrauen, wurde verworfen, weil man den Widerstand der Behörden befürchtete. Vorübergehend wurde erwogen, einige Jungen eine Stunde am Tag bei Tischlern im Ort arbeiten zu lassen, aber auch daraus wurde aus denselben Gründen nichts. Jacchia riet daher, nach einem Tischlermeister unter den Internierten zu suchen.[203] Die

197 Ebenda.

198 ACEM, Busta 574, Fasz. Lettere in arrivo. 1942, Jacchia an Delasem, 3. 11. 1942; Busta 479, Fasz. Rendiconto cassa dal 26 ottobre 1942 al 25 novembre 1942.

199 Fritz Awin, Salomon Majerowicz und aus der jugoslawischen Gruppe Josef und Moric Danon, Velimir Halpern, Bela Grof, Marcel Hofmann, Israel Maestro und Zdenko Schmidt, SBA, Bestand E 4264, Personaldossiers.

200 ACEM, Busta 574, Fasz. Lettere in arrivo. 1943, Friedmann an Delasem, 28. 5. 1943.

201 Koffler, Die Entstehung unserer Jugendgemeinschaft, S. 320.

202 ACEM, Busta 537, Fasz. Lettere in partenza. 1942, Jacchia an Delasem, 23. 10. 1942, Materiale per falegnameria.

203 Ebenda und ACEM, Busta 537, Fasz. Lettere in partenza. 1942, Jacchia an Delasem, 20. 10. 1942.

Die Tischlerwerkstatt der Villa Emma.
Im Vordergrund Naftali Hersz Schuldenfrei.
Hanna Seidenberg, Petach Tikwa

Delasem entschied sich für den 38 Jahre alten Naftali Hersz Schuldenfrei, einen Juden aus Polen, der sich in Fiume niedergelassen hatte. Er befand sich im Internierungslager Campagna bei Eboli. Um seine Überführung nach Nonantola zu erreichen, richtete Valobra schon Mitte November einen Antrag an das Innenministerium, der erst nach anderthalb Monaten bewilligt wurde. Um die Jahreswende traf Schuldenfrei, wie bei der Überführung von Internierten üblich, in Begleitung von ein oder zwei Carabinieri in Nonantola ein, wo er beim Carabinieriposten eine Erklärung zu seiner „freien Internierung" unterzeichnete.[204]

Schuldenfrei nahm am Tag nach seiner Ankunft die Tätigkeit auf und führte alle Jungen in die Werkstatt ein, soweit sie nicht dringend für die Arbeit für das

204 ACS, PS, A4bis Stranieri internati, Busta 323/Schuldenfrei, Naftali, Delasem an Innenministerium, 13. 11. 1942, und weitere Dokumente; ASCN, E. C. A., Busta 21, Fasz. Schuldenfrei, Naftali, Internierungserklärung.

Haus und im Magazin der Delasem gebraucht wurden. Jacchia äußerte sich über ihn schon nach kurzer Zeit recht zufrieden: Er erfülle die in ihn gesetzten Erwartungen, sei energisch und tatkräftig und verschaffe sich Respekt. Es fehlten ihm jedoch Erfahrung und Methode im Unterrichten.[205] Mit anfangs nur einer Hobelbank konnte Schuldenfrei nicht mehr als drei Jungen anleiten. Da die Fertigstellung von Möbeln zur Ausstattung des Hauses und von Kaninchen- und Hühnerställen eilte, wurde Jacchia von der Delasem beauftragt, in Nonantola drei weitere Hobelbänke zu kaufen. Sobald sie in der Werkstatt aufgestellt waren, konnte Schuldenfrei neun Jungen gleichzeitig beschäftigen. Es war ihm jedoch schon bald klar, dass nicht alle Jungen für die Arbeit geeignet waren, sodass er sich eine Auswahl vorbehielt.[206]

In den ersten vier Monaten stellte Schuldenfrei mit zwölf Jungen, die ständig oder vorübergehend in der Werkstatt arbeiteten, 32 Möbelstücke für das Haus her. Außerdem wurden unter seiner Anleitung Ausbesserungen an Türen und bereits vorhandenen Möbeln vorgenommen. Er musste jedoch feststellen, dass die Mehrzahl der Jungen nicht genug leistete. Nur vier seien dem Tischlerhandwerk gewachsen und zeigten echtes Interesse. Zwei Jungen hatte er sogar, „weil sie sich nicht diszipliniert verhalten haben", aus der Werkstatt ausschließen müssen. In einem Fall tat er es nur mit Bedauern, weil er den Jungen für begabt hielt. Er bat die Delasem zu entscheiden, ob es bei der Ausschließung bleiben solle.[207]

In der Nähstube, die Helene Barkic und Josefine Weiss anvertraut war, arbeitete stets eine größere Zahl an Mädchen, die dafür von anderen Aufgaben im Haus freigestellt wurden. Wie bei der Landwirtschaft und der Tischlerei diente ihre Ausbildung zugleich der Versorgung der Gruppe. In Nonantola getragene Sachen und von auswärts eingegangene Altkleider wurden gestopft und geflickt. Aus Stoffballen, die in den Städten zu vorteilhaftem Preis eingekauft oder dort gespendet worden waren, wurden neue Kleidungsstücke geschneidert. Sobald sich das Magazin der Delasem in der Villa Emma befand, wurde Kleidung auch für Internierte in ganz Italien ausgebessert oder angefertigt. Binnen Kurzem fiel so viel Arbeit an, dass man mit der einzigen vorhandenen Nähmaschine, die gebraucht in Mailand erworben worden war, nicht mehr auskam. Jacchia bemühte sich daher um die Anschaffung von zwei weiteren Geräten, von denen mindestens eines bis März zur Hand war.[208]

205 ACEM, Busta 574, Fasz. Lettere in partenza. 1943, Jacchia an Delasem, 11. 1. 1943.

206 ACEM, ebenda, Jacchia an Delasem, 8. und 11. 1. 1943.

207 ACEM, ebenda, Naftali Herz Schuldenfrei, Rapporto falegnameria, 21. 5. 1943.

208 ACEM, Busta 574, Fasz. Lettere in arrivo. 1942, Delasem an Jacchia, 3. und 23. 9. 1942; Delasem an Jüdische Gemeinde Modena, 29. 12. 1942; Busta 574, Fasz. Lettere in partenza. 1943, Jacchia an Delasem, 23. 12. 1942 und 8. 1. 1943; Busta 574, Fasz. Lettere in arrivo. 1943, Delasem an Jüdische Gemeinde Modena, 14. 2. 1943.

Anders als für die Tischlerei konnte für die Leitung der Nähstube nie eine Fachkraft gewonnen werden. Der Zuschneidekurs wurde Tilla Nagler übertragen, die Kenntnisse aus der Arbeit in der Schneiderwerkstatt ihres Vaters mitbrachte.[209] Vergeblich bemühte sich die Vertretung der Delasem in Modena, unter den von ihr betreuten Internierten eine gelernte Schneiderin zu finden. Eine Jugoslawin lehnte das Angebot ab, obwohl es mit einem kleinen Salär verbunden war, weil sie sich nicht von ihrer Familie trennen wollte.[210] Trotzdem bewährte sich die Nähstube. Für Indig war es „ein Beweis der guten Qualität der Kinder", dass sie die Näharbeit für die internierten Flüchtlinge mit Eifer betrieben.[211]

Die Kinder waren durch ihren vielgestaltigen Tageslauf derart in Anspruch genommen, dass sie sich schon deshalb kaum aus der Villa Emma fortbegeben konnten, und „Freizeit" war nur am Sabbat angesetzt. Zudem achtete Jacchia auf die Einhaltung der mit den Carabinieri abgesprochenen Ausgangsbeschränkungen. Er erteilte deshalb die Erlaubnis zum Verlassen des Grundstücke nur in begründeten Fällen. Zur Behandlung bei einem Zahnarzt oder einem Spezialarzt in Modena verstand sich die Ausgangsgenehmigung von selbst. Bei Fahrten nach Modena zu diesem Zweck oder zur Ausbildung scheinen die Carabinieri in keinem Fall Widerspruch eingelegt zu haben.[212]

Auch sonst hielten sich die Behörden zurück. Nur in einem Fall gaben sie einen Wink, dass man mit ihnen rechnen musste, wenn man sich nicht an die Vorschriften oder Vereinbarungen hielt. Als es die Leitung der Villa Emma versäumt hatte, die beiden im Haus gehaltenen Hunde, unter ihnen das Peterle aus Lesno brdo, ordnungsgemäß anzumelden, musste sie eine Geldbuße von 50 Lire entrichten.[213]

Die jungen Bewohner der Villa Emma waren also gegenüber der Bevölkerung in Nonantola abgeschirmt und lebten weitgehend für sich selbst. Sicherlich ergab sich bei Spaziergängen oder beim Baden im Panaro in Begleitung von Erwachsenen oft Gelegenheit zu einem freundlichen Gruß und zum Austausch von ein paar Worten mit Gleichaltrigen, die oft in der Kleidung des faschistischen Jugendverbands Ballila zu sehen waren, bei den Jungen schwarze Hemden, kurze Hosen und schwarze Mützen. Die Bekanntschaften und Freundschaften, die sich

209 ACEM, Busta 537, Fasz. Lettere in partenza. 1942, Jacchia an Delasem, 20. 10. 1942.

210 ACEM, Busta 537, Fasz. Pick, David, Delasem Vertretung Modena an Ljubica Pick.

211 CZA, L 22, 337, Indig an Lichtheim, 27. 12. 1942.

212 ACEM, Busta 574, Fasz. Lettere in partenza. 1943, Jacchia an Friedmann, 23. 7. 1943.

213 ACEM, Busta 479, Fasz. Rendiconto cassa dal 26 ottobre 1942 al 25 novembre 1942, Verbale di contravenzione.

in den ersten Wochen des Aufenthalts angebahnt hatten, brachen wieder ab.[214] Anhaltende Kontakte bestanden nur zu den Mitbewohnern des Grundstücks der Villa Emma wie den Bauern Ernesto Leonardi und Giovanni Raimondi, und zu den unmittelbaren Nachbarn sowie zu dem Arzt Giuseppe Moreali und den Handwerkern, die ins Haus kamen wie der Maurermeister Aristide Barani. Trotzdem sind in einigen Fällen Einladungen in die Familie bezeugt, die Jacchias Kontrolle entglitten sein müssten. So erinnert sich Barani an einige Jungen, die bei ihm zu Gast waren.[215] Glaubwürdig ist, was Kurt Schneider berichtet. Er und ein Gefährte der Villa Emma hatten sich mit dem Sohn der Vizedirektorin der Volksschule, einer aktiven Faschistin, angefreundet und wurden von ihm nach Hause mitgenommen. Dies wurde in der örtlichen Parteiorganisation als Skandal aufgefasst, sodass man ihre Amtsenthebung erwog.[216]

Wenn die Jungen und Mädchen in die Stadt gingen, geschah es also fast immer in Gruppen zusammen mit einem oder mehreren Erziehern. Besondere Anziehung übte das Kino aus, in das hin und wieder ein gemeinsamer Besuch erlaubt wurde. Schließlich gab es dafür eine einleuchtende Rechtfertigung: Man konnte etwas Italienisch lernen! Einmal wurde sogar eine Radtour über das flache Land unternommen. Fahrräder zur Ausleihe standen in großer Zahl bei den Fahrradhändlern Gebrüder Zoboli am Rand der Altstadt bereit.[217]

Einen Höhepunkt der Ausgänge in die Stadt bildete ein Besuch in der Abtei. Don Ottaviano Pelati, der Vizeabt von Nonantola und Rektor des Priesterseminars, führte etwa 25 Kinder persönlich durch die romanische Kirche, stieg mit ihnen in die Krypta mit ihrer Säulenvielfalt hinab, erklärte ihnen das Eingangsportal mit seinen beiden Löwen und holte im Archiv der Abtei sogar dessen Prachtstücke, die berühmten Pergamenturkunden aus der Zeit Karls des Großen, hervor.[218] Der Eindruck war so stark, dass mit Don Giuseppe Russo, dem jüngsten Lehrer am Seminar, eine Fahrt zum Dom in Modena vereinbart wurde, an dem er Priester war. Doch dort erwartete die Jungen und Mädchen eine große Enttäuschung: Die Fresken und Skulpturen waren zum Schutz gegen Bombenangriffe mit Holz abgedeckt, sodass sich Don Russo zu ihrer Erklärung mit Abbildungen behelfen musste.[219]

214 Weiss, Joško's Children, S. 161; Gespräch mit Marcello Sighinolfi, Modena, 1. 7. 1997.

215 Barani, Vicende della mia vita, S. 35.

216 Gespräche mit Zvi Schneider (Kurt Schneider).

217 ACEM, Busta 479, Fasz. Rendiconto cassa dal 25-8-42 al 25-9-42; Gespräche mit Giambattista Moreali.

218 Joškos Kinder. Josef Indigs Bericht, S. 211 f. (386 ff.). Zu Pelati vgl. Alberto Barbieri, Sacerdoti Modenesi del Novecento. Cento schede biografiche, Bd. 1, Modena 1993, S. 205 ff.

219 Joškos Kinder. Josef Indigs Bericht, S. 212 (388); zu Russo vgl. Barbieri, Sacerdoti Modenesi, Bd. 1, S. 318 ff.

Don Arrigo Beccari, etwa zur Zeit des Aufenthalts der Kinder in der Villa Emma.
Archivio Storico del Comune di Nonantola

Ein anderer Priester, der am Seminar lehrte, war Don Arrigo Beccari, ein enger Freund des Arztes Moreali. Er stammte aus der Familie eines Maurers mit acht Kindern in Castelnuovo Rangone südlich von Modena. Er war seit 1933 am Seminar tätig und hatte hier die Stelle des Ökonomen inne. Indig lernte ihn schon in den ersten Wochen seines Aufenthalts in Nonantola kennen und war von seiner Haltung als „kämpferischer Christ, bereit alles für die Wahrheit und Gerechtigkeit zu tun", beeindruckt.[220] In den Gesprächen, die er mit ihm führte, bemerkte er, dass er den Faschismus als intolerante, die Freiheit des Einzelnen unterdrückende Herrschaftsform ablehnte. Don Beccari gehörte zu einer Gruppe junger Priester, die christliche Nächstenliebe mit einem starken sozialen Engagement verbanden und ihr Vorbild in Don Zeno Saltini sahen, der in Mirandola die Opera Piccoli Apostoli mit einem Heim für Straßenkinder gegründet hatte, die bettelnd durch die Gegend zogen. Don Beccari war deshalb auch für die Waisen-

220 Joškos Kinder. Josef Indigs Bericht, S. 183 (316).

und Flüchtlingskinder in der Villa Emma aufgeschlossen, die nicht weniger Unrecht erlitten hatten als die Schützlinge Don Saltinis. Mindestens einmal kam er in die Villa Emma zu Besuch.[221]

Die spärlichen Beziehungen zu den Bewohnern Nonantolas wurden durch häufige Besuche von Juden aus vielen Teilen Italiens ausgeglichen. Außer von Modena und Genua reisten sie, soweit im Einzelnen bekannt ist, aus Mailand, Venedig, Siena, Florenz, Ferrara und Bologna an. Es waren nicht nur Mitarbeiter der Delasem, sondern auch Zionisten, die zu der Gruppe Kontakt suchten, Spender, die sich aus eigener Anschauung ein Bild machen wollten, und Menschen, die durch einen Besuch nur ihre Sympathie bekunden wollten. Zu nennen sind vor allem Gustavo Castelbolognesi, der Oberrabbiner von Mailand, Matilde Cassin und Raffaele Cantoni, die beiden bekannten Florentiner Zionisten, und Mario Finzi, der Vertreter der Delasem in Bologna, der sicherlich mehr als einmal in die Villa Emma kam. Man darf vermuten, dass sich der junge Pianist mit Bories gut verstand und manchmal vor den Kindern Klavierstücke vortrug.[222]

Matilde Cassin und Raffaele Cantoni standen schon von den ersten Wochen an mit der Villa Emma in Korrespondenz, schickten an sie Einrichtungsgegenstände und Decken und sammelten Geld für sie. Im Dezember war Cassin zum ersten Mal in Nonantola. Ein zweiter Aufenthalt gemeinsam mit Cantoni folgte im Februar in Erwiderung eines Besuchs Indigs in Florenz, den dieser ohne Wissen der Behörden unternommen hatte. Dort wurde er in den von Cassin betreuten Kreis junger Zionisten eingeführt, der sich in einer Privatwohnung versammelte, weil eine zionistische Betätigung in der Öffentlichkeit nicht mehr erlaubt war. Das erste Mal befand sich Indig in Italien unter Gleichgesinnten. Er verspürte Verständnis und Brüderlichkeit, die er bei der Delasem so sehr vermisst hatte.[223] Mit Cantoni verband ihn auch dessen politische Einstellung. Er war als Jude und Gegner des Faschismus interniert worden, hatte sogar einige Monate auf Tremiti, einer der gefürchteten Gefangeneninseln, verbracht und war aus gesundheitlichen Gründen in die „freie Internierung" in Fiesole oberhalb von Florenz entlassen

221 Villa Emma. I luoghi e le persone, Nonantola 1993, S. 30 (Testimonianza di Don Arrigo Beccari); Ferri, La vita libera, S. 29 f.,47 ff., 144; Luigi Paganelli, Don Elio Monari e chiesa e società a Modena tra guerra e Resistenza (1940–1945), Modena 1990, S. 54 ff.

222 ACEM, Busta 574, Fasz. Lettere in arrivo. 1942, Delasem an Jacchia, 8. 9. 1942; Busta 574, Fasz. Lettere in partenza. 1943, Delasem Vertretung Modena an Wanda Sonnino, 17. 12. 1942. Zu Castelbolognesi: Koffler, Die Entstehung unserer Jugendgemeinschaft, S. 319; zu Cassin und Cantoni: Joškos Kinder. Josef Indigs Bericht, S. 188 ff. (328 f.); zu Finzi: ACEM, Busta 479, Fasz. Rendiconto cassa dal 26 ottobre al 25 novembre 1942, Rendiconto cassa, S. 4 (Aufenthalt vom 6. 11.); Moreali, Sprazzi di luce, S. 11.

223 Joškos Kinder. Josef Indigs Bericht, S. 188 f. (328 ff.).

worden, wo er unter Polizeiaufsicht stand. Wie Indig sehnte er sich leidenschaftlich nach einem sozialistischen Eretz Israel.[224]

Kaum 14 Tage nach ihrem Besuch mit Cantoni kam Cassin Ende März erneut nach Nonantola. Diesmal war sie von 25 „chaluzim" ihres Florentiner Kreises begleitet, mit denen sie über hundert Kilometer mit dem Fahrrad zurückgelegt hatte, um die Kinder in der Villa Emma zu treffen. Für beide Seiten war die Begegnung ein Erlebnis. Man unterhielt sich angeregt, tauschte Erfahrungen in der zionistischen Gruppenarbeit aus, sang Lieder und war einander in den gemeinsamen Zielen nahe. Doch eine Kluft blieb, denn die einen waren Vertriebene und Flüchtlinge, und die anderen lebten behütet in ihren Familien. Man beschloss, Briefe auszutauschen, was danach eine Zeit lang geschah. Zu einem geplanten zweiten Besuch kam es nicht.[225]

Wenn in anderen Teilen Italiens internierte Eltern und Geschwister von Kindern der Villa Emma mit ihnen an einem gemeinsamen Ort zusammenleben wollten, brauchten sie dazu eine Genehmigung des Innenministeriums und der Präfektur der Provinz. Die Bürokratie war der Verlegung von Internierten an sich wenig geneigt, zeigte aber bisweilen Verständnis und Mitgefühl.[226] Der Vater von Jakob und Benno Goldberg durfte zwar vom Internierungslager Ferramonti-Tarsia in Kalabrien in Begleitung eines Carabiniere nach Nonantola reisen, weil er seine beiden Söhne seit einem Jahr nicht mehr gesehen hatte. Als er aber nach der Rückkehr in das Lager um Genehmigung bat, sich mit seiner Frau und seinem jüngsten Sohn ständig in Nonantola niederzulassen, wurde ihm dies mit der üblichen Begründung verweigert, der knappe Wohnraum sei für die Evakuierten aus den bombardierten Städten bestimmt.[227] Ebenso erging es Therese und Alice Ascher, der Mutter und Schwester von Edgar Ascher. Ihm war es hingegen zuvor erlaubt worden, sich längere Zeit zu ihnen nach Asti zu begeben, nachdem er in seinem Gesuch dargelegt hatte, er wolle sich bei ihnen von seiner schweren Blutvergiftung erholen. Die Rückreise nach Nonantola benutzte er zu einem sicher nicht genehmigten Abstecher zu den Kunststätten in Pisa und Florenz, was erneut bezeugt, dass die Auflagen der Behörden nicht allzu ernst genommen wurden.[228]

Von den Eltern der Kinder, die eine Verlegung nach Nonantola beantragten, waren als Einzige Arthur und Gertrud Karger in Mariano Comense erfolgreich.

224 Ebenda; Sergio Minerbi, Raffaele Cantoni un ebreo anticonformista, Rom 1978, S. 100 ff.

225 ACS, PS, A 16/1942–1943, Busta 221/Indig, Ladislao, Indig an Schwalb, 29. 3. 1943; Joškos Kinder. Josef Indigs Bericht, S. 205 (356).

226 Voigt, Zuflucht auf Widerruf, Bd. 2, S. 113 ff.

227 ACS, PS, A4bis Stranieri internati, Busta 137/Goldberg, Moisé, Lagerleitung Ferramonti-Tarsia an Innenministerium, 16. 11. 1942, und folgende Dokumente.

228 ACS, ebenda, Busta 336/Springer, Teresa, e figli in Ascher, Edgar Ascher an Innenministerium, 12. 1. 1943, und folgende Dokumente; Gespräche mit Edgar Ascher.

Das Ehepaar hätte an sich gern in der Villa Emma gewohnt, doch die Delasem sah dies als Präzedenzfall an und legte dagegen ihr Veto ein. Sie unterrichtete von ihrer Ablehnung die Präfektur in Modena, weil sie andernfalls die Erschwerung der Verlegung von Internierten nach Nonantola befürchtete, die zur Betreuung und Ausbildung der Kinder gebraucht wurden. Die Kargers nahmen daraufhin ein Zimmer in der Altstadt von Nonantola.[229] Auch Malka Schwarz, die Mutter eines Mädchens, Hanna, die im Juli 1943 als Letzte zu der Gruppe in der Villa Emma stieß, durfte nicht in das Haus einziehen. Wie das Ehepaar Karger wohnte sie als „freie Internierte" in einem gemieteten Zimmer.[230]

Mit der Aufnahme von Kindern in die Villa Emma, die sich in Lesno brdo von der Gruppe getrennt hatten und zu ihr zurückkehren wollten, war die Delasem grundsätzlich einverstanden, wenn die Eltern ihre Zustimmung erteilten. Als Lilly Lewin in Farfa Filiorum Petri im tiefen Süden Italiens und Paula Teitelbaum in Montebello Vicentino am Alpenrand hörten, dass ihre Gefährten jetzt in der Villa Emma waren, wollten sie wieder mit ihnen zusammen sein. Sie überlegten es sich dann aber anders.[231] Josef Zamojre, der sich mit seinem Vater in Ficarolo am Po aufhielt, legte von dort über 80 km mit dem Fahrrad zurück, um in Nonantola einige Stunden mit seinen Freunden zu verbringen.[232]

Tilla Nagler schwankte, ob sie zu ihrer Mutter und ihrem jüngsten Bruder nach Ferramonti-Tarsia gehen sollte. Die Betreuer in der Villa Emma versuchten, sie von der Idee abzuhalten, weil sie im Haus vor allem in der Nähstube unentbehrlich war. Nachdem der Ortswechsel bereits bewilligt war, zog sie ihr Gesuch wieder zurück, denn inzwischen hatte sich ihre Mutter entschlossen, einen Antrag auf „freie Internierung" mit ihrem Sohn in Nonantola zu stellen. Doch die Behörden waren abweisend.[233] Danach kam es unter dramatischen Umständen trotzdem zu einem Wiedersehen. Klara Nagler war vom Innenministerium

229 ACEM, Busta 574, Fasz. Lettere in arrivo. 1942, Valobra an Jacchia, 23. 9. 1942; ACS, PS, A4 bis Stranieri internati, Busta 182/Karger, Arturo, Arthur Karger an Innenministerium, 2. 8. 1942, und folgende Dokumente; ASCN, E. C. A., Busta 21, Fasz. Gruppo di orfani ebrei germanici, Notiz zu Arthur Karger, Via Roma 44, presso Mentecchini, Olga.

230 ACEM, Busta 574, Fasz. Lettere in arrivo. 1943, Delasem an Vertretung Delasem Modena, 31. 8. 1943; Corrispondenza nostra su Villa Emma. 1943, Friedmann an Delasem, 18. 8. 1943.

231 ACEM, Busta 537, Fasz. Lettere in partenza. 1942, Jacchia an Delasem, 31. 8. und 6. 9. 1942; ACS, PS, A4 bis Stranieri internati, Busta 259/Neugewirth, Chaja, vedova Teitelbaum e figlia, Paula Teitelbaum an Innenministerium, 30. 12. 1942, und folgende Dokumente.

232 Gespräch mit Joseph Zamora (Josef Zamojre).

233 ACEM, Busta 537, Fasz. Lettere in partenza. 1942, Jacchia an Delasem, 30. 9. und 13. 10. 1942; ACS, PS, A4 bis Stranieri internati, Busta 366/Waller, Czarke, Tilla Nagler an Innenministerium, 19. 10. 1942 und 2. 2. 1943.

aufgefordert worden, nach Toblach zu einem Verhör durch die Grenzpolizei über ihren illegalen Grenzübertritt zu fahren. Sie befürchtete verständlicherweise, dass dies die Auslieferung bedeuten könne. Der Präsident der Union der Israelitischen Gemeinden, Dante Almansi, und der wahrscheinlich von ihm angesprochene Nuntius beim Quirinal, Francesco Borgongini Duca, appellierten an das Ministerium und erhielten von ihm die Zusicherung, dass keine Auslieferung beabsichtigt sei. „Sollte diese Mutter gezwungen sein", schrieb Almansi, „sich von ihren Kindern zu trennen und nach Deutschland zurückzukehren, würden sie sicher Not und Entbehrung erwarten, wenn nicht gar die Deportation und der Tod." Frau Nagler musste die Reise antreten. Unterwegs erlaubte ihr der Carabiniere, der sie begleitete, einen Abstecher nach Nonantola zu machen, um ihre Tochter zu besuchen. Das Innenministerium hielt Wort, sodass sie nach dem Verhör in Toblach nach Ferramonti-Tarsia zurückkehren konnte.[234]

Das Veto der Delasem gegen die Aufnahme von Eltern in die Villa Emma mit Ausnahme von Josefine Weiss und Mauricy Awin, die schon in Lesno brdo der Gruppe angehörten, hatte immerhin den Nutzen, dass die Behörden fast alle Verlegungen bewilligten. Insgesamt kamen vier neue Betreuer und drei Mitarbeiter des Magazins der Delasem nach Nonantola, nachdem sie zwei bis drei Monate auf die Genehmigung hatten warten müssen. Die Betreuer waren außer dem Koch, Emilio Freilich, die Gymnastiklehrerin Ruth Kalischer aus Berlin, die vor ihrer Internierung in Genua ansässig war, Armand Moreno, einer der drei „madrichim" des Hashomer Hazair, die der Gruppe in Zagreb beigestanden hatten – nach seiner Flucht nach Split war er später in der Provinz Vicenza interniert – und der junge Moshe Szapiro aus Warschau.[235] Moreno gewöhnte sich rasch wieder an das Zusammenleben mit der Gruppe und nahm in ihr als „madrich" bald wieder eine führende Stellung ein. Die Mitarbeiter des Magazins der Delasem waren der polnische Arzt Salomon Brawer, der kurz nach seiner Ankunft im Mai 1943 die Leitung übernahm, Ferdinand Glücks aus Zagreb und Walter Reichmann aus Breslau.[236]

Eine wichtige Rolle im Alltag der Villa Emma spielte die Post. Das Abholen, Verteilen und Aufgeben der Sendungen besorgten Laszlo Toeroek unter Aufsicht von Schoky. Da die Kinder und die meisten Betreuer nicht den Status von Internierten

234 ACS, ebenda, Klara Nagler an Innenministerium, 13. 2. 1943, und folgende Dokumente, vor allem Almansi an Innenministerium, 26. 4. 1943, und Apostolische Nuntiatur an Innenministerium, 29. 4. 1943; Polizeichef (Renzo Chierici) an Borgongini Duca, 6. 5. 1943. Gespräche mit Tilla Offenberger (Tilla Nagler).

235 ACS, ebenda, Busta 180/Kalischer, Ruth; Busta 251/Moreno, Armando; ASCN, E. C. A., Busta 21, Fasz. Szapiro, Moisé.

236 ACS, PS, A4 bis Stranieri internati, Busta 54/Brawer, Salomone; ASCN, E. C. A., Busta 21, Fasz. Glücks, Ferdinando; Fasz. Reichmann, Walter.

hatten, brauchten sie ihre Briefe nicht dem Carabinieriposten zur Weiterleitung zu übergeben, sondern durften sie mit der gewöhnlichen Post befördern. Dies schloss Probleme mit der Zensur nicht aus, denn die Auslandspost wurde auf jeden Fall kontrolliert, und so musste man auf Stichproben gefasst sein.[237] Indig wurde einmal von den Carabinieri verhört, weil er sich in Briefen an Nathan Schwalb und an Sarka Mandelblatt in Istanbul hebräischer Ausdrücke bedient hatte, die der Zensor nicht hatte entschlüsseln können. Nachdem Indig versprochen hatte, künftig auf hebräische Wörter zu verzichten, war man zufrieden.[238]

Briefe verließen die Villa Emma ständig in großer Zahl. Im November 1942 waren es der Angabe in einem Postverzeichnis zufolge einschließlich der Korrespondenz Jacchias genau 183, was einem Schnitt von etwa sechs am Tag entspricht.[239] Wesentlich weniger Briefe als abgesandt wurden, gingen in der Villa Emma ein. Die Kinder versuchten vergeblich, ihre Mütter und Geschwister zu erreichen, von denen sie in Zagreb und Lesno brdo zum Teil noch Nachricht erhalten hatten. Die letzte ausdrücklich erwähnte Mitteilung einer nach Polen deportierten Mutter war im August 1942 an Hildegard Steinhardt gerichtet.[240] Leo Teplitzki erhielt wenig später einen Brief seiner Mutter in Brüssel, die ihm schrieb, dass sie vor der „Umsiedlung" nach Polen stehe. Sie wolle ihm fünf Kisten mit Kleidungsstücken und Haushaltsgerät schicken, die sie nicht mitnehmen könne, und werde das Porto bis an die italienische Grenze bezahlen.[241] Die Ungewissheit über das Los der engsten Verwandten in dem der Willkür der deutschen Besatzungsorgane unterworfenen Polen veranlasste die Delasem auf Bitten einzelner Kinder, sich mit Anfragen an den Suchdienst des Internationalen Roten Kreuzes und an die in den polnischen Ghettos zum Teil noch bestehenden Hilfskomitees zu wenden.[242] Wie sich zeigen sollte, geschah dies jedes Mal ohne Erfolg. In Lesno brdo wussten die Kinder, dass ihre Mütter und Geschwister in den polnischen Ghettos Not und Hunger litten, dass ihre Lage dort verzweifelt war, aber die vereinzelt eintreffenden Nachrichten beruhigten sie. Solange es noch Zeichen gab, bestand Hoffnung, dass auch die anderen noch am Leben waren. In Nonantola

237 Voigt, Zuflucht auf Widerruf, Bd. 2, S. 108 f.

238 ACS, PS, A 16/1942-43, Busta 221/Indig, Ladislao, Präfektur Modena an Innenministerium, 17. 6. 1943, und weitere Dokumente, darunter drei abgefangene Briefe Indigs. Gespräche mit Josef Ithai.

239 ACEM, Busta 479, Fasz. Rendiconto cassa dal 26 ottobre al 25 novembre 1942, Nota per spese postali dal 25/10 al 23/11 1942.

240 ACEM, Busta 537, Fasz. Lettere in partenza. 1942, Jacchia an Delasem, 27. 8. 1942.

241 ACEM, ebenda, Jacchia an Delasem, 27. 9. 1942.

242 ACEM, ebenda, Jacchia an Delasem, 24. 9., 30. 10., 6. und 15. 11. 1942; Busta 574, Fasz. Lettere in arrivo. 1942, Delasem an Jacchia, 28. 8. und 20. 9. 1942.

hingegen war jede Verbindung abgerissen, und die Hoffnung, einander wiederzusehen, schwand von Tag zu Tag.

Die wenigen Briefe, die an die Kinder adressiert waren, kamen überwiegend von Verwandten und Freunden, wie den Gefährten in Lesno brdo, die in Italien interniert waren. Die Bedeutung der Post für die Aufrechterhaltung der Verbindungen außerhalb der Villa Emma unterstreicht die Korrespondenz Indigs. Auch in ihr standen Internierte in Italien und an der von Italien annektierten Küste Dalmatiens an erster Stelle. Erwähnt seien von den vielen nur Richard Kohn, der als Leiter des Zagreber Palästina-Amts den Kindern der Recha Freier zur Weiterreise nach Palästina verholfen hatte, Dragutin Rosenberg, der dem Vorstand der Jüdischen Gemeinde in Zagreb angehört hatte und einmal in Begleitung von Enrico Luzzatto, dem Ersten Sekretär der Delasem, die Villa Emma besuchen durfte, und die jungen Zionisten einer Fischerei-Hachscharah auf der Insel Korčula bei Split. Indigs Briefpartner außerhalb Italiens waren vor allem Mitglieder des Hashomer Hazair in Palästina, die Vertreter des Palästina-Amts und der Jugendaliyah in Istanbul, Chaim Barlas und Menachem Bader, und wie immer Nathan Schwalb und Richard Lichtheim in Genf.[243]

Im September 1942 erreichte Indig zum ersten Mal seit über einem Jahr ein Brief von Recha Freier, der von Schwalb in der neutralen Schweiz weitergeleitet worden war. Indig schrieb sogleich zurück und berichtete über die Fortschritte der zionistischen Erziehung und über die Krise mit der Delasem. Er versicherte seiner Mentorin, dass er nur für die Gruppe lebe und alles für sie tue: „Ich habe sie so gern alle! Wenn ich sie freudig sehe, dann freue ich mich, und ich trauere und weine mit ihnen zusammen, wenn sie weinen müssen, weil die Mütter sterben!“[244]

Nach der Ankunft der Kinder aus Split

Die Lage der Juden unter dem Ustascha-Regime war in dem von den deutschen Truppen besetzten Teil Kroatiens ab August 1941, als sich die Kindergruppe schon in Lesno brdo befand, immer verzweifelter. In Zagreb, Sarajevo und anderen Städten wurden Männer, Frauen und Kinder bei wiederholten Razzien verhaftet, zu Sammelplätzen geführt und von dort in verschiedene Lager abtransportiert, von denen sich keines mehr im italienischen Besatzungsbereich befand.[245]

243 CZA, S 26, 1197, Briefe Indigs an verschiedene, zum Teil ungenannte Empfänger, 10. 2.–7. 9. 1943; L 15, 131, Valobra an Lichtheim, 24. 8. 1943 (zum Besuch Rosenbergs).

244 YVA, P 1/4, Indig an Freier, 29. 11. 1942.

245 Dragutin Rosenberg, Über die Lage der Juden in Jugoslawien 1941–43, in: Leventhal, Auf glühendem Boden, S. 215–253 (S. 228 ff.).

Unter den Lagern ist vor allem Jasenovac an der Save berüchtigt, wo die Männer in leer stehenden Fabrikhallen und Ziegeleien zusammengepfercht waren. Die meisten starben schon nach kurzer Zeit an Hunger, Erschöpfung, Kälte und Krankheiten, wurden erschossen oder erschlagen. Nachrichten über die unsäglichen Qualen gelangten kaum nach außen. Dragutin Rosenberg schätzt in einem Bericht über die Lage der Juden in Jugoslawien, dass bis September 1942 mindestens 12 000 Juden nach Jasenovac verschleppt wurden, von denen zu diesem Zeitpunkt höchstens noch jeder Zehnte am Leben war.[246]

Für Frauen und Kinder wurden besondere Lager errichtet, zuerst in Kruščica bei Travnik in Bosnien und etwas später in Loborgrad südlich von Zagreb und in Djakovo bei Osijek. An den beiden letzteren Orten waren die Lebensumstände merklich besser, weil sie von der örtlichen Polizei statt von der Ustascha-Miliz beaufsichtigt wurden und den jüdischen Gemeinden die innere Verwaltung, Versorgung und Finanzierung überlassen waren. Wie schlimm die Zustände dennoch waren, zeigt eine Typhusepidemie in Djakovo, an der über 500 von 3000 Frauen und Kindern zugrunde gingen.[247] Im Frühjahr 1942 gelang es der Jüdischen Gemeinde in Osijek, eine größere Zahl von Kindern, deren Mütter bereit waren, sich von ihnen zu trennen, aus dem Lager in Djakovo zu befreien und sie bei Familien noch nicht verhafteter Juden unterzubringen. Als um die Jahresmitte 1942 die von der Deutschen Botschaft in Zagreb mit der Ustascha-Regierung vereinbarten Deportationen nach Auschwitz einsetzten, wurden die Kinder in das Lager zurückgeholt und gingen gemeinsam mit ihren Müttern in den Tod. Nur die Kinder wurden gerettet, denen rechtzeitig zur Flucht in die von Italien annektierten Teile Jugoslawiens verholfen worden war.[248]

Besonders groß war die Zahl der Flüchtlinge in Dalmatien, wo bis zum Ende der italienischen Herrschaft etwa 3800 Juden aus Bosnien, der Herzegowina, Serbien und Kroatien nachzuweisen sind, die illegal die Grenze überquert hatten. In Split waren zeitweise über 1500 Flüchtlinge versammelt. Der Gouverneur von Dalmatien, Giuseppe Bastianini, begegnete dem Zustrom mit verstärkten Grenzkontrollen, Zurückweisungen an der Grenze, Internierungen auf der Insel Korčula, Abschiebungen auf das benachbarte, von Italien besetzte Territorium und Überführungen zur Internierung in Italien.[249] Die Jüdische Gemeinde in

246 Rosenberg, Über die Lage der Juden, S. 231 f.; Jaša Romano, Jevreji jugoslavije 1941–1945. Zrtve genocida i ucesnici NOR, Belgrad 1980, S. 114 ff.

247 Rosenberg, Über die Lage der Juden, S. 236 ff., Romano, Jevreji jugoslavije, S. 106 ff.

248 JDC, SM 66 Jugoslavia/General 1939–1944, Alexander Klein an Valobra, 5. 6. 1942, und weitere Dokumente; SM 67 Jugoslavia/General 1944–1947, Tätigkeitsbericht der Jüdischen Gemeinde Zagreb seit April des Jahres 1941, Zagreb, 8. 7. 1945, S. 6.

249 Voigt, Zuflucht auf Widerruf, Bd. 2, S. 213 ff.

Split tat alles, was in ihren Kräften stand, die bittere Not der Flüchtlinge zu lindern, war aber überfordert, weil die eigenen Mittel und die Zuschüsse der Delasem bei Weitem nicht ausreichten. Sie nahm sich auch der geflohenen Kinder an, zumal wenn ihre Eltern in einem Lager zurückgeblieben waren, und leistete in Verbindung mit der Jüdischen Gemeinde in Osijek Fluchthilfe, indem sie Kinder, die aus dem Lager in Djakovo freigekommen waren, mit gefälschten Papieren nach Split kommen ließ.[250]

Die Jüdische Gemeinde in Split betreute zeitweise bis zu achtzig geflohene Kinder, um die sie sich jedoch nicht ununterbrochen kümmern konnte. Viele litten trotz der von ihr durchgeführten Speisungen Hunger, verbrachten die meiste Zeit des Tages auf der Straße und verdingten sich zu Gelegenheitsarbeiten, um etwas Geld in die Hand zu bekommen.[251] Um wenigstens einigen Kindern, vor allem den Waisen, wieder ein geregeltes Leben zu ermöglichen, schlug die Gemeinde im Herbst 1942 der Delasem vor, eine Gruppe nach Italien zu überführen. Valobra, der die Not der Flüchtlinge in Dalmatien kannte, griff den Gedanken auf und dachte zur Unterbringung der Kinder sogleich an die Villa Emma.[252]

Die Überführung jüdischer Flüchtlinge von Dalmatien nach Italien war zu der Zeit bereits eingestellt und wurde nur noch in Ausnahmefällen gewährt, wobei das Innenministerium, die Präfektur in Split und die Präfektur des Zielorts einwilligen mussten. Am 18. Dezember 1942 entwarf Valobra ein Gesuch an das Innenministerium auf Überführung von 34 Kindern nach Nonantola, deren Namen in einer Liste verzeichnet waren. Zur Begründung verwies er vor allem auf die schwierige Ernährungslage in Dalmatien.[253] Den Entwurf sandte er anschließend an Friedmann, der Bedenken äußerte: „Wenn die Delasem schon in Verlegenheit ist, die derzeit von ihr betreuten Kinder zu unterhalten, wie will sie es dann bei einer erheblich größeren Zahl tun?“[254] Im selben Sinn äußerte sich

250 JDC, SM 67, Tätigkeitsbericht der Jüdischen Gemeinde Zagreb, S. 6; CZA, L 22, 87, Jüdische Gemeinde Split an Lichtheim, 2. 6. 1943; Voigt, Zuflucht auf Widerruf, Bd. 2, S. 218, 284; Gespräche mit Dan Israeli (Albert Israel), Gilo bei Jerusalem, 21. 6. 1996, und mit Dan Sternberg, Tel Aviv, 18. 6. 1996.

251 YVA, 03/5340 Bericht von Bela Gideon Grof, S. 35 ff.; 03/5398 Bericht von Sarina Atias, S. 11 f.; Gespräch mit Jakov Altaras, Gießen, 2. 8. 1998.

252 ACS, PS, Affari generali e riservati 1943, Busta 22, Fasz. Razzismo/2, Jüdische Gemeinde Split an Innenministerium, 14. 1. 1943.

253 ACEM, Busta 574, Fasz. Lettere in arrivo. 1943, Luzzatto an Delasem Vertretung Modena, 22. 12. 1942, mit Beilage; Valobra an Innenministerium, 18. 12. 1942 (Entwurf), und Elenco dei bambini di Spalato.

254 ACEM, Busta 574, Fasz. Corrispondenza nostra su Villa Emma. 1943, Friedmann an Delasem, 10. 1. 1943.

auch Almansi, der als Präsident der Union der Israelitischen Gemeinden Italiens das offizielle Gesuch an das Innenministerium zu richten hatte. Bevor er am 2. Februar diesen Schritt unternahm, musste Valobra ihn überzeugen, dass die Versorgung der Kinder und ihre Unterbringung in der Villa Emma finanziell zu lösen waren.[255] Bis Ende Februar erteilten das Innenministerium und daraufhin auch die Präfekturen in Modena und in Split ihr Einverständnis.[256]

Danach vergingen immerhin noch anderthalb Monate, bis die Kinder die Reise antreten konnten. Es blieb, wie anfangs geplant, bei 34, und zwar 19 Jungen und 15 Mädchen.[257] Ihrem Durchschnittsalter nach waren sie jünger als die bereits in der Villa Emma befindliche Gruppe. Der jüngste, Aron Koen, war sechs Jahre alt, und der älteste, Marcel Hofmann, 20 Jahre. Der 25-jährige Lehrer Jakov Maestro wurde auf der Liste der Kinder geführt, obwohl er zu den Begleitern gehörte. Insgesamt 25 Kinder stammten aus Sarajevo, fünf aus kleineren bosnischen Städten, zwei aus Osijek, eins aus Zagreb und eins aus Subotica in Serbien. Etwa ein Drittel war im Lager von Djakovo gewesen. 24 Kinder waren Vollwaisen, fünf Halbwaisen und nur fünf hatten gemeinsam mit ihren Eltern fliehen können, die auf Korčula und an anderen Orten des von Italien annektierten Gebiets interniert waren.[258]

Anfang April kündigte die Jüdische Gemeinde in Split dem Hilfskomitee für die jüdischen Auswanderer in Triest die Einschiffung der Kinder am 10. April und ihre Ankunft in Triest am Abend des folgenden Tages an. Als Begleiter waren der von der Jüdischen Gemeinde in Split mit der Hilfe für die Flüchtlinge beauftragte Arzt Jakov Altaras, der Rabbiner Maurizio Romano aus Sarajevo und der Kinderarzt Milan Weiss aus Zagreb angekündigt, der dann aber nicht mitfuhr, wahrscheinlich weil er keine Genehmigung erhielt.[259] Die Abfahrt verzögerte sich, weil das ursprünglich vorgesehene Schiff für das Militär ausgebucht war. Bevor die Gruppe zwei Tage später die „Emo" bestieg, wurde sie vom

255 CB, Archiv Unione delle Comunità Israelitiche Italiane, Busta 30/Varie Comunità, Valobra an Almansi, 31. 12. 1942; Almansi an Valobra, 3. 1. 1943; ACS, PS, Affari generali e riservati 1943, Busta 22, Fasz. Razzismo/2, Almansi an Innenministerium, 2. 2. 1943.

256 ACS, ebenda, Innenministerium an Präfekturen Split und Modena, 15. 2. 1943; Präfektur Modena an Innenministerium, 23. 2. 1943.

257 Namenslisten in ACS, ebenda, und ASCN, Busta A/b, Nr. 417, Fasz. Documenti relativi all'arrivo a Nonantola di 34 bambini ebrei domiciliati a Villa Emma.

258 Angaben nach den Namenslisten in ACS und den Personaldossiers in SBA, Bestand 4264, und Bestand J II 55 (-) Schweizer Hilfswerk für Emigrantenkinder.

259 CAHJP, Comitato Italiano, Busta 4/50, Jüdische Gemeinde Split an Comitato Italiano di assistenza agli emigranti ebrei, 2. 4. 1943; Gespräch mit Jakov Altaras. Milan Weiss beantragte später vergeblich mit Unterstützung der Delasem die Überführung von Split nach Nonantola, ACS, PS, Affari generali e riservati 1943, Busta 22, Fasz. Razzismo/2, Präfektur Modena an Innenministerium, 23. 5. 1943.

Die jugoslawische Gruppe vor der Abfahrt aus Split mit ihren Begleitern und Mitgliedern der Jüdischen Gemeinde.
Haviva Eisenberg, Haifa

Vorstand der Jüdischen Gemeinde und vom Rabbiner von Split verabschiedet, wobei ein Foto von ihr aufgenommen wurde. Altaras erinnert sich daran, dass er den Kindern auf dem Schiff Geschichten erzählte und sie Lieder singen ließ, um sie ruhig zu halten. Die „Emo" kam am 13. April in Triest an, wo das Hilfskomitee und die ihm angeschlossene Frauensektion die Verköstigung der Kinder und ihre Übernachtung im Emigrantenheim in der Via del Monte vorbereitet hatten.[260] Nachdem sich die Kinder zeitig schlafen gelegt hatten, ging die Fahrt am frühen Morgen des nächsten Tages um 5 Uhr 55 mit der Bahn weiter. Gegen Mittag erreichten sie Bologna, wo ihnen Mario Finzi auf dem Bahnsteig entgegenkam und sie zum Zug nach Modena brachte. Einige Jungen und Mädchen der Villa Emma waren ihnen bis Modena entgegengefahren und erwarteten sie dort. Anschließend fuhren sie mit ihnen zurück nach Nonantola, wo der Zug gegen halb acht bei Einbruch der Dunkelheit ankam. Es war am 14. April,

260 CAHJP, Comitato Italiano, Busta 4/50, Comitato Italiano an Valobra, 14. 4. 1943; handschriftliche Anweisungen von Giuseppe Fano, Direktor des Hilfskomitees, 11. und 13. 4. 1943, und weitere Dokumente; Gespräch mit Jakov Altaras.

drei Tage vor Pessach. Altaras kehrte wenig später nach Split zurück, während Romano als Betreuer bei den Kindern blieb.[261]

Nach dem Einzug der Neuangekommenen wurde es in der Villa Emma trotz ihrer vielen Räume eng. Hatten sich bisher sechs bis acht Kinder ein Schlafzimmer geteilt, so waren es nunmehr meist über zehn. Betten mussten nachts auch im großen Aufenthaltsraum unter dem Deckenfresko aufgestellt werden. Matratzen und Decken waren zum Teil aus Split mitgebracht worden – aber sollten wieder Kinder auf Stroh schlafen? Indig wandte sich an Don Arrigo Beccari, der als Ökonom des Priesterseminars die fehlenden Bettgestelle aus der Möbelkammer der Abtei auslieh.[262] In der Villa wohnten jetzt außer den separat untergebrachten anglolibyschen Juden 86 Menschen, 73 Kinder und 13 Betreuer, zu denen in den folgenden Monaten noch weitere hinzukamen. Man kann sich vorstellen, wie sich die Mahlzeiten abspielten. Wahrscheinlich wurde das Essen umschichtig eingenommen, weil sonst für gemeinsame Mahlzeiten zu wenig Platz vorhanden war, es anfangs an Tischen und Sitzgelegenheiten fehlte und die Kapazität der Küche nicht ausreichte. Im Haus herrschte oft ein solcher Lärm, der durch den Widerhall der Wände verstärkt wurde, dass sich Indig zum Unterricht in einen ruhigen Winkel im Magazin der Delasem auf dem Dachboden zurückzog.[263] Noch in den Erinnerungen Indigs hört es sich wie ein Stoßseufzer an, wenn er schreibt: „Die Schar war unübersehbar. An Erziehung des Einzelnen war nicht zu denken. Das Büro, das Magazin, Privatunterricht. 86 alte und junge Menschen, Deutsch, Kroatisch, Italienisch, Iwrith, alles mischte sich.“[264]

Aber was half es? Die Aufnahme der Gruppe aus Split war ein Gebot der Hilfsbereitschaft und der Mitmenschlichkeit gewesen, und sie musste, so gut es eben ging, in das Leben in der Villa Emma integriert werden. Eines der größten Probleme stellte in der Tat die sprachliche Verständigung dar, die auf Italienisch erfolgte, sieht man von einigen Brocken Serbokroatisch ab, die den Kindern aus Deutschland und Österreich in Zagreb zugefallen waren. Aber nur in der Gruppe aus Split hatten einige fortgeschrittene Kenntnisse im Italienischen. Alle Ansagen

261 CAHJP, Comitato Italiano, Busta 4/50, Comitato Italiano an Finzi, 13. 4. 1943, und weitere Dokumente; Gespräch mit Jakov Altaras; ASCN, Busta A/b, Nr. 417, Fasz. Documenti relativi all'arrivo a Nonatola di 34 bambini, Quästur Modena an Carabinieriposten Nonantola, 14. 4. 1943; Elenco degli ebrei giunti nella sera del 14 aprile 1943, ore 19.30, provenienti da Spalato; Joškos Kinder. Josef Indigs Bericht, S. 206 ff. (372 ff.); Paini, I sentieri della speranza, S. 116 ff.

262 ACEM, Busta 574, Fasz. Lettere in arrivo. 1943, Delasem an Delasem Vertretung Modena, 8. 4. 1943; Joškos Kinder. Josef Indigs Bericht, S. 206 ff. (372, 394).

263 ACEM, Busta 574, Fasz. Lettere in arrivo. 1943, Bericht Indigs zur Kulturarbeit, 19. 5. 1943.

264 Joškos Kinder. Josef Indigs Bericht, S. 210 (381 f.).

bei den Appellen und bei Tisch, alle Diskussionsbeiträge in den „sichoth" mussten deshalb von Indig, Stein und Ascher, die Deutsch und Serbokroatisch beherrschten, übersetzt werden.[265] Ein gemeinsamer Unterricht war vor allem aus sprachlichen Gründen, weniger wegen der unterschiedlichen Alters- und Niveaustufen ausgeschlossen. Es wurden drei serbokroatische Klassen gebildet mit zehn Kindern von sechs bis zwölf Jahren, zwölf von 13 bis 15 Jahren und elf von 16 bis 20 Jahren. Unterricht auf Serbokroatisch erteilten in verschiedenen Fächern Indig, Maurizio Romano, Tamar Licht und Jakov Maestro sowie unter den älteren jugoslawischen Mädchen Bunika Altaras als Zeichenlehrerin.[266]

Schwierig war aufgrund der Sprachbarriere auch die Gestaltung der Kulturarbeit, die wieder ganz in den Händen von Indig lag. Andererseits erfuhr sie eine Bereicherung, wenn etwa am „oneg shabbat" Lieder und Gedichte in den zwei Sprachen vorgetragen wurden und dadurch verschiedene Traditionen in den Blick kamen. Dasselbe gilt für das religiöse Leben: An Pessach, gleich nach der Ankunft der Kinder aus Split, fand die Feier am Sederabend in zwei Teilen nach askenasischem und nach sephardischem Ritus statt.[267] Durch die ständige Anwesenheit eines Rabbiners erhielt das religiöse Leben neue Impulse.

Bei der Auswahl der Kinder in Split war im Wesentlichen auf ihre Bedürftigkeit geachtet worden, nicht aber auf ihre zionistische Einstellung. Eine solche brachte als einer der wenigen nur Danko Sternberg mit, der in Osijek dem Hashomer Hazair angehört hatte. Da aber auch bei den anderen an die Einwanderung nach Palästina gedacht war, bemühten sich Indig und die „menahelim" der drei „kwuzoth", die Neuangekommenen für die zionistische Arbeit zu gewinnen. Es wurde eine vierte, serbokroatische „kwuzah" gebildet, in der bald ein kleiner Kreis eifrig bei der Sache war.[268]

Mehrere Jungen und Mädchen der Gruppe aus Split stammten aus Handwerkerfamilien und waren daher ohne Bezug zu Palästina für praktische Arbeit aufgeschlossen. Doch die Tischlerei war ohne die Anschaffung zusätzlichen Geräts kaum in der Lage, noch jemanden aufzunehmen. Ähnlich dürfte es sich in der Nähstube verhalten haben. Lediglich in der Landwirtschaft bot Leonardi wegen der günstigen Jahreszeit mindestens sieben Jungen aus Jugoslawien Beschäftigung.[269]

265 Koffler, Die Entstehung unserer Jugendgemeinschaft, S. 320; Ithai, Die Kinder der Villa Emma, Typoskript, S. 378 f.

266 ACEM, Busta 574, Fasz. Lettere in arrivo. 1943, Bericht Indigs zur Kulturarbeit, 19. 5. 1943; CZA, L 22, 338, Indig an Lichtheim, 7. 5. 1943.

267 ACEM, Busta 574, Fasz. Lettere in arrivo. 1943, Bericht Indigs zur Kulturarbeit, 19. 5. 1943; Joškos Kinder. Josef Indigs Bericht, S. 209 f. (379).

268 Joškos Kinder. Josef Indigs Bericht, S. 208 ff. (373 ff., 381, 393).

269 CZA, L 22, 338, Indig an Lichtheim, 7. 5. 1943.

Die alten und die neuen Bewohner der Villa Emma fanden, wie aus fast allen Erinnerungsberichten deutlich wird, nur schwer zueinander. Ein Junge aus Berlin behauptet im Rückblick, die jugoslawischen Kinder hätten alles Deutsche abgelehnt, selbst die Sprache.[270] Auch Indig nahm eine solche Abwehrhaltung wahr, die möglicherweise mit Erfahrungen unter der deutschen Besatzungsherrschaft zusammenhing. Die Erwachsenen hätten sich vergeblich bemüht, dagegen anzugehen und Solidaritätsbewusstsein zu wecken.[271] Umgekehrt liest man in Berichten aus der jugoslawischen Gruppe, ihre Mitbewohner aus Deutschland und Österreich hätten wenig Interesse an ihnen gezeigt und sie geradezu wie Eindringlinge empfunden.[272] Sie hätten sich ihnen gegenüber kulturell überlegen gefühlt und sie es spüren lassen.[273] Zeitweise waren die Spannungen so stark, dass Jacchia ernsthaft erwog, die Gruppen zu trennen. Wie dies innerhalb der Villa Emma geschehen sollte, sagte er freilich nicht. Seiner Auffassung nach waren die jugoslawischen Kinder „zweifellos das fügsamere und besser erzogene Element".[274] Obwohl beide Gruppen während der gemeinsamen Zeit in der Villa Emma eine eigene Identität und ein eigenes Zusammengehörigkeitsgefühl bewahrten, entwickelten sich doch auch Freundschaften, die später in der Schweiz und in Palästina fortbestanden, so zwischen Josef Papo und Kurt Schneider oder zwischen Sally Majerowics und Zlata Gaon, die in Palästina heirateten.[275]

Die Hoffnung, schon vor dem Ende des Krieges nach Palästina zu gelangen, war von Indig nie aufgegeben worden. Er wurde darin von Valobra bestärkt, weil die italienische Regierung bis zum Beginn der deutschen Besetzung jüdischen Flüchtlingen durchgehend die Ausreise gestattete, wenn sie ein Einreisevisum für ein anderes Land und die zusätzlich erforderlichen Transitvisen vorweisen konnten. Insgesamt konnten dadurch etwa 700 Menschen, meist mithilfe der Delasem, Italien verlassen.[276] Es ist jedoch in keinem Fall bekannt, dass der Weg nach Palästina

270 Kirschenbaum, Autobiografische Aufzeichnungen, S. 7.

271 Ithai, Die Kinder der Villa Emma, Typoskript, S. 391.

272 Villa Emma. Il luoghi e le persone, S. 16 (Testimonianza diretta di Yaakov) und S. 18 (Testimonianza diretta di Shulamit). Diese beiden Augenzeugenberichte sind dem Band von Chasya Pincus, Come From the Four Winds. The Story of Youth Aliyah, New York 1970, entnommen; YVA, 03/5340 Bericht von Bela Gideon Grof, S. 43 f.

273 Brief von Marsel Hofman (Marcel Hofmann) an Ombretta Piccinini, 20. 4. 1998 (Antwort auf Rundbrief. Vgl. S. 313); ähnlich Ithai, Die Kinder der Villa Emma, Typoskript, S. 391.

274 ACEM, Busta 574, Fasz. Lettere in arrivo. 1943, Jacchia an Friedmann, 23. 7. 1943.

275 Shlomo und Zehava Givon (Salomon Majerowicz und Zlata Gaon), Antwort auf Rundbrief; Haviva Eisenberg (Sarina Atias), Antwort auf Rundbrief; Joseph Ben-Zion, Bericht über die Flucht von Nonantola zu den Alliierten in Süditalien, S. 1; Gespräch mit Eva Gast (Eva Rosenbaum), Zürich, 10. 10. 1999.

276 Voigt, Zuflucht auf Widerruf, Bd. 2, S. 48 ff.

führte. Die Passagierschifffahrt auf dem Mittelmeer lag wegen der Kriegshandlungen brach, und der Landweg über den Balkan war durch die deutsche Besetzung Jugoslawiens abgeschnitten. Denkbar war auch der Umweg über Spanien oder Portugal, die nach der Gesamtbesetzung Frankreichs nur noch mit dem Flugzeug von Rom zu erreichen waren. Von dort konnte die Reise nach Palästina vielleicht auf einem Schiff, das unter neutraler Flagge fuhr, fortgesetzt werden.[277] Aber auch hierfür gab es kein einziges Beispiel. Lichtheim stand aus diesen Gründen der Idee von Anfang an skeptisch gegenüber und warnte vor Illusionen. Er erörterte den Plan nichtsdestoweniger seit Januar 1943 mit Valobra und Chaim Barlas, dem Vertreter der Jewish Agency und des Palästina-Amts in Istanbul, der etwas optimistischer war, nachdem er kleineren Kindergruppen aus Bulgarien und Rumänien zur Weiterreise nach Palästina mit einem türkischen Transitvisum verholfen hatte.[278]

Aufgrund der ermutigenden Zeichen aus Istanbul traf Valobra, um nicht die geringste Chance auszulassen, ab Ende März Vorbereitungen für einen größeren Kindertransport, und er begann in ganz Italien und in den von Italien annektierten und okkupierten Gebieten Jugoslawiens Teilnehmerlisten zusammenzustellen. Die Korrespondenz hierzu führte Indig im Büro der Delasem in der Villa Emma. Die Arbeit an der gemeinsamen Aufgabe brachte Indig und Valobra einander näher, sodass sich ihr gegenseitiges Verhältnis merklich verbesserte.[279] Valobra ging anfangs im Einvernehmen mit Barlas von 500 Kindern und 50 Begleitern aus und zuletzt von 545 Kindern. Bis Mitte Juni waren 313 Kinder und sieben Begleiter registriert, die sich vor allem im Internierungslager Ferramonti-Tarsia in Kalabrien, im Internierungszentrum in Aprica bei Sondrio nahe der Schweizer Grenze, in Split und auf den Inseln Hvar und Korčula befanden. In Nonantola waren alle 40 Jungen und Mädchen der Gruppe aus Lesno brdo mit ihren sieben Betreuern für die Fahrt vorgemerkt, während die jugoslawische Gruppe nur mit 23 Kindern vertreten war. Die restlichen zehn Kinder wollten demnach lieber in Italien bleiben, um später nach Jugoslawien zurückkehren zu können, wo einige im italienischen Herrschaftsbereich noch Verwandte hatten. Mitte Juli sandte Valobra eine erste zusätzliche Liste mit 152 Namen an Lichtheim.[280]

277 CZA, L 22, 87, Lichtheim an Leo Lauterbach, 18. 1. 1943; Valobra an Lichtheim, 24. 1. 1943.

278 CZA, L 15, 131, Lichtheim an Barlas, 9. 2. 1943; L 22, 87, an Indig, 5. 4. 1943, und an Valobra, 28. 5. 1943; L 22, 338, an Barlas, 16. 3. 1943, Indig an Lichtheim, 29. 3. 1943.

279 ACS, PS, A 16 Stranieri/1942–43, Busta 221/Indig, Ladislao, Indig an Menachem Bader, 29. 3. 1943; CZA, S 26, 1197, Indig an unbekannten Empfänger, 24. 5. 1943.

280 CZA, L 22, 87, Valobra an Barlas, 25. 3. und 18. 7. 1943; Distinta dei bambini presentata per il trasporto in Turchia per i quali sono in corso le pratiche per il visto di entrata in Turchia e il permesso di uscita dall'italia, s. d. (auch CZA, S 75, 1882, mit Begleitbrief Valobras an Barlas, 10. 6. 1943).

Während die Listen aufgestellt wurden, waren alle entscheidenden Fragen noch nicht geklärt: die Bereitstellung der Zertifikate durch die britische Mandatsbehörde in Palästina, die Fahrt nach Palästina über die Türkei, die Erteilung des türkischen Transitvisums und die Finanzierung. Als Erstes bedurfte es der Zustimmung der italienischen Regierung. Um dem Plan mehr Gewicht zu verleihen, trat Valobra mit einem Memorandum an den Vatikan heran und bat, ihn im eigenen Namen über die Apostolische Nuntiatur an die Regierung heranzutragen.[281] Doch der Vatikan hielt sich zurück. Anfang Juli gab er Valobra über den Erzbischof von Genua, Kardinal Pietro Boetto, „zu seinem echten Bedauern" Bescheid, „daß die Schwierigkeiten, die der Verwirklichung des Plans entgegenstehen, seine Annahme unmöglich machen".[282] Für Valobra war dadurch wertvolle Zeit verloren. Er wandte sich nun über die Union der Israelitischen Gemeinden Italiens direkt an die Regierung.[283]

Man muss Barlas, Valobra und Indig trotz der begründeten Bedenken Lichtheims Recht geben, dass der Plan, zumindest nach dem Sturz Mussolinis, nicht völlig aussichtslos war, weil die Regierung Badoglio gegenüber den jüdischen Flüchtlingen guten Willens war.[284] Valobra erfuhr schon im Mai vom Italienischen Hilfskomitee für die jüdischen Auswanderer in Triest, dass von dort italienische Schiffe mit der Flagge des Roten Kreuzes nach Somalia abgingen, um mit den Engländern ausgetauschte Kriegsgefangene und Zivilinternierte nach Italien zurückzubringen. Eines dieser Schiffe hatte, wie es hieß, in einem türkischen Hafen angelegt.[285] Weshalb sollten solche Schiffe nicht die Kinder in der Türkei absetzen? Der Gedanke überzeugte auch Barlas. Ende Juni berieten Valobra und Luzzatto während einer vom Innenministerium genehmigten Reise in die Schweiz zunächst in Zürich mit Saly Mayer, dem Vertreter des American Jewish Joint Distribution Committee in der Schweiz, und anschließend mit Lichtheim in Genf über die Fortführung des Projekts.[286] Die letzte Mitteilung Valobras an

281 CZA, L 22, 87, Promemoria über den derzeitigen Stand der Alijah aus Italien, Zürich, 26. 6. 1943. Das von Valobra in Zürich verfasste Memorandum wurde am selben Tag zur Vorbereitung seiner Besprechungen mit Lichtheim an diesen in Genf gesandt.

282 CZA, L 15, 131, Pietro Boetto an Valobra, 6. 7. 1943; in französischer Übersetzung in L 22, 87.

283 CZA, L 15, 87, Valobra an Lichtheim, 18. 7. 1943.

284 Valobra muss bekannt gewesen sein, dass die Regierung Badoglio die Pläne Angelo Donatis zur Einschiffung der in der italienischen Besatzungszone Frankreichs internierten jüdischen Flüchtlinge nach Nordafrika unterstützte. Vgl. Voigt, Zuflucht auf Widerruf, Bd. 2, S. 264 ff., mit weiteren Literaturhinweisen.

285 CB, Archiv UCII, 44 M Delasem, Fasz. Trasporto bambini in Turchia, Valobra an Giuseppe Fano, 19. 4. 1943, und an UCII, 27. 5. 1943; CZA, L 22, 87, Promemoria über den derzeitigen Stand der Alijah aus Italien.

286 Der Aufenthalt in der Schweiz dauerte 4–5 Tage und endete am 29. 6. 1943, CZA, L 22, 87, Luzzatto an Lichtheim, 29. 6. 1943; vgl. Anm. 322; Voigt, Zuflucht auf Widerruf, Bd. 2, S. 401 f.

Lichtheim stammt vom 31. August aus Genua. In ihr heißt es, er warte noch auf die Genehmigung der Fahrt durch die italienischen Behörden, „ohne die wir nichts Konkretes unternehmen können".[287] Wenige Tage später begann die deutsche Besetzung Italiens, und damit war bis zur Befreiung durch die Alliierten jede Hoffnung auf eine Weiterwanderung nach Palästina zunichte.

Die Vorbereitungen für die Aliyah berührten den Tageslauf in der Villa Emma kaum. Um die Jahreswende wurde auch in Nonantola der Krieg spürbar. Die Jungen und Mädchen beobachteten am Himmel die alliierten Flugzeuggeschwader, die zu Einsätzen über den großen Städten unterwegs waren. Am 24. Juli fand der erste schwere Bombenangriff auf Bologna statt. Auch in Nonantola befürchtete man Bombardierungen, weil in der Cantina Sociale Lebensmittelkonserven für das italienische Heer und die Wehrmacht hergestellt wurden. In Rubbiara wurde eine Flakbatterie aufgestellt. Auf dem Dach des Pförtnerhauses am Eingang zum Grundstück der Villa Emma stand jetzt eine Sirene, deren schrilles Heulen die Kinder aufschreckte. Nachts mussten die Fenster verdunkelt werden.[288]

Als im Sommer während der Erntezeit die Produktion von Konserven gesteigert wurde und Arbeitskräfte fehlten, forderte die Stadtverwaltung die Leitung der Villa Emma auf, einige Jungen zur Arbeit in der Cantina Sociale abzustellen. Dem Ansinnen konnte sich Jacchia kaum entziehen. So gingen etwa zwanzig Jungen einige Wochen lang jeden Morgen unter Verzicht auf den Schulunterricht in die Fabrik und kehrten gegen Abend zu ihren Gefährten zurück. Sie erhielten den üblichen Lohn, den sie an die Delasem abgeben mussten, da sie ja für ihren Unterhalt aufkam. Es verblieb ihnen nur ein Taschengeld.[289] Um dieselbe Zeit wurde auch einigen Mädchen die Genehmigung erteilt, in der Werkstatt einer Korbflechterin, Emilia Sitti Piccinini, zu arbeiten, die am Stadtrand von Nonantola an der Straße nach Ravarino wohnte.[290] Wie sich Robert Weiss erinnert, wurde Aristide Barani erlaubt, eine Anzahl von Jungen zu Bauarbeiten heranzuziehen.[291] Als die Cantina Sociale keine zusätzlichen Arbeitskräfte mehr benötigte, halfen einige Jungen, so Arnold Weininger, Bauern in der Nachbarschaft bei der Ernte.[292]

Die landwirtschaftliche Arbeit auf dem Grundstück der Villa Emma nahm unter der Anleitung Leonardis ihren gewohnten Lauf. Friedmann drang zwar

287 CZA, L 22, 87, Valobra an Lichtheim, 31. 8. 1943.

288 Joškos Kinder. Josef Indigs Bericht, S. 213 (389).

289 Ebenda, S. 214 (391 ff.); Koffler, Die Entstehung unserer Jugendgemeinschaft, S. 320; Kirschenbaum, Autobiografische Aufzeichnungen, S. 6.

290 ACEM, Busta 574, Fasz. Lettere in partenza. 1943, Jacchia an Ente per l'Àlimentazione Modena, 16. Juni 1943; Gespräch mit Disma Piccinini.

291 Weiss, Joško's Children, S. 170.

292 Ferri, La vita libera, S. 81; Gespräch mit Arnold Wininger (Arnold Weininger).

weiterhin auf die Errichtung einer regelrechten „Landwirtschaftsschule", aber Jacchia bot seinem Eifer Einhalt, weil er als Literaturwissenschaftler ohne zionistische Bindungen für „das auf wenige Jungen begrenzte Interesse an landwirtschaftlicher Arbeit" Verständnis hatte.[293] Bei der Weizenernte waren jedoch die meisten Jungen und Mädchen auf dem Feld. „Es lag etwas wie Hachscharah-Stimmung in der Luft", schreibt Indig mit romantischem Beiklang in seinen Erinnerungen. „Unter Ernestos Kommando gingen wir früh morgens an die Arbeit. Das war etwas Konkretes, und die Stimmung war lustig. Einigen fällt es schwer, aber die Arbeit geht gut voran. Manchmal erklingt sogar ein Lied über die Felder. Der Wagen mit den schönen großhörnigen Ochsen zieht die Garben ins Haus."[294] Auf die Ernte folgte das Abstoppeln auf dem Grundstück der Villa Emma und in der Nachbarschaft. Die Jungen und Mädchen taten es dabei den Armen gleich, die auf die abgemähten Felder gingen und die liegengebliebenen Ähren auflasen.[295]

Die Weizenernte erbrachte 72 Doppelzentner, von denen ein Teil entsprechend der Kriegsgesetzgebung an den Staat abgeführt werden musste. Bei den Drescharbeiten, die mit einem Ungetüm von Maschine vor Leonardis Wirtschaftsgebäude vorgenommen wurden, war deshalb ein Aufseher zugegen. Doch Schoky erfand eine List, ihn abzulenken. Er bat die gutaussehende junge Ärztin Laura Cavaglione, ihn in ein Gespräch zu verwickeln, was ihr so gut gelang, dass unbemerkt zehn Doppelzentner beiseitegeschafft und in einem Hohlraum unter einer Treppe versteckt werden konnten.[296]

Im Sommer 1943 erreichte auch die Arbeit im Magazin der Delasem unter der umsichtigen Leitung von Salomon Brawer ihren Höhepunkt. Außer seinen beiden ständigen Mitarbeitern, Walter Reichmann und Ferdinand Glücks, waren einige Stunden am Tag Josefine Weiss, Mauricy Awin und Arthur Karger und von den älteren Jungen, soweit sich sagen lässt, Leo Koffler, Herbert Mohler, Josef Papo und Robert Weiss im Magazin beschäftigt. Mit der vermehrten Tätigkeit des Magazins nahm auch die Schreibarbeit in dem in der Villa Emma eingerichteten Zweigbüro der Delasem zu: Korrespondenz mit deren Vertretungen in über 20 Städten sowie mit den Internierten, Statistik und Buchhaltung. Die Korrespondenz war nach den Namen der Empfänger in alphabetischer Reihenfolge gegliedert und lag in den Händen von fünf Mitarbeitern. Außer Indig werden Goffredo Pacifici, Robert Stein, Helene Barkic, Ruth Kalischer und Edgar Ascher und von den Jungen und

293 ACEM, Busta 574, Fasz. Lettere in partenza. 1943, Jacchia an Valobra, 23. 5. 1943.

294 Joškos Kinder. Josef Indigs Bericht, S. 213 (389 f.).

295 Ebenda, S. 214.

296 Villa Emma. I luoghi e le persone, S. 25 f. (Testimonianza di Barani Aristide); Paini, I sentieri della speranza, S. 123.

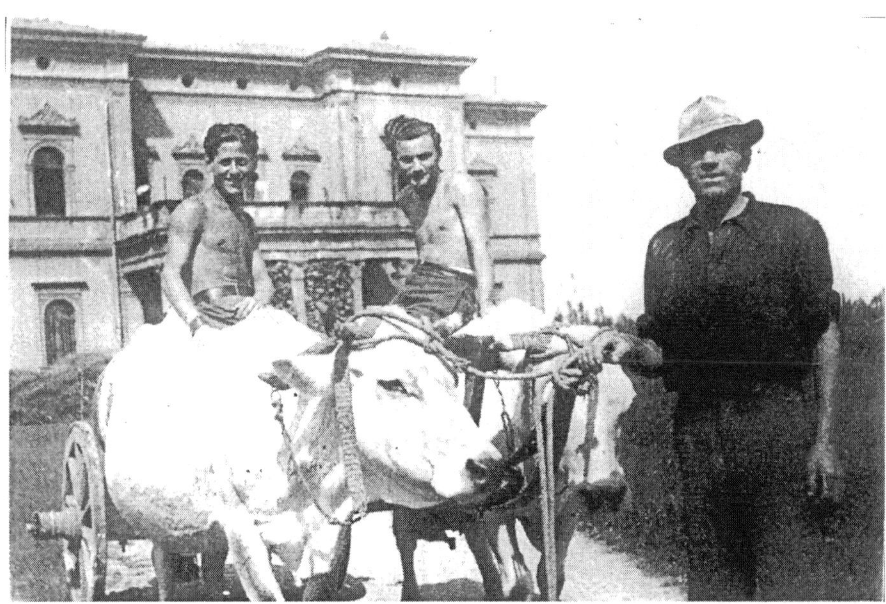

Ernesto Leonardi mit zwei Jungen, Max Federmann (links) und Zdenko Schmidt, vor der Villa Emma.
Lilli Ithai, Kibbuz Gat

Mädchen Otto Liebling, Fanny Senft und Arnold Weininger im Büro erwähnt, wo sie kürzere oder längere Zeit tätig waren und oft an der Schreibmaschine saßen.[297]

Nach der Ankunft der Kinder aus Split waren die organisatorischen Probleme kaum mehr zu bewältigen. Um Jacchia zur Seite zu stehen, kamen Friedmann als Leiter der Vertretung der Delasem in Modena und Salvatore Donati als deren Sekretär einmal in der Woche mit ihm zu einer Besprechung zusammen. Dabei wurde wiederholt über „die Disziplin in der Villa" beraten, die nicht zuletzt wegen der Überfüllung nachließ.[298] Seitdem viele Jungen und Mädchen in Nonantola zur Arbeit gingen, war es nahezu unmöglich, ihnen noch Ausgangsbeschränkungen aufzuerlegen. Fahrten nach Modena wurden immer häufiger, auch weil einige dort ansässige jüdische Familien, so die Donatis, Kinder in ihr Haus einluden.[299] Da sich die Carabinieri zurückhielten, erschienen die von Jacchia angeordneten Beschränkungen übertrieben. So kam es jetzt häufiger zu Kontakten mit

297 Joškos Kinder. Josef Indigs Bericht, S. 202 f. (363 f.); Paini, I sentieri della speranza, S. 95 f.
298 ACEM, Busta 574, Fasz. Lettere in partenza. 1943, Jacchia an Valobra, 23. 5. 1943.
299 Paini, I sentieri della speranza, S. 123.

Einheimischen außerhalb der unmittelbaren Nachbarschaft, und es entstanden Freundschaften mit Gleichaltrigen.[300]

Trotz der veränderten Situation wollte sich Jacchia nicht die Autorität entgleiten lassen. Nachdem zwei Jungen, wie Indig schreibt, eine „Gaunerei“ begangen hatten, wurde der Fall von Jacchia mit Friedmann und Donati erörtert. Man beschloss, die „zwei unerwünschten Elemente“ am nächsten Tag zu Friedmann zu zitieren, damit er ihnen eine letzte Verwarnung erteilte. Sollte sich danach nichts ändern, „wird Rechtsanwalt Valobra ausdrücklich um definitive Maßnahmen ersucht werden“.[301] Gemeint war der Ausschluss aus der Villa Emma, mit dem sich auch Indig im äußersten Fall einverstanden erklärte. Einer der beiden Jungen war Max Federmann, der sich bis heute an den Vorfall erinnert und meint, dass die Solidarität der Gruppe seinen „Rauswurf“ verhindert habe.[302]

Mitte Juli wurde das Zusammenleben in der Villa Emma dermaßen schwierig, dass Friedmann und Donati an Valobra appellierten, nach Nonantola zu kommen, um mit ihnen gemeinsam über die notwendigen Schritte zu entscheiden.[303] Wenig später richtete Jacchia einen erregten Brief an Friedmann, in welchem er ihm dramatisch den „Zustand der Disziplin in der Villa Emma“ vor Augen führte, der in den letzten Tagen unhaltbar geworden sei.[304] Um seine Auffassung zu verdeutlichen, nannte er mehrere Beispiele für „Disziplinlosigkeit und untragbare Anmaßung“: Der Koch, Emilio Freilich, sei bei seiner Arbeit von vier Jungen vulgär beleidigt worden, sodass er sich weigere, weiterhin zu kochen; drei Jungen hätten bei der Rückkehr von der Fabrikarbeit die Tür zum Duschraum aufgebrochen, weil der Junge, der den Schlüssel hatte, nicht sofort zur Stelle war; ein Junge, der bereits mit einer Ausgangssperre bestraft worden sei, habe sich trotz ausdrücklichen Verbots in einer Bar aufgehalten und sei erst kurz vor Mitternacht nach Hause gekommen; die Mädchen kümmerten sich nicht mehr um die Hausreinigung, sodass vor allem zum Schaden der kleinen Kinder „die Mindestanforderungen an die Hygiene nicht mehr garantiert sind“; etwa zwanzig Jungen seien am Abend zuvor ins Kino

300 Einige der früheren Kinder der Villa Emma erinnern sich an Freunde ihres Alters in Nonantola, so Edgar Ascher an Franco Zoboli, Marcel Hofmann an Alessandro Bersani, Dan Sternberg an Ennio Reggiani und Arnold Wininger (Arnold Weininger) an Bruno Serafini. Vgl. auch Villa Emma, I Luoghi e le persone, S. 39 (Testimonianza di Gina Piccinini).

301 ACEM, Busta 574, Fasz. Lettere in partenza. 1943, Jacchia an Valobra, 23. Mai 1943; Ithai, Die Kinder der Villa Emma, Typoskript, S. 358 f.

302 Gespräch mit Max Federmann; ähnlich Ithai, Die Kinder der Villa Emma, Typoskript, S. 358 f.

303 ACEM, Busta 574, Fasz. Corrispondenza nostra su Villa Emma. 1943, Friedmann an Valobra, 12. 7. 1943; Valobra an Friedmann, 16. 7. 1943.

304 ACEM, Busta 574, Fasz. Lettere in partenza. 1943, Jacchia an Friedmann, 23. 7. 1943.

Helene Barkic und Goffredo Pacifici im Büro der Delasem.
Hanna Seidenberg, Petach Tikwa

gegangen, ohne ihn als Direktor zu fragen. Als er einen dieser Jungen daraufhin zur Rede gestellt habe, sei er ihm mit frechen Antworten gekommen. Alle in diesem Zusammenhang genannten Jungen gehörten zur Gruppe aus Lesno brdo. Weiter führte Jacchia aus, er könne diesen Zustand nicht mehr länger dulden. Seine Nerven seien überreizt, sodass er befürchte, die Kontrolle über sich zu verlieren. Er habe in den letzten zwei Monaten über sechs Kilo abgenommen. Er bitte deshalb um 14 Tage bis drei Wochen Urlaub, um sich erholen zu können.

In seinem Brief suchte Jacchia auch nach den Gründen für die von ihm dargelegte Entwicklung. Er räumte ein,„daß das Problem der Villa Emma auch ein Problem der Erwachsenen ist", wie Indig immer wieder behaupte. Entscheidend sei aber, dass keine klare Trennung zwischen Erwachsenen und Kindern bestehe: „Solange den Letzteren das Recht zuerkannt wird, das Verhalten der Erwachsenen in überheblichem und verletzendem Ton zu kritisieren und zu bemängeln, ist nichts zu erreichen." Hatten also Indigs demokratische Erziehungsideen, die freimütigen Diskussionen in den „sichoth" zu der Krise geführt? Oder waren nicht vielmehr das Durcheinander von Vorstellungen, Überzeugungen und Einflüssen, das von Indig beklagte Fehlen einer einheitlichen pädagogischen Linie an der Lage schuld? Jacchia jedenfalls war überfordert. Er deutete an, dass zur Leitung eines so großen Hauses mit unausgeglichenen, schwierigen Kindern aus mehreren Ländern und aus unterschiedlichem sozialen Milieu ein erfahrener Erzieher notwendig sei, der er selbst nicht sei. Mit seinem engen und förmlichen Verständnis von Autorität, das zu der Zeit einem gängigen Muster entsprach, konnte er sich vor allem gegenüber den älteren Jungen und Mädchen nicht mehr durchsetzen. Er fasste Regelverstöße als persönlichen Affront auf und war dadurch nicht souverän. Sein Brief bietet keine psychologische Erklärung für das Verhalten der Jungen und Mädchen und lässt vor allem offen, wie er die Lage wieder in den Griff bekommen wollte.

Friedmann telegrafierte sofort nach dem Erhalt des Briefes an Valobra und bat ihn dringend, für mindestens zwei Tage nach Modena zu kommen. Zugleich teilte er Donati und weiteren Mitarbeitern der Vertretung der Delasem in Modena mit, dass er über den Urlaub Jacchias und alle substanziellen Fragen nur gemeinsam mit Valobra entscheiden könne.[305]

Bevor sich Valobra auf die Reise begeben konnte, erfuhren die Jungen und Mädchen am Morgen des 26. Juli, dass Mussolini am Abend zuvor gestürzt worden war. In der Villa Emma herrschte Jubel. In Modena kam es wie in allen größeren Städten zu spontanen Freudenkundgebungen in den Straßen.[306] In Nonantola traf Indig in einer Menschenmenge auf dem Platz vor der Abtei Moreali, der ihn mit den Worten ansprach: „Lieber Indig, zwanzig Jahre habe ich auf diesen Tag gewartet, jetzt ist er gekommen!" Dann trat Don Beccari hinzu, der ihn begrüßte und zu ihm sagte: „Wollen wir Gott danken, dass der eine Tyrann weg ist. Jetzt muss auch der andere fallen."[307]

305 ACEM, Busta 574, Fasz. Corrispondenza nostra su Villa Emma. 1943, Friedmann an Valobra (Telegramm), 23. 7. 1943; Friedmann an Delasem Vertretung Modena, 23. 7. 1943.

306 Joškos Kinder. Josef Indigs Bericht, S. 217 (395); Claudio Silingardi, Una provincia partigiana. Guerra e Resistenza a Modena, Milano 1998, S. 100 ff.; I 45 giorni „Badogliani" a Modena, in Rassegna annuale dell'Instituto storico della Resistenza nella provincia di Modena, Bd. 2, Modena 1960, S. 19–38.

307 Joškos Kinder. Josef Indigs Bericht, S. 217 (396).

Zwei Mädchen aus der jugoslawischen Gruppe. Lotti Israel (links) und Sarina Brodski, mit einer Freundin aus Nonantola, Nera Serafini (in der Mitte).
Lotti Schöngut, Haifa

Doch schon am selben Tag trat Ernüchterung ein. Der Krieg an der Seite Deutschlands ging weiter. Das Territorialkommando des Heeres in Bologna begann, die Freudenkundgebungen zu unterdrücken, indem es Ansammlungen von über drei Personen untersagte und eine nächtliche Ausgangssperre verhängte. Versammlungen der oppositionellen Parteien, die sich im Untergrund gebildet hatten und jetzt, vor allem die Kommunistische Partei, mit Flugblättern und Anschlägen an die Öffentlichkeit traten, wurden verboten. Auch in Nonantola hatte sich eine kleine Gruppe von Antifaschisten zusammengetan, die mit der linksliberalen Aktionspartei verbunden war und der auch Moreali angehörte.[308]

Jacchia erließ am Abend des 26. Juli eine „hodah", die zum Teil an die Anordnungen des Territorialkommandos anknüpfte und hauptsächlich Folgendes vorschrieb: strengste Verdunkelung des Hauses nach Sonnenuntergang – infolge des Bombenangriffs auf Bologna zwei Tage zuvor –, Beachtung des Verbots, im Ort keine Gruppen von mehr als drei Personen zu bilden, ausnahmslose Einhaltung der nächtlichen Ausgangssperre und: „Das Benehmen der gesamten Gruppe während des täglichen Ausgangs in den Ort muß derartig sein, daß es den Eindruck größter Korrektheit erweckt. Man muß heute, mehr denn je, jegliche direkte Beziehung zur Bevölkerung vermeiden." So wie die Aufforderung formuliert war, dürfte sie die Jungen und Mädchen kaum überzeugt haben. Außerdem hieß es, dass sich in nächster Zeit höchstens drei Personen am Tag nach Modena begeben durften.[309]

In Nonantola blieb es zunächst ruhig, bis es zu einem Vorfall kam, dem Indig bei der Rückkehr mit dem Fahrrad von Modena zufällig als Zeuge beiwohnte. Als er von der Hauptstraße nach rechts in die Via Mavora einbiegen wollte, um die Villa Emma zu erreichen, sah er auf der linken Straßenseite in der Fossa Signora, dem Wassergraben, der an dieser Stelle unter einer Brücke hindurchführt, einen Mann liegen, der blutete und sich nicht mehr rührte. Oberhalb der Böschung standen mehrere Menschen, die zuschauten und nichts unternahmen, um zu helfen. Indig erkannte den Mann als den früheren faschistischen Parteisekretär von Nonantola, Agide Nobili, den er als Leiter der Personalabteilung der Cantina Sociale kennengelernt hatte und der sich ihm und der Kindergruppe gegenüber stets freundlich verhalten hatte. Ein Landarbeiter, Vater von vier Kindern, hatte ihn vom Fahrrad gerissen und in den Graben gestoßen. Damit wollte er sich dafür rächen, dass ihn Nobili wegen abfälliger Äußerungen in einer Bar über Mussolini und den Faschismus denunziert hatte, woraufhin er vom Sondergerichtshof zu strenger Polizeiaufsicht verurteilt worden war, was den Entzug der

308 Silingardi, Una provincia partigiana, S. 104; I 45 giorni „Badogliani", S. 21 f.; Nannetti, Un comune in guerra, S. 74 f.; Gespräche mit Giambattista Moreali.

309 ACEM, Busta 574, Fasz. Lettere in partenza. 1943, Hodah, Villa Emma, 26. 7. 1943.

Arbeitserlaubnis zur Folge hatte. Dann beobachtete Indig, wie Moreali aus seinem Fiat Topolino stieg und gemeinsam mit seinem Sohn Giambattista den Verletzten aus dem Graben zog, ihn wiederbelebte und im Gemeindeauto in die Ambulanz bringen ließ. Moreali betrachtete dies schlicht als seine ärztliche Pflicht, obwohl er selbst unter den Drohungen Nobilis zu leiden gehabt hatte.[310]

Zu ihrem Entsetzen sahen die Bewohner der Villa Emma in den Wochen nach dem Sturz Mussolinis plötzlich die Hakenkreuzfahne über dem Gebäude der Volksschule wehen, wo die Wehrmacht mit Zustimmung der italienischen Behörden eine „Krankensammelstelle" eingerichtet hatte. Deutsche Soldaten auf Krankenurlaub, vereinzelt auch in Uniformen der Waffen-SS, waren jetzt oft in den Straßen Nonantolas und in der Umgebung der Villa Emma anzutreffen. Wenn die Jungen und Mädchen auf ihrem Weg ins Zentrum an der Schule vorbeikamen, wagten sie nicht mehr, Deutsch zu sprechen. Und doch sollen einige Mädchen, als sie am Eingang zum Grundstück der Villa Emma von Soldaten befragt wurden, woher sie kämen, auf Deutsch losgeplappert haben, sie seien jüdische Flüchtlinge aus Deutschland. In der Villa herrschte große Sorge, dass das Gebäude ebenfalls als Lazarett requiriert werden könnte. Auch wenn es nicht dazu kam, müssten die deutschen Militärstellen gewusst haben, wer in der Villa Emma wohnte.[311]

Der größte Teil des August war damit ausgefüllt, das Zusammenleben auf eine neue Grundlage zu stellen. Am 28. Juli war Valobra in Modena, um mit Friedmann und Donati über die durch Jacchias Brief entstandene Lage zu beraten.[312] Man war sich einig, ihm den erbetenen Urlaub zu gewähren. Friedmann sah darin keine Lösung der Probleme und war der Meinung, dass Jacchia abberufen werden müsse. Valobra, der Jacchia gefördert und ernannt hatte, wollte sich nicht sofort mit dem Gedanken anfreunden. Ein wenige Tage später in Genua geschriebener Brief bezeugt seinen Zwiespalt.[313] Zum einen ging er noch von der vorübergehenden Abwesenheit Jacchias aus, gleichzeitig aber ließ er Friedmann wissen, dass er „jede endgültige Entscheidung" über die Ablösung Jacchias ihm überlasse. „Sie werden die Maßnahmen treffen, die Sie für richtig halten." Es klang fast wie ein Rückzug aus der Verantwortung. Folgerichtig wurde Grosser von ihm angewiesen, sich künftig nicht mehr um die Kindergruppe zu kümmern, sondern nur noch um das Büro und das Magazin der Delasem in der Villa Emma. Deren Leitung sollten bis auf Weiteres Indig und Maestro als Vertreter der Gruppe aus Split

310 Joškos Kinder. Josef Indigs Bericht, S. 218 (391 ff.); Moreali, Sprazzi di luce, S. 15 f.

311 Joškos Kinder. Josef Indigs Bericht, S. 220 (399 f.); Gespräche mit Giancarlo Moreali.

312 ACEM, Busta 574, Fasz. Lettere in arrivo. 1943, Valobra an Delasem Vertretung Modena (Telegramm), 27. 7. 1943.

313 ACEM, Busta 574, Fasz. Lettere in partenza. 1943, Valobra an Friedmann, 2. 8. 1943.

übernehmen. Dass Valobra jetzt Indig vorsah, bestätigt, dass er ihm nunmehr größeres Vertrauen schenkte, was sich schon seit einiger Zeit angedeutet hatte.

Nachdem Jacchia in den ersten Augusttagen von Nonantola abgereist war, hielt sich Friedmann die meiste Zeit in seinem Landhaus auf und ging fast jeden Tag von dort zur Villa Emma hinüber, um nach dem Rechten zu sehen. Die Vertretung Jacchias regelte er in der Weise, dass er die Leitung vorübergehend an die bisherigen Mitglieder des Leitungsrats, Indig, Schoky, Bories und Moreno übertrug, die damit einverstanden waren. Für Jacchia hatte er bereits einen Nachfolger im Auge: Renato Hirsch aus Ferrara. Den Jungen und Mädchen redete Friedmann bei einer Ansprache „freundlich und mit väterlicher Strenge" ins Gewissen, den Gang der Dinge im Haus nicht weiter zu stören. Freilich, den Koch, brachte er dazu, seine Arbeit in der Küche wiederaufzunehmen.[314]

Der von Friedmann als Direktor der Villa Emma in Aussicht genommene Renato Hirsch war 54 Jahre alt und Direktor einer großen Textilfabrik in Ferrara mit über 300 Arbeitern und Angestellten gewesen, bis ihm aufgrund der Rassengesetze der Besitz und die Leitung entzogen wurden. Wegen seiner schon seit Mitte der zwanziger Jahre bekannten antifaschistischen Einstellung gehörte er zu den 326 italienischen Juden, die im Juli 1940 nach dem Kriegseintritt Italiens interniert wurden. Er kam in das Lager Urbisaglia in den Marken, wo er, anfangs gemeinsam mit Raffaele Cantoni, über drei Jahre festgehalten wurde. Als er unter der Regierung Badoglio freigelassen wurde, war er ohne Stellung, und er hielt nach einer ihm angemessenen Tätigkeit Ausschau. Friedmann hätte wohl kaum einen geeigneteren Kandidaten für die Nachfolge Jacchias benennen können, denn Hirschs Erfahrung in der Organisation eines großen Unternehmens und im Umgang mit Menschen ließen erwarten, dass er sich in der Villa Emma durchsetzen würde. Hirsch war außerdem, wie sich mit einiger Bestimmtheit sagen lässt, schon seit längerer Zeit Zionist, denn er wanderte bald nach dem Krieg nach Palästina aus, wo er gegen Ende der fünfziger Jahre in einem Kibbuz starb.[315]

314 ACEM, Busta 574, Fasz. Corrispondenza nostra su Villa Emma. 1943, Friedmann an Valobra, 6. 8. 1943.

315 Simonetta Carolini, „Pericolosi nelle contingenze belliche". Gli internati dal 1940 al 1943, Rom 1987, S. 15, 162; Roberto Parisini, La ricostruzione dei gruppi dirigenti a Ferrara dopo la Liberazione, in: Italia contemporanea 192 (Sept. 1993), S. 443–464, hier S. 445 ff., 456; Mitteilungen von Michele Sarfatti nach Dokumenten im Archivio di Stato di Ferrara. Hirsch spielte eine führende Rolle im Ferrareser Widerstand. Er war Präsident des Comitato provinciale di Liberazione und von Mai bis Juli 1945 Präfekt von Ferrara. Zugleich war er Präsident des Komitees des American Jewish Joint Distribution Committee in Ferrara; JDC, 833 Italy/General 1945, Melvin S. Goldstein an JDC Lissabon, 19. 5. 1945.

Mitte August kam Hirsch nach Nonantola, um sich ein Bild von der Villa Emma zu machen.[316] Unterdessen hatte Valobra erfahren, dass er zur Übernahme der Leitung bereit sei.[317] In Wirklichkeit war Hirsch noch nicht endgültig entschieden, die ihm angebotene Stelle anzunehmen, denn bei seinem Besuch in Nonantola hatte er, wie Friedmann an Valobra schrieb, „um ehrlich zu sein, keinen guten Eindruck gehabt". In demselben Brief Friedmanns hieß es auch, dass unter der Leitung von Indig, Schoky, Bories und Moreno „die Dinge in der Villa Emma zu größerer Zufriedenheit verlaufen". Sollte sich Hirsch nicht zur Annahme entschließen und sich kein anderer geeigneter Nachfolger für Jacchia finden lassen, so könne es seiner Meinung nach bei der derzeitigen Leitung bleiben.[318] Indig hatte also, auch wenn sich die Lage unter der Regierung Badoglio verändert hatte, ein Jahr zuvor nicht ganz zu Unrecht gemeint, dass ein italienischer Direktor überflüssig sei.

In der zweiten Augusthälfte trat ein, was vor allem Friedmann und Jacchia seit Langem befürchtet hatten: die Quästur in Modena nahm Anstoß an der zu großen Freizügigkeit der Bewohner der Villa Emma, vor allem an den immer häufigeren Fahrten nach Modena. Einige Jungen hatten dort sogar Gelegenheitsarbeiten angenommen, um zu etwas Geld zu kommen.[319] Der Einspruch der Quästur war unbedingt ernst zu nehmen, denn die Regierung Badoglio hatte mit Rücksicht auf den deutschen Verbündeten die Rassengesetze und die Internierung der jüdischen Flüchtlinge beibehalten. Friedmann schärfte deshalb den Leitern der Villa Emma in einem Schreiben ein, Fahrten nach Modena nur noch in dringenden Fällen zuzulassen. Jeder habe dabei, wie es ursprünglich vereinbart war, die Genehmigung der Gemeindeverwaltung oder des Carabinieripostens in Nonantola einzuholen und sich in Modena bei der Quästur an- und abzumelden. Unter keinen Umständen dürften Erwachsene oder Kinder Ausflüge über die Provinz Modena hinaus unternehmen. Wer sich nicht an die Auflagen der Quästur halte, laufe Gefahr, „in ein Konzentrationslager geschickt und möglicherweise vorher in Haft genommen zu werden". Friedmann wählte wahrscheinlich bewusst die offizielle Bezeichnung „Konzentrationslager" statt Internierungslager und stellte die Folgen so drastisch dar, um die Leiter der Villa Emma zur Beachtung der Auflagen anzuhalten.

316 ACEM, Busta 574, Fasz. Lettere in arrivo. 1943, Hirsch an Friedmann, 15. 8. 1943.

317 ACEM, ebenda, Valobra an Friedmann, 16. 8. 1943.

318 ACEM, Busta 574, Fasz. Corrispondenza nostra su Villa Emma. 1943, Friedmann an Valobra, 17. und 20. 8. 1943.

319 ACEM, ebenda, Friedmann an Leitung Villa Emma, 22. 8. 1943; Gespräche mit Zvi Schneider (Kurt Schneider), der zusammen mit Robert Weiss eine Anstellung in einem Lebensmittelgroßhandel gefunden hatte.

Wenige Tage zuvor hatte er bereits zu einem äußersten und, man möchte sagen, bedenklichen Mittel gegriffen, indem er die Quästur ersuchte, einen widerspenstigen Jungen aus Nonantola zu entfernen, was dann möglicherweise tatsächlich seine Internierung in einem Lager wie Ferramonti-Tarsia bedeutet hätte.[320]

Ende August fasste Friedmann in einem Brief an Valobra zum letzten Mal seinen Eindruck zusammen: „Die Dinge in der Villa Emma gehen unter der Leitung der vier besser als früher, aber nicht so gut, wie ich es möchte, auch weil unter ihnen nicht die Einigkeit besteht, die nötig wäre. Kurz gesagt, man wurstelt sich durch, so gut es eben geht."[321]

Versteck im Priesterseminar, bei den Nonnen und bei Familien

Nach dem Sturz Mussolinis und der Bildung der Regierung Badoglio war die Delasem, ohne Kenntnis von den geheimen Waffenstillstandsverhandlungen mit den Alliierten zu haben, besorgt, dass Italien unter deutsche Besatzungsherrschaft fallen könnte. Deutsche Truppen standen als Verbündete bereits im Land, und ständig hörte man, dass Verstärkungen über den Brenner herangebracht wurden. Valobra hatte spätestens bei seinen Besprechungen im Juli mit Richard Lichtheim und Saly Mayer in der Schweiz Gewissheit erlangt, dass alle Juden im nationalsozialistischen Machtbereich deportiert wurden und sie „folglich einem sicheren Tod entgegengehen". Um der Gefahr zuvorzukommen, fasste Valobra den Plan ins Auge, alle italienischen und ausländischen Juden, die sich in Nord- und Mittelitalien einschließlich der annektierten Gebiete Jugoslawiens befanden, mit Zustimmung der Regierung nach Kampanien, Kalabrien, Lukanien und Apulien zu überführen, wo sie von den alliierten Truppen, die nach ihrer Landung in Sizilien und Kalabrien nach Norden vorrückten, schneller zu erreichen waren.[322] Als Alternative erwog er in Anknüpfung an Pläne zur Rettung von Juden in der italienischen Besatzungszone Frankreichs Einschiffungen unter der Patronage des Vatikans oder des Internationalen Roten Kreuzes von italienischen Häfen nach Nordafrika, was freilich nicht nur die Zustimmung der Regierung Badoglio, sondern auch der Alliierten voraussetzte und somit überhaupt erst nach einem Waffenstillstand in Betracht kam.[323]

320 ACEM, Busta 574, Fasz. Corrispondenza nostra su Villa Emma, 1943, Friedmann an Valobra, 17. und 10. 8. 1943.

321 ACEM, ebenda, Friedmann an Valobra, 31. 8. 1943.

322 Voigt, Zuflucht auf Widerruf, Bd. 2, S. 401 f.

323 CB, Archiv UCII, Busta 30 Varie Comunità, Fasz. Ingresso in Italia di Ebrei stranieri dalla Francia, fünfseitiger Bericht der Delasem ohne Titel, Datum und Verfasserangabe.

Über die Pläne Valobras, in die auch Almansi als Präsident der Union der Israelitischen Gemeinden Italiens eingeweiht war, sollte am 7. September in Modena auf einer Zusammenkunft der Leiter aller Vertretungen der Delasem beraten werden. Von der Zusammenkunft, die wie vorgesehen stattfand, sind keine Aufzeichnungen oder Protokolle erhalten, aus denen zu ersehen wäre, was im Einzelnen beschlossen wurde. Sie wurden wahrscheinlich nicht mehr angefertigt, denn bis zur Verkündung des Waffenstillstands und der unmittelbar darauf einsetzenden deutschen Besetzung blieb nur noch ein Tag.[324] Indig wohnte der Konferenz kurze Zeit bei und plädierte für die Verlegung der Kindergruppe nach Süden.[325] Valobra reiste schon am Abend desselben Tages oder am nächsten Morgen von Modena nach Rom weiter, um mit Almansi die Umsetzung der Beschlüsse zu erörtern, und wurde dort vom Waffenstillstand überrascht. Erst acht Tage später, als die Kämpfe deutscher Truppen mit italienischen Einheiten am Stadtrand beendet waren, wagte Valobra, nach Genua zurückzukehren.[326] Auf der Zusammenkunft in Modena soll auch die Ernennung von Renato Hirsch zum Nachfolger Jacchias als Direktor der Villa Emma erfolgt sein.[327]

Der Waffenstillstand mit den Alliierten wurde am Abend des 8. September um Viertel vor acht von Badoglio am Radio bekannt gegeben. Die Kinder in der Villa Emma saßen zu diesem Zeitpunkt gerade beim Abendessen. Als jemand mit der Nachricht vom Waffenstillstand hereinstürzte, brach Jubel aus, doch Leo Koffler bot ihm Einhalt, indem er rief: „Seid ihr verrückt? Wißt ihr denn nicht, was das für uns bedeuten kann?"[328] Kaum eine halbe Stunde später machten sich die vier Leiter der Gruppe: Indig, Bories, Schoky und Moreno mit ein oder zwei älteren Jungen auf den Weg zu Giuseppe Moreali. Sie trafen den Arzt vor seiner Haustür an und erklärten ihm, dass die Kinder nicht länger in der Villa Emma bleiben konnten und sich verstecken müssten. Moreali begriff sofort die Gefahr und schlug vor, die Kinder in den Räumen des Priesterseminars neben der Abteikirche unterzubringen, die während der Schulferien von Anfang Juli bis Ende September weitgehend leer standen. Nachdem sich die Leiter der Villa Emma von Moreali verabschiedet hatten, begab sich dieser zu seinem Freund Don Arrigo Beccari, den er sogleich für den Plan gewann. Als Ökonom des Seminars konnte

324 Gespräche mit Bernardo Grosser, der einer der Teilnehmer der bisher nicht bekannten Zusammenkunft war.

325 Joškos Kinder. Josef Indigs Bericht, S. 221 (405).

326 Settimio Sorani, L'assistenza ai profughi ebrei in Italia (1933–1947). Contributo alla storia della „Delasem", Rom 1983, S. 138; Voigt, Zuflucht auf Widerruf, Bd. 2, S. 402.

327 Joškos Kinder. Josef Indigs Bericht, S. 221 (405).

328 Koffler, Die Entstehung unserer Jugendgemeinschaft, S. 322; Joškos Kinder. Josef Indigs Bericht, S. 221 (405 f.).

Don Beccari aber nicht allein über die Räume verfügen, sondern er musste die Zustimmung von Don Ottaviano Pelati, dem Rektor des Seminars, einholen, der, wie er wusste, den Kindern wohlgesonnen war.[329]

Entweder noch am selben oder erst am folgenden Abend sprach Indig auch mit Don Pelati selbst, der inzwischen durch Don Beccari auf seinen Besuch vorbereitet war. Er kam Indig auf der Treppe im Seminargebäude entgegen. Nachdem ihm dieser sein Anliegen vorgetragen hatte, erklärte er sich zur Aufnahme eines Teils der Kinder bereit. Er hatte aber Bedenken wegen der Mädchen, die an sich keinen Zutritt zum Seminar erhalten durften. Schließlich ließ er sich durch Indigs Zureden erweichen: „Insomma, in Gottes Namen, bringen Sie sie her."[330]

Tatsächlich boten die Räume des Seminars, das im vergangenen Schuljahr 53 Schüler der Mittelstufe im Alter von zehn bis vierzehn Jahren gezählt hatte, für die 73 Kinder der Villa Emma und ihre zu der Zeit 18 Betreuer nicht genügend Platz, auch weil einige Seminaristen in den Ferien nicht nach Hause gefahren waren.[331] Somit mussten Unterkünfte auch bei einheimischen Familien gesucht werden. Wie sich die Suche im Einzelnen gestaltete, ist in keinem Fall überliefert. Es ist daran zu denken, dass Moreali, Don Beccari und vielleicht auch noch andere, namentlich nicht genannte Priester, wie der junge Don Ennio Tardini, in ihrem weiten Bekanntenkreis Menschen ansprachen oder durch Dritte ansprechen ließen, zu denen sie Vertrauen hatten. Sicherlich waren auch Gino Friedmann und Salvatore Donati in kürzester Zeit über die Vorgänge unterrichtet, sodass sie sich bei befreundeten Familien für die Aufnahme von Kindern oder Betreuern in ihr Haus verwenden konnten.[332] Vorerst bot Moreali das südöstlich von der Villa Emma jenseits der Via Mavora gelegene Gehöft seines mezzadro Romolo Casari zum Aufenthalt an.[333]

Am Vormittag des 9. September rückten deutsche Truppen in Nonantola ein, nachdem die italienischen Garnisonen in der Provinz Modena nur sporadisch

329 Gespräche mit Giambattista Moreali. Die Darstellung des zeitlichen Ablaufs ist bei Joškos Kinder. Josef Indigs Bericht, S. 221 f. (405 ff.), und Moreali, Sprazzi di luce, S. 7, überzeugender als etwa bei Koffler, Die Entstehung unserer Jugendgemeinschaft, S. 322, wonach der Auszug aus der Villa Emma bereits am Abend des 8. September in Anschluss an die Meldung des Waffenstillstands durch BBC London um 17 Uhr 45 erfolgte.

330 Joškos Kinder. Josef Indigs Bericht, S. 224 (409).

331 Archivio abbaziale di Nonantola, Dokumente zum Priesterseminar der Abteikirche, Registro annuale dei voti, Anno scholastico 1942-43; Movimento alunni 1942-43. Don Ivo Silingardi erinnert sich, zur selben Zeit wie die Kinder im Seminar gewesen zu sein. Freundliche Mitteilung von Ombretta Piccinini, Nonantola.

332 Joškos Kinder. Josef Indigs Bericht, S. 225 (412); Joseph Ben-Zion (Josef Papo), Bericht über die Flucht von Nonantola zu den Alliierten in Süditalien; Gespräche mit Giambattista und Giancarlo Moreali; zu Donati: Paini, I sentieri della speranza, S. 146 f., 174.

333 Gespräche mit Giambattista und Giancarlo Moreali.

Das Seminargebäude in Nonantola.
Archivio Storico del Comune di Nonantola

Widerstand geleistet hatten. Im Rathaus wurde eine Platzkommandantur errichtet, die dem unter der Regierung Badoglio eingesetzten Bürgermeister, Ettore Rizzi, Weisungen erteilen konnte.[334] Von der Straße nach Modena dröhnte das Geräusch deutscher Fahrzeugkolonnen zur Villa Emma herüber. Auf der Via Mavora und ihren Seitenwegen waren schwerbewaffnete Soldaten auf Motorrädern und Geländewagen zu sehen. Einige der kleineren Kinder weinten. Die Angst ließ jetzt alle Gegensätze vergessen, die unter den Bewohnern der Villa Emma geherrscht hatten. „Die Gefahr einigt uns", schreibt Indig in seinen Erinnerungen. Er wusste spätestens seit den von Valobra im Juli 1943 aus der Schweiz überbrachten Nachrichten, dass die Juden in den von den Nationalsozialisten

334 Silingardi, Una provincia partigiana, S. 110 ff.; Gespräche mit Giambattista und Giancarlo Moreali; zu Rizzi vgl. Nannetti, Un comune in guerra, S. 75 f. Nach dem 8. September war in Nonantola das 89. Artillerieregiment der 24. Panzerdivision stationiert. Auskunft von Carlo Gentile, Köln.

beherrschten Ländern planmäßig deportiert und getötet wurden.[335] Im Laufe des Tages verließen die 73 Jungen und Mädchen und die meisten der gemeinsam mit ihnen untergebrachten Betreuer und Mitarbeiter des Büros und des Magazins der Delasem die Villa Emma. Etwa die Hälfte der Jungen und Mädchen schlugen mit Indig in der Abenddämmerung den Weg zum Priesterseminar ein, wo sie von den Patres erwartet wurden. Um auf der Straße, die an dem deutschen Lazarett vorbeiführte, nicht aufzufallen, verteilten sie sich auf mehrere kleine Gruppen.[336]

Der Aufenthalt im Seminar, über den außer in den Erinnerungen Indigs wenig vermerkt ist, verlief ohne größere Abwechslungen. Wie Indig betont, begegneten die Patres ihm und den Kindern mit uneingeschränkter religiöser Toleranz. Insgesamt kamen am Abend des 9. September 30 bis 35 Kinder in das Seminar, die mit wenigen Ausnahmen jünger als 16 Jahre waren. Es waren etwas mehr Mädchen als Jungen. Von den Betreuern blieben, soweit sich anhand der wenigen vorhandenen Mitteilungen sagen lässt, nur Indig, Helene Barkic und Josefine Weiss bei ihnen. Alle anderen Betreuer fanden außerhalb des Seminars einen Unterschlupf.[337]

Die Unterrichts- und Aufenthaltsräume wie das Refektorium des Seminars lagen im ersten Stock des dreigeschossigen Gebäudes und waren von der Straße aus durch ein Portal und einen Treppenaufgang zu erreichen. Im zweiten und dritten Stock befanden sich die Schlafzimmer der Seminaristen und ihrer Lehrer. Zur Unterbringung der Kinder aus der Villa Emma waren wahrscheinlich Schlafzimmer freigemacht worden, wobei die wenigen während der Ferien anwesenden Seminaristen in ein oder zwei Zimmer verlegt wurden. Vorübergehend wurden in den Unterrichtsräumen Pritschen aufgestellt.[338] Das Essen wurde von Nonnen des Hospitaliterordens zubereitet, die Don Beccari als Ökonom unterstanden.[339] Den Hof hinter dem Seminargebäude mussten die Kinder meiden, weil er von dem rückwärtigen Gebäudeteil des Rathauses, wo die deutsche Platzkommandantur ihren Sitz hatte, eingesehen werden konnte. Die Straße vor dem Seminargebäude betraten die Kinder in der Regel nur dann, wenn sie Indig beauftragt hatte, unentbehrliche Gegenstände, die in der Villa Emma zurückgeblieben waren, in das Seminar zu bringen.[340]

335 Joškos Kinder. Josef Indigs Bericht, S. 222 (406); zur Reise Valobras in die Schweiz vgl. S. 196.

336 Joškos Kinder. Josef Indigs Bericht, S. 224 ff. (409 ff.); Koffler, Die Entstehung unserer Jugendgemeinschaft, S. 324; Robert Weiss, Antwort auf Rundbrief vom 2. März 1998.

337 Schätzung der Zahl der in das Seminar gebrachten Kinder und Angabe der Altersgrenze nach Antworten auf Rundbrief. Vgl. Anm. 273, 274.

338 Joškos Kinder. Josef Indigs Bericht, S. 224 (409).

339 Gespräche mit Don Arrigo Beccari, 12. April 1996 und 9. Juli 2000, und Disma Piccinini.

340 Joškos Kinder. Josef Indigs Bericht, S. 226 (412 f., 419); Moshe Agmon (Moric Atias), Jakob Goldberg, Shoshana Harari (Sonja Borus), Nelly Levkovic (Nelly Schlesinger), Antworten auf Rundbrief.

Die Anwesenheit von Mädchen in den Seminarräumen ließ den Patres keine Ruhe. Wahrscheinlich war sie von Anfang an nur für die erste Zeit vorgesehen. Die Mädchen wurden deshalb schon nach wenigen Tagen oder, wie in einem Fall behauptet wird, schon am ersten Tag von den Hospitaliterinnen in ihre Räume übernommen.[341] Wo sich diese Räume befanden, ist den Aussagen aus dem Kreis der Kinder nicht zu entnehmen. Unter den in Nonantola danach Befragten bestehen zwei Auffassungen. Der einen nach wohnten die Nonnen in einem einstöckigen Haus, das sich in einem Winkel des Hofs hinter dem Seminargebäude an das Seitenschiff der Abteikirche anlehnte. Es wurde später abgerissen und ist heute nur noch auf Fotos zu sehen. Dieses Haus hatte nur wenige Zimmer, die sich sechs bis sieben Nonnen geteilt haben sollen.[342] Der anderen Auffassung nach, die auch von Don Beccari vertreten wird, lagen die Wohn- und Aufenthaltsräume der Nonnen schon damals und nicht erst nach dem Abriss des Hofgebäudes in einem Haus auf der dem Seminar gegenüberliegenden Straßenseite, das dem Bischof von Modena gehörte und bis heute als „Kurie" bezeichnet wird. Es hat einen geräumigen Dachboden, der durch einige Rundfenster, sogenannte oculi, Licht erhält und sich durchaus zur vorübergehenden Unterbringung einer größeren Zahl von Menschen eignet, wenn auf dem Fußboden Matratzen ausgelegt werden.[343]

Das eine wie das andere Haus war nicht groß genug, um beliebig viele Mädchen aufzunehmen. Deshalb wurden mindestens vier, Sonja Borus, Eva Rosenbaum und Hildegard Steinhardt, die 16 Jahre und älter waren, sowie Sida Levi, mit zehn Jahren eine der jüngsten, aus dem Seminar nicht zu den Nonnen gebracht, sondern Familien in und um Nonantola anvertraut. Sarina Brodski und Lotti Israel waren anfangs einige Zeit bei den Nonnen untergebracht und wechselten erst später in ein Quartier bei einer Familie. Im Ganzen dürften zehn bis 15 Mädchen, die auf Matratzen auf dem Boden schliefen, zusammen mit Helene Barkic und Josefine Weiss ständig in einem großen Raum bei den Hospitaliterinnen gewesen sein. Im Seminar waren es, wie auch Indig angibt, bis zu zwanzig Jungen.[344]

341 Koffler, Die Entstehung unserer Jugendgemeinschaft, S. 326; Gespräche mit Robert Stein; Antworten auf Rundbrief.

342 Gespräche mit Giambattista Moreali und Disma Piccinini. Abbildungen der Gebäude in Baldini, Malaguti, Antiche fotografie di Nonantola.

343 Gespräche mit Don Arrigo Beccari.

344 Nach der Angabe zur eigenen Lage in den 34 Antworten auf den Rundbrief (15 von männlichen und 19 von weiblichen Mitgliedern der Gruppe) waren drei von insgesamt 39 Jungen: Albert Albahari, Moric Atias und Salomon Majerowicz durchgehend und zwei Jungen: Jakob Goldberg und Dan Sternberg, sowie ein Erwachsener: Armand Moreno vorübergehend im Seminar. In den Antworten auf den Rundbrief und in Gesprächen werden ferner folgende fünf Namen erwähnt: Elieser Altaras, Benno Goldberg, Albert Israel, Joachim

Die Jungen und Mädchen, überwiegend ältere, die nicht ins Seminar mitgenommen werden konnten, und die meisten Betreuer waren größtenteils schon am Vor- und Nachmittag des 9. September in der Villa Emma aufgebrochen. Am späten Abend stand das Haus weitgehend leer. Nur noch wenige Erwachsene waren zurückgeblieben, die es in den folgenden Tagen ebenfalls verließen. Zu ihnen gehörten allem Anschein nach Schoky und nach eigenen Aussagen zufolge Salomon Brawer, der Leiter des Magazins der Delasem, der sich für die dort aufbewahrten Gegenstände verantwortlich fühlte. Danach befanden sich in der Villa Emma höchstens noch die beiden libyschen Familien in ihrer abgetrennten Wohnung.[345]

Nach dem Verlassen der Villa Emma lief eine Gruppe von Jungen und Mädchen bepackt über die Felder zum Gehöft von Romolo Casari. In unmittelbarer Nachbarschaft ließ Ernesto Leonardi mehrere Jungen auf dem Heuboden, im Getreidespeicher und im Weinkeller schlafen. Auch Giovanni Raimondi im Haus nebenan nahm mindestens einen Jungen, Siegfried Kirschenbaum, zu sich, wie dieser bezeugt, und außer ihm vielleicht Hans Sussmann. Zum Schlafen legten sie sich im Kuhstall nieder. Arnold Weininger fand in einem der Villa Emma gegenüberliegenden Gehöft jenseits der Via Mavora bei der Familie seines gleichaltrigen Freundes, Bruno Serafini, Aufnahme, mit dem er bei der Ernte gearbeitet hatte. Nicht wenige verbrachten mehrere Nächte unter freiem Himmel. So blieb Leo Koffler mit zwei Gefährten im Obstgarten Leonardis, wo er die Villa Emma im Auge behalten konnte.[346]

Da man eine Durchsuchung der Villa oder schlimmer noch, falls sie verlassen vorgefunden wurde, eine Razzia auch in ihrer unmittelbaren Umgebung befürchtete, erschien es zu gefährlich, wenn die Jungen und Mädchen in der Nähe des Gebäudes blieben oder wenn zu viele unter einem Dach versammelt waren.[347]

Kirschenbaum und Manfred Korenstein. Bei den Nonnen waren der eigenen Angabe zufolge neun von 34 Mädchen durchgehend: Sarina Atias, Relica Gaon, Zlata Gaon, Sida Israel, Flora Kajon, Nelly Schlesinger, Lola Schindelheim, Hanna Schwarz und Gerda Tuchner. Vorübergehend bei den Nonnen waren die sechs namentlich genannten Mädchen.

345 Joškos Kinder. Josef Indigs Bericht, S. 225 (412); Koffler, Die Entstehung unserer Jugendgemeinschaft, S. 322; CDEC, Fondo Lelio Vittorio Valobra, Busta 14/Lettere 13, Salomon Brawer an Valobra, 7. 5. 1944; Vaccari, Villa Emma, S. 29, nennt Schoky als einen von denen, die noch eine Zeit lang in der Villa Emma blieben.

346 Joškos Kinder. Josef Indigs Bericht, S. 225 (412 f.); Koffler, Die Entstehung unserer Jugendgemeinschaft, S. 322; Villa Emma. I luoghi e le persone, S. 23 f. (Testimonianza di Leonardi Ernesto); Gespräche mit Giambattista Moreali, Siegfried Kirschenbaum, Arnold Wininger (Arnold Weininger); Antworten auf Rundbrief; briefliche Mitteilung von Arnold Wininger, 22. 3. 2000.

347 Marcel Hofmann, Antwort auf Rundbrief, schreibt hierzu: „Da wir aber nicht alle auf einem Fleck konzentriert sein wollten, haben wir uns in kleinen Gruppen, die sich irgendwie zusammenfanden, verstreut.“

Moreali und den mit ihm befreundeten Priestern gelang es in den folgenden Tagen, Unterkünfte in einem größeren Umkreis zu finden, sodass die Verstecke bei Casari, Leonardi und Raimondi aufgegeben werden konnten.

Einige Jungen und Mädchen begaben sich dennoch nicht aus der Nachbarschaft der Villa Emma fort. Arnold Weininger war bis zuletzt bei Bruno Serafini untergebracht und Siegfried Kirschenbaum wechselte zu Odoardo Borsari, dem Vater seines Freundes Ildebrando Borsari, in das Pförtnerhaus am Eingang zum Grundstück der Villa Emma über.[348]

Manchmal ist zu lesen, dass jemand auf der Suche nach einem Versteck bei einem völlig Unvorbereiteten an die Tür geklopft habe und daraufhin aufgenommen worden sei.[349] Dies war höchstens die Ausnahme von der Regel. Dann aber hatte der Hausherr auf jeden Fall schon von der Villa Emma gehört. Im Allgemeinen kann es nicht anders gewesen sein, als dass die Jungen und Mädchen von vornherein wussten, an wen sie sich wenden sollten, falls sie nicht gar von einem ihrer Betreuer zu der für sie vorgesehenen Unterkunft begleitet wurden. Die Topografie des Versteckens macht deutlich, dass alle, die nicht im Seminar oder bei den Nonnen waren, nach der Übergangszeit der ersten Tage in einem Umkreis von drei bis vier Kilometern von der Villa Emma verstreut waren. Ein Teil hielt sich bei Bauern in alleinstehenden Gehöften oder kleinen Ansiedlungen auf, vor allem in Bagazzano, das etwa einen Kilometer in südlicher Richtung von der Villa Emma entfernt liegt und zum Amtsarztbezirk von Giuseppe Moreali gehörte. Andere hatten bei Handwerkern und Kleinhändlern im Ortskern von Nonantola und am Stadtrand Unterschlupf gefunden. Die Namen ihrer Beschützer sind den Jungen und Mädchen im Laufe der Jahre vielfach entfallen. Oft waren sie ihnen gar nicht bekannt, da sie ihnen aus Gründen der Vorsicht nicht genannt wurden. Außer Romolo Casari, Ernesto Leonardi, Giovanni Raimondi, Odoardo Borsari und Bruno Serafini sind nur noch zehn weitere Namen überliefert und somit ungefähr die Hälfte aller, die Unterschlupf gewährten. Wenn der Gastgeber bekannt ist, fehlt oft jeder Hinweis auf die Namen derer, die von ihm ins Haus genommen wurden. Umgekehrt weiß man manchmal, wer von ihnen gemeinsam bei einer Familie untergebracht war, ohne deren Namen zu kennen.[350]

348 Gespräche mit Giambattista und Giancarlo Moreali, Arnold Wininger und Siegfried Kirschenbaum; Antworten auf Rundbrief.

349 Villa Emma. I luoghi e le persone, S. 40 (Testimonianza di Bruzzi Maria); Dan Sternberg, Antwort auf Rundbrief.

350 Antworten auf Rundbrief. Gespräche mit Disma Piccinini und Giambattista und Giancarlo Moreali. Vgl. die folgenden Anmerkungen.

In mindestens drei Fällen waren Jungen oder Mädchen allein bei einer Familie versteckt, so Mala Braun bei Maria Bruzzi in Bagazzano, Hildegard Steinhardt bei dem Getreidehändler Sante Zoboli in dessen Haus an der Via Mavora bei Bagazzano und Edgar Ascher bei dem mezzadro der Eltern eines Freundes, des Chemiestudenten Franco Zoboli.[351] Emilia Sitti Piccinini, die Korbflechterin, in deren Werkstatt am nördlichen Stadtrand von Nonantola einige Mädchen gearbeitet hatten, nahm in ihrer großen Güte drei Mädchen aus der jugoslawischen Gruppe zu sich: Bunika Altaras, Sarina Brodski und die kleine Sida Levi. Die Frau und ihr Mann, der vor dem Haus einen Verkaufsstand für die in der Werkstatt angefertigten Körbe und Strohhüte unterhielt, machten für sie sogar ihr Schlafzimmer frei. Sarina erinnert sich in Dankbarkeit, wie rührend sie bemüht waren, ihnen die Angst zu nehmen. Bei den kargen Mahlzeiten saßen die Mädchen mit der Familie am Tisch, zu der auch zwei ungefähr gleichaltrige Töchter gehörten.[352]

Die Inhaber eines Tabakladens unter den Arkaden an der Biegung der Straße nach Ferrara vor der Altstadt, Guerzoni und Marcellina Noscimbeni, überließen Jakob Goldberg und Manfred Korenstein einen Lagerraum im Dachgeschoss. Wahrscheinlich weil die Unterkunft unmittelbar an der Hauptstraße lag und die Jungen deshalb nicht gefahrlos ins Freie gehen konnten, wurden sie nach einiger Zeit in das Seminar übernommen.[353] Aristide Barani, der mit Friedmann befreundete Maurermeister, berichtet, dass er einigen Jungen in seinem stattlichen Haus, der Ca'Bianca, an der Straße nach Modena ein Bleibe geboten habe. Nachdem sie Schoky zu ihm gebracht hatte, meinte er anfangs, es sei nur für eine Nacht. Dann aber wurden Tage daraus. „Ich war sehr besorgt. In unserem Haus wohnten weitere acht Familien, und deshalb konnte man nicht vollständig sicher sein. Es gab eine einzige Toilette im Treppenhaus, und wir konnten es nicht wagen, die Kinder aus der Wohnung zu lassen. Sie mussten deshalb für ihre Notdurft ein Gefäß benutzen, das meine Frau regelmäßig ausleeren ging. Die Tage verstrichen, und jedesmal wenn ich von der Arbeit kam, schaute ich nach den Kindern: Sie blickten mich mit trauriger und verängstigter Miene an."[354]

Der Tischlermeister Erio Tosatti stand schon seit Längerem mit der Villa Emma in Verbindung, an die er Gerät für die Einrichtung der Werkstatt ausgeliehen

351 Villa Emma. I luoghi e le persone, S. 41 (Testimonianza di Bruzzi Maria). Gespräche mit Edgar Ascher, Disma Piccinini und Giambattista Moreali.

352 Villa Emma. I luoghi e le persone, S. 38 f. (Testimonianza di Piccinini Gina), S. 39 f. (Testimonianza di Piccinini Norma); Shulamit Muntchik (Sarina Brodski), Antwort auf Rundbrief.

353 Jakob Goldberg, Antwort auf Rundbrief; Gespräch mit Disma Piccinini.

354 Barani, Vicende della mia vita, S. 36. Vgl. auch Villa Emma. I luoghi e le persone, S. 28 (Testimonianza di Barani Aristide).

hatte. Zeitweise war daran gedacht gewesen, ihm die Ausbildung der Jungen anzuvertrauen, von denen er einige gelegentlich in seiner Werkstatt anstellte. Er war ein Freund Baranis und gehörte wie dieser zur Klientel Friedmanns, für den er wiederholt Aufträge ausgeführt hatte. Nach der Räumung der Villa Emma verbrachten Bories und zwei Mädchen, Ruth Drucker und Susanne Elster, einige Zeit in seiner Wohnung, die sich mit der Werkstatt in der Nachbarschaft Baranis neben der Kirche Madonna della Rovere an der Straße nach Modena befand. Anfangs schliefen alle auf den Balken des Dachbodens der Kirche, der über eine Treppe von der Wohnung des Glöckners, Andrea Bertoni, aus zu erreichen war. Später kehrte nur Bories nachts dorthin zurück, während die beiden Mädchen mit Tosattis Großmutter ein großes Bett teilten. Tosattis Frau Irma erzählt, dass ihre Gäste stundenlang am Radio saßen, um Nachrichten über den Frontverlauf im Süden zu erhalten. Der Tischlermeister empfahl einige Jungen an seinen Schwiegervater Mauro Pignatti, der sie auf seinem Landgut unterbrachte, wo sie Feld- und Stallarbeiten verrichteten.[355] Eines Tages erzwangen Soldaten der Feldgendarmerie auf der Suche nach italienischen Soldaten, die sich dem Abtransport zur Internierung in Deutschland entziehen wollten, Einlass in die Wohnung Tosattis. Der Vorfall wird in leicht voneinander abweichenden Versionen geschildert. Der wahrscheinlicheren nach beachteten die Soldaten die Mädchen nicht, sondern befragten nur Bories, der sich geistesgegenwärtig in gutem Italienisch als Evakuierter ausgab und dabei Glück hatte, dass man ihm glaubte.[356] Der Vorfall scheint Bories dennoch so beunruhigt zu haben, dass er anschließend, wohl auf Vermittlung Tosattis, zu einem anderen Tischler, Sante Zoboli, in der Via Montegrappa hinter dem Abteigarten zog.[357]

Obwohl es den überlieferten Namen nach kaum zu erkennen ist, gewährten in der Mehrzahl mezzadri den Kindern Unterkunft. Landarbeiter werden nie erwähnt. Ihre beengten Wohnverhältnisse und ihre Armut ließen kaum Gastfreiheit zu. Aber auch manche mezzadri waren so arm, dass sie zusätzlich zu ihrer meist kinderreichen Familie niemanden mehr verköstigen konnten. In einem solchen Fall wurde der Ausweg gefunden, dass ein Junge oder Mädchen aus dem Ort das Essen bei den Nonnen in der Küche des Seminargebäudes abholte. Bisweilen

355 Villa Emma. I luoghi e le persone, S. 37 f. (Testimonianza di Signora Tosatti Irma); Susanne Mantel (Susanne Elster), Antwort auf Rundbrief; Gespräch mit Tullio Tosatti, dem Sohn von Erio Tosatti, Nonantola, 1. 7. 1997; Gespräch mit Geppe Bertoni, dem Sohn Andrea Bertonis, Nonantola, 18. 1. 2001.

356 Ebenda und Villa Emma. I luoghi e le persone, S. 20 (Testimonianza di Barani Aristide). Eine ähnliche Begebenheit schildert auch Armando Moreno (Armand Moreno), Antwort auf Rundbrief.

357 Gespräche mit Giambattista Moreali und Disma Piccinini.

soll auch ein im Seminar versteckter Junge, der von einem einheimischen Kind kaum zu unterscheiden war, das Essen auf einem Wägelchen überbracht haben.[358] Wahrscheinlich erhielten einige Bauern einen Zuschuss zum Unterhalt der ihnen Anvertrauten aus der Kasse der Villa Emma, die in das Seminar gebracht worden sein muss. Als Nachtlager diente auf den Gehöften in der Regel ein Stroh- oder Heuhaufen in einem Stall, einer Scheune oder einem offenen Heuboden. Vielfach begleiteten die Jungen und Mädchen die Bauern und ihre Angehörigen tagsüber auf die Felder und in die Weingärten, wo sie bei der Arbeit halfen und sich dadurch dankbar erweisen konnten.[359]

Indig im Seminar behielt stets die Übersicht über die Orte, an denen sich seine chawerim aufhielten. In einem Schulzimmer errichtete er sein „Hauptquartier", von wo aus er zu allen Verbindung unterhielt. Angehörige und Freunde der Familien, welche die Jungen und Mädchen zu sich genommen hatten, überbrachten Nachrichten oder erhielten von Indig Anweisungen, etwa wenn ein Versteck gewechselt werden musste, weil es den Gastgebern auf Dauer zu gefährlich erschien oder weil Probleme der Unterbringung und der Verpflegung auftraten. Manchmal wagte sogar jemand aus der Kindergruppe, wie Leo Koffler und Robert Weiss über sich selbst berichten, den Weg zum Seminar, um sich dort mit Indig zu besprechen.[360] Oft ging Indig selbst auf die Straße, um sich aus den verschiedensten Gründen mit einem Betreuer oder einigen Jungen und Mädchen zu treffen. Die Legende, er habe dabei ein Priestergewand getragen, wird von ihm selbst zurückgewiesen. Die Verkleidung hätte in einer kleinen Stadt, wo die Einwohner jeden Priester kannten, zu Redereien führen und ihn dadurch zusätzlich gefährden können.[361] Auch andere Betreuer, vor allem Schoky, über dessen Unterkunftsorte nichts zu erfahren ist, Bories und der Koch Emilio Freilich waren häufig unterwegs, brachten Kinder zu Familien oder holten sie, etwa vor der Abreise in die Schweiz, von dort ab.[362]

358 Joškos Kinder. Josef Indigs Bericht, S. 226 (413 f.); Shlomo und Zehava Givon (Salomon Majerowicz und Zlata Gaon), Antwort auf Rundbrief; Gespräche mit Tilla Offenberger (Tilla Nagler).

359 Armando Moreno, Betty Sochczewski (Betty Endzweig), Dan Sternberg, Robert Weiss, Fanny Zwick (Fanny Senft), Antworten auf Rundbrief.

360 Joškos Kinder. Josef Indigs Bericht, S. 226 (412 f.); Arieh Koffler (Leo Koffler), Robert Weiss, Antworten auf Rundbrief.

361 Villa Emma. I luoghi e le persone, S. 28 (Testimonianza di Barani Aristide), S. 34 (Testimonianza di Don Arrigo Beccari); Moreali, Sprazzi di luce, S. 8. Indig, danach befragt, erwähnt, dass er im Seminargebäude und auf dem Hof gelegentlich ein Priestergewand übergezogen hat, Gespräche mit Josef Ithai.

362 Villa Emma. I luoghi e le persone, S. 28 (Testimonianza di Don Arrigo Beccari); Ithai, Die Kinder der Villa Emma, Typoskript, S. 412; Hilda Miron (Hildegard Steinhardt), Antwort auf Rundbrief.

Josef Indig im Priestertalar während des Verstecks im Seminar.
Lilli Ithai, Kibbuz Gat

In der ersten Phase, als viele noch bei Leonardi, Raimondi und Casali übernachteten, kam man täglich im Obstgarten hinter Leonardis Haus zusammen, beriet sich dort mit Indig und ging von dort zur Villa Emma hinüber, um Sachen fortzubringen. Später hielt man weiterhin miteinander Kontakt. Meist waren es die Kinder der Gastfamilien, die Nachrichten übermittelten. Es kam vor, dass man sich gegenseitig besuchte. Auch ortsansässige italienische Freunde kamen zu Besuch oder man ging unauffällig zu ihnen.[363] Die Jungen und Mädchen mieden, wenn sie ihren Unterschlupf verließen, die Hauptstraßen und das Stadtzentrum, wo sie deutschen Soldaten begegnen konnten und Kontrollen befürchteten.[364] Bela Grof allerdings erinnert sich, in einer Trattoria eine Mahlzeit eingenommen

363 Joškos Kinder. Josef Indigs Bericht, S. 226 (413); Villa Emma. I luoghi e le persone, S. 41 (Testimonianza di Bruzzi Maria); Marcel Hofmann, Robert Weiss, Arnold Wininger, Antworten auf Rundbrief; Gespräche mit Robert Stein.

364 Robert Weiss, Antwort auf Rundbrief.

zu haben.[365] Siegfried Kirschenbaum begleitete seinen Freund Ildebrando Borsari auf dem Fahrrad beim Verkauf von Hühnern und Kaninchen.[366] Alexander Licht und seine Frau versteckten sich überhaupt nicht und blieben bis zu ihrer Abreise in die Schweiz in ihrer Locanda am Hauptplatz, in der ortsbekannte Faschisten ein- und ausgingen.[367] Das Versteck der Kinder war also nie vollständig und bezog die Öffentlichkeit mit ein. Zweifellos war es in Nonantola Stadtgespräch, auch wenn die einzelnen Unterkunftsorte – abgesehen natürlich vom Seminar – den meisten Bewohnern verborgen blieben.

Beim Auszug aus der Villa Emma war ein großer Teil des persönlichen Gepäcks zurückgelassen worden, das vor allem in das Seminar nachgebracht werden musste. Auch sonst war so gut wie alles liegen geblieben: große Mengen auf Vorrat eingekaufter Lebensmittel, die gut bestückte Apotheke, die gesamte Einrichtung, zu der die Möbel, das Küchengerät, die Bibliothek und der Flügel gehörten, die Ausstattung der Nähstube und der Tischlerwerkstatt und nicht zuletzt das Magazin der Delasem mit seinen Stoffballen und Altkleidern. Man war sich im Klaren, dass vieles, dessen Anschaffung große Mühe und Kosten verursacht hatte, aufgegeben werden musste und nur das zu retten war, was noch nützlich sein konnte und leicht zu transportieren war. Vor allem durfte das Archiv des nach Nonantola verlegten Büros der Delasem mit der Kartei der Namen und Anschriften aller in Italien internierten Juden unter keinen Umständen dort bleiben, wo es war, damit es nicht den Deutschen in die Hände fallen konnte.[368]

In den Tagen nach dem Auszug gingen die Jungen und Mädchen, die sich in der Nachbarschaft aufhielten, immer wieder in die Villa Emma zurück. Sie trugen aus ihr so viel wie möglich fort und verstauten es zunächst bei Leonardi. Als sie damit fertig waren, ließen sie die Jalousien herunter, verriegelten die Türen und gaben Leonardi den Schlüssel. Das meiste wurde dann auf Pferdewagen und Ochsenkarren über Seitenwege hauptsächlich an zwei verschiedene Orte gebracht. In das Seminar kamen vor allem die Apotheke und die meisten Lebensmittel, darunter die Säcke mit dem Getreide aus der eigenen Ernte, das durch die List Schokys vor der Ablieferung bewahrt worden war. Indig erinnert sich, dass seine Zöglinge, nachdem das Getreide gemahlen worden war, unter Anleitung der Nonnen eifrig pasta herstellten, die zu ihrer eigenen Verpflegung und zur Verteilung auf die verstreuten Unterkünfte bei den Familien bestimmt war. Entsetzt berichtet er, einige Jungen hätten bei Leonardi deponierte Stoffe unter der Hand verkauft. Der größte

365 Bela Gideon Grof, Antwort auf Rundbrief.

366 Siegfried Kirschenbaum, Antwort auf Rundbrief und Gespräch mit ihm.

367 Gespräche mit Giambattista Moreali.

368 Vgl. Koffler, Die Entstehung unserer Jugendgemeinschaft, S. 323.

Teil der Stoffe und Altkleider wurde mit anderen Gegenständen im Dachgeschoss eines Gebäudes unweit der Abtei an der Straße nach Ferrara gelagert.[369] Von dort brachte Moreali mit mehreren Männern die Bündel und Ballen später an einem nebligen Herbsttag zum Pfarrhaus Don Beccaris in Rubbiara in Sicherheit. Nach einiger Zeit wurden die Stoffe an Bedürftige verteilt, an religiöse Einrichtungen in Modena verkauft und zur Unterstützung von im verborgenen lebenden jüdischen Flüchtlingen durch den Kreis um Matilde Cassin an den Erzbischof von Florenz geschickt. Mario Finzi, der in Bologna inzwischen einer Widerstandsgruppe beigetreten war, überbrachte verschiedene Stücke den Partisanen im Apennin.[370]

Das Archiv des Büros der Delasem und die Namenskartei wurden nach übereinstimmender Aussage von Indig, Leo Koffler und Robert Weiss vernichtet, das heißt verbrannt, oder versteckt, das heißt vergraben.[371] Bisher ist nichts davon wieder aufgefunden worden. Nachdem als Letzte die libyschen Juden die Villa Emma verlassen hatten, müsste das Gebäude mehrere Monate bis gegen Ende des Jahres leer gestanden haben. Dann wurde es durch ein Dekret des Präfekten requiriert, um Evakuierte und Obdachlose aus den bombardierten Großstädten unterzubringen. Wie nach dem Krieg berichtet wird, wurde es gegen Ende der deutschen Besetzung von Unbekannten ausgeplündert.[372]

Viele Mitglieder der Kindergruppe sind davon überzeugt, dass während ihres Verstecks in Nonantola nach ihnen gesucht wurde.[373] Die Frage ist anhand unserer heutigen historischen Kenntnisse zu prüfen. Als die Betreuer auf die Verkündung des Waffenstillstands hin beschlossen, die Villa Emma mit den Kindern zu verlassen, waren sie sich bewusst, dass den Juden in Italien unter der deutschen Besetzung dieselbe tödliche Gefahr drohte wie im gesamten nationalsozialistischen Machtbereich. Nicht wissen konnten sie jedoch, zu welchem Zeitpunkt die

369 Ebenda; Joškos Kinder. Josef Indigs Bericht, S. 226, 229 (413, 417); Moreali, Sprazzi di luce, S. 7; CDEC, Fondo Valobra, Busta 14/Lettere 13, Salomon Brawer an Valobra, 7. 5. 1944: Brawer gibt in diesem Brief folgende Darstellung der Vorgänge, die leicht von dem Bericht Morealis abweicht: „Ho lasciato la Villa Emma solo quando abbiamo finito i lavori portando via la gran parte del ‚Magazzino', nonchè della farmacia della Delasem e nascondendola tra vari contadini e il farmacista del paese dopo che alcuni degli impiegati erano partiti."

370 Moreali, Sprazzi di luce, S. 11 ff.; Villa Emma. I luoghi e le persone, S. 32 f. (Testimonianza di Don Arrigo Beccari).

371 Koffler, Die Entstehung unserer Jugendgemeinschaft, S. 323; Joškos Kinder. Josef Indigs Bericht, S. 228 (417); Robert Weiss, Antwort auf Rundbrief.

372 ASCN; Miscellanea 1942-45, Prefettura di Modena, Decreto n. 3652 in data 14 dicembre 1943; JDC, 833 Italy/General 1945, Melvin S. Goldstein an JDC Lissabon, 19. 5. 1945.

373 Marcel Hofmann, Armando Moreno, Irit Rosenberg (Blume Zwick), Antworten auf Rundbrief; Gespräch mit Tilla Offenberger (Tilla Nagler).

Verhaftungen und Deportationen einsetzen und unter welchen Umständen sie vor sich gehen würden. Ein sehr früher Zeitpunkt war ebenso vorstellbar wie ein späterer. Auch den Kindern stand die Gefahr lebhaft vor Augen. Sie waren durch das Los ihrer Eltern und Geschwister gewarnt und im Fall ihrer Verhaftung auf das Schlimmste gefasst. Die Angst, dass nach ihnen gesucht wurde, ist deshalb leicht erklärlich. Jede deutsche Uniform flößte Schrecken ein. Die Angst konnte traumatische Züge annehmen, die im späteren Leben alptraumhaft wieder hervortrat. Zur Zeit des Verstecks machte sich die Angst je nach dem Alter und der psychischen Konstitution unterschiedlich stark oder auch kaum bemerkbar. Während es die einen nicht wagten, das Grundstück oder gar das Haus ihrer Beschützer zu verlassen, gingen andere recht unbekümmert auf die Straße. Vorkommnisse, die sich herumsprachen, wie die Durchsuchung der Wohnung Erio Tosattis durch die Feldgendarmerie waren dazu angetan, die Angst zu steigern. Für Beunruhigung sorgten auch die Einquartierungen deutscher Soldaten durch die Platzkommandantur. So wurde einem Oberleutnant ein Zimmer bei Maria Bruzzi zugewiesen, die Mala Braun zu sich genommen hatte. Es war nicht zu verhindern, dass der Soldat auf die junge Frau aufmerksam wurde und sich nach ihr erkundigte. Er gab sich jedoch mit der Erklärung zufrieden, sie sei eine Verwandte. Mala aber dürfte große Angst ausgestanden haben.[374]

Zur Beantwortung der Frage, ob über die Gefahr einer jederzeit möglichen Razzia hinaus nach den Kindern gesucht wurde, gilt es zunächst zu erörtern, ob und in welchem Umfang deutsche Militär- und Polizeistellen von dem Versteck Kenntnis hatten. Informationen über die Kindergruppe konnte die Quästur in Modena liefern. In mehreren italienischen Provinzen ist bezeugt, dass die Militärkommendaturen sofort nach ihrer Einsetzung von der Quästur die Listen mit den Namen verlangten.[375] Die Fortführung der Internierung war für sie ein Sicherheitsproblem, denn der militärischen Logik nach galt es zu verhindern, dass internierte Staatsbürger feindlicher Mächte im wehrfähigen Alter der Kontrolle entglitten und unter Umständen zu den Waffen griffen. In der Tat verließen nach der Verkündung des Waffenstillstands bis zum Eintreffen der deutschen Truppen zahlreiche internierte Jugoslawen, die später im Apennin und in den Abruzzen zu den Partisanen übergingen, den ihnen zugewiesenen Ort.[376] Da ein großer Teil der Internierten ausländische Juden waren, bestanden die Militärkommandanten manchmal gegenüber der Quästur auf der Aushändigung von Listen mit ihren Namen und in einem Fall sogar, soweit bisher bekannt ist, mit den Namen aller in der Provinz ansässigen

374 Villa Emma. I luoghi e le persone, S. 41 (Testimonianza di Bruzzi Maria).

375 Voigt, Zuflucht auf Widerruf, Bd. 2, S. 333.

376 Ebenda, S. 16 ff., 326, 330.

Juden.[377] Auch in Modena wird erwähnt, dass die Militärkommandantur Erkundigungen nach Juden anstellte.[378] Wenn die Quästur der Provinz Modena, wie in den meisten Fällen, nur aufgefordert wurde, die Namen der Internierten mitzuteilen, ist es durchaus möglich, dass die Militärkommandantur nur von den in Nonantola internierten Juden Kenntnis erhielt: den sechs Libyern, dem Ehepaar Karger, Malka Schwarz und einigen Erwachsenen in der Villa Emma, die nicht zur ursprünglichen Gruppe aus Lesno brdo gehörten. Die Quästur hätte die Kinder nicht zu melden brauchen, da sie ihrem Status nach bekanntlich keine Internierten waren, was jetzt einen unschätzbaren Schutz bedeutete.

Eine weitere Informationsquelle für deutsche Militär- und Polizeistellen war der Platzkommandant in Nonantola, der Offizier einer gewöhnlichen Wehrmachtseinheit war. Ihm kann nicht entgangen sein, dass die Villa Emma leer stand, denn in dem nicht weit von ihr entfernten Wehrmachtslazarett muss bekannt gewesen sein, dass sie jüdischen Kindern zur Unterkunft gedient hatte. Folgt man den kaum drei Jahre später verfassten Erinnerungen Indigs, so wusste der Platzkommandant über das Versteck im Seminar Bescheid. Indig schreibt: „Der deutsche Kommandant hat uns folgendes sagen lassen: Warum seid ihr auseinandergelaufen und lebt jetzt wie die Zigeuner? Solange ich Kommandant bin, wird euch kein Haar gekrümmt, kehrt in euer Haus zurück!“[379] Wenn es sich so verhalten hat, müssen zwischen der Platzkommandantur im Rathaus und dem Seminar im Nachbargebäude Informationen übermittelt worden sein. Angestellte der Gemeindeverwaltung, die weiterhin im Rathaus tätig waren, haben demnach den Patres diese oder eine ähnliche Mitteilung zukommen lassen, die an Indig weitergegeben wurde. Insofern ist nicht auszuschließen, dass der Platzkommandant die Kenntnis vom Versteck im Seminar auf Befragen von Angestellten der Gemeindeverwaltung oder gar vom Bürgermeister selbst erhalten hat. Da die Kinder ihrem Status nach keine Internierten waren, bestand für den Platzkommandanten keine zwingende Notwendigkeit, das Versteck der Militärkommandantur in Modena zu melden, von der die Nachricht früher oder später an eine deutsche Polizeistelle weitergeben worden wäre. Ebenso wenig war vom Standpunkt der militärischen Sicherheit Anlass gegeben, etwas gegen das Versteck zu unternehmen. Der Platzkommandant könnte sich gesagt haben, dass eine Razzia gegen Kinder und Jugendliche, die unter dem Schutz des Klerus standen, die Bevölkerung in einer im Ganzen ruhigen Situation unnötig gegen das deutsche Militär

377 Ebenda, S. 333; Franco Giannantoni, Fascismo, guerra e società nella Repubblica Sociale Italiana (Varese 1943–1945), Milano 1984, S. 253 ff.

378 Silingardi, Una provincia partigiana, S. 153.

379 Joškos Kinder. Josef Indigs Bericht, S. 226 (414).

aufbringen musste. Nach allem ist eher anzunehmen, dass die für die Verhaftung und Deportation der Juden zuständigen deutschen Polizeiorgane in Italien von der Anwesenheit der Kinder und ihrem Versteck in Nonantola nichts wussten.

Die Deportation der Juden auf dem Gebiet der von Mussolini mit Zustimmung Hitlers gegründeten Sozialen Italienischen Republik wurde anfangs von einem mobilen Einsatzkommando, das direkt von Berlin nach Italien entsandt worden war, unter SS-Hauptsturmführer Theodor Dannecker durchgeführt. Es trat zum ersten Mal am 16. Oktober 1943 bei der Razzia in Rom öffentlich in Erscheinung, bei der 1022 Menschen nach Auschwitz deportiert wurden. Anschließend zog das Kommando nach Norden weiter, wo es am 6. und 8. November ebenso verheerende Razzien in Florenz und Bologna durchführte, denen viele Hundert Juden, zu einem großen Teil Flüchtlinge aus der früheren italienischen Besatzungszone Frankreichs, zum Opfer fielen. Die Provinz Modena wurde von dem Einsatzkommando Dannecker nicht berührt.[380]

Die Verhaftung und Deportation von Juden in Italien oblag auch den Außenkommandos der SIPO (Sicherheitspolizei) und des SD (Sicherheitsdienst), die seit Mitte September in insgesamt zwölf Städten bestanden und von Angehörigen der SS gebildet wurden. Sie unterstanden dem Befehlshaber der Sicherheitspolizei in Verona, zu dessen Dienststelle spätestens ab Ende Dezember auch ein Judenreferat gehörte.[381] Das Nonantola nächstgelegene Außenkommando hatte seinen Sitz in Bologna. Von ihm hing ein Außenposten in Modena ab, dessen Entstehungsdatum bisher nicht bekannt ist. Wahrscheinlich wurde er erst im Frühjahr 1944 zur Bekämpfung des Widerstands und der Partisanen errichtet.[382] Die Außenkommandos hielten sich bis zur Razzia in Rom mit Verhaftungen zurück, denn verstreute Verhaftungen hätten die Juden warnen und der Razzia den erwünschten Erfolg nehmen können. Die erste Verhaftung eines deportierten italienischen Juden fand in der Provinz Modena am 10. November statt, als die Kinder schon seit einigen Wochen nicht mehr in Nonantola waren. Bisher ist ungeklärt, ob sie von der deutschen oder der italienischen Polizei vorgenommen wurde.[383] Die Verhaftungen unter den über 200 ausländischen Juden in der Provinz Modena setzten am 30. November mit einer breit angelegten Razzia der italienischen Polizei gegen die zu der Zeit über fünf Gemeinden verteilten libyschen Juden ein.[384] Somit kann man nach allem davon ausgehen,

380 Liliana Picciotto Fargion, Il libro della memoria. Gli Ebrei deportati dall'Italia (1943–1945), Milano 1991, S. 811 ff.

381 Ebenda, S. 845 ff.

382 Ebenda, S. 801 ff.

383 Der Verhaftete war Guido Melli, ebenda, S. 411.

384 Vgl. Voigt, Deportazione e salvataggio degli ebrei nel modenese, S. 493.

dass das Außenkommando der SIPO und des SD in Bologna bis zur Abfahrt der letzten Kinder in die Schweiz am 16. Oktober nicht in Nonantola tätig wurde. Soweit von SS in Nonantola berichtet wird, können es nur Waffen-SS-Formationen auf dem Durchzug und in der „Krankensammelstelle" behandelte Soldaten sein, oder es liegt eine Verwechslung mit der Feldgendarmerie vor. Ein Auftreten des Außenkommandos der SIPO und des SD auf der Suche nach Angehörigen des Widerstands ist zu einem so frühen Zeitpunkt höchst unwahrscheinlich.

Gefahr ging aber auch von der Wehrmacht aus. In Finale Emilia, etwa 25 km nordöstlich von Nonantola in der Provinz Modena, wurden am 9. September, wenige Stunden nach dem Einmarsch der deutschen Truppen, alle dort internierten männlichen Juden vermutlich von der Feldgendarmerie in Haft genommen, aber schon nach ein oder zwei Tagen von der Platzkommandantur wieder freigelassen.[385] Ein solcher Vorfall ist bisher an keinem anderen Ort in Italien bezeugt. Er verdeutlicht nicht zuletzt den Ermessensspielraum der Militärstellen bei ihrem Vorgehen gegenüber Juden. In der Provinz Ascoli Piceno ordnete die Militärkommandantur am 8. Oktober 1943 die Verhaftung aller Juden, auch der italienischen, und ihre Einlieferung in das von ihr errichtete Konzentrationslager in Servigliano an.[386] Im äußersten Fall konnte eine Wehrmachtseinheit ohne höheren Befehl ein Massaker an Juden verüben, wie es bekanntlich in Meina am Lago Maggiore durch Angehörige der Waffen-SS der Fall war.[387]

Das Beispiel von Finale Emilia lässt daran denken, dass die Feldgendarmerie in den ersten Tagen der deutschen Besetzung auch in Nonantola Verhaftungen von Juden vornehmen wollte. Dazu hätte es freilich genügt, die nächste Umgebung der Villa Emma zu umstellen, wo sich zu der Zeit viele Jungen bei Casali, Leonardi und Raimondi aufhielten, während die libyschen Juden sowie ein bis zwei Mitarbeiter der Delasem noch im Gebäude waren. Das Ausbleiben von Verhaftungen beweist geradezu, dass keine Suche stattfand. Auch später war das Versteck trotz größerer Vorsicht so locker und lückenhaft, dass Festnahmen im Fall einer systematisch angelegten Razzia nicht ausgeblieben wären. In diesem Zusammenhang ist auch eine angeblich von der Feldgendarmerie geplante Durchsuchung des Seminars zu erwähnen, die in mehreren Darstellungen ihren Niederschlag gefunden hat.[388] Der verbreitetsten Version nach wurde die Durch-

385 Ebenda, S. 497.

386 Picciotto Fargion, Il libro della memoria, S. 834.

387 Giuseppe Mayda, Ebrei sotto Salò. La persecuzione antisemita 1943–1945, Milano 1978, S. 79 ff.

388 Die Episode wird erstmals von Vaccari, Villa Emma, S. 30, ohne Quellenverweis angeführt und von ihr in abweichender Version in Il tempo di decidere. Documenti e testimonianze

suchung dadurch verhindert, dass ein Pater den Einlass begehrenden Soldaten mutig entgegentrat und vor ihnen schwor, dass im Seminar keine Kinder versteckt waren, woraufhin sie wieder umkehrten. Der die Fantasie anregende Vorfall wird in den Erinnerungen Indigs mit keinem Wort erwähnt, obwohl er die meiste Zeit im Seminar war. Hätte es den Vorfall tatsächlich gegeben, wäre er von ihm sicher nicht ausgelassen worden. Auch sonst ist in Indigs Erinnerungen nur ganz allgemein von SS in Nonantola die Rede, die er als Bedrohung empfand. Er erwähnt jedoch mit keinem Wort, dass sie nach den Kindern gesucht habe. Nach allem bleibt nur die Schlussfolgerung, dass sich die Angst während des Verstecks, gesucht zu werden, im späteren Leben zur Gewissheit verfestigt hat. Andere Quellen bestätigen diese Gewissheit nicht.

Wie verhielten sich die Faschisten in Nonantola, Ascanio Boni, Bruno Lazzari, Agide Nobili, Carlo Zanni und andere, zum Versteck der Kinder? Vor dem Sturz Mussolinis hatten sie nichts an ihrer Anwesenheit auszusetzen gehabt, denn sie entsprach ja dem Willen des Innenministeriums und der Präfektur in Modena, und der Innenminister war Mussolini. Sie wachten lediglich darüber, dass die von der Quästur gewünschten Einschränkungen im Umgang mit der Bevölkerung eingehalten wurden.[389] Unter der Regierung Badoglio wurden die Faschistische Partei und die Miliz aufgelöst, sodass die Faschisten in Nonantola, so sehr sie auch weiterhin zusammenhielten, in den ersten Wochen der deutschen Besetzung ohne Organisation und öffentliche Funktion waren. Erst Anfang November, als die Kinder bereits abgereist waren, begann Bruno Lazzari, den örtlichen „Fascio" wieder herzustellen.[390] Boni spielte eine führende Rolle beim Neuaufbau der Miliz in Modena. Im Februar 1944 wurde er kommissarischer Bürgermeister von Nonantola.[391] Die Faschisten dürften daher mit dem Platzkommandanten, der sich ausschließlich die Stadtverwaltung dienstbar machte, keinen unmittelbaren Kontakt gehabt haben.

Lazzari, Boni und ihre Kameraden hatten zweifellos Kenntnis vom Versteck der Kinder, wenn vielleicht auch nicht von allen Einzelheiten. Dagegen vorzugehen, hätte bedeutet, sich mit dem Klerus anzulegen, was in Anbetracht der

sui rapporti tra il clero e la Resistenza, Modena 1968, S. 83 f., wiederholt. Eine verhinderte Haussuchung wird auch erwähnt von Albert Albahari und Marcel Hofmann, Antworten auf Rundbrief, wahrscheinlich in Zusammenhang mit einem Film, in den die Episode aufgenommen wurde.

389 Vgl. oben, S. 143 und Voigt, Zuflucht auf Widerruf, Bd. 2, S. 148.

390 ASCN, Miscellanea 1943–1945, Federazione dei Fasci di combattimento Modena an Ettore Rizzi, 4. 11. 1943. Vgl. Silingardi, Una provincia partigiana, S. 124 ff.

391 Silingardi, Una provincia partigiana, S. 125; Nannetti, Un comune in guerra, S. 88 f.; Gespräche mit Giambattista Moreali.

religiös gebundenen Bevölkerung und der eigenen schwachen Stellung nicht opportun erschien. Zudem standen zwei Lehrer am Seminar den Faschisten nahe. Don Augusto Corradi war sogar Kaplan der Miliz gewesen.[392] Der italienische Faschismus hatte weder einen Völkermord an den Juden geplant noch durchgeführt.[393] Wenn der Duce die Juden hart anging und sie in Schranken hielt, musste er nach Auffassung der Faschisten in Nonantola gute Gründe dafür haben, aber niemand von ihnen dachte daran, Juden zu töten oder gar das ganze jüdische Volk zu vernichten. Das Versteck wurde deshalb von den Faschisten, die auch die Gründe kannten, weshalb die meisten Kinder Waisen waren, als verständliche Reaktion auf die schrankenlose Verfolgung durch die Deutschen aufgefasst. Das Versteck war nicht gegen den Faschismus gerichtet, das war die Hauptsache. Die Kollaboration mit der Besatzungsmacht und der damit verbundene gegenseitige Informationsaustausch waren zu dieser Zeit noch in den Anfängen.

Trotzdem blieben die Faschisten in Nonantola nicht ganz passiv. Sie hatten es augenscheinlich auf Schoky abgesehen, der nach der Flucht in die Schweiz zu Protokoll gab, dass ihm die Miliz nachgespürt habe. Später wurde ihm mündlich eine Nachricht Pacificis überbracht, wonach „einige Deutsche, begleitet von zwei Faschisten" kurz nach seiner Abreise aus Nonantola nach ihm gefragt hätten.[394] Als er nach dem Krieg nach Nonantola zurückgekehrt war, führte er dazu aus, er sei von einem Gemeindewächter gewarnt worden, dass er als „subversiver Jude" gesucht werde.[395] Ein Grund für seine Festnahme ließ sich leicht finden: Es waren seine Umtriebe auf dem Schwarzen Markt, die sich nicht im gesetzlichen Rahmen hielten. Eine Bemerkung Baranis lässt darauf schließen, dass möglicherweise eine persönliche Abrechnung im Gang war. Demnach hätte sich Schoky mit keinem anderen als Boni auf ein Geschäft, vielleicht mit Beständen der Villa Emma, eingelassen, bei dem man nicht handelseinig wurde.[396]

Eine offene Frage bleibt, was die Faschisten in Nonantola, vor allem Boni als Milizionär von einigem Einfluss, zu einem späteren Zeitpunkt getan hätten,

392 Vaccari, Il tempo di decidere, S. 84; Gespräche mit Giambattista Moreali.

393 Picciotto Fargion, Il libro della memoria, S. 793; Sarfatti, Gli ebrei nell'Italia fascista, S. 204 f.

394 SBA, Bestand E 4264, N 17922/Silberschatz-Schoky, Marco, Einvernahmeprotokoll; CDEC, Fondo Valobra, Busta 3/4 Collaboratori, Schoky an Valobra, 31. Dez. 1943. Vaccari, Il tempo di decidere, S. 83 f., bringt die geplante Durchsuchung des Seminars mit der beabsichtigten Verhaftung Schokys nach der Abreise der Kinder in Verbindung.

395 Ferri, La vita libera, S. 104 f.

396 Villa Emma. Il luoghi e le persone, S. 28 (Testimonianza di Barani Aristide): „Il Sig. Marco ... mi disse che la notte di mercoledì sarebbero andati via di nascosto, perchè aveva promesso della roba al comandante dei republichini Boni, ma non l'aveva."

wenn die Kinder am Ort geblieben wären. Anfang Dezember 1943 ordnete die Regierung der Repubblica Sociale Italiana die Verhaftung aller in Italien lebenden Juden und ihre Einlieferung in Konzentrationslager an, womit sie unter dem Beifall deutscher Regierungsstellen eine eigene, weit über die früheren rassenpolitischen Maßnahmen hinausgehende Verfolgung auslöste.[397] Kurz danach kam es in der Provinz Modena zu einer Reihe von Verhaftungen, und Milizeinheiten begannen nach Juden zu suchen.[398]

Betrachtet man das Versteck der Kinder insgesamt, gewährten ihnen außer den Priestern im Seminar und den Nonnen des Hospitaliterordens ungefähr 30 Familien Unterkunft.[399] Die Zahl der Menschen, die mit ihnen im Versteck in Berührung kamen und ihnen dabei auf die eine oder andere Weise Hilfe leisteten, war um ein Vielfaches größer, wenn man allein die Angehörigen der meist großen Familien einbezieht. Gegenüber 10000 Einwohnern Nonantolas blieb der Kreis dennoch klein.

Was bewog diese Menschen, Bauern, Handwerker, Kaufleute und ihre Angehörigen, die Kinder zu schützen? Ein einigermaßen klares Bild über die Art der nationalsozialistischen Verfolgung hatten sicher nur Moreali, Don Beccari und einige Priester, die von Indig und anderen Betreuern im Gespräch darüber aufgeklärt worden waren. Aber fast jeder in Nonantola wusste, dass die Kinder als Flüchtlinge und Waisen schweres Leid erlitten hatten. Man hatte davon gehört, dass viele Väter in einem Konzentrationslager grausam umgebracht worden waren und dass von den nach Polen verschleppten Müttern und Geschwistern keine Nachrichten mehr eingingen. Einfache, weitgehend unpolitische Menschen empfanden Mitgefühl und waren erschüttert. Intuitiv spürten sie allein deshalb, weil die Kinder sich verstecken wollten, dass sie in Gefahr waren und Hilfe brauchten. Das Zureden Morealis, Don Beccaris und wahrscheinlich auch Friedmanns und anderer gab den letzten Anstoß zu dem Entschluss, sie in das Haus aufzunehmen. Besonders groß waren die Aufgeschlossenheit und Hilfsbereitschaft bei Familien wie den Baranis, den Tosattis, den Piccininis und den Nachbarn der Villa Emma, welche die Jungen und Mädchen schon seit Längerem persönlich kannten und sie in ihr Herz geschlossen hatten.

397 Picciotto Fargion, Il libro della memoria, S. 828 ff.; Sarfatti, Gli ebrei nell'Italia fascista, S. 245 ff.

398 Vgl. Gianfranco Scaglioni, Breve ricognizione storica sulle vicende degli ebrei modenesi e degli ebrei presenti nel Modenese tra il 1938 e il 1945, in: Rassegna di Storia dell'Istituto storico della Resistenza e di storia contemporanea in Modena e provincia 9 (1989), S. 113–125; Walter Bellisi, La persecuzione antiebraica nell'alta valle di Panaro, in derselben Zeitschrift 10 (1990), S. 39–57.

399 Vgl. oben, S. 214 ff.

Tullio Tosatti, der Sohn des Tischlermeisters Erio Tosatti, ist der Ansicht, sein Vater und alle, die in Nonantola den Kindern Unterschlupf gewährten, seien sich keiner Gefahr für sich selbst bewusst gewesen.[400] Ihm ist insofern zuzustimmen, als die Einwohner von Nonantola noch keinen deutschen Besatzungsterror gekannt hatten. Berichte jüdischer Flüchtlinge aus anderen Gegenden Italiens, wo Partisanen auftraten und infolgedessen Razzien und Repressalien durchgeführt wurden, bezeugen, dass die Angst viele gutwillige Menschen von Hilfe abhielt.[401] Trotzdem war es auch in Nonantola in den ersten Wochen der deutschen Besetzung eine mutige Tat, jüdische Kinder und Jugendliche zu verstecken. Noch wurden öffentlich keine Strafen angedroht, wenn jemand Juden versteckte. Aber die Bekanntmachungen der deutschen Militärkommandantur in Modena, wonach jeder, der alliierten Kriegsgefangenen Versteck gewährte oder ihnen auf der Flucht half, schwere Strafen zu gewärtigen hatte, waren ein deutliches Warnzeichen.[402] Indem die Priester, Nonnen und Familien in Nonantola die Kinder dem möglichen Zugriff ihrer Verfolger entzogen, stellten sie sich deren uneingeschränkten Machtanspruch in den Weg. Sie müssen geahnt haben, anders als Tullio Tosatti meint, dass sie etwas taten, das den Deutschen nicht genehm war und deshalb letztlich doch gefährlich war. Durch ihre Haltung leisteten sie eine Form von Widerstand.

Die Bevölkerung in Nonantola begegnete den Kindern seit ihrer Ankunft durchgehend mit Wohlwollen. Sie waren Gegenstand der Neugierde und bildeten beständigen Gesprächsstoff in den Familien, in den Bars und bei den Zusammenkünften der Männer auf den Straßen und Plätzen. Das weithin bekannte Versteck verstärkte eher noch die Sympathie. Niemand in Nonantola dachte daran, es zu verraten. Denunziationen hätten am ehesten von den Faschisten ausgehen können, die jedoch die Verschwiegenheit der anderen Einwohner teilten. Freilich wurden Denunziationen im Allgemeinen erst üblich, als in Italien eine Bürgerkriegssituation herrschte. Sie erfolgten dann in der Regel nicht an die deutschen, sondern an die italienischen Stellen, die sie im Rahmen der vereinbarten Zusammenarbeit an jene weitergaben.[403] Zu der Zeit, als sich die Kinder in Nonantola versteckt hielten, hatten die sich bildenden Widerstandsgruppen aber noch nicht den bewaffneten Kampf aufgenommen.

400 Gespräch mit Tullio Tosatti, Nonantola 1. 7. 1997.

401 Voigt, Zuflucht auf Widerruf, Bd. 2, S. 377 ff.; Karl Elsberg, Come sfuggimmo alla Gestapo e alle SS. Resoconto autobiografico, Aosta 1999, S. 64 f. Zur Haltung der Italiener gegenüber den verfolgten Juden während der deutschen Besatzung vgl. auch Susan Zuccotti, The Italians and the Holocaust. Persecution, Rescue, Survival, New York 1987, S. 74 ff.

402 Gazzetta dell'Emilia, 17./18. Sept. 1943; Silingardi, Una provincia partigiana, S. 174 f.

403 Zum Denunziantentum in Italien während des Faschismus vgl. Mimmo Franzinelli, Delatori. Spie e confidenti anonimi: l'arma segreta del regime fascista, Milano 2001.

Flucht in die Schweiz und zu den Alliierten

Das Versteck im Seminar, bei den Nonnen und den Familien konnte den Kindern nur vorübergehend Schutz bieten. Es musste deshalb alles versucht werden, sich rechtzeitig vor einer deutschen Razzia, und das hieß, sobald wie möglich, an einen sicheren Ort zu begeben. Als Mitte September der Platzkommandant abgelöst wurde, war Indig sehr besorgt. Bald erreichten Gerüchte aus Modena über bevorstehende Verhaftungen von Juden das Seminar.[404] Indig stand aber noch zusätzlich unter Druck, denn der Erzbischof von Modena, Cesare Boccoleri, der zugleich Abt von Nonantola war, legte Wert darauf, dass der Unterricht im Seminar, wie jedes Jahr, Anfang Oktober wieder aufgenommen und von ihm feierlich eröffnet wurde. Don Pelati und Don Beccari machten Indig Hoffnung, dass sich der Beginn des Schuljahres vielleicht verschieben ließe, aber letztlich war klar, dass der Aufenthalt im Seminar nicht lange beibehalten werden konnte.[405]

Um an einen sicheren Ort zu gelangen, gab es nur eine Alternative: die Flucht nach Norden in die Schweiz oder nach Süden zu den Alliierten. An die zweite Möglichkeit hatte Indig für den Ernstfall schon vor der deutschen Besetzung gedacht. Sie lag auch danach noch nahe, weil die Alliierten nach der Landung in Kalabrien und im Golf von Salerno zunächst zügig nach Norden vorrückten. Am 13. September wurde das Lager in Ferramonti-Tarsia bei Cosenza befreit, was in Nonantola durch den alliierten Rundfunk bekannt wurde.[406] Nach dem Volksaufstand in Neapel zogen sich die deutschen Truppen bis zum 30. September aus der Stadt zurück. Danach blieb die Front über ein halbes Jahr an der Linie Montecassino-Ortona stehen. Um die Verlegung der Kinder vorzubereiten, reiste Helene Barkic im Auftrag Indigs nach Florenz, wo sie sich mit Raffaele Cantoni beriet. Doch dieser muss sie von dem Gedanken, nach Süden zu gehen, abgebracht haben.[407] In der Tat stellte es eine nahezu unlösbare Aufgabe dar, für eine so große Gruppe in Rom oder weiter südlich eine Unterkunft, etwa in einem Kloster, zu finden und sie dort zu versorgen in der Hoffnung, dass sie bald von den Alliierten erreicht würde. Auch mit einer Verlegung nach Florenz oder in die Toskana wäre nichts gewonnen gewesen, denn an einem neuen Aufenthaltsort hätte in kurzer Zeit kaum dasselbe gute Verhältnis zur Bevölkerung wie in Nonantola hergestellt werden können.

404 Joškos Kinder. Josef Indigs Bericht, S. 229 (419); SBA, Bestand E 4264, N 14082/Ascher, Edgar, Einvernahmeprotokoll.

405 Joškos Kinder. Josef Indigs Bericht, S. 231 (420 ff.); Gespräche mit Arieh Koffler (Leo Koffler). Zur jährlichen Eröffnungszeremonie vgl. Bollettino del clero della diocesi di Modena e Nonantola 9–10 (Sept.–Okt. 1942); 9–10 (Sept.–Okt. 1943).

406 Robert Weiss, Antwort auf Rundbrief.

407 Joškos Kinder. Josef Indigs Bericht, S. 227, 230 (414, 420).

Doch einige Jungen und Mädchen, die schon seit Längerem den Aufbruch nach Süden ins Auge gefasst hatten, waren inzwischen unruhig geworden.[408] Nach allem, was sie gehört hatten, erschien es ihnen unwahrscheinlich, dass die Schweiz sie einreisen lassen würde. Deshalb hielten sie es für besser, die Gruppe zu verlassen und sich allein auf den Weg zu machen. Indig bedauerte einerseits ihren Entschluss, weil ihm die Älteren bei der Durchführung der Flucht der ganzen Gruppe behilflich sein konnten. Andererseits erleichterte es die Flucht, wenn die Gruppe kleiner war. Zurückhalten konnte er die Jungen und Mädchen ohnehin nicht, denn sie hatten bereits ein Alter erreicht, in dem sie für sich selbst verantwortlich waren.[409]

Schon am 9. September, als sich in Nonantola die ersten deutschen Truppen zeigten, fuhren Josef Papo und Kurt Schneider auf Fahrrädern los, um über Rimini und Ancona in die Nähe der Front zu gelangen. Eine Woche später, am 16. September, folgte ihnen Leo Koffler, der sich in einen Zug nach Ferrara setzte. Von dort legte er fast 400 km zu Fuß entlang der adriatischen Küste bis nach Farfa Filiorum Petri bei Chieti zurück, wo seine Freundin Lilly Lewin mit ihren Eltern und ihrer Schwester interniert war. Ebenfalls Mitte September brachen Josef Schiffmann und Gisela Wiesner und, unabhängig von ihnen, Kurt Hahn, Hans Silbermann und Leo Teplitzki mit der Bahn nach Rom auf. Mit den drei Letzteren verließen auch Max Federmann und Moshe Szapiro, der erst vor Kurzem als Betreuer zu der Gruppe gestoßen war, Nonantola in Richtung Ancona.[410]

Nach der deutschen Besetzung herrschte bei den verstreut untergebrachten Jungen und Mädchen zunächst Ungewissheit über das Ergehen ihrer Gefährten aus Lesno brdo und ihrer Verwandten, die in Italien interniert waren. Dann erhielt Robert Weiss einen Brief von einem Abt in Montiglio bei Asti, wo sich seine Tante und sein taubstummer Cousin aufhielten. Der Geistliche fragte an, ob der 15-jährige Junge in die Villa Emma aufgenommen werden könne, da dessen Mutter nach einer Operation im Krankenhaus liege. Robert fuhr daraufhin, begleitet von Arnold Weininger, mit der Bahn nach Montiglio. Dort stellte sich heraus, dass die Tante inzwischen aus dem Krankenhaus entlassen war und sie ihren Sohn nicht gehen lassen wollte. Auf der Rückfahrt trafen die beiden Jungen im Zug zufällig einen Mann aus Ponte Chiasso, der sie als Juden erkannte und sich anbot, ihnen bei der Flucht in die Schweiz behilflich zu sein, wozu er ihnen seine Anschrift übergab.[411]

408 CZA, S 26, 1197, Indig an unbekannte Empfänger, 4. 8. 1943.

409 Koffler, Die Entstehung unserer Jugendgemeinschaft, S. 326; Joškos Kinder. Josef Indigs Bericht, S. 228, 231 (417 f., 422).

410 Zur Flucht nach Süden vgl. im Einzelnen unten, S. 247 ff.

411 Robert Weiss, Antwort auf Rundbrief; Joškos Kinder. Josef Indigs Bericht, S. 230 f. (420 f.); Gespräche mit Arnold Wininger (Arnold Weininger).

Umgekehrt traten Therese und Alice Ascher, die Mutter und die Schwester Edgar Aschers, die Reise von Asti nach Nonantola an, um von dort gemeinsam mit ihm an die Schweizer Grenze zu fahren. Nach ihrer Ankunft in Nonantola hörten sie von Unbekannten, bei denen sie sich nach dem Weg zur Villa Emma erkundigten, dass die Kinder im Seminar waren. Sobald sie es erreicht hatten, wurde Edgar benachrichtigt, der aus seinem Versteck herbeieilte.[412]

Die Skepsis Cantonis muss ausschlaggebend gewesen sein, weshalb Indig seinen ursprünglichen Plan, mit den Kindern den Weg nach Süden einzuschlagen, nicht weiterverfolgte. Stattdessen kam durch den Bericht von Robert Weiss und Arnold Weininger über ihre Begegnung mit dem Mann aus Ponte Chiasso die Schweiz in den Blick. Indig wagte es jedoch nicht, von dessen Anschrift Gebrauch zu machen, sondern fragte Goffredo Pacifici um Rat, den einzigen Mitarbeiter der Delasem, der nach der Abreise von Laura Cavaglione, Salomon Brawer, Ferdinand Glücks und Walter Reichmann in Nonantola geblieben war. Pacifici hatte früher bei einer Speditionsfirma gearbeitet und kannte daher das Schweizer Grenzgebiet. Sein Bruder Aldo wohnte in Ponte Chiasso, dicht an der Grenze. Pacifici muss davon gehört haben, dass man den Grenzfluss, die Tresa, im Herbst bei niedrigem Wasserstand durchwaten konnte. Indig nahm seinen Vorschlag an, mit ihm nach Ponte Tresa zu fahren, um die Möglichkeiten des Übergangs über den Fluss zu erkunden. Dort angekommen, nahmen sie Verbindung zu Schmugglern auf, deren Ortskenntnis zum Gelingen der Flucht unentbehrlich war, und sie trafen mit ihnen Vereinbarungen für die Überquerung der Grenze. Spätestens am 26. September waren beide wieder nach Nonantola zurückgekehrt.[413]

Die Schmuggler verlangten, wie Indig in der hebräischen Fassung seiner Erinnerungen ausführt, 1000 Lire für jedes Kind, was damals fast dem doppelten Monatslohn eines Arbeiters entsprach. Man darf davon ausgehen, dass Pacifici mit Friedmann und Donati in Verbindung stand, die ihm entweder aus eigenem Vermögen oder aus dem Kassenbestand der inzwischen geschlossenen Vertretung der Delasem in Modena Geld zur Finanzierung der Flucht übergaben.[414] Vermutlich schoss auch Schoky wieder etwas vor. Sicherlich reichten aber die vorhandenen Mittel bei Weitem nicht für die 64 noch in Nonantola befindlichen Kinder

412 SBA, Bestand E 4264, N 14082/Ascher, Therese und Alice, Einvernahmeprotokoll; Gespräche mit Edgar Ascher.

413 Joškos Kinder. Josef Indigs Bericht, S. 232 f. (432 f.); Graziella Pacifici, „La nemica" 1943, Alghero 1994, S. 96 f.

414 Ithai, Yaldei Villa Emma, S. 282. In der deutschen Fassung hatte Indig noch behauptet, die Schmuggler hätten kein Geld verlangt: Joškos Kinder. Josef Indigs Bericht, S. 233 (424); vgl. Paini, I sentieri della speranza, S. 146 f., 175.

aus. Robert Weiss entsinnt sich, dass es Indigs beständige Sorge war, wie er die Flucht bezahlen sollte.[415] Eine wichtige Voraussetzung für die Flucht war auch der Besitz von Ausweispapieren, die bei Kontrollen der Feldgendarmerie in den Zügen und auf den Bahnhöfen vorgezeigt werden mussten. Kennkarten für Ausländer stellten die Behörden während des Krieges an Juden nur zum Zweck der Ausreise aus Italien aus.[416] Unter der Regierung Badoglio erfuhr diese Beschränkung allem Anschein nach eine Lockerung, sodass der Nachweis der Ausreise nicht mehr notwendig war. Die Internierten durften grundsätzlich keine Ausweispapiere bei sich haben, damit sie sich nicht vom Internierungsort entfernen oder gar fliehen konnten. In dieser Hinsicht waren die Kinder aufgrund ihres besonderen Status als von der Internierung ausgenommene Ausländer begünstigt.[417]

Die frühesten von der Gemeindeverwaltung in Nonantola für Kinder und Erwachsene in der Villa Emma ausgestellten Kennkarten sind Mitte August 1943 datiert. In ihnen ist die Staatsbürgerschaft eingetragen oder bei Deutschen, Österreichern und Polen, denen sie abgesprochen worden war, der Vermerk „staatenlos".[418] Es fehlt die früher vorgeschriebene Eintragung „Angehöriger der jüdischen Rasse", auf der das Innenministerium zuletzt im August 1942 in einem Rundschreiben an die Präfekten bestanden hatte.[419] Die Eintragung fiel unter der Regierung Badoglio entweder generell fort, obwohl die Rassengesetze weiter in Kraft waren, oder Ettore Rizzi, der während der Regierung Badoglio ins Amt gekommene kommissarische Bürgermeister von Nonantola, fügte sie auf eigene Verantwortung nicht hinzu, vielleicht nach Rücksprache mit der Präfektur in Modena. In den ersten Wochen der deutschen Besetzung, als die italienische Verwaltung weitgehend lahmgelegt war, wurden sicher keine neuen Anordnungen getroffen. Das Fehlen der Eintragung hatte den unschätzbaren Wert, dass ein Jude nicht sofort zu erkennen war, auch wenn die Zug- und Bahnhofskontrollen, soweit sich bisher sagen lässt, vorerst nicht gegen Juden, sondern gegen entflohene alliierte Kriegsgefangene sowie gegen Soldaten des aufgelösten italienischen Heeres gerichtet waren.[420] Auch die Angabe „Kroate", etwa in der Kennkarte Indigs,

415 Briefliche Mitteilung von Robert Weiss, 25. 1. 2000.

416 ASCN, Miscellanea 1943–45, Bollettino Prefettura n. 27 del 22 agosto 1942, Rundschreiben der Präfektur Modena vom 19. 8. 1942 an die Bürgermeister und Präfekturkommissare der Provinz.

417 Voigt, Zuflucht auf Widerruf, Bd. 2, S. 96, 332.

418 Abbildungen in Ithai, Yaldei Villa Emma, S. 308, 311; Ferri, La vita libera, S. 106 f.

419 ASCN, Miscellanea 1943–45, Bollettino Prefettura n. 27 del 22 agosto, Rundschreiben der Präfektur Modena vom 19. Aug. 1942.

420 Bezeichnend ist hierfür die Szene, die Louis Goldman miterlebt hat. Als sein Vater bei einer Zugkontrolle bei Genua im Sept./Okt. 1943 ohne gültige Papiere war, bemerkte dazu

konnte sich bei Kontrollen günstig auswirken, da das Kroatien des Ustascha-Regimes für Italien wie für Deutschland ein befreundeter Staat war. Die Kennkarte für Ausländer schützte zudem die über 18 Jahre alten Jungen, die bereits wehrfähig waren, vor der Verwechslung mit Italienern.

Es heißt, nach der Besetzung Nonantolas habe der Gemeindesekretär, Camillo Tosatti, gezögert, weitere Kennkarten auszustellen. Indig habe sich deshalb an den Bürgermeister wenden müssen, der daraufhin die Ausstellung persönlich veranlasst habe.[421] Wie Giuseppe Moreali „um der Wahrheit willen" in seinen Erinnerungen bemerkt, habe ein „hoher Gemeindeangestellter", dessen Namen er nicht nennen will, für drei Kennkarten von Schoky Stoffe und Futter aus dem Magazin der Delasem für drei Anzüge verlangt.[422] Bis zu ihrer Abreise in die Schweiz besaßen jedenfalls alle Kinder die unentbehrlichen Kennkarten.[423]

Indig und Pacifici können bei ihren Erkundigungen in Ponte Tresa kein klares Bild gewonnen haben, wie sich die Schweizer Grenzorgane gegenüber jüdischen Flüchtlingen verhielten. Man wird ihnen gesagt haben, dass einige Flüchtlinge, nachdem sie die Grenze überquert hatten, in der Schweiz geblieben und andere von dort zurückgekommen waren. In der Tat hatte das Eidgenössische Justiz- und Polizeidepartement den Grenzposten, die vom Heer gestellt wurden, am 14. September Weisung erteilt, alle Ausländer, „die glaubhaft machen, sie seien besonders gefährdet an Leib und Leben", dem Offizier des für die Grenzüberwachung zuständigen Territorialkommandos zu melden, der über die Aufnahme oder Zurückweisung zu entscheiden hatte. Nachdem am 17. September über 10 000 frühere italienische Soldaten, die sich der Meldung in den Kasernen zum Abtransport nach Deutschland widersetzt hatten, über die Grenze gedrungen waren, wurde diese für Männer über 16 Jahre gesperrt. Es blieben zwar Ausnahmen bestehen, aber Juden galten als weniger gefährdet, weil das Eidgenössische Justiz- und Polizeidepartement bisher noch keine Anhaltspunkte für

ein deutscher Offizier: „Sie haben Glück, Sie können weiterfahren. Heute suchen wir keine polnischen Juden, sondern geflohene britische Kriegsgefangene!" Louis Goldman, Amici per la vita, Florenz 1993, S. 33.

421 Joškos Kinder. Josef Indigs Bericht, S. 222 f. (406 ff.).

422 Moreali, Sprazzi di luce, S. 8.

423 Lange Zeit wurde angenommen, dass die Kinder der Villa Emma vor ihrer Flucht mit falschen, in der Abtei von Nonantola hergestellten Kennkarten mit dem Stempel der Stadt Larino im Molise versehen wurden. Diese Auffassung ist von Enrico Ferri, La vita libera, S. 100 ff., widerlegt worden, der unter anderem nachgewiesen hat, dass die Kennkarten mit dem Stempel Larino erst später entstanden sind, als die Stadt von den Alliierten befreit war. Die Forschungen Ferris werden durch die Angaben in den Personaldossiers der Schweizer Polizei in SBA, Bestand E 4264, bestätigt.

Verhaftungen und Deportationen in Italien hatte. Vor der Gefahr, dass sie wie in den anderen besetzten Ländern jederzeit erfolgen konnten, schloss es die Augen. Je nach dem Zustrom zu einem Zeitpunkt oder an einem Grenzabschnitt wurden die Ausnahmen unterschiedlich gehandhabt. Besonders restriktiv war das Vorgehen an der Grenze zum Tessin, über die ungefähr 85 Prozent aller Flüchtlinge von Italien aus die Schweiz zu erreichen suchten.[424]

Bei der Flucht in die Schweiz bestand außer dem Risiko der Zurückweisung vor allem die Gefahr der Festnahme durch den deutschen Zollgrenzschutz, der ab Mitte September zur Bewachung der Grenze zwischen dem Lago Maggiore und dem Stilfzer Joch eingesetzt war und die italienischen Grenzorgane seinem Befehl unterstellt hatte. In Ponte Tresa, das zum Bezirkskommando des Zollgrenzschutzes in Varese gehörte, waren in der Kaserne der Finanzwache (Guardia di Finanza) 17 Mann stationiert, die einen Grenzabschnitt von etwa 20 km längs der Tresa und des Luganer Sees zu kontrollieren hatten. Nachdem am 19. September eine umfassende Grenzsperre verhängt worden war, nahmen die Streifen des Zollgrenzschutzes alle Personen fest, die sich der Grenze näherten, und brachten sie in das Gefängnis in Varese. Insgesamt wurden im Laufe des Oktober im Bereich des Bezirkskommandos Varese 108 Personen, unter ihnen 16 Juden, festgenommen. Die früheste Verhaftung eines Juden ist am 11. Oktober bezeugt. Drei Tage später traf das Außenkommando der SIPO und des SD in Como eine Vereinbarung „über Zusammenarbeit mit dem Zollgrenzschutz“. Dies hieß im Klartext, dass alle an der Grenze festgenommenen Juden nach ihrer Einlieferung in das Gefängnis in Varese der SIPO und dem SD übergeben wurden, die sie anschließend in das Gefängnis San Vittore in Mailand überführen ließ. Von dort erfolgte die Deportation nach Auschwitz.[425]

Indig war sich nach seiner Reise nach Ponte Tresa der drohenden Verhaftung durch den Zollgrenzschutz völlig bewusst. Da aber auch in Nonantola jederzeit Verhaftungen möglich waren und der Erzbischof von Modena drängte, das Seminar zu räumen, blieb keine andere Wahl, als den Aufbruch in die Schweiz zu wagen. Alle Kinder gleichzeitig an die Grenze zu schicken, wäre unverantwortlich gewesen. Es wurde deshalb beschlossen, kleine Gruppen von ungefähr sechs Personen zu bilden, die in Abständen von zwei Tagen an die Grenze fahren sollten, um zu

424 Renata Broggini, La frontiera della speranza. Gli ebrei dall'Italia verso la Svizzera 1943–1945, Mailand 1998, S. 88 ff.; Renata Broggini, Terra d'asilo. I rifugiati italiani in Svizzera 1943–45, Lugano 1993, S. 82 ff; Voigt, Zuflucht auf Widerruf, Bd. 2, S. 394 ff.

425 Museo di Storia Contemporanea, Mailand, Chronik über den Kriegseinsatz des Zollgrenzschutzes in Italien, Bezirkskommando Varese (auch in CDEC); Broggini, La frontiera della speranza, S. 57 f.

erproben, ob die Schweiz sie aufnahm. Im Falle der Zurückweisung war vereinbart, dass sie nach Nonantola zurückkehrten. Dann sollte mit der Abfahrt der folgenden Gruppen gewartet werden, bis Kontakt zu Nathan Schwalb und Richard Lichtheim hergestellt war, die bei der Schweizer Regierung für die Aufnahme eintreten konnten. Pacifici bot sich an, jede Gruppe auf dem Bahnhof von Mailand zu übernehmen und sie von dort in die Nähe der Grenze zu geleiten, wo er gemeinsam mit den Schmugglern die Durchquerung der Tresa vorbereiten wollte. Alle, die sich auf den Weg machten, sollten mit den Anschriften und Telefonnummern Schwalbs und Lichtheims versehen sein, um sie sofort nach der Ankunft in der Schweiz von der gelungenen Flucht benachrichtigen zu können.[426]

Wie viele „Probegruppen" es gab, wie sie zusammengesetzt waren und wann sie von Nonantola abfuhren, ist nicht endgültig zu rekonstruieren, weil die Aussagen der Beteiligten vielfach unklar und widersprüchlich sind und die Akten der Schweizer Behörden kein vollständiges Bild zulassen. Indig erwähnt in seinen Erinnerungen drei Gruppen, während Robert Steins Mitteilungen auf vier Gruppen schließen lassen.

Die erste Gruppe verließ Nonantola, begleitet von Pacifici, am 27. September. Sie bestand, wie sich ziemlich sicher sagen lässt, aus Alexander Licht, seiner Frau Erna und seiner Tochter Tamar sowie aus Eva Rosenbaum, Zdenko Schmidt und Hans Sussmann, die zwischen 19 und 21 Jahre alt waren. Die sechs wurden auf der Fahrt mit der Bahn über Modena, Mailand und Varese nicht aufgehalten und erreichten am Nachmittag oder Abend desselben Tages das Grenzgebiet, wo sie sich einige Stunden versteckt hielten. Am nächsten Morgen durchwateten sie noch bei Dunkelheit die Tresa an einer nicht näher bezeichneten Stelle unweit von Ponte Tresa, nachdem sich Pacifici kurz zuvor von ihnen getrennt hatte.[427] Alexander Licht konnte aufgrund seiner Gestapohaft in Graz damit rechnen, als politisch Verfolgter mit seiner Familie in der Schweiz aufgenommen zu werden. Am 28. September gegen zwei Uhr nachmittags wurde Lichtheim telefonisch verständigt, dass sich Licht auf Schweizer Boden befand. Lichtheim wandte sich an die Gesandtschaft der jugoslawischen Exilregierung in Bern, die sich sogleich beim Eidgenössischen Justiz- und Polizeidepartement für Licht verwandte, dem daraufhin mit seiner Familie der Aufenthalt gewährt wurde.[428] Die drei anderen

426 Joškos Kinder. Josef Indigs Bericht, S. 233 ff. (424 f.); Gespräche mit Robert Stein und Tilla Offenberger (Tilla Nagler).

427 SBA; Bestand E 2464, N 13636/Licht, Alexander.

428 CZA, L 22, 338, Mieczeslaw Kahany, Aktennotiz betr. Interventionen bei der jugoslawischen Gesandtschaft im Zusammenhang mit der Flüchtlingswelle aus Norditalien, 11. 10. 1942.

hingegen wurden, wahrscheinlich weil in den letzten Tagen die Zahl der Flüchtlinge stark zugenommen hatte, an einer auf der anderen Seite der Grenze gerade unbewachten Stelle östlich von Luino auf italienisches Gebiet zurückgeschickt, von wo sie sich auf den Rückweg nach Nonantola machten.[429]

Der zweiten Gruppe gehörten, soweit die Namen bekannt sind, Robert Stein, Mala Braun, Aron Koen, Leo Levi, Tilla Nagler, Leone Kajon und wahrscheinlich auch Laszlo Toeroek an. Aron Koen und Leo Levi waren mit sieben und elf Jahren zwei der kleinsten Kinder aus der Villa Emma. Die anderen waren über 16 Jahre alt. Die zweite Gruppe müsste am 29. September in Nonantola abgefahren sein in der Annahme, dass die erste die Grenze passiert hatte, und von Pacifici auf dem Mailänder Hauptbahnhof in Empfang genommen worden sein. Nach den Schweizer Akten steht eindeutig fest, dass die zweite Gruppe am Morgen des 30. September ungefähr an derselben Stelle wie die erste die Tresa durchquerte. Stein erinnert sich, dass sich in ihrer Begleitung einige aus der Gefangenschaft entflohene Engländer befanden. Sie waren ihm und den Jungen und Mädchen beim Durchwaten des Flusses, der starke Strömung hatte, behilflich, indem sie ein Seil über ihn spannten, an welchem sie sich festhalten konnten.[430]

Nachdem die Gruppe Schweizer Gebiet erreicht hatte, wurden alle über 16-Jährigen nach einem Verhör durch die Schweizer Heerespolizei im Laufe von 24 Stunden wiederum östlich von Luino nach Italien zurückgeschickt. Aufgenommen wurde Mala Braun, die nach den Anstrengungen der Flucht einen Schwächeanfall erlitt, sodass sie nach Lugano in ein Krankenhaus gebracht

429 SBA; Bestand E 4264, N 13636/Licht, Alexander; Gespräch mit Eva Gast (Eva Rosenbaum). Zu den Regelungen bei illegaler Einreise und den dabei gewährten Ausnahmen von der Zurückweisung vgl. Guido Koller, Entscheidungen über Leben und Tod. Die behördliche Praxis in der Schweizerischen Flüchtlingspolitik während des Zweiten Weltkriegs, in: Die Schweiz und die Flüchtlinge 1933–1945, Bern 1996, S. 17–106, hier S. 36 f.

430 CZA, L 22, 338, Kahany, Aktennotiz betr. Interventionen bei der jugoslawischen Gesandtschaft; Gespräche mit Robert Stein und Tilla Offenberger (Tilla Nagler); Arieh Ben Moshe (Leone Kajon), Antwort auf Rundbrief. Die Interpretation beruht auf Gesprächen mit Robert Stein, wonach die erste und zweite Gruppe unabhängig voneinander die Schweizer Grenze überschritten. Dies wird durch die Fragebogen und Abhörprotokolle in SBA, Bestand E 4264 zu Alexander Licht und Mala Braun bestätigt. Demnach gelangte die erste Gruppe am Morgen des 28. September und die zweite am Morgen des 30. September auf Schweizer Gebiet. Nach Joškos Kinder. Josef Indigs Bericht, S. 233 (424) zählt hingegen die zweite Gruppe zur ersten und erwähnt die gemeinsame Abfahrt von ungefähr zehn Personen. Die zweite Gruppe hätte sich somit in der Nähe der Grenze von der ersten getrennt und sich dort zwei Tage versteckt gehalten. Dem widerspricht, dass Licht im Abhörprotokoll den Abfahrtstermin mit dem 27. September und Mala Braun im Fragebogen mit dem 29. September angibt.

werden musste, wo eine Schwangerschaft festgestellt wurde. Deshalb durfte sie nach den geltenden Regeln in der Schweiz bleiben. Dasselbe Recht wurde auch Aron Koen und Leo Levi zuteil, weil sie jünger als 16 Jahre waren.[431]

Die dritte Gruppe dürfte am 30. September in Nonantola den Zug bestiegen haben. Sie wurde der Angabe Indigs nach von Bories angeführt. Namentlich sind außer ihm nur Susanne Elster, Emanuel Issler und Blume Zwick bekannt. Vielleicht kam auch Laszlo Toeroek hinzu, falls er nicht mit der zweiten Gruppe mitgefahren war.[432] Indig begleitete diese Gruppe, wie er berichtet, bis nach Mailand, um sich auf dem Bahnhof mit Pacifici zu treffen, von dem er Gewissheit erhalten wollte, was sich bisher an der Grenze zugetragen hatte. Bei der Zugkontrolle durch die Feldgendarmerie in Reggio Emilia wurden die in Nonantola ausgestellten Kennkarten nicht beanstandet. Der Zug blieb unterwegs, vielleicht wegen eines Fliegeralarms, mehrmals stehen und hatte schließlich in Mailand solche Verspätung, dass der letzte Anschlusszug nach Varese abgefahren war. Zur Übernachtung bot sich die Bahnhofstoilette an, in die sich Indig mit den Seinen gegen Bezahlung einer beträchtlichen Summe einschließen ließ.[433] An die Einschließung in der Bahnhofstoilette erinnert sich auch Stein, und zwar bei der Rückreise von der Schweizer Grenze bei Luino. Er meint jedoch, Indig erst am nächsten Morgen auf dem Mailänder Bahnhof getroffen haben. Indig wusste also jetzt, was mit der zweiten Gruppe geschehen war. Nach Mitteilung von Susanne Elster und Emanuel Issler fuhr die dritte Gruppe dennoch an die Grenze weiter, versuchte aber nicht den Übergang. Der Grund könnte gewesen sein, dass die Tresa nach einem starken Regen zu sehr angeschwollen war.[434]

Bevor Indig von Mailand nach Nonantola zurückgekehrt war, hatte eine vierte Gruppe die Fahrt mit dem Zug in Richtung der Schweizer Grenze angetreten. Es waren Armand Moreno, Edgar Ascher, Arnold Weininger und Robert Weiss, zu denen in Modena Therese und Alice Ascher hinzukamen. Sie vertrauten sich dem Mann in Ponte Chiasso an, der Weiss und Weininger seine Anschrift im Zug übergeben hatte. Über den Zeitpunkt und die Umstände der Fahrt in wie immer unglaublich überfüllten Wagen bestehen widersprüchliche Angaben. Wie Indig ausführt, fuhr die Gruppe vor allen anderen in Nonantola ab. Dieser Auffassung

431 SBA; Bestand E 4264, N 17444/Braun, Mala, Protokoll der kantonalen Gendarmerie in Lugano, 5. 10. 1943; N 18057/Levi, Leone, Protokoll, Agno 30. 9. 1943.

432 Joškos Kinder. Josef Indigs Bericht, S. 233 f. (424 ff.); Gespräche mit Robert Stein; Susanne Mantel (Susanne Elster), Emanuel Issler, Irit Rosenberg (Blume Zwick), Antworten auf Rundbrief.

433 Joškos Kinder. Josef Indigs Bericht, S. 234 (425); Gespräche mit Robert Stein, telefonische Auskunft von Emanuel Issler, Ramat-Gan, 29. 4. 2000.

434 Susanne Mantel (Susanne Elster), Antwort auf Rundbrief.

folgt auch Weiss, der die Abfahrt am 27. September ansetzt. Ascher erinnert sich an ein bis zwei schlaflose Nächte, die er auf Bänken im schon stark zerstörten Mailänder Hauptbahnhof verbrachte.[435] Dem stehen jedoch die Aussagen gegenüber, die von den sechs Flüchtlingen nach ihrer Ankunft in der Schweiz zu Protokoll gegeben wurden. Sie könnten untereinander abgesprochen sein, damit die Schweizer Polizei nicht die genauen Vorgänge bei der Flucht erfuhr. Alle Aussagen stimmen darin überein, dass die Gruppe am 1. Oktober um 7 Uhr 15 in Nonantola losfuhr und einen Tag unterwegs war, was auch den damaligen Verkehrsverhältnissen nach möglich war.[436] Den letzten Teil der Reise von Como bis Ponte Chiasso legte sie im Bus zurück. In der Wohnung ihres Bekannten bereitete dessen Frau am Abend für die sechs ein warmes Reisgericht zu. Gegen Mitternacht wurden sie von zwei Schmugglern abgeholt, die sie über steile Pfade zum Grenzzaun führten. Plötzlich näherten sich von der anderen Seite der Grenze in der Dunkelheit einige Gestalten, die Säcke unter dem Maschendraht hindurchschoben und dazu aufforderten, unter ihm hindurchzukriechen. Erst unmittelbar am Zaun sollen die italienischen Schmuggler Geld verlangt haben, das ihnen daraufhin gegeben wurde.[437]

Auf Schweizer Boden folgten die sechs einem Begleiter bis zu einem Bauernhof, wo sie den Rest der Nacht in einer Scheune verbrachten. Von dort beförderte sie ein Taxi oder, wie es auch heißt, ein Milchwagen zum Bahnhof in Lugano, wo sie nicht auffielen und den nächsten Zug nach Zürich nahmen. Sie hatten unglaubliches Glück gehabt, denn in Lugano waren sie bereits vor der Zurückweisung sicher, die nach den Schweizer Vorschriften nur nach der Festnahme im unmittelbaren Grenzgebiet erfolgen durfte.[438]

In Zürich suchten sie den Verband Schweizer Jüdischer Flüchtlingshilfen auf, der sie mit Nathan Schwalb und Saly Mayer in Verbindung brachte. In einem Gespräch mit Mayer trugen sie die Bitte vor, die Flucht der noch in Nonantola befindlichen Kinder finanziell zu unterstützen. Kurz danach meldeten sie sich in Zürich bei der Polizei zur Legalisierung ihres Aufenthalts, was in ihrem Fall die Internierung bedeutete.[439]

435 Joškos Kinder. Josef Indigs Bericht, S. 231 (423); Robert Weiss, Antwort auf Rundbrief; Gespräche mit Edgar Ascher und Arnold Wininger.

436 SBA, Bestand E 4264, N 14082/Ascher, Edgar; N 14164/Moreno, Armando; N 14364/Weininger, Arnold; N 17270/Weiss, Robert.

437 Ebenda; Robert Weiss, Antwort auf Rundbrief; Gespräche mit Edgar Ascher und Arnold Wininger.

438 Ebenda; Weiss, Joško's Children, S. 195 ff.; briefliche Mitteilung von Robert Weiss, 25. 1. 2000.

439 Ebenda; Gespräche mit Edgar Ascher und Arnold Wininger.

Nachdem Indig in Mailand erfahren hatte, dass Stein mit einem Teil der zweiten Gruppe die Einreise in die Schweiz verwehrt worden war, hoffte er, dass Lichtheim und Schwalb durch Licht über die Ankunft weiterer Gruppen unterrichtet waren und inzwischen bei den Schweizer Behörden die Einreiseerlaubnis für sie erwirkt hatten. Doch die Hoffnung täuschte, denn Lichtheim wusste zunächst nicht mehr, als dass sich Licht und seine Familie auf Schweizer Boden befanden. Da den an der Grenze Festgenommenen bis zur Gewährung des Aufenthalts grundsätzlich verboten war zu telefonieren, müsste Lichtheim von dem Offizier eines Grenzpostens angerufen und über die Ankunft Lichts informiert worden sein.[440] Schwalb hatte ebenfalls nur durch die Grenzbehörden Kenntnis erhalten, dass Mala Braun, Aron Koen und Leo Levi Aufnahme gefunden hatten, wusste aber ebenfalls nicht, dass andere zurückgeschickt worden waren. Als die Flüchtlinge der vierten Gruppe am 3. oder 4. Oktober in Zürich mit Saly Mayer sprachen, konnten sie ihm höchstens mitteilen, dass weitere Gruppen in Nonantola abgefahren waren.[441] Lichtheim war wahrscheinlich erst am 4. Oktober durch einen an ihn weitergeleiteten Bericht Lichts über die Zurückweisung von Eva Rosenbaum, Zdenko Schmidt und Hans Sussmann auf dem Laufenden.[442]

Als Pacifici und alle, die in der Schweiz keinen Einlass gefunden hatten, nach Nonantola zurückgekehrt waren, beschloss Indig, mit Pacifici zu dessen Bruder nach Ponte Chiasso zu fahren. Von dort aus wollte er Schwalb mit einem Boten zu erreichen suchen, der mit der Gewissheit zurückkehrte, dass die Schweizer Regierung alle Kinder und Betreuer aufzunehmen bereit war, und das zur Bezahlung der Schmuggler noch benötigte restliche Geld überbrachte. Der Zufall wollte es, dass Pacifici oder sein Bruder den Direktor einer Schweizer Speditionsfirma kannte, der regelmäßig nach Ponte Chiasso kam. Indig übergab ihm am Morgen des 4. Oktober am Grenzübergang in Ponte Chiasso einen Brief für Schwalb mit einer Namensliste der Kinder und Betreuer und bat ihn eindringlich, mit Schwalb zu telefonieren und ein Treffen mit ihm zu vereinbaren.[443]

Der namentlich nicht genannte Schweizer führte den Auftrag getreulich aus. Er benachrichtigte wahrscheinlich noch am selben Tag Schwalb am Telefon und kam mit ihm spätestens am nächsten Morgen in Bern zusammen. Dabei übergab ihm Schwalb den von Indig erbetenen Geldbetrag zur Bezahlung der Wegführer,

440 Ithai, Die Kinder der Villa Emma, Typoskript, S. (425); CZA, L 22, 338, Kahany, Aktennotiz betr. Interventionen bei der jugoslawischen Gesandtschaft.

441 SBA, Bestand E 4264, N 18057/Levi, Leone, Protokoll, Agno 30. 9. 1943.

442 CZA, L 22, 338, Licht an Rothmüller, 3. 10. 1943; Kahany, Aktennotiz betr. Interventionen bei der jugoslawischen Gesandtschaft.

443 Joškos Kinder. Josef Indigs Bericht, S. 235 f. (427 f.).

oder er traf mit ihm eine Kreditvereinbarung.[444] Unmittelbar nach dem Treffen sprach Schwalb bei dem Gesandten der jugoslawischen Exilregierung in Bern, Dragos Dragutinovic, vor, der daraufhin bei Lichtheim anrief und sich nach Schwalb erkundigte. Nachdem Lichtheim ihm bestätigt hatte, dass Schwalb im Einvernehmen mit ihm handele, intervenierte der Gesandte umgehend beim Eidgenössischen Justiz- und Polizeidepartement. Dieses erteilte die erhoffte Zustimmung zur Einreise der Kindergruppe mit ihren Begleitern unter der Bedingung, dass die Gesandtschaft für ihren Unterhalt und ihre Weiterreise nach dem Krieg garantiert. Nachdem Dragutinovic beides zugesichert hatte, rief er bei Lichtheim an und teilte ihm die Entscheidung der Regierung mit. Lichtheim informierte Schwalb, der seinerseits in einem weiteren Telefongespräch den Schweizer Spediteur benachrichtigte.[445]

Sobald der Spediteur Indig am Nachmittag des 5. Oktober in Ponte Chiasso über das Vorangegangene berichtet und ihm das Geld übergeben hatte, begab sich dieser nach Nonantola zurück. Gleichzeitig brach Pacifici nach Ponte Tresa auf, um mit den Schmugglern die Grenzüberquerung in die Wege zu leiten. Indig kam am selben Abend so spät in Modena an, dass er den letzten Zug nach Nonantola verpasste und nach einem Anruf in der Abtei mit einem Auto abgeholt werden musste. Kurz nach der Ankunft besuchte er Friedmann in dessen Landhaus, um ihm die bevorstehende Abfahrt eines großen Teils der Kinder anzukündigen und sich von ihm zu verabschieden. Wie Indig in seinen Erinnerungen schreibt, sei nur noch eine Frist von drei Tagen zum Verlassen des Seminars geblieben.[446]

Am Vormittag des 6. Oktober wurde in fiebriger Eile zunächst die Abfahrt von 36 Jungen und Mädchen und sieben Betreuern vorbereitet. Die Letzteren waren Indig, Barkic, Bories, Stein, Awin, Maestro und Romano.[447] Die meisten Teilnehmer der Fahrt waren bei Familien untergekommen und mussten dort benachrichtigt werden. Einige waren schon in den Tagen zuvor in das Seminar geholt worden. Andere, wie etwa Stein, wohnten nach der Rückkehr von der Schweizer Grenze vorübergehend in einer Locanda. Vermutlich wurden für die

444 CZA, L 22, 338, Kahany an Schwalb, 5. 10. 1943. Zur Überbringung eines Geldbetrages findet sich in den Quellen keine explizite Aussage; es ist jedoch nach allem daraus zu schließen.

445 CZA, L 22, 338, Kahany, Aktennotiz betr. Interventionen bei der jugoslawischen Gesandtschaft; SBA, Bestand J II 55 (-) SHEK, Bd. 51, Aktennotiz betr. 80 jugoslawische Kinder, 8. 10. 1943.

446 Joškos Kinder. Josef Indigs Bericht, S. 237 f. (429 ff.).

447 Zusammensetzung der Gruppe und Angabe des Datums ihres Grenzübertritts nach den vollständig erhaltenen Personaldossiers in SBA, Bestand E 4264.

Abfahrt mehrere Treffpunkte vereinbart, von wo man in kleinen Gruppen zum Bahnhof ging.[448] Indig bereitete es große Sorge, dass sich dort auch der 78 Jahre alte Haim Benjamin, einer der libyschen Juden aus der Villa Emma, mit seiner Nichte und deren Tochter einfand und nicht davon abzubringen war, sich ihm anzuschließen.[449] Don Beccari und Giuseppe Moreali standen zum Abschied auf dem Bahnsteig, als sich der Zug gegen 15 Uhr in Bewegung setzte.[450]

Die Kinder waren während der Fahrt ruhig und gefasst. Den Zugkontrollen sahen sie jetzt gelassener entgegen, nachdem bei den vorangegangenen Reisen alles gut verlaufen war. In Mailand wollte Pacifici sie auf dem Hauptbahnhof erwarten. Doch als sie aus dem Zug ausgestiegen waren, musste Indig erst nach ihm suchen. Er entdeckte ihn schließlich schlummernd auf einer Bank. Wie die Fahrt weiterging, ist nicht geklärt. Entweder fuhren alle mit dem nächsten Zug nach Varese weiter, wo sie wahrscheinlich schon bei Dunkelheit ankamen, oder ein Teil der Kinder blieb in Mailand zurück, von wo sie am nächsten Morgen, nachdem sie die Nacht möglicherweise wieder in der Bahnhofstoilette verbracht hatten, nach Varese nachkamen. Indig erwähnt nicht, wo die am Abend nach Varese Weitergereisten die Nacht über blieben. Stein glaubt sich zu erinnern, dass Pacifici für eine Unterbringung in der Umgebung der Stadt gesorgt hatte. Am nächsten Tag legten alle – wahrscheinlich gemeinsam – das letzte Stück der Strecke mit der Straßenbahn zurück, die damals zwischen Varese und Ponte Tresa verkehrte. Die Fahrgäste ließen sich nicht anmerken, dass sie das Ziel der Kinder ahnten. An einer der letzten Haltestellen vor Ponte Tresa war Pacifici mit einem der Schmuggler verabredet. Dieser brachte die Schar zu einem abgelegenen Haus noch in einiger Entfernung von der Grenze, wo sie in zwei schmutzigen Räumen den Einbruch der Nacht abwartete.[451]

448 Joškos Kinder. Josef Indigs Bericht, S. 239 (433); Bela Gideon Grof, Dan Sternberg, Antworten auf Rundbrief; Gespräche mit Robert Stein.

449 Joškos Kinder. Josef Indigs Bericht, S. 239 (433).

450 Villa Emma. I luoghi e le persone, S. 34 (Testimonianza di Don Arrigo Beccari); Moreali, Sprazzi di luce, S. 8.

451 Joškos Kinder. Josef Indigs Bericht, S. 240 ff. (434 ff.); Gespräche mit Robert Stein; SBA, Bestand E 4264, Fragebogen und Einvernahmeprotokolle der 40 Mitglieder der Gruppe. Im Protokoll zu Joachim Kirschenbaum, N 15413, heißt es etwa: „Am 6. 10. 1943 reiste er von Nonantola über Modena und Milano nach Varese. Am anderen Tag nahm er den Zug nach Ponte Tresa und ging von dort über die Grenze, die er um 21 Uhr überschritt und wo er sich sofort der Grenzwache stellte." Ähnlich auch in anderen Protokollen, etwa von Robert Stein, N 15728. Einige Protokolle geben eine Übernachtung in Mailand an, etwa Dan Sternberg, N 15272: „Am 6. 10. von Nonantola über Modena nach Mailand mit der Bahn. In Mailand im Bahnhof übernachtet, mit dem nächsten Zug nach Varese gefahren." Ähnlich in anderen Protokollen, etwa von Herbert Mohler, N 15697.

Gegen acht Uhr wird das Zeichen zum Aufbruch gegeben. 43 Kinder und Erwachsene gehen, geführt von den Schmugglern auf einem abschüssigen Weg in das Tal der Tresa hinab. An einem Punkt teilt sich die Gruppe, bis sie sich in der Nähe des Flusses wiederfindet. Der alte, fast erblindete Libyer schwankt, droht zu stürzen und ruft laut nach seiner Nichte. Die Schmuggler werden nervös. Sie kennen die Uhrzeit, zu der die Streifen des Zollgrenzschutzes für gewöhnlich auf dem an der Tresa entlangführenden Weg vorbeikommen. Aber kann es an diesem Tag nicht anders sein?

Man duckt sich, man wartet ab, bis Späher zurückgekommen sind. Von dem Weg längs des Flusses führen ausgetretene Pfade über Wurzeln und Steine, zwischen Büschen und Bäumen zum Ufer hinab. Man bemerkt über einen Pfad gespannte Drähte, an denen Glöckchen hängen, die bei der Berührung der Absperrung anzuschlagen drohen. An einem anderen Pfad befindet sich eine Tür. Dort wartet ein Italiener in Uniform, vermutlich ein Bediensteter der Finanzwache, der sich mit den Schmugglern abgesprochen hat und für das Öffnen der Tür von Indig die stattliche Summe von 5000 Lire erhält. Das Rauschen des Flusses übertönt jede Stimme. Es ist mit dem Auge kaum auszumachen, dass sich der Fluss an dieser Stelle in zwei Arme teilt, zwischen denen eine Geröllbank liegt. Dort verläuft die Grenze. Es wird eine Kette gebildet: „Eine vierzigköpfige Kette, immer ein Kleiner zwischen zwei Großen, ein Mädchen zwischen zwei Burschen."

Die Strömung ist stark, das Wasser reicht den Großen bis an die Knie, den Kleinen bis an die Hüften. Die Stärkeren haben einen Rucksack übergeschnallt oder tragen mit der freien Hand eine Tasche oder einen Koffer. Die Kette zerreißt, jemand strauchelt, fällt ins Wasser und richtet sich wieder auf. An der Geröllbank wird eine neue Kette gebildet. Auf der gegenüberliegenden Seite des Flusses sind am Hang erleuchtete Fenster zu sehen. Das Ufer ist mit Gebüsch bewachsen, und eine Art Wehr ragt schräg in den Fluss hinein. Der Libyer kommt von der Gruppe ab und verfängt sich in den Ästen. Indig hält den kleinen Moric Atias fest, der ins Wasser gerutscht ist, kommt dabei selbst ins Straucheln und verliert seinen Koffer mit seinem Tagebuch und seinen Korrespondenzen. Auf einmal stehen da Soldaten an der Böschung in der Nähe des Wehrs: „Gott, um Gottes willen, sind das nicht Deutsche? Sie stehen da mit gespannten Gewehren, nähern sich uns. Wir sind wie gelähmt. Es hat keinen Zweck mehr, man hat uns verraten, wir sind umzingelt, man hat uns zu den Deutschen geschickt ... Aber nein! Es sind Schweizer! Die Uniformen sehen fast genauso aus! Die Schweiz – nun sind wir frei!"

Einige Kinder werden von den Soldaten die Böschung hinaufgezogen, aus den Büschen befreit oder auf das Wehr gehoben. Alle erreichen das Ufer, niemand fehlt. Es ist gegen neun Uhr. Nur einige Gepäckstücke sind abgetrieben worden und in der Dunkelheit verschwunden.[452]

Die Stelle, an der die Tresa durchwatet wurde, befindet sich unterhalb des Weilers Madonna del Piano. Von dort sind es noch drei Kilometer bis zu dem auf Schweizer Seite gelegenen Ortsteil von Ponte Tresa. Nachdem die Kinder diese Strecke zu Fuß oder mit Fahrzeugen der Grenztruppe zurückgelegt haben, werden sie in eine Militärkaserne bei Agno am Luganer See gebracht, die als Sammellager hergerichtet ist, wo am nächsten Morgen Befragungen stattfinden und die Personalpapiere kontrolliert und danach eingezogen werden.[453] Indig ist sich der Aufnahme in die Schweiz sicher. Doch die Offiziere des Grenzkommandos hüllen sich in Schweigen oder geben ausweichende Antworten. Indig wird verwehrt, mit Schwalb zu telefonieren. Die Spannung wächst von Stunde zu Stunde. Ein Tag und eine Nacht und wieder ein Tag unerträglichen Wartens vergehen, ohne dass etwas geschieht.[454]

Der Grund der Verzögerung wird Indig nicht mitgeteilt. Als sich der jugoslawische Gesandte beim Eidgenössischen Justiz- und Polizeidepartement für die Einreise verwandte, übergab er im Einverständnis mit Lichtheim keine Namenslisten, sondern sprach nur allgemein von „einer Gruppe von ca. 80 jugoslawischen Kindern".[455] Später notierte der Sekretär Lichtheims hierzu: „Wir dachten, daß auf diese Weise die ganze Gruppe unbehelligt ‚durchrutschen' wird und daß die Frage der Nationalität erst nachher zur Diskussion kommen wird."[456] Dies war eine recht leichtsinnige Fehleinschätzung, denn bei der Überprüfung der Personaldokumente stellten die Soldaten des Grenzkommandos fest, dass sich in der Gruppe nur 14 Kinder unter 16 Jahren und 24 jugoslawische Staatsbürger befanden. Sie wussten deshalb nicht, wie sie sich verhalten sollten, und verständigten das Territorialkommando.[457]

452 Die Darstellung beruht hauptsächlich auf Joškos Kinder. Josef Indigs Bericht, S. 241 ff. (436 ff.), Gesprächen mit Robert Stein und Dan Sternberg und auf einer Besichtigung des Grenzgebiets bei Madonna del Piano. Tilla Offenbergers (Tilla Naglers) Auffassung, dass auch beim Übergang der Hauptgruppe ein Seil über die Tresa gespannt wurde, teilen Ithai, Stein und Sternberg nicht. Auskunft zum Grenzverlauf erteilte das Eidgenössische Departement für auswärtige Angelegenheiten und das Bundesamt für Landestopographie.

453 SBA, Bestand E 4264, Angaben in den Fragebogen und Einvernahmeprotokollen der Personaldossiers.

454 Joškos Kinder. Josef Indigs Bericht, S. 244 f. (441 f.).

455 CZA; L 22, 338, Kahany, Aktennotiz betr. Interventionen bei der jugoslawischen Gesandtschaft.

456 Ebenda.

457 SBA; Bestand E 4264, Angaben in den Fragebogen und Einvernahmeprotokollen der Personaldossiers.

Die Entscheidung über die Aufnahme oder Zurückweisung fiel dann auf höchster Ebene. Am 9. Oktober gegen 5 Uhr nachmittags erhielt Lichtheim in seiner Privatwohnung in Genf einen Anruf des Vizepolizeichefs, Oscar Schürch, der ihm mitteilte, dass seine Behörde bereit sei, der gesamten Gruppe einschließlich der noch nicht in der Schweiz Eingetroffenen die Einreise zu gestatten, wenn er spätestens in einer Stunde, bis 6 Uhr, schriftlich erklärte, dass die Jewish Agency für den Unterhalt der Kinder und Jugendlichen aufkam, soweit sie nicht jugoslawische Staatsbürger waren, und die Garantie für ihre Weiterreise zum frühestmöglichen Zeitpunkt übernahm. „Es ist keine Minute zu verlieren, so sagte Dr. Schürch, da sonst die Zurückweisung noch heute erfolgen werde."[458] Sie war somit vom Territorialkommando des Heeres beabsichtigt. Lichtheim gab auf den Anruf hin sofort ein Telegramm mit der verlangten Erklärung auf.[459]

Der 9. Oktober ist Jom Kippur. Die Erwachsenen und Kinder, auch die nicht religiös eingestellten, versammeln sich spontan zu einem Gebet.[460] Es muss sieben oder acht Uhr sein, als alle in das Büro der Lagerleitung gerufen werden. Dann hält der Hauptmann eine Ansprache. „Er spricht von Bundesgesetzen, von Besprechungen, Bundesbehörden, der Polizei. Sein Gesicht bleibt unbeweglich. Und dann der letzte Satz: ‚In Anbetracht all dieser Umstände und der Besprechungen, die innerhalb dieser Tage gepflogen wurden, hat die zentrale Behörde der Schweizer Eidgenossenschaft entschieden, daß Sie, meine Damen und Herren, auf Schweizer Boden bleiben können.'"[461] Man kann es noch kaum begreifen. Viele beginnen zu schluchzen und zu weinen. Indig versagen die Kräfte. Er sinkt in sich zusammen und wird ohnmächtig.[462]

Die zweite Gruppe aus Nonantola mit 21 Jungen und Mädchen, davon 14 unter 16 Jahren, und fünf Erwachsenen erreichte am 10. Oktober gegen zehn Uhr abends unter ähnlichen Umständen und wahrscheinlich an derselben Stelle die Schweizer Grenze wie die erste Gruppe. Zuvor hatte sie über einen Tag in einer Hütte nahe der Grenze auf einen günstigen Moment zur Überquerung der Tresa gewartet. Ihre Aufnahme in die Schweiz stand nicht mehr infrage. Auch sie wurde in die Militärkaserne in Agno gebracht. Die Erwachsenen waren Naftali Hersz Schuldenfrei und Josefine Weiss sowie das Ehepaar Karger und Malka Schwarz, die in Nonantola interniert worden waren und sich auf der Flucht ihren

458 CZA, L 22, 338, Kahany, Aktennotiz betr. Interventionen bei der jugoslawischen Gesandtschaft.

459 Ebenda.

460 Joškos Kinder. Josef Indigs Bericht, S. 245 (442 f.).

461 Ebenda, S. 245 f. (443).

462 Ebenda und Gespräche mit Robert Stein und Tilla Offenberger (Tilla Nagler).

Töchtern angeschlossen hatten.[463] An welchem Tag die Abfahrt in Nonantola erfolgte, ist nicht genau bekannt. Am wahrscheinlichsten ist der Vormittag des 9. Oktober. Pacifici wird im Zusammenhang mit dieser Gruppe nicht genannt, er muss ihr aber ebenfalls von Mailand bis zur Grenze beigestanden haben. Mit ihrer Abfahrt verließen die letzten Kinder nach genau einem Monat das Seminar und die Unterkunft bei den Nonnen.[464] Wenige Tage später wurde der Unterricht im Seminar wieder aufgenommen.[465]

Die dritte und letzte Gruppe fuhr am 14. Oktober zu unbekannter Stunde in Nonantola ab, nachdem sie im Seminar zusammengekommen war. Diesmal traten neun Erwachsene und Kinder die Reise mit der Bahn an die Schweizer Grenze an, und zwar Marco Schoky, Emilio Freilich, Ruth Kalischer, die zehn- bis elfjährigen Kusinen Rikica und Sida Levi und Hildegard Steinhardt.[466] Nur bei den Kindern ist der Grund für die späte Abreise ersichtlich. Die beiden Kusinen aus Sarajevo wollte Schoky bei sich behalten, nachdem er sie schon seit Langem in seine persönliche Obhut genommen hatte, und Hildegard hatte bis vor Kurzem bei ihrer Bauernfamilie mit Fieber im Bett gelegen.[467] Gemeinsam mit ihnen brachen auch die drei letzten libyschen Juden auf, die in der Villa Emma gewohnt hatten: Heria Coen und ihre Töchter Ester und Alda.[468] In Mailand wurde der fünfzehnjährige Marco Stern aus Zagreb hinzugenommen, der mit seiner Mutter und seinem älteren Bruder in Serramazzoni bei Modena interniert gewesen war. Schoky hatte zuvor mit der Mutter vereinbart, ihn gegen Bezahlung mit über die Grenze zu nehmen.[469]

In der Nähe der Grenze trennte sich die Gruppe. Schoky mit den vier Kindern wurde bei Ponte Tresa von den Schmugglern in einem Heuschober versteckt, wo sie mehrere Stunden verharrten, bis sie Pacifici abholen kam, mit dem sie einen längeren Fußmarsch über die Anhöhen zurücklegten. Er begleitete sie danach bis zum Grenzzaun und half ihnen, darunter hindurchzuschlüpfen.[470] Die Stelle, an

463 SBA, Bestand E 4264, Angaben in den Fragebogen und Einvernahmeprotokollen der Personaldossiers; Gespräch mit Dan Israeli (Albert Israel).

464 Eine Ausnahme könnte Rikica Levi bilden, deren Versteck nicht bekannt ist. Eine Beschreibung der Durchquerung der Tresa jetzt in: Sonja Borus, Sonjas Tagebuch. Flucht und Alija in den Aufzeichnungen von Sonja Borus aus Berlin, 1941–1946, Berlin 2014, S. 111 ff.

465 Bollettino del clero della diocesi di Modena e Nonantola 9–10(Sept.–Okt. 1943), S. 123.

466 SBA, Bestand E 4264, Angaben in den Fragebogen und Einvernahmeprotokollen.

467 Gespräch mit Hilda Miron (Hildegard Steinhardt), Haifa 14. 6. 1996.

468 SBA, Bestand E 4264, N 17922/Silberschatz-Schoky, Marco, Fragebogen und Einvernahmeprotokolle; N 20418/Coen, Heria.

469 SBA, Bestand E 4264, N 17929/Stern, Marco; Gespräch mit Marco Stern, Haifa, 14. 6. 1996.

470 Hilda Miron (Hildegard Steinhardt), Antwort auf Rundbrief.

der sie die Tresa durchquerten, lag weiter westlich etwa sechs Kilometer von Ponte Tresa entfernt bei Ponte Cremenaga, wo später häufig Flüchtlinge festgenommen wurden. Der Übergang vollzog sich zusammen mit fünf geflohenen englischen Kriegsgefangenen in der Nacht vom 15. zum 16. Oktober.[471] Schoky führte, wie er bei seinem Verhör durch die Schweizer Heerespolizei zu Protokoll gab, 100 000 Lire mit sich.[472] Hatte Indig in Nonantola gewusst, dass er über einen so hohen Betrag verfügte? Hatte Schoky ihm Geld angeboten, falls die Flucht nicht ohne es zu bezahlen war? Freilich, Kalischer und die drei Libyer verharrten zwei Tage irgendwo in einem Versteck, bis sie am 17. Oktober gegen sieben Uhr früh ebenfalls bei Ponte Cremenaga durch die Tresa gingen.[473]

Was geschah mit den Jungen und Mädchen, die von Nonantola nach Süden aufbrachen? Vor der Abfahrt gab Indig jedem so viel Geld mit, dass er längere Zeit damit auskommen konnte. Zugleich versah er alle mit den Anschriften der jüdischen Gemeinden und der Vertretungen der Delasem, die am Wege lagen, sowie von Juden, die sich um die Villa Emma bemüht hatten.[474]

Josef Papo und Kurt Schneider, die Nonantola als Erste verließen, wurden auf ihren geliehenen Fahrrädern schon bald von deutschen Fahrzeugkolonnen und Straßensperren aufgehalten, sodass sie ihren ursprünglichen Plan aufgaben, durch die Ebene in Richtung Rimini und Ancona zu radeln. Stattdessen wählten sie eine ruhige Straße über den Apennin. Die Steigungen zwangen sie immer wieder, die Räder zu schieben, bis sie abends in Zocca in der Nähe der Passhöhe anlangten, wo sie in einer Herberge freundlich aufgenommen wurden. Schon am nächsten Abend waren sie in Florenz, wo sie Beistand von der Jüdischen Gemeinde erhielten, als sie erklärten, dass sie aus der Villa Emma kamen, und die Namen von Matilde Cassin und Raffaele Cantoni nannten. Die Gemeinde sorgte für ihre Unterkunft in zwei jüdischen Familien, die den Gedanken, die Front zu überqueren, für aberwitzig hielten und ihnen zurieten, in Florenz zu bleiben. Auch Cantoni scheint in einem Gespräch mit den beiden Bedenken geäußert haben, die Fahrt nach Süden fortzusetzen.[475]

Am 12. September bestiegen sie einen Zug nach Rom, in welchem sie mit Soldaten zusammengepfercht waren, die an ihre Heimatorte zu gelangen suchten.

471 Ebenda und SBA, Bestand E 4264, Angaben in den Fragebogen und Einvernahmeprotokollen zu den Personaldossiers.

472 SBA, Bestand E 4264, N 17922/Silberschatz-Schoky, Marco, Einvernahmeprotokoll.

473 SBA, Bestand E 4264, N 19989/Freilich, Emilio; N 18259/Kalischer, Ruth; N 20418/Coen, Heria.

474 Joškos Kinder. Josef Indigs Bericht, S. 231 (423); Joseph Ben-Zion (Josef Papo), Bericht über die Flucht von Nonantola zu den Alliierten in Süditalien, S. 1.

475 Ebenda, Gespräche mit Zvi Schneider (Kurt Schneider).

Zuvor hatten sie Cantoni ihre Räder mit der Bitte überlassen, sie als Frachtgut nach Nonantola zurückzuschicken. In Rom fanden sie nach Mitternacht, während der Sperrstunde, Unterkunft in einer Militärkaserne, die noch nicht unter deutscher Kontrolle stand. Am nächsten Morgen sprachen sie im Haus der Jüdischen Gemeinde vor. Auf diese Weise erfuhren Valobra und Almansi von ihrer Anwesenheit. Sie verabredeten sich daraufhin mit den beiden Jungen und ließen sich von ihnen über die Lage in Nonantola berichten.[476]

Nach drei Tagen setzten sich Josef und Kurt, unbeeindruckt von allen Warnungen, in einen wie immer brechend vollen Zug nach Sulmona in den Abruzzen. Ihr Ziel war Benevent, das während der Fahrt von einem alliierten Bombenangriff getroffen wurde. Von Benevent war ein Weiterkommen nur noch zu Fuß möglich. Über Trümmer und an Leichen vorbei erreichten die zwei mutigen Jungen zuerst Avellino und danach Baronissi in unmittelbarer Nähe der Front. In den umliegenden Bergen wurden sie von deutschen Soldaten angehalten, die sie als Wegführer benützten, nachdem sie sich als Hirten ausgegeben hatten. Nur mit Glück konnten sie in einem günstigen Augenblick entkommen. Nach weiteren, ähnlich brenzligen Begegnungen suchten sie im Kampfgebiet mit den Einwohnern eines Dorfes in einer Kapelle auf einer Anhöhe Schutz, von wo man das darunterliegende Tal überblicken und in der Ferne die Kriegsschiffe im Golf von Salerno sehen konnte. Als sich die Deutschen aus ihren Positionen zurückgezogen hatten, wagten sich beide ins Tal und stellten sich dort englischen Soldaten, die sie zu einem Verhör in das Hauptquartier nach Salerno brachten. Dort wusste man nicht, was man von ihrer Geschichte halten sollte, sodass sie wenig später unter dem Verdacht, sie seien Spione, auf einem Schiff in ein Militärlager bei Tripolis geschickt wurden.[477]

Leo Koffler erreichte Farfa Filiorum Petri, nachdem er zwölf Tage zu Fuß unterwegs gewesen war. Er lief meist auf Seitenstraßen und überwiegend nachts, wobei er sich nach Pfadfinderart an einer Karte, einem Kompass und den Sternbildern orientierte. In Farfa traf er, wie erhofft, seine Freundin Lilly Lewin an. Der Ort lag oberhalb der Sangrofront, sodass er von deutschen Soldaten überlaufen war. Auf Empfehlung wohlmeinender Einheimischer fiel Leo die unangenehme Aufgabe zu, für das deutsche Militär als Dolmetscher tätig zu sein. Zeitweise musste er mit einem deutschen Soldaten ein Zimmer teilen. Als er sich von einem Schulkameraden aus seiner Heimatstadt Teplitz-Schönau erkannt glaubte, der, so unwahrscheinlich es klingt, ausgerechnet in Farfa stationiert war, versteckte er sich mithilfe von Einheimischen in einer Höhle. Am 22. Dezember

476 Ben-Zion, Bericht über die Flucht, S. 2 ff.; Gespräche mit Zvi Schneider.
477 Ben-Zion, Bericht über die Flucht, S. 4 ff.; Gespräche mit Zvi Schneider.

1943 schließlich wurde er von einem Verwandten des Italieners, in dessen Haus die Familie Lewin wohnte, zusammen mit dieser an einer unbewachten und nicht verminten Stelle auf die andere Seite der Front geführt.[478]

Die fünf Jungen, die Mitte September von Nonantola nach Ancona fuhren, trennten sich dort, nachdem sie den ersten Teil der Strecke auf Fahrrädern und den letzten im Zug zurückgelegt hatten. Silbermann, Hahn und Teplitzki setzten die Fahrt mit der Bahn nach Rom fort, während sich Federmann und Szapiro anders entschieden und zunächst in Ancona blieben.[479]

Über die Lebensumstände in Rom hat als Einziger Silbermann berichtet. Die erste Nacht nach der Ankunft verbrachte er mit seinen beiden Gefährten auf Einladung eines Mitreisenden in dessen bei einem Bombenangriff weitgehend zerstörten Wohnung im Viertel San Lorenzo. Nachdem sie sich bei der Vertretung der Delasem gemeldet hatten, die zu der Zeit noch öffentlich tätig war, wurden sie von ihr dem Hotel Salus in der Nähe der Stazione Termini zugewiesen, wo schon andere jüdische Flüchtlinge wohnten. Doch wegen der häufigen Kontrollen durch die italienische Polizei erschien ihnen diese Bleibe zu gefährlich. Durch Zufall stießen sie auf Angehörige einer kommunistischen Widerstandsgruppe, die ihnen ein Versteck in einer Katakombe anboten. Hahn fand einen anderen Unterschlupf, aber Silbermann und Teplitzki verbrachten mehrere Tage und Nächte an dem gruseligen Ort, bis sie die Dunkelheit, die Kälte und die Feuchtigkeit nicht länger aushielten. Ihr nächstes Versteck war eine leer stehende Tischlerei in der Nähe des Vatikans, die sie mit zwei Italienern und zwei bis drei aus Frankreich geflohenen Juden teilten. Aber auch hier wurde es ihnen zu gefährlich. Da sie keinen besseren Rat wussten, kehrten sie vorübergehend in das Hotel Salus zurück, wo sie Josef Schiffmann und Gisela Wiesner trafen, die unabhängig von ihnen aus Nonantola abgereist und über Florenz nach Rom gelangt waren.

Unterstützt wurden Hans und Leo von der Delasem. Doch der Zuschuss war so gering, dass sie in wohlhabenden Wohnvierteln betteln gingen. Auf diese Weise lernte Hans eine Frau aus Berlin kennen, die mit einem italienischen Musikprofessor verheiratet war. Er spürte, dass sie den Nationalsozialismus ablehnte, obwohl sie keine Jüdin war, und so vertraute er ihr die Geschichte seiner Flucht und seiner Familie an, zu der so viele namhafte Musiker gehörten. Die Frau, der er bis heute dankbar ist, half ihm und seinen Gefährten aus der Villa Emma nicht nur mit Geld weiter, sondern sie trug auch alle Kosten eines dreiwöchigen

478 Koffler, Die Entstehung unserer Jugendgemeinschaft, S. 327; Gespräche mit Arieh Koffler (Leo Koffler).

479 Gespräch mit Max Federmann.

Aufenthalts in einem katholischen Hospital, als er zu allem Unglück noch an Gelbsucht erkrankte. Wahrscheinlich befand er sich gerade im Krankenhaus, als am 16. Oktober die Razzia im historischen Ghetto im Zentrum Roms stattfand, die von ihm nicht erwähnt wird. Nach seiner Entlassung aus dem Krankenhaus erfuhr er, wahrscheinlich über die Delasem, die jetzt im Verborgenen weiterarbeitete, dass sich die Kinder, die mit Indig in Nonantola geblieben waren, inzwischen in der Schweiz befanden. Er beriet sich deshalb mit seinen vier Gefährten und fuhr mit ihnen in der zweiten Novemberhälfte nach Modena, von wo aus sie ebenfalls die Schweiz zu erreichen hofften. Ein Aufenthalt in Nonantola wird nur von Kurt Hahn erwähnt.[480]

In Modena trafen sie Pacifici, der gerade die Flucht mehrerer jüdischer Familien in die Schweiz vorbereitete. Er willigte, wie Silbermann schreibt, nur zögernd ein, ihn und die anderen aus Rom Zurückgekehrten zusätzlich dorthin mitzunehmen.[481] Am 1. Dezember fuhren sie mit ihm und einigen weiteren Flüchtlingen in Modena ab. In Mailand stieß eine fünfköpfige, aus Ungarn stammende Familie hinzu, die schon zwei Tage früher in Modena aufgebrochen war.[482] Die Weiterfahrt in Begleitung von Pacifici auf der wegen der Kontrollen der faschistischen Miliz gefürchteten Strecke nach Tirano verlief ohne Zwischenfälle. Am Abend des 2. Dezember überschritten sie mithilfe von Schmugglern die Grenze bei Viano oberhalb von Tirano. Danach stellten sie sich bei Campocologno einer Schweizer Grenzstreife. Am folgenden Tag erhielten die Grenzposten eine telefonische Weisung des Schweizer Polizeichefs, Heinrich Rothmund, wonach jüdische Flüchtlinge aus Italien künftig nicht mehr zurückgeschickt werden durften.[483] Im Lager Samaden wurden die Einvernahmeprotokolle der fünf jungen Flüchtlinge aufgenommen. Teplitzki antwortete auf die Frage, was seiner Meinung nach mit ihm geschehen werde, falls er nach Italien zurückkehren müsse: „Das wäre mein sicherer Tod“, und Schiffmann fügte der Angabe zu seinen Eltern und Geschwistern hinzu: „Alle ermordet.“[484]

480 Bericht von Hans Silbermann in Avenary, Kantor Salomon Sulzer, S. 278 f.; Gespräche mit Hans Silbermann. Zur Tätigkeit der Delasem in Rom vgl. Voigt, Zuflucht auf Widerruf, Bd. 2, S. 404 ff.; SBA, Bestand E 4264, N 19667/Hahn, Kurt, Einvernahmeprotokoll.

481 Silbermann in Avenary, S. 279. Silbermann spricht nur von einem Aufenthalt in Modena.

482 Es war die Familie von Joseph Stern, SBA, Bestand E 4264, N 19694/Stern, Joseph. Aufzeichnungen von Enrico Ferri zu einem von ihm geführten Gespräch mit Beniamino Stern, dem Sohn von Joseph Stern, die dem Verfasser freundlicherweise überlassen wurden.

483 SBA, Bestand E 4264, N 19667/Hahn, Kurt; N 19693/Silbermann, Hans; N 19300/Teplitzki, Leo; N 19976/Schiffmann, Josef, und Wiesner, Gisela; Koller, Entscheidungen über Leben und Tod, S. 37; Broggini, La frontiera della speranza, S. 104.

484 SBA, Bestand E 4264, N 19976/Schiffmann, Josef; N 19300/Teplitzki, Leo.

Goffredo Pacifici wurde fünf Tage später zusammen mit seinem Bruder Aldo in Ponte Tresa von faschistischen Milizionären festgenommen. Wahrscheinlich war seine Tätigkeit aufgefallen, vielleicht war er sogar verraten oder gar denunziert worden. [485] Wollte er jetzt selbst in der Schweiz Schutz suchen, nachdem er so viele Menschen gerettet hatte, oder war er wieder dabei, ohne Rücksicht auf sein eigenes Leben die Flucht anderer vorzubereiten? Zu der Zeit wurden die von Italienern an der Schweizer Grenze festgenommenen Juden im Allgemeinen nicht direkt an die deutschen Polizeiorgane übergeben, sondern in das Quästurgefängnis der Provinz ihres Wohnsitzes geschickt.[486] Goffredo Pacifici kam daher nach Genua und Aldo nach Como und anschließend merkwürdigerweise nach Florenz, vielleicht, weil er dort geboren war. Danach wurden sie unabhängig voneinander in das zentrale Lager in Fossoli bei Carpi gebracht, von wo die deutsche Polizei die Deportationen vornahm. Anfang August wurden die Brüder von Fossoli nach Auschwitz abtransportiert, wo keiner von beiden überlebte.[487] Goffredo Pacifici ist einer der unbesungenen Helden dieser Schreckenszeit. Die Kinder der Villa Emma verdankten ihm wie nur wenigen anderen ihr Leben.

Max Federmann und Moshe Szapiro, der seit 1934 in Italien lebte und, weil er fließend Italienisch sprach, für einen Italiener gehalten wurde, holten sich in Ancona bei der Jüdischen Gemeinde Rat. Dabei wurde ihnen empfohlen, sich an einen aus Ancona stammenden jüdischen Partisan zu wenden, der in den Marken der 5. Brigade Garibaldi angehörte. Leider ist sein Name nicht überliefert. Da die Partisanen im Allgemeinen kaum älter waren als Federmann und Szapiro, lag es nahe, sich ihnen anzuschließen. Der jüdische Partisan bürgte für sie, und so wurden sie in sein Bataillon aufgenommen, in welchem außer Italienern auch einige Jugoslawen und später auch einige mit dem Fallschirm abgesetzte alliierte Soldaten kämpften.[488]

Als sich die Partisanen bei einer „Säuberungsaktion" der Wehrmacht auf Befehl des Brigadekommandanten einzeln oder in kleinen Gruppen verstecken mussten, verlor Federmann Szapiro aus den Augen. Später wurde ihm gesagt,

485 Picciotto Fargion, Il libro della memoria, S. 457; Giannantoni, Fascismo, guerra e società, S. 264.

486 Zahlreiche Beispiele in Picciotto Fargion, Il libro della memoria, passim.

487 Picciotto Fargion, Il libro della memoria, S. 457; Marcello Montagnana (Hrsg.), „Perchè tu sappia". Diario di Giulio Iona dal campo di concentramento di Fossoli, in: Notiziario dell'Istituto Storico della Resistenza in Cuneo e provincia 37 (1990), S. 89–114, hier S. 106.

488 Gespräch mit Max Federmann. Zu den Partisanen in den Marken vgl. Luciano Brunelli, I rapporti tra due brigate partigiane, La San Faustina – Proletaria d'urto e la 5a Garibaldi Pesaro, in Andrea Bianchini, Giorgio Pedrocco (Hrsg.), Dal tramonto all'alba. La provincia di Pesaro e Urbino tra fascismo e ricostruzione, Bologna 1995, S. 41–56.

er sei zu den Brigate Nere übergegangen, was aber kaum glaubwürdig erscheint, denn nach Kriegsende meldete er sich beim jüdischen Hilfskomitee in Modena.[489] Max hatte unter anderem die Aufgabe, an Masten aufgehängte Elektro- und Telefonkabel zu durchschneiden, nahm an Überfällen auf deutsche Militärfahrzeuge teil und führte gemeinsam mit anderen die Sprengung einer Brücke bei Cantiano durch. Die Massaker und Grausamkeiten der Waffen-SS bei ihren Vergeltungsschlägen gegen die Partisanen und die Zivilbevölkerung erbitterten ihn derart, dass er sich bereit fand, einem Exekutionskommando beizutreten. Er erinnert sich, dass die vom Brigadekommando zum Tode Verurteilten: Soldaten der Waffen-SS, Spione und Verräter vor ihrer Hinrichtung ihr eigenes Grab schaufeln mussten, ein Verfahren, das von der Wehrmacht übernommen wurde. Beim Angriff auf ein Gebäude wurde er durch einen Streifschuss verletzt. Nach der Befreiung, die er in Gubbio erlebte, wurde er von dem englischen General Harold Alexander für seine Verdienste als Partisan ausgezeichnet.[490]

Die Kinder und ihre Betreuer, die zu Beginn der deutschen Besetzung in Nonantola waren, sind also alle am Leben geblieben. Ausschlaggebend hierfür waren nicht allein die Einfühlsamkeit und Hilfsbereitschaft Morealis, Don Beccaris und anderer beherzter Einwohner Nonantolas, sondern mehr noch, was bisweilen übersehen wird, der unermüdliche und selbstlose Einsatz von Juden, zuletzt vor allem Indigs und Pacificis. Trotz allem wurde ein Junge deportiert. Es war der 16-jährige Salomon Papo aus Sarajevo, der an Tuberkulose erkrankt war und deshalb nur zwei Wochen in der Villa Emma bleiben konnte. Er wurde Anfang Mai in ein Sanatorium in Gaiato bei Pavullo im Modeneser Apennin eingewiesen, wohin ihn Umberto Jacchia und Laura Cavaglione begleiteten.[491] Die Kosten für den Sanatoriumsaufenthalt übernahm solange die Delasem, bis geklärt war, dass Verwandte des Jungen in Split für sie aufkamen.[492]

489 ACEM, Busta 370, Fasz. Corrispondenza Delasem, Delasem. Entrate – uscite aprile 1945 – luglio 1946, Eintragung vom 23. 6. 1945. Hanna Schwarz traf Szapiro später in Israel wieder, Gespräch mit Hanna Seidenberg (Hanna Schwarz), Givat Schmuel, 5. 5.2000.

490 Gespräch mit Max Federmann; briefliche Mitteilung Federmanns, Lompoc, Kalifornien, 5. 7. 1997; Dokumente in seiner Sammlung, unter anderem Erklärungen der Associazione Nazionale Partigiani d'Italia. Erinnerungen an Federmann als Partisan in Corrado Sassi, Rose e latrine. Fra i cesari, Città di Castello 1998, S. 190 ff.

491 ASCN, Busta A/b n. 417, Elenco dei ragazzi provenienti da Spalato assegnati al Comune di Nonantola il 14 aprile; Consorzio provinciale antitubercolare di Modena an Podestà Nonantola, 5. 7. 1943; ACEM, Busta 574, Fasz. Papo, Salomone, Gaiato, Friedmann an Jakov Altaras, 30. 4. 1943.

492 ACEM, Busta 574, Fasz. Lettere in arrivo. 1943, Jüdische Gemeinde Split an Friedmann, 7. und 12. 5. 1943; Fasz. Corrispondenza nostra su Villa Emma. 1943, Friedmann an Altaras, 12. 5. 1943; Fasz Papo, Salomone, Gaiato, Friedmann an Altaras, 16. 8. 1943.

Salomon blieb in Gaiato mit seinen Gefährten in Nonantola durch Briefe in Verbindung. Erhalten ist aber nur sein Briefwechsel mit Gino Friedmann, gegenüber dem er rührende Anhänglichkeit bewies. Er berichtete ihm in unbeholfenem Italienisch über sein Ergehen – er habe noch Fieber, aber über zehn Kilo zugenommen – und über seine Hoffnung auf baldige Entlassung. Jacchia, Cavaglione und ein Mädchen der Villa Emma, Gerda Tuchner, kamen ihn einmal im Sanatorium besuchen, und Matilde Cassin schickte ihm Bücher aus Florenz.[493] Am 9. Oktober schrieb er an Friedmann, er habe eine Karte aus Nonantola erhalten, wonach viele Kinder von dort abgefahren seien: „Ich bin jetzt in Sorge, weil man nicht klar gesagt hat, wann und wohin sie weggefahren sind."[494] Der letzte Brief an Friedmann ist am 9. November 1943 datiert, als die letzten Kinder Nonantola schon seit fast einem Monat verlassen hatten, und zwei Wochen bevor Friedmann in die Schweiz floh. In diesem Brief liest man: „Es würde mir große Freude machen zu hören, daß es allen meinen Freunden in Nonantola gut geht. Dasselbe hoffe ich auch für Sie. Bitte seien Sie so freundlich, mich zu besuchen, wenn Sie einmal Zeit haben."[495]

Die Frage, weshalb Salomon nicht in die Schweiz mitgenommen wurde, ist auch ohne einen ausdrücklichen Hinweis auf die Gründe in den Quellen leicht zu beantworten: Man traute dem körperlich geschwächten Jungen nicht zu, die Anstrengungen der Flucht zu bestehen. Friedmann ließ am 24. November, dem Tag seiner Abfahrt aus Modena in die Schweiz, nachdem seit der deutschen Besetzung Splits kein Geld mehr eingegangen war, die Kosten für den Krankenhausaufenthalt Salomons in Gaiato bis Ende März im Voraus bezahlen.[496] In der Schweiz machte er sich Gedanken, was mit dem Jungen danach geschehen würde. Er schlug Valobra, der die Delasem im Schweizer Exil weiter leitete, eine Überweisung an das Sanatorium über die Schweizer Legation in Rom vor. Mitte März wollte er noch einmal daran erinnern.[497] Unter welchen Umständen der Junge verhaftet wurde, ob im Sanatorium oder anderswo, ob von Deutschen oder von Italienern, bleibt unerwähnt. Sein Name erscheint zum letzten Mal auf einer Transportliste bei seiner Deportation am 5. April 1944 von Fossoli nach Auschwitz.[498]

493 ACEM, Busta 574, Fasz. Papo Salomone, Gaiato, acht Briefe Papos an Friedmann, 21. 6.–9. 11. 1943; drei Briefe Friedmanns an Papo, s. d. – 23. 7. 1943.

494 ACEM, ebenda, Papo an Friedmann, 9. 10. 1943.

495 Ebenda.

496 ACEM, Busta 537, Fasz. Corrispondenza Delasem, Delasem Vertretung Modena an Consorzio provinciale antituberculare, 24. 11. 1943.

497 CDEC, Fondo Valobra, Busta 2/9, Friedmann an Valobra, 21. und 24. 1. 1944.

498 Picciotto Fargion, Il libro della memoria, S. 459.

Als die meisten Kinder der Villa Emma bereits in der Schweiz waren, entstand in Bari, das vor Kurzem von den Alliierten befreit worden war, der Plan einer ungewöhnlichen Hilfsaktion. Ohne zu wissen, dass die Gruppe Nonantola inzwischen verlassen hatte, traf ein Kreis jüdischer Flüchtlinge Vorbereitungen, ihr einen größeren Geldbetrag zu überbringen, damit sie die Flucht in die Schweiz bezahlen konnte. Wahrscheinlich ging die Initiative sogar von Moshe Shertok, dem „Außenminister" der Jewish Agency, aus.[499] In dem Kreis der Flüchtlinge in Bari trat besonders Josef Milhofer aus Zagreb hervor, der Sekretär des Flüchtlingskomitees auf der Insel Korčula gewesen war und dort mit Indig und Licht in Nonantola Briefe gewechselt hatte.[500] Er erhielt Kenntnis über die Lage in Nonantola unter der deutschen Besetzung durch Gustavo Volterra, den früheren Leiter der römischen Vertretung der Delasem, der von Rom über Ancona nach Bari gelangt war – von Ancona aus vermutlich auf einem Fischerboot entlang der Küste. Volterra hatte Mitte September im Haus der Jüdischen Gemeinde in Ancona zufällig zwei Jungen der Villa Emma auf ihrem Weg nach Süden kennengelernt, die ihm sagten, dass sich die Älteren zum Teil selbstständig gemacht hätten und aus Nonantola abgereist seien, während sich die Kleineren mit ihren Betreuern dort versteckt hielten.[501]

Ende Oktober wurde in Bari ein Aktionskomitee zur Hilfe für die Kinder in der Villa Emma gegründet. Daraufhin begaben sich zwei jugoslawische Zionisten, Dragutin Fried und Ivo Lachmann, in das inzwischen befreite Lager Ferramonti-Tarsia in Kalabrien, um dort unter den früheren Internierten eine Sammlung durchzuführen. Sie wurde von dem Lagerdirektor, Law Mirski, und den Vertretern verschiedener Komitees und Organisationen lebhaft unterstützt und erbrachte die beachtliche Summe von 40 000 Lire, zu der das örtliche Delasem-Komitee 30 000 Lire hinzugab.[502]

Aber wer wollte die Gefahr auf sich nehmen, das Geld über die feindlichen Linien und mitten durch das von den Deutschen beherrschte Gebiet nach Nonantola zu bringen? Am 22. November unterzeichneten drei Flüchtlinge, Hugo Schlesinger, Helmut Bendiner und Petar Majer, in Bari eine Erklärung, dass sie

499 Gespräch mit Hillel Bendiner (Helmut Bendiner), Ramat-Gan, 30. 4. 2000.

500 Sammlung Josef Milhofer, Tel Aviv, Dokumente zu den jüdischen Flüchtlingen in Bari; briefliche Mitteilung Milhofers, 21. 11. 1997. Vgl. Milan Ristovic, U potraši za utocitem Jugoslovenski jevrei u bekstvu od holocausta, 1941–1945, Belgrad 1998, S. 141 f.

501 Sammlung Josef Milhofer, Gustavo Volterra an nicht genannten Empfänger, 25. 11. 1943; zur Rettung von Juden auf Fischerbooten von Ancona an die apulische Küste vgl. Elio Toaff, Perfidi giudei fratelli maggiori, Milano 1987, S. 49 f; Voigt, Zuflucht auf Widerruf, Bd. 2, S. 398.

502 Sammlung Josef Milhofer, Pro Memoria, 25. 10. 1943.

freiwillig die Mission nach Norden übernahmen. Inzwischen war die Summe auf 100000 Lire angestiegen. Die jungen Leute verpflichteten sich, den Betrag Indig oder Licht auszuhändigen oder, sollten sie diese in Nonantola nicht finden, den noch dort gebliebenen Betreuern der Kinder. Falls sie in Nonantola niemanden mehr antrafen, sollten sie das Geld nach Bari zurückbringen.[503]

Vor der Abreise besprach sich Schlesinger mit Volterra, der ihm nachdrücklich von der Mission abriet. „Ich halte es im besten Glauben beim Stand unserer Kenntnisse für absolut unmöglich, die Kinder aufzufinden, solange wir keine sicheren Angaben über die genaue Lage der verschiedenen Örtlichkeiten haben, über die sie verstreut sind." In Anbetracht dessen erschien Volterra das Risiko zu groß.[504] Schlesinger ließ sich, vermutlich aufgrund dieser Überlegungen Volterras, davon abhalten, die Reise anzutreten, doch Bendiner und Majer waren nicht zu entmutigen und blieben bei ihrem Vorhaben.[505]

Der zwanzigjährige Helmut Bendiner stammte aus einer alteingesessenen jüdischen Familie in Graz. Nach seiner Flucht über Zagreb nach Split wurde er von den italienischen Behörden nach Canove di Roana in der Provinz Vicenza überführt und dort interniert. In den ersten Tagen der deutschen Besatzungsherrschaft machte er sich dort mit vier anderen Internierten nach Süden auf den Weg. Er erreichte mit ihnen teils zu Fuß, teils mit der Bahn die Frontlinie und überschritt sie nördlich von Bari, wo er in den Dienst des Intelligence Service der Britischen Achten Armee trat. Über Petar Majer ist nicht mehr bekannt, als dass er aus Belgrad stammte.[506]

Bendiners und Majers Fahrt nach Nonantola war mit einem Auftrag des Intelligence Service zur Nachrichtenübermittlung verbunden. Sie wurden bei Termoli

503 Sammlung Josef Milhofer, Izjava, Bari, 22. 11. 1943, gegengezeichnet von dem britischen Feldrabbiner Ephraim Urbach, Josef Milhofer und Dragutin Fried. Eine italienische Übersetzung des Dokuments in der Sammlung Gianfranco Moscati, Neapel.

504 Sammlung Josef Milhofer, Gustavo Volterra an nicht genannten Empfänger, 25. 11. 1943.

505 Gespräch mit Hillel Bendiner. Zuschrift von Hugo Schlesinger zum Artikel: 100000 Lire per un salvataggio. I ragazzi di Villa Emma, in: Shalom, Mensile ebraico d'informazione vom 31. 12. 1987. Vgl. Francesco Terzulli, La comunità ebraica di Bari (1944–1950), in: Vito Antonio Leuzzi, Giulio Esposito (Hrsg.), Terra di frontiera. Profughi ed ex internati in Puglia 1943–1954, Bari 2000, S. 73–96, hier S.74. Schlesinger gibt in seiner Zuschrift als Grund für sein Zurückbleiben in Bari die aus Jerusalem eingetroffene Nachricht an, dass die Kinder der Villa Emma in die Schweiz gelangt waren. Schlesinger war 1940/41 aus Polen über Ungarn und Jugoslawien nach Italien geflohen und dort in Bomba in der Provinz Chieti interniert worden, von wo er im Oktober 1943 zu den Alliierten gelangen konnte, ACS, PS, A4 bis Stranieri internati, Busta 321/Schlesinger, Hugo.

506 Gespräch mit Hillel Bendiner, ACS, PS, A4 bis Stranieri internati, Busta 36/Bendiner, Helmut.

von einem britischen U-Boot übernommen, das sie unweit von Ancona an der von der Wehrmacht beherrschten Küste absetzte. Danach fuhren sie mit falschen Papieren unter dem Namen Guglielmo Santoro und Pietro Moltieri über Aquila, Rom und Florenz mit der Bahn nach Modena. Sie kamen jedoch nicht nach Nonantola, weil sie in Modena im Konvent San Cataldo erfuhren, dass die Kinder nicht mehr am Ort waren.[507] Wie Don Pietro Benassi in einem Bericht darlegt, hätten sie ihm im Konvent einen Koffer mit Geld für die Jüdische Gemeinde in Modena übergeben. Da er den beiden in Lederjacken gekleideten Männern nicht traute, habe er zunächst gezögert, den Koffer anzunehmen, sich dann aber doch bereitgefunden, ihn zur Aufbewahrung an den Vikar der Kurie in Modena, Monsignor Avito Biagi, weiterzuleiten.[508]

Dieser Version wird von Bendiner widersprochen, der angibt, seinem Auftrag gemäß mit dem Geld die Rückreise angetreten zu haben. In Porto San Giorgio an der adriatischen Küste wurden er und Majer bei dem Versuch der Kontaktaufnahme zur Nachrichtenübermittlung von Italienern verhaftet. Bevor sie der deutschen Militärkommandantur in Macerata übergeben wurden, ließen sie die 100 000 Lire bei den Carabinieri in Porto San Giorgio zurück. Im August 1944 wurden sie nach sechsmonatiger Haft im Gefängnis von Macerata von einem deutschen Kriegsgericht wegen Spionage zum Tode verurteilt. Doch am Tag vor der Hinrichtung wurden sie von Partisanen aus dem Gefängnis befreit, mit deren Hilfe sie die Frontlinie überquerten. Damit ging ihre erfolglose, aber unglaublich mutige Mission zu Ende.[509]

507 Gespräch mit Hillel Bendiner.

508 Vaccari, Il tempo di decidere, S. 87 f.

509 Gespräch mit Hillel Bendiner.

5.

Bex

Das Jugendaliyah-Heim Villa des Bains

Die Schweizer Flüchtlingspolitik unterlag der Spannung einer auf das 19. Jahrhundert zurückgehenden humanen Asyltradition und der von weiten Kreisen der Bevölkerung genährten Angst vor „Überfremdung“ durch den Zustrom von Ausländern. Die Maßnahmen gegenüber den Flüchtlingen aus dem nationalsozialistischen Deutschland und später auch aus den von ihm besetzten Ländern bewegten sich zwischen diesen beiden Polen. Die Wahrung der Neutralität ebenso wie außen- und wirtschaftspolitische Rücksichten auf den übermächtigen Nachbarn im Norden wirkten sich ebenfalls auf die Flüchtlingspolitik aus. So wurde ein Mittelweg gewählt, der darin bestand, die Grenze nicht vollständig zu schließen, gleichzeitig aber die Zahl der Flüchtlinge und die Dauer ihres Aufenthalts zu begrenzen. Dies geschah vor allem durch die Festlegung bestimmter Kategorien von Flüchtlingen, bei denen zwischen „politisch“ und „rassisch“ Verfolgten unterschieden wurde. Dabei waren die Juden deutlich benachteiligt, weil sie in weitaus größerer Zahl in der Schweiz Zuflucht suchten als Mitglieder der vom Hitler-Regime unterdrückten politischen Organisationen und ihnen nahestehende Intellektuelle, denen in der Regel der Aufenthalt gewährt wurde. Den jüdischen Flüchtlingen hingegen öffnete die Schweiz ihre Tore im Wesentlichen nur als Transitland. In den ersten Jahren des Krieges bestanden noch vereinzelt Weiterwanderungsmöglichkeiten von der Schweiz über Frankreich, Spanien und Portugal nach jenseits des Atlantiks gelegenen Ländern. Nach der vollständigen Besetzung Frankreichs im November 1942 fielen diese Ziele fort. Die Schweizer Grenzorgane verweigerten daher vermehrt Juden das Passieren der Grenze. Diese Zurückweisungen erreichten ihren Höhepunkt im August 1942 nach dem Beginn der Deportationen aus der „freien Zone“ Frankreichs und der dadurch ausgelösten Fluchtwelle, obwohl zu der Zeit bereits bekannt war, dass Aufnahme oder Ablehnung eine Entscheidung über Leben und Tod bedeutete. Die Gesamtzahl der an der Schweizer Grenze Zurückgewiesenen wird mittlerweile mit über 24 000 angegeben, überwiegend Juden. Als Konzession an die humane Tradition blieb die Grenze trotzdem stets einen Spalt offen. So fanden etwa Kinder unter

16 Jahren, wenn sie allein eintrafen, Eltern in Begleitung von Kindern unter sechs Jahren und schwangere Frauen auch noch während des Krieges Einlass.[1]

Viele Flüchtlinge gaben sich der Hoffnung hin, in dem einzigen auf dem europäischen Kontinent noch bestehenden demokratischen Land wie freie Bürger behandelt zu werden. Die Wirklichkeit sah hingegen anders aus. Die Flüchtlinge waren in der Schweiz einem strengen System autoritärer und bürokratischer Regelungen unterworfen, das ihren Freiheitsspielraum erheblich einschränkte und ihre Integration in die Gesellschaft verhinderte. Es sollte ihnen deutlich gemacht werden, dass ihr Aufenthalt nur auf Zeit gewünscht war. Dem Status nach waren sie wie in vielen anderen Ländern auch in der Schweiz Internierte, deren Unterbringung überwiegend in Lagern und Heimen erfolgte.[2]

Wenn den Flüchtlingen an der Grenze mitgeteilt worden war, dass sie die Schweiz aufnahm, wurden sie in ein Sammel- oder Quarantänelager unter militärischer Leitung und Aufsicht gebracht, das sich meist nahe der Grenze befand. Fortan waren die Männer von den Frauen und den Kindern unter sechs Jahren an verschiedenen Orten getrennt. Nach einigen Wochen wurden die Flüchtlinge der Polizeiabteilung im Eidgenössischen Justiz- und Polizeidepartement unterstellt. Damit begann die zweite Phase ihrer Internierung, an deren Anfang die Überführung in ein Auffanglager stand, das von der Zentralleitung für Lager und Heime verwaltet wurde. Danach vergingen im Allgemeinen wieder einige Wochen, bis die Männer, soweit eine ärztliche Untersuchung ihre Arbeitstauglichkeit ergeben hatte, einem Arbeitslager und die Frauen einem Interniertenheim oder, wie es auch hieß, Home zugeteilt wurden. Die Jungen unter 16 Jahren und die Mädchen unter 18 Jahren wurden der Fürsorge des Schweizer Hilfswerks für Emigrantenkinder oder des Schweizer Roten Kreuzes anvertraut, die eng mit den Behörden zusammenarbeiteten. Nur die Kinder unter sechs Jahren durften bei ihren Eltern oder bei einem Elternteil bleiben. Alle älteren wurden Gastfamilien übergeben, selbst wenn sich die Mutter, der Vater oder beide in der Schweiz aufhielten. Die Entlassung aus einem Lager oder einem Heim erfolgte meist nur, wenn ein Flüchtling von einem Verwandten aufgenommen wurde, der zugleich für seinen Unterhalt garantierte, oder wenn

1 Unabhängige Expertenkommission Schweiz – Zweiter Weltkrieg, Die Schweiz und die Flüchtlinge zur Zeit des Nationalsozialismus, Bern 1999; André Lasserre, Frontières et camps. Le refuge en Suisse de 1933 à 1945, Lausanne 1995; Koller, Entscheidungen über Leben und Tod, in: Die Schweiz und die Flüchtlinge, S. 17–106.

2 Unabhängige Expertenkommission, Die Schweiz und die Flüchtlinge, S. 158 ff.; Lasserre, Frontières et camps, S. 223 ff.; Koller, Entscheidungen über Leben und Tod, S. 94 ff.; Broggini, La frontiera della speranza, S. 143 ff.

er ihn aus eigenen Mitteln bestreiten konnte. Seltener waren Entlassungen, die auf eine ausnahmsweise erteilte Arbeitserlaubnis für einen Wirtschaftszweig zurückgingen, in welchem Mangel an Arbeitskräften herrschte. Außerdem wurde die Entlassung auch zum Antritt einer Lehre, einer Fachschulausbildung oder eines Studiums bewilligt, wobei in der Regel die finanzielle Unterstützung durch eine Wohltätigkeitsorganisation notwendig war.[3]

Für das Militär und die Polizei waren Disziplin und Ordnung in den Lagern höchstes Gebot. Sie meinten allen Ernstes, dadurch eine erzieherische Wirkung zu erzielen und die Flüchtlinge für ihr späteres Leben außerhalb der Schweiz zu stärken. Tatsächlich aber empfanden die durch die Entbehrungen und Strapazen der Illegalität und der Flucht meist physisch geschwächten und psychisch zermürbten Menschen das strenge Reglement als Last, bisweilen sogar als Tortur. Kasernenartige Massenquartiere, Isolierung von der Außenwelt durch die Wachmannschaften, Briefzensur, frühes Wecken, Appelle, peinliche Sauberkeit und Ordnung in den Räumen und die Drohung mit der Abschiebung über die Grenze, falls die Vorschriften nicht eingehalten wurden, bestimmten den Tageslauf in den oft improvisiert errichteten Sammellagern. Die Bedingungen waren meist besser in den Auffanglagern, Arbeitslagern und Heimen, die sich in leer stehenden Hotels, zum Teil aber auch in Baracken befanden. Nur selten waren hier über hundert Menschen vereint. Das Personal stellte sich mit der Zeit auf seine Aufgabe ein, machte sich mit den Bedürfnissen und der Mentalität der Flüchtlinge vertraut und brachte vielfach Verständnis für sie auf. Es gab Bibliotheken und vielfältige Formen der Freizeitgestaltung. Missbräuche vonseiten des Personals konnten zur Ablösung infolge einer Beschwerde führen. Die Kontrolle durch das Parlament und die Presse im demokratischen Regierungssystem sowie die Einspruchsmöglichkeiten des Schweizer Israelitischen Gemeindebunds setzten der Macht der Behörden Grenzen.[4]

Die Männer in den Arbeitslagern mussten zum Teil schwere körperliche Arbeit im Straßenbau, bei Rodungen, Urbarmachungen und Flussregulierungen verrichten. Sie wurden mit einem geringen Satz pauschal entlohnt. Im Allgemeinen wurde auf die Leistungsfähigkeit des Einzelnen Rücksicht genommen, und Ärzte wachten über die Gesundheit. Während der Arbeitszeit, die in der Regel achtundvierzig Stunden in der Woche betrug, wurden längere Pausen eingelegt. Über ein Drittel der Insassen eines Arbeitslagers war zu Haus-, Küchen- und Büroarbeiten angestellt. Die Frauen und Mädchen in den Heimen fanden in

3 Ebenda; Sutro, Jugend auf der Flucht, S. 96 ff.; Koller, Entscheidungen über Leben und Tod, S. 36 f.

4 Lasserre, Frontières et camps, S. 230 ff.

Flickstuben Beschäftigung. In allen Auffanglagern, Arbeitslagern und Heimen wurden in bestimmten Abständen Ausgang und auch Urlaub gewährt.[5]

Die aus den Lagern und Heimen Entlassenen fanden Lebensbedingungen vor, die in vielem der „freien Internierung" in Italien glichen. Sie mussten nach der Ankunft an dem ihnen zugewiesenen Aufenthaltsort eine Erklärung unterschreiben, mit der sie die ihnen auferlegten Einschränkungen zur Kenntnis nahmen. Zu diesen gehörte vor allem, nicht das Gemeindegebiet zu verlassen, von 10 Uhr abends bis 7 Uhr morgens in der Unterkunft zu bleiben, keine Bars, Tanz- und Spielsäle aufzusuchen, nicht in Gruppen von über fünf Personen auszugehen, „jede politische Tätigkeit und jedes Verhalten, das geeignet ist, die Neutralität des Bundesrats zu stören, zu unterlassen", in keiner Weise erwerbstätig zu sein und „alles zu tun, um die Schweiz sobald wie möglich verlassen zu können".[6]

Die Übergangszeit in den vom Schweizer Heer unterhaltenen Sammellagern verbrachten die Kinder der Villa Emma und ihre Betreuer an mehreren Orten. Die 15 Jungen, die gemeinsam mit Indig, Bories, Stein, Awin, Romano und Maestro zuerst in der Militärkaserne in Agno untergebracht waren, kamen von dort einen Tag lang in ein nicht näher bezeichnetes Flüchtlingslager in Bellinzona und wurden am 11. Oktober nach Rothrist im Aargau überführt, wo in den Kuranlagen des Geißhubelbads ein Lager errichtet worden war. Helene Barkic und die 18 Mädchen der ersten Gruppe wurden hingegen dem Lager Ala Materna in Rovio am südöstlichen Arm des Luganer Sees zugeteilt, wo vier Tage später Josefine Weiss und die elf Mädchen der zweiten Gruppe zu ihnen stießen. Schuldenfrei und die 20 Jungen der zweiten Gruppe befanden sich nach kurzem Aufenthalt in Agno anfangs im Istituto Francesco Soave in Bellinzona und vom 21. Oktober an in dem in derselben Stadt gelegenen Kastell Unterwalden, wo sie Schoky und Marco Stern trafen, die kurz vor ihnen angekommen waren. Hildegard Steinhardt, Rikica Levi und Sida Levi, die mit Schoky die Grenze überschritten hatten, kamen von Agno in das Asilo Santa Maria in Bellinzona und danach in ein Flüchtlingsheim in Agnuzzo, einem Ortsteil von Agno. Armand Moreno, Edgar Ascher, Arnold Weininger und Robert Weiss, die sich am 4. Oktober in Zürich der Polizei gestellt hatten, wurden in das Lager Büsserach im Kanton Zürich geschickt, während Kurt Hahn, Hans Silbermann, Leo Teplitzki, Josef Schiffmann und Gisela Wiesner, denen bei Tirano als Letzte die Flucht in die Schweiz gelungen war, im Lager Samaden in Graubünden interniert wurden.[7]

5 Ebenda, S. 236 ff.

6 Ebenda, S. 245 ff. Vgl. auch die Aufenthaltserklärungen, etwa von Robert Stein in SBA, Bestand E 4264, N 15728/Stein, Robert, und von Josef Schiffmann N 19976/Schiffmann, Josef.

7 Personaldossiers der Kinder und Betreuer in SBA, Bestand E 4264; CZA, L 22, 338, Indig an Lichtheim, 16. und 27. 10. 1943; Indig-Gruppe (Namensverzeichnis mit Angabe der

In den Sammellagern wurden den Kindern und Jugendlichen der Villa Emma alle Ausweispapiere abgenommen und damit auch die in Nonantola ausgestellten Identitätskarten. Stattdessen erhielten sie den blauen Flüchtlingsausweis, der sie während ihres Aufenthalts in der Schweiz begleitete. Ferner mussten sie sich einer Befragung durch Angehörige der Schweizer Heerespolizei unterziehen, deren Ergebnisse in einem „Abhörprotokoll" oder „Einvernahmeprotokoll" festgehalten wurden. Zusätzlich war ein 14-seitiger, zweisprachiger Fragebogen der Polizeiabteilung im Eidgenössischen Justiz- und Polizeidepartement auszufüllen, wobei die Jüngeren auf die Hilfe der Älteren oder der Betreuer angewiesen waren. Der Fragebogen war in zwölf Abschnitte gegliedert, in denen detaillierte Auskünfte etwa zum Aufenthalt in anderen Ländern, zur Einreise in die Schweiz, zu den Unterhaltsmitteln, zur Ausreisemöglichkeit, zum Beruf, zum Gesundheitszustand und zu den Familienangehörigen verlangt wurden. Zu der letzten Frage findet man Eintragungen wie „tot", „verschollen", „Aufenthalt unbekannt (Polen)". Oft aber ist die entsprechende Zeile auf dem Vordruck nur mit einem Strich versehen oder sie ist leer gelassen. Dies hieß nicht unbedingt, dass die Kinder wussten, dass ihre Eltern oder andere nahe Verwandte nicht mehr am Leben waren. Zumindest den kleineren hatte man nicht die Wahrheit zu sagen gewagt, um sie zu schonen. Spärlich sind die Mitteilungen zu Nonantola. Die Villa Emma wird merkwürdigerweise oft als Lager oder Internierungslager bezeichnet. Niemand erwähnt das Versteck im Seminar, bei den Nonnen oder bei einer Familie, und weder fällt der Name von Giuseppe Moreali noch von Don Arrigo Beccari. Oft heißt es formelhaft und uneindeutig: „Während der deutschen Besetzung wurde das Lager aufgelöst, und ich befand mich auf der Straße." Zur Flucht in die Schweiz werden in der Regel nur die Stelle der Grenzüberschreitung und der Ort genannt, an welchem man sich einer Grenzstreife oder einem Grenzposten gestellt hatte. Bei der Frage nach den Fluchthelfern ist niemals von Schmugglern die Rede, sondern höchsten von „Bauern" oder „Einheimischen". Lediglich der alte Haim Benjamin, einer der libyschen Juden der Villa Emma, plauderte aus, dass er einem „Wegführer" 2000 Lire bezahlt habe. Häufig wird in den Fragebogen der Wunsch geäußert, in der Schweiz mit der Gruppe zusammenbleiben zu dürfen.[8]

Internierungsorte); SBA, Bestand J.II.55 (-) SHEK, Bd. 51, Verzeichnis der Gruppe der Jugendlichen aus „Villa Emma", Nonantola.

8 SBA, Bestand E 4264, N 18057/Levi, Leone. Zu den Eltern von Aron Koen und Leo Levi heißt es hier in einer Notiz des Grenzbataillons 108: „Die Eltern der Kinder wurden in Sarajevo ermordet. Die Kinder haben davon keine Kenntnis und glauben, daß sich auch ihre Eltern in einem Konzentrationslager [sic!] in der Schweiz befinden." Wie betont wird, stammte die Information von Mala Braun, welche die beiden Kinder über die Grenze begleitet hatte.

Nach der Ankunft in einem Sammellager, das zugleich Quarantänelager war, fand eine ärztliche Untersuchung statt, die an erster Stelle die Schweizer Bevölkerung vor ansteckenden Krankheiten schützen sollte. In den überwiegend erhaltenen Protokollen zu diesen Untersuchungen wird der Gesundheitszustand der Jungen und Mädchen meist als gut und in einigen Fällen als mäßig bezeichnet. Nur die schlechten Zähne werden oft bemängelt.[9] Mehrere Einzelfälle zeigen jedoch, dass sich das Urteil der Militärärzte nicht ohne Weiteres verallgemeinern lässt. Drei kleine Kinder aus Jugoslawien mussten kurz nach ihrer Ankunft in der Schweiz im Krankenhaus behandelt werden. Aron Koen verbrachte drei Monate in einem Hospital in Bellinzona, nachdem eine tuberkulöse Rippenfellentzündung ausgebrochen war. Im Protokoll zu der an Asthma leidenden Lea Altaras liest man: „Gesundheitliche Schwächung zu hohem Grad". Außer der Erkrankung der Atemwege wurde bei ihr ein Hautausschlag mit Verdacht auf Krätze festgestellt. Später lag das Mädchen mehrere Wochen im Kantonsspital von Lausanne, wo sich zur selben Zeit auch Hanna Schwarz befand. Der Fragebogen von Sida Levi wurde in der Clinica Soleggio in Bellinzona ausgefüllt, ohne dass man den Grund ihrer Hospitalisierung erfährt. Josef Schiffmann schließlich heilte im Krankenhaus von Samaden eine Gelbsucht aus, die er sich wahrscheinlich wie Hans Silbermann in Rom zugezogen hatte.[10]

In den Sammellagern löste sich bei den Kindern und ihren Betreuern nach und nach die innere Spannung. „Die allgemeine Moral ist ausgezeichnet, trotz der vielen Entbehrungen", schrieb Indig an Lichtheim aus Rothrist. Gleichzeitig trat die überstandene Gefahr wieder vor seine Augen. In demselben Brief an Lichtheim, der auf den 16. Oktober datiert ist, dem Tag der verheerenden Razzia in Rom, mit der die Deportation der Juden auf dem Gebiet der Repubblica Sociale Italiana einsetzte, blickte er auch auf die Rettung seiner Schützlinge zurück, an der er selbst den größten Anteil hatte: „Ich kann sagen, daß die Gruppe im letzten Augenblick kam, und es ist schwer, sich das Schicksal all dieser jungen Menschen auszumalen, falls wir noch einige Zeit in N. geblieben wären."[11]

In der Schweiz konnten die Kinder und ihre Betreuer ihre Verwandten und Freunde in Palästina, England, den Vereinigten Staaten und anderen Ländern außerhalb des deutschen Herrschaftsbereichs erreichen. Wegen der Langsamkeit der Briefpost wurde Lichtheim gebeten, Telegramme aufzugeben, in denen die Ankunft in der Schweiz mitgeteilt wurde.[12] Eines der ersten Telegramme Indigs

9 Protokolle in den Personaldossiers in SBA, Bestand E 4264.

10 SBA, Bestand E 4264, N 19182/Koen, Aron; N 18290/Altaras, Lea; N 17793/Levi, Sida; N 19976/Schiffmann, Josef.

11 CZA, L 22, 338, Indig an Lichtheim, 16. 10. 1943.

12 Ebenda, Indig an Lichtheim, 10. 12. 1943.

war an Recha Freier gerichtet: „Recha, es gelang mir, achtzig meiner Gruppe zu retten. Jugendliche grüßen Dich und Moledeth. Meine Gedanken immer mit Dir und Deinem Werk. Grüße. Joško Indig."[13] Bald folgte ein Brief mit einem in Eile geschriebenen Bericht an die Freundin und Mentorin in Jerusalem und Mitte November ein zweiter Brief, in welchem er über seine zukünftigen Pläne für die Kinder spricht. Er sei glücklich, seine Arbeit weiterführen zu können, frage sich aber, ob er auch alles richtig machen werde.[14]

Indig wollte unter allen Umständen erreichen, dass die Gruppe nach ihrer Zerstreuung über verschiedene Sammellager wieder an einem Ort vereint wurde. Als Ideal schwebte ihm ein zionistisches Heim vor, wo er unter günstigeren Bedingungen als in Lesno brdo und Nonantola die chaluzische Erziehung zur Vorbereitung auf das Leben in Palästina wieder aufnehmen konnte. Die Errichtung eines solchen Heims erörterte er schon in den ersten Tagen seines Aufenthalts im Lager Geißhubelbad in Rothrist mit Nathan Schwalb, als ihn dieser dort besuchen kam. Schwalb versprach ihm, sich des Plans anzunehmen, der Aussicht auf Verwirklichung bot, weil bereits seit einem knappen Jahr ein von den Behörden genehmigtes Jugendaliyah-Heim für Flüchtlingskinder in Versoix bestand.[15] Der Schweizerische Zionistenverband war bereit, den Plan zu unterstützen und ein geeignetes Gebäude zur Unterbringung der Villa-Emma-Gruppe zu erwerben, falls sich auch der Hechaluz an dem Kauf beteiligte.[16]

Die Entscheidung fiel dann in kürzester Zeit. Die besten Voraussetzungen bot ein großes Gebäude mit einer Dependance, dem eine Landwirtschaft mit einer Nutzfläche von 7 ha angeschlossen war, in Bex im Rhônetal im Kanton Vaud. Es gehörte einem Komitee, La Délivrance, in Lausanne, das von verschiedenen jüdischen Verbänden gebildet wurde und seit 1938 auf dem Grundstück eine Hachscharah betrieb. Das Unternehmen war jedoch nie recht in Gang gekommen und hatte bis zuletzt mit finanziellen und organisatorischen Schwierigkeiten zu kämpfen. Im Höchstfall waren gleichzeitig 24 Schüler am Ort, obwohl das Gebäude und die Nebengebäude über hundert Menschen beherbergen konnten.[17] Nach Verhandlungen mit dem Präsidenten des Schweizerischen Zionistenverbands, Erwin Haymann,

13 YVA, P1/4, Indig an Freier, 21. 10. 1943.

14 Ebenda, Indig an Freier, 17. 11. 1943.

15 CZA, L 22, 338, Indig an Lichtheim, 16. und 27. 10. 1943; Gespräch mit Nathan Dror (Nathan Schwalb), Tel Aviv, 23. 6. 1996; Unterlagen zum Jugendaliyah-Heim in Versoix in CZA, L 17, 23 I und L 22, 46.

16 SBA, Bestand J.II.55 (-) SHEK Bd. 51, Erwin Haymann, Schweizerischer Zionistenverband, an Georges Bloch, SHEK, 29. 10. 1943.

17 Unterlagen zu La Délivrance in: SBA, ebenda. Vgl. Jacques Picard, Die Schweiz und die Juden. 1933–1945, 2. Aufl., Zürich 1994, S. 314 f.

willigte La Délivrance in den Verkauf ein.[18] Zuvor war jedoch das Schweizer Hilfswerk für Emigrantenkinder in die Beratungen einbezogen worden, das den geltenden Regelungen nach die Aufsicht über das Heim ausüben musste. Das von Nettie Sutro geleitete Kinderhilfswerk erwirkte die Zustimmung des Schweizer Polizeichefs, Rothmund, zu dem Projekt, sodass am 23. November der Kaufvertrag unter Dach und Fach war.[19] Der Schweizerische Zionistenverband kam mit dem Hechaluz überein, die Kosten für den Kaufpreis von 35000 Franken zu teilen.[20]

Das Gebäude, die Villa des Bains, war ursprünglich als Hotel erbaut worden und lag inmitten einer prächtigen Hochgebirgslandschaft mit Blick auf das Massiv der Dents du Midi. Das dreistöckige Haupthaus wies 25 heizbare Zimmer mit fließendem Wasser und elektrischem Licht, sechs Mansardenkammern und eine kleine Küche auf. Toiletten waren außerhalb der Zimmer in jedem Stock vorhanden. Im Parterre befanden sich vier Säle, die als Speise- und Aufenthaltsraum, als Schulzimmer und als Werkstätten eingerichtet werden konnten. Eine große Küche mit mehreren Gas- und Holzherden war im Kellergeschoss untergebracht. Die Dependance verfügte über 35 Zimmer, jedoch ohne Waschgelegenheiten und nur zum Teil beheizbar, vierzehn Mansardenkammern und drei Badezimmer. Zu der Anlage gehörten ein Kuhstall mit Platz für sieben Kühe, ein Stall für drei Pferde, ein Hühnerstall, eine Scheune, ein Waschhaus und mehrere Remisen und Lagerschuppen.[21]

Die landwirtschaftlich genutzte Fläche des Grundstücks setzte sich zu über einem Drittel aus Weideland, ferner aus einem großen Gemüsegarten sowie aus Feldern zusammen, auf denen Getreide, Raps, Kartoffeln und Runkelrüben angebaut wurden. An vielen Stellen standen Obstbäume, insgesamt rund zweihundert. Das von der Délivrance übernommene lebende Inventar bildeten eine Kuh, die täglich zehn bis zwölf Liter Milch gab, ein Pferd und drei Dutzend Hühner, Enten und Gänse. Unter dem landwirtschaftlichen Gerät werden eine Mähmaschine, eine Egge, ein Pflug, ein Kartoffelpflug, eine Häckselmaschine und zwei Brückenwagen angeführt. Als Vorrat standen 6 t Heu, 1200 Garben Weizen, Hafer und Gerste, 4000 kg Runkelrüben, 1800 kg Kartoffeln und verschiedenes Gemüse zu Gebote, zudem beträchtliche Mengen Stallmist und Kunstdünger, Brennholz und

18 SBA, Bestand J.II.55 (-) SHEK, Bd. 51, Nettie Sutro an Sektion Basel SHEK, 3. 11. 1943, und an Nathan Schwalb, 9. 11. 1943.

19 SBA, ebenda, Rothmund an Départment de justice et de police du Canton du Vaud, 9. 11. 1943.

20 SBA, ebenda, Entwurf des notariellen Kaufvertrags.

21 SBA, ebenda, Hechaluz – Jugendaliyah-Heim Bex, Bericht über Haus- und Feldbesichtigung, 9. 11. 1943; CZA, L 22, 46, Jugendaliyah-Heim Bex, Bericht an Jewish Agency for Palestine, 13. 3. 1944.

Das Jugendaliyah-Heim Villa des Bains.
Hans Silbermann, Bad Reichenhall

Baumspritzmaterial.[22] Alles in allem hätten sich zur Errichtung einer Hachscharah kaum günstigere Bedingungen bieten können. Indig jedenfalls war bei einem von den Behörden genehmigten Besuch in Bex „mit dem Haus als Objekt für den Zweck eines Jugendheims sehr, sehr zufrieden".[23]

Auch wenn sich alle, von denen die Villa des Bains besichtigt wurde, ähnlich günstig über sie äußerten wie Indig, blieb doch noch viel zu tun. Der bauliche Zustand wurde im Allgemeinen als gut befunden, sodass 20 bis 30 Personen sofort einziehen konnten. Doch es wurden auch Mängel laut, die dringende Reparaturen erforderten. So war die Fassade des Haupthauses weitgehend abgebröckelt, und eine Veranda galt wegen gebrochener Säulen als „direkt lebensgefährlich". Auch die Warmwasserversorgung, ein Teil des reichlich vorhandenen Mobiliars, die Ställe und manches mehr mussten überholt und instandgesetzt werden.[24] Auf die

22 SBA, Bestand J.II.55 (-) SHEK, Bd. 51, Weltzentrale des Hechaluz an SHEK, 16. 11. 1943, Übersicht über den Ausbau des landwirtschaftlichen Betriebes im Jugendaliyah-Heim in Bex.

23 CZA, L 22, 338, Indig an Lichtheim, 25. 11. 1943.

24 SBA, Bestand J.II.55 (-) SHEK, Bd. 51, Hechaluz – Jugendaliyah-Heim Bex, Bericht über Haus- und Feldbesichtigung, 9. 11. 1943; Weltzentrale des Hechaluz an SHEK, 16. 11. 1943, Übersicht über den Ausbau.

Vertreter der Sektion Vaud des Schweizer Hilfswerks für Emigrantenkinder machte die Villa den Eindruck „der völligen Verschmutzung und Verwahrlosung". Bevor sie bezogen werden könne, müssten zwanzig bis fünfundzwanzig junge Männer alle Räume von oben bis unten reinigen, um sie wieder bewohnbar zu machen.[25]

Die polizeiliche Genehmigung zur Errichtung eines Jugendaliyah-Heims in Bex war an die Bedingung geknüpft, dass der Heimleiter, wie in Versoix, Schweizer Staatsbürger war.[26] Der Schweizerische Zionistenverband musste deshalb in kürzester Zeit eine geeignete Persönlichkeit ausfindig machen. Er berief den 24 Jahre alten, in Zürich geborenen Harry Lewinsky, einen ausgebildeten Gärtner und Agronomen, der Erfahrungen auf einer Hachscharah in Beuthen in Schlesien gesammelt hatte und über hebräische Sprachkenntnisse verfügte. Für eine leitende Stellung war Lewinsky sehr jung, um so wertvoller waren seine landwirtschaftlichen Kenntnisse. Letzten Endes wurde von ihm hauptsächlich verlangt, das Heim gegenüber den Schweizer Behörden zu vertreten.[27] Ihm stand von Anfang an ein Verwaltungsleiter zur Seite, der sich um die inneren Angelegenheiten des Hauses kümmerte. Es war Richard Kohn, der frühere Leiter des Palästina-Amts in Zagreb, der mit Indig befreundet war. Er war in den ersten Tagen der deutschen Besetzung Italiens mit seiner Familie in einer größeren Gruppe jugoslawischer Juden aus dem Internierungszentrum in Aprica bei Sondrio in die Schweiz gelangt und dort erneut interniert worden.[28] Die Zusammenarbeit zwischen ihm und Lewinsky entwickelte sich nahezu problemlos. Dem Heimleiter und dem Verwaltungsleiter war eine Hauskommission übergeordnet, die mindestens einmal im Monat zur Beratung und Beschlussfassung zusammenkam und von Vertretern des Schweizer Hilfswerks für Emigrantenkinder, des Schweizerischen Zionistenverbands und des Hechaluz gebildet wurde. Nach den Vorstellungen der beiden zionistischen Organisationen sollte die Kommission nur beratende Funktionen haben, doch dies lehnte das Schweizer Hilfswerk für Emigrantenkinder unter Berufung auf seine Aufsichtspflicht und seine Verantwortung gegenüber dem Justiz- und Polizeidepartement ab.[29]

25 SBA, ebenda, Comité Vaudois d'Aide aux Enfants d'Emigrés an Zentrale des SHEK, A l'attention de Monsieur Georges Bloch, 1er rapport sur le Jugendaliyah-Heim „Villa des Bains", 30. 11. 1943.

26 SBA, ebenda, Département de Justice et Police, Canton du Vaud, an SHEK, 17. 11. 1943; Georges Bloch an Veit Wyler, Schweizerischer Zionistenverband, 9. 12. 1943.

27 SBA, ebenda, Lewinsky an Bloch, 10. 12. 1943; CZA, L 22, 46, Lewinsky, Exposé über Leitung und Organisation des Jugendaliyah-Heims Bex, 10. 12. 1943.

28 SBA, Bestand E 4264, N 15425/Kohn, Richard. Zur Flucht aus Aprica vgl. Voigt, Zuflucht auf Widerruf, Bd. 2, S. 395.

29 SBA, Bestand J.II.55 (-) SHEK, Bd. 51, Schweizerischer Zionistenverband an SHEK, 17. Nov. 1943; Besprechung betr. Jugend-Alijah-Heim Villa des Bains in Bex, 29. 12. 1943.

Zur Finanzierung des Jugendaliyah-Heims wurde Anfang Dezember eine Vereinbarung getroffen. Sie sah vor, dass der Schweizerische Zionistenverband und der Hechaluz einen Grundbeitrag leisteten, durch den die Ausgaben für die vor allem anfangs notwendigen Instandsetzungen und Renovierungen sowie für den gesamten Bereich der landwirtschaftlichen und handwerklichen Ausbildung gedeckt wurden. Zusätzlich gewährte die Jewish Agency einen einmaligen Zuschuss, für den sich Lichtheim verwandt hatte. Die Kosten für den Unterhalt der Kinder und ihre Betreuung wurden bis zum abgeschlossenen 16. Lebensjahr vom Schweizer Hilfswerk für Emigrantenkinder getragen, das einen Monatssatz von 100 Franken pro Kopf zugrunde legte. Für die über 16-Jährigen kam der Verband Schweizer Jüdischer Flüchtlingshilfen auf, der pro Kopf 70 Franken im Monat bereitstellte, sodass der Hechaluz die Differenz übernehmen musste.[30] Schon bald zeigte sich, dass die Einnahmen nicht mit den Ausgaben Schritt hielten und am Ende des Monats häufig ein Defizit stehen blieb. Kohn fand in dieser Lage Gehör bei Saly Mayer, der ihm als Vertreter des Joint in der Schweiz mehrmals mit einem zum Ausgleich des Budgets erforderlichen Betrag unter die Arme griff.[31]

Nach der Beendigung der dringendsten Reinigungsarbeiten war gegen Ende des Jahres ein Teil der Villa bezugsfertig. Zur Durchführung des Hausputzes hatten die Polizeibehörden sechs früheren Bewohnern der Villa Emma Urlaub aus den Auffanglagern gewährt: Josefine Weiss, Tilla Nagler, Marcel Hofmann, Emanuel Issler, Hans Sussmann und Laszlo Toeroek.[32] Vom 31. Dezember an waren Kohn, Indig und Schuldenfrei in Bex.[33] Nur vier Tage später trafen zusammen mit Helene Barkic die ersten 19 Kinder, 18 Mädchen und der kleine Leo Levi, aus dem Lager Belmont bei Montreux ein, wohin sie von Rovio verlegt worden waren. Eine Woche später folgten sechs Jungen aus dem Lager Adliswil im Kanton Zürich, die zuerst im Kastell Unterwalden in Bellinzona gewesen waren. Wieder eine Woche später kamen weitere sechs Jungen hinzu, diesmal aus Rothrist.[34]

Es war von Anfang an geplant gewesen, in das neue Heim nicht nur Kinder aus der Villa Emma aufzunehmen. Dabei war zunächst vor allem an einige

30 SBA, ebenda, Schweizerischer Zionistenverband an SHEK, 21. 11. und 17. 12. 1943; Bloch an Wyler, 9. 12. 1943; VSJF an Weltzentrale des Hechaluz, 3. 2. 1944; CZA, L 22, 338, Lichtheim an Schwalb, 10. 11. 1943.

31 JDC, SM 24-25, Kohn an Mayer, 20. 4. und 1. 10. 1944; Kohn an Schwalb, 25. 11. 1944.

32 SBA, Bestand E 4264, N 17279/Weiss, Josefine, SHEK an EJPD, 11. 11. 1943, und folgende Korrespondenz. Unterlagen auch in den Personaldossiers der anderen fünf Genannten.

33 SBA, Bestand J.II.55 (-),Bd. 51, EJPD an Zentralleitung der Arbeitslager, 25. 12. 1943; Jugendaliyah-Heim Bex an SHEK, 31. 12. 1943.

34 SBA, ebenda, SHEK an Jugendaliyah-Heim Bex, 29. 12. 1943; Jugendaliyah-Heim Bex an Comité Vaudois d'Aide aux Enfants d'Emigrés, 4. 1. 1944, und folgende Korrespondenz.

jugoslawische Kinder gedacht, die wie Kohn aus Aprica entkommen waren und sich in den Auffanglagern Hemberg und Girenbad befanden. Schließlich wurden aber nur wenige von ihnen nach Bex geschickt. Deshalb wurden Kinder in verschiedenen Lagern und Heimen ausgewählt, die überwiegend aus Frankreich geflohen waren. Die ersten vier Kinder, die nicht zur Gruppe aus der Villa Emma gehörten, wurden Ende Januar in Bex gemeldet. Danach befanden sich insgesamt 36 Kinder am Ort.[35]

Bis dahin waren alle Jungen und Mädchen in Bex jünger als 17 Jahre, womit sie zu den vom Schweizer Hilfswerk für Emigrantenkinder Unterstützten gehörten. Alle älteren waren noch an mehreren Orten interniert. Kohn bemühte sich, ihre Überführung nach Bex zu beschleunigen, wobei er sich auf die Zusicherung des Eidgenössischen Justiz- und Polizeidepartements berief, dass die Gruppe aus Nonantola in Bex zusammenleben durfte.[36] Im Februar erteilte der Verband Schweizer Jüdischer Flüchtlingshilfen die seit Langem erwartete Unterhaltsgarantie. Anfang März hieß es, dass die Entlassung aus den Internierungslagern und -heimen beantragt sei. Aber erst im April trafen die ersten in Bex ein. Ende Mai zählte das Jugendaliyah-Heim 61 Kinder und Jugendliche, davon 50 aus der Villa Emma.[37] Damit hatte die Zahl der Letzteren ihren Höhepunkt erreicht, denn im Laufe der folgenden Monate begaben sich etliche von ihnen wieder fort, entweder weil sich ihnen eine andere Ausbildungsmöglichkeit bot oder sie sich inzwischen entschlossen hatten, nicht nach Palästina zu gehen.[38] Die Gesamtzahl der Chaluzim in dem Jugendaliyah-Heim stieg hingegen bis zum Ende des Krieges auf über 80.[39]

Insgesamt 20 Kinder und Jugendliche aus der Villa Emma, unter ihnen sieben aus der jugoslawischen Gruppe, kamen nicht nach Bex. Außer Aron Koen, Albi und Sida Israel, die Pflegeeltern übergeben wurden, waren alle älter als 16 Jahre.[40] Meistens hielten sie mehrere Gründe davon ab, sich wieder ihren Gefährten

35 SBA, ebenda, Schwalb an SHEK, 19. 10. 1943; Verzeichnis der Jugendlichen in Hemberg und Girenbad; Jugendaliyah-Heim Bex an SHEK, 26. 1. 1944; CZA, L 22, 46, Jugendaliyah-Heim Bex, Bericht an Jewish Agency, 13. 3. 1944.

36 SBA, Bestand J.II.55 (-) SHEK, Bd. 51, EJPD an SHEK, 14. 1. 1944; SHEK an Schweizerischen Zionistenverband, 20. 1. 1944.

37 SBA, ebenda, VSJF an Weltzentrale des Hechaluz, 3. 2. 1944; Jugendaliyah-Heim Bex an SHEK, 5. und 21. 3. 1944; Jugendaliyah-Heim Bex, Präsenzlisten für April und Mai 1944.

38 SBA, Bestand E 4264, N 15383/Hofmann, Marcel; N 5720/Mantel-Elster, Susanne; N 17319/Nagler, Tilla; N 17786/Rosenbaum, Eva; N 14364/Weininger, Arnold.

39 SBA, Bestand J.II.55 (-) SHEK, Bd. 51, Jugendaliyah-Heim Bex an SHEK, 21. 4. 1945, Überblick unseres Effektivs.

40 SBA, Bestand E 4264, Personaldossiers; Gespräch mit Dan Israeli (Albert Israel).

anzuschließen. Während der schon über ein halbes Jahr anhaltenden Trennung von ihnen war eine Entfremdung eingetreten. Manche zogen es deshalb vor, auf eigenen Füßen zu stehen. Seit ihrer Ankunft in der Schweiz hatten sie mehr als früher über ihre berufliche Zukunft nachgedacht, und sie hatten sich gefragt, ob der zionistische Weg für sie der geeignete wäre. Im Gegensatz zu den Jüngeren, die in der Gruppe einen Halt fanden und darin von den Erwachsenen bestärkt wurden, empfanden die Älteren in der Schweiz, wo es Alternativen zum Leben in der Gruppe gab, einen starken Selbstständigkeitsdrang. Sie durften hoffen, aus dem Lager oder Heim entlassen zu werden und eine Schule, Fachschule oder Universität zu besuchen.[41] Vor allem wenn jemand im assimilierten Milieu aufgewachsen war, wollte er sich meistens einen Berufswunsch erfüllen, der außerhalb der Perspektive einer landwirtschaftlichen oder handwerklichen Tätigkeit in Palästina lag. Einige begannen die Niederlassung nach dem Krieg in einem anderen Land, etwa den Vereinigten Staaten, ins Auge zu fassen, oder hofften sogar, in der Schweiz bleiben zu können. Kennzeichnend ist die Einstellung von Susanne Elster, die zu den fünf gehörte, die Bex nach wenigen Monaten wieder verließen. Sie könne in dem Heim, schrieb sie, nicht der Ausbildung als Modezeichnerin nachgehen und fühle sich den zionistischen Idealen nicht verbunden.[42] Otto Liebling, der aus einer Familie stammte, die mit der sozialistischen Arbeiterbewegung verbunden war, entschied sich für eine kaufmännische Ausbildung, oder Edgar Ascher bemühte sich mit Erfolg um die Wiederaufnahme seines Chemie- und Physikstudiums.[43] Herbert Mohler müsste hingegen als strenggläubigem Juden das in Bex herrschende areligiöse Klima von dort abgehalten haben.[44] Ein anderes Motiv für die Trennung von der Gruppe findet sich bei Tamar Licht, die lieber bei ihren Eltern in Genf bleiben wollte. Mala Braun konnte wegen ihrer Schwangerschaft nicht in Bex aufgenommen werden. Nach der Geburt ihrer Tochter Silvie lebte sie mit ihr in einem Flüchtlingsheim für alleinstehende Mütter. Josef Schiffmann und Gisela Wiesner heirateten und wollten deshalb für sich bleiben. Ihr Wunsch, gemeinsam in einem Flüchtlingsheim untergebracht zu werden, fand jedoch bei den Internierungsbehörden kein Gehör.[45]

Das Jugendaliyah-Heim in Bex unterschied sich von der Villa Emma in dem wesentlichen Punkt, dass es von zionistischen Organisationen gegründet worden war und eine rein zionistische Leitung hatte. Indig, der als „madrich" in dem

41 Lasserre, Frontières et camps, S. 237, 246, 285 ff. Vgl. unten, S. 284 ff.

42 SBA, Bestand E 4264, N 5720/Mantel-Elster, Susanne, Elster an EJPD, 11. 8. 1944.

43 SBA, ebenda, N 15794/Liebling, Otto; N 14082/Ascher, Edgar; Gespräche mit Edgar Ascher.

44 SBA, ebenda, N 15697/Mohler, Herbert.

45 SBA, ebenda, N 13636/Licht, Alexander; N 17444/Braun, Mala; N 19976/Schiffmann, Josef.

Heim eine führende Rolle spielte und vor allem für den pädagogischen Bereich zuständig war, brauchte hier nicht gegen Unverständnis und Widerstände anzukämpfen, um seinen Ideen Geltung zu verschaffen, sondern befand sich unter Gleichgesinnten. Die Leitung legte unangefochten die auf das Pionierleben abgestimmten Erziehungsgrundsätze fest und behielt es sich vor, bei der Aufnahme in das Heim eine Auswahl zu treffen. Indig wies deshalb einige über 16-Jährige aus der Villa Emma ab, weil sie in Lesno brdo und Nonantola keine ausreichende zionistische Motivation gezeigt hatten. In einigen Fällen blieben deshalb Verstimmungen zurück, oder es kam sogar zum Bruch.[46]

Die Lehrer und Betreuer im Jugendaliyah-Heim in Bex sollten nach Möglichkeit überzeugte Zionisten sein. „Jetzt muß es ganz sauber gemacht werden", schrieb Indig bald nach seiner Ankunft in Bex an Recha Freier, „mit genügend madrichim, mit gesundem Aufbau des inneren Lebens, unter menschlichen Bedingungen, kompromißlos in der Wahl der Mitarbeiter".[47] Von dem alten Stamm aus Lesno brdo und Nonantola wollte er auf jeden Fall Bories, Stein, Barkic, Schuldenfrei, Maestro und Josefine Weiss bei sich behalten. Andere waren ihm weniger oder gar nicht willkommen.[48]

Unbedingt lehnte er die weitere Zusammenarbeit mit Schoky ab. Dieser hatte ihn immer wieder gereizt, indem er für sich eine Sonderstellung in der Gruppe in Anspruch nahm und einzelne Kinder begünstigte. Beides lief Indigs pädagogischen Vorstellungen strikt zuwider. In Lesno brdo und Nonantola war ihr gegenseitiges Verhältnis zeitweise so gespannt, dass die Trennung in der Luft lag. In Bex war Schoky entbehrlich, weil seine Geschicklichkeit auf dem Schwarzen Markt nicht mehr gefragt war. Doch er hing an der Gruppe, zu der er sich wieder hingezogen fühlte. Anfang Januar bat er das Schweizer Hilfswerk für Emigrantenkinder, sich beim Eidgenössischen Justiz- und Polizeidepartement für seine Überführung nach Bex zu verwenden.[49] Doch dieses ließ beim Jugendaliyah-Heim anfragen, ob es mit seiner Anwesenheit einverstanden sei. Die Antwort Lewinskys war eindeutig: „Es ist unvorstellbar, daß der Genannte in unserem Heim als Lehrer oder in anderer Funktion tätig ist".[50] Nachdem Schoky wenig später in das Arbeitslager Möhlin im Kanton Aargau eingewiesen worden war, sandte er an einige Kinder und Jugendliche in Bex wie in den Lagern und Heimen in gewohnter Weise Geschenke und auch kleine Geldbeträge. An Valobra in

46 Gespräche mit Josef Ithai (Josef Indig) und Tilla Offenberger (Tilla Nagler).

47 YVA, P 1/4, Indig an Freier, 4. 1. 1944.

48 Ebenda.

49 SBA, Bestand E 4264, N 17922/Silberschatz-Schoky, Marco, EJPD an Police des Etrangers du Canton du Vaud, 8. 1. 1944.

50 SBA, ebenda, Jugendaliyah-Heim Bex an Bureau des Etrangers, Bex, 17. 1. 1944.

Zürich, mit dem er in der Schweiz Briefe wechselte, schrieb er: „Ich habe hier eine kleine Delasem und muß mich immer um mehrere Personen kümmern“.[51] Die Anlage eines Kontos bei der Schweizer Volksbank auf den Namen einer „Gruppe Silberschatz Marco“ wurde ihm versagt, weil Flüchtlinge nur Sperrkonten auf den eigenen Namen haben durften.[52]

Ende März erhielten auch Bories, Stein und Maestro auf ein fast zwei Monate zurückliegendes Gesuch Lewinskys hin eine Aufenthaltsgenehmigung für Bex als „Freiinternierte“.[53] Nach dem Beginn ihrer Tätigkeit umfasste das Personal des Jugendaliyah-Heims einschließlich des Heimleiters und des Verwaltungsleiters 13 Lehrer und Betreuer. Sieben, unter ihnen seit Kurzem auch Josefine Weiss, die sich wieder um hauswirtschaftliche Dinge kümmerte, waren frühere Bewohner der Villa Emma. Mit zunehmender Belegung des Heims kamen weitere Lehrer und Betreuer hinzu, doch keiner von ihnen gehörte mehr zur Villa-Emma-Gruppe.[54]

Bories fand in Bex wieder ein Klavier oder einen Flügel vor, auf denen er den Kindern vorspielte und an dem er Musikunterricht erteilte.[55] Doch er wurde in dem Heim nicht mehr glücklich. Zu sehr hatte sich die Atmosphäre seit Nonantola geändert. Die einseitige zionistische Ausbildung behagte ihm immer weniger, sodass er sich schon nach wenigen Monaten entschloss, aus Bex fortzugehen. Dazu müsste beigetragen haben, dass Schoky auf den innerlich labilen Mann, der nach den Jahren des Umherirrens unsicher war, in welchem Land er seine Zukunft suchen sollte, nach wie vor starken Einfluss ausübte. Mitte Juni richtete Bories an das Eidgenössische Justiz- und Polizeidepartement folgenden Brief: „Da unser Heim ausschließlich zionistisch geleitet wird und ich mich bis jetzt dieser Gesellschaft nicht anpassen konnte, und ich mich nicht wohlfühle, bitte ich Sie, mich in das Arbeitslager Möhlin, Aargau, transferieren zu wollen. Ich habe dort Freunde, darunter auch einen ehemaligen Leiter der Gruppe Nonantola, Marco Silberschatz, mit dem ich seit dem ersten Tag meiner Emigration zusammen war.“[56]

51 CDEC, Fondo Valobra, Busta 3/4 Collaboratori, Schoky an Valobra, 17. 6. 1944; SBA, Bestand E 4264, N 17888/Danon, Josef (Geldüberweisung).

52 SBA, ebenda, N 17922/Silberschatz-Schoky, Marco, Schweizer Volksbank an Flüchtlingslager Adliswil, 20. 12. 1943.

53 SBA, ebenda, N 15573/Bories, Georg, Lewinsky an EJPD, 4. 2. 1944; Bestand J.II.55 (-) SHEK, Bd. 51, Jugendaliyah-Heim Bex an Comité Vaudois d'Aide aux Enfants d'Emigrés, 5. 4. 1944.

54 CZA, L 22, 46, Jugendaliyah-Heim Bex, Bericht an Jewish Agency, 13. 3. 1944; SBA, Bestand J.II.55 (-) SHEK, Bd. 51, Jugendaliyah-Heim Bex, Präsenzlisten ab April 1944; Bestand E 4264, N 17279/Weiss, Josefine.

55 SBA, Bestand J.II.55 (-) SHEK, Bd. 51, Jugendaliyah-Heim Bex an Y. M. C. A. (Young Men Christian Association), Genf, 21. 2. 1944; Gespräche mit Jakob Goldberg.

56 SBA, Bestand E 4264, N 15573/Bories, Georg, Bories an EJPD, 15. 6. 1944.

Schoky, dem Bories eine Kopie dieser Zeilen geschickt hatte, interpretierte in einem Brief an Valobra den Wunsch seines Freundes, Bex zu verlassen, als Rauswurf und als „Palastrevolution" wie seinerzeit gegenüber Jacchia. Wie Bories wollten viele Jungen und Mädchen „aus diesem Irrenhaus" befreit werden.[57] Derart abwegige Formulierungen zeigen, wie sehr Schoky seine Ausschließung aus der Gruppe der Villa-Emma-Kinder verletzt hatte. Anfang Juli wies die Zentralleitung für Lager und Heime das Jugendaliyah-Heim an, Bories zu entlassen, damit er, wie es in militärischem Ton hieß, „in das Arbeitslager Möhlin einrücken kann". Er blieb jedoch nicht lange dort, sicherlich weil er für die schwere körperliche Arbeit nicht geeignet war, und kam zuerst in das nahegelegene Flüchtlingsheim Hasenberg in Widen und später in ein Flüchtlingsheim in Zürich.[58]

In Bex kamen die Erziehungsideale der im Hechaluz zusammengefassten zionistischen Jugendverbände voll zum Tragen. Schwalb entwarf für die Arbeit des Jugendaliyah-Heims, kurz nachdem es gegründet worden war, eine programmatische Skizze, in der es unter anderem heißt: „Als einer der wichtigsten Faktoren dieser Erziehung ist die Gewöhnung an die eigene Verantwortlichkeit für das Leben der ganzen Gruppe zu nennen, welche dadurch erzielt wird, daß man den Jugendlichen zu einer weitgehenden Mitarbeit in der 0rganisierung, Gestaltung und Ausführung aller Pflichten innerhalb des Heims (wie z. B. Mitarbeit im Büro, Mitsprache bei der Arbeitseinteilung usw.) heranzieht".[59]

In diesem Sinn wurde wieder ein „waad" gewählt, und es wurden „sichoth" abgehalten, in denen eine offene Aussprache über das Zusammenleben stattfand, bei der auch Selbstkritik geübt werden sollte. Wer es sich zutraute, sollte in der „sichah" Hebräisch sprechen. Die Einteilung der Arbeit für das Haus, die Herausgabe der Heimzeitschrift und die Gestaltung der Feste und bunten Abende lagen fast ganz in den Händen der Chaluzim selbst. Bald entstand auch wieder eine „kwuzah" „als Avantgarde des chaluzischen Lebens".[60]

Der Schulunterricht nahm einen halben Tag ein und fand wie in Nonantola überwiegend am Nachmittag statt. Bei den über Zwölfjährigen war der Vormittag der Arbeit im Haus, auf dem Feld, in den Ställen, in der Tischlerwerkstatt und in der Nähstube gewidmet. Der Tageslauf der über 16-Jährigen konzentrierte sich hauptsächlich auf die landwirtschaftliche und handwerkliche Tätigkeit. Sie erhielten jedoch täglich eine Stunde Unterricht in Iwrith und nahmen sonst nur

57 CDEC, Fondo Valobra, Busta 3/4 Collaboratori, Schoky an Valobra, 17. 6. 1944.

58 SBA, Bestand E 4264, N 15573/Bories, Georg, Zentralleitung der Arbeitslager an Jugendaliyah-Heim Bex, 7. 7. 1944, und weitere Dokumente.

59 SBA, Bestand J.II.55 (-) SHEK, Bd. 51, Schwalb an SHEK, 16. 11. 1943.

60 CZA, L 22, 46, Jugendaliyah-Heim Bex, Bericht an Jewish Agency, 13. 3. 1944.

Morgenappell in Bex.
Hans Silbermann, Bad Reichenhall

noch an einzelnen Kursen teil. In den ersten Wochen vergingen die Schulstunden im Wesentlichen damit, die vorhandenen Kenntnisse zu ermitteln und danach das Schulprogramm festzulegen und die Klassen einzuteilen. Schließlich wurden eine Klasse auf dem Niveau der Volksschule und drei auf dem der Mittelschule gebildet. Erneut trat das Problem auf, dass die Kinder mit Deutsch und mit Serbokroatisch als Muttersprache getrennt unterrichtet werden mussten. Serbokroatisches Lehrmaterial war in der Schweiz nicht erhältlich, sodass man sich mit italienischen Schulbüchern aus dem Tessin behelfen musste, denn alle jugoslawischen Kinder hatten während ihres Aufenthalts in Italien oder an der von Italien annektierten dalmatinischen Küste etwas Italienisch gelernt. Den Schwerpunkt des Unterrichts bildeten in Erwartung der näher rückenden Weiterwanderung mehr denn je die Kurse in Iwrith.[61]

Bei vier Fünfteln aller Kinder wurde ein Rückstand in ihrem Wissen festgestellt. „Die Flucht und die abnormen Umstände der langen Jahre haben sich

61 Ebenda und SBA, Bestand J.II.55 (-) SHEK, Bd. 51, Jugendaliyah-Heim Bex an Comité Vaudois d'Aide aux Enfants d'Emigrés, 15. 2. 1944, und an Y. M. C. A, 21. 2. 1944.

auf die Psyche der Kinder ausgewirkt, so daß sie einer ganz anderen Behandlung bedürfen als Jugend dieses Alters, die eine normale Erziehung genoß". 15- bis 16-Jährige hätten Stoff der ersten Mittelschulklasse für Zehn- bis Elfjährige nachzuholen. Die Jugendlichen seien sich jedoch bewusst, wie weit sie zurückgeblieben sind, und empfänden einen tiefen Hang nach Bildung und Lernen.[62] In Bex war somit nicht mehr zu übersehen, dass es dem weitgehend auf Improvisation beruhenden Unterricht in Lesno brdo und Nonantola nicht gelungen war, den damals schon bestehenden Rückstand aufzuholen.

Die Landwirtschaft auf dem Grundstück der Villa des Bains wurde von einem einheimischen Gärtnerehepaar betrieben, das bereits für La Délivrance tätig gewesen war. Es leitete ähnlich wie Leonardi in Nonantola die Jugendlichen bei der Feld- und Stallarbeit an. Lewinsky unterstanden die Wirtschaftsführung und die Oberaufsicht. Außerdem scheint er theoretische Fachkurse zu landwirtschaftlichen Fragen abgehalten zu haben. Dennoch erfüllte das Jugendaliyah-Heim trotz seiner guten Ausstattung mit Anlagen, Maschinen und Gerät kaum die Bedingungen einer Landwirtschaftsschule, weil es an Fachkräften zur Ausbildung mangelte.[63]

In den ersten Wintermonaten nach der Gründung des Heims bestand die Schwierigkeit, dass die Jungen über 16 Jahre, die an erster Stelle für die landwirtschaftliche Ausbildung in Betracht kamen, noch nicht am Ort waren. Alle Versuche, ihre Entlassung aus den Auffanglagern zu erreichen, scheiterten am Widerstand oder an der Schwerfälligkeit der Internierungsbürokratie. Als erste standen ab Mitte April Marcel Hofmann, Emanuel Issler, Hans Sussmann und Laszlo Toeroek zur Verfügung. An der Ernte im Sommer und Herbst 1944 sollen bis zu zwanzig Jungen und Mädchen beteiligt gewesen sein.[64] Viele Pläne, wie die Erweiterung des Hühnerstalls, eine Bienenzucht, die Anschaffung von Schafen und die Errichtung einer Käserei wurden allem Anschein nach nicht verwirklicht.[65] Ein Teil des landwirtschaftlichen Ertrags diente wie in Nonantola der Selbstversorgung des Heims. Bei Kartoffeln, Gemüse und Eiern hoffte

62 Ebenda.

63 SBA, Bestand J.II.55 (-) SHEK, Bd. 51, Hechaluz-Jugendaliyah-Heim Bex, Bericht über Haus- und Feldbesichtigung, 9. 11. 1943; CZA, L 22, 46, Jugendaliyah-Heim Bex, Bericht an Jewish Agency, 13. 3. 1944.

64 SBA, Bestand E 4264, N 15471/Toeroek, Laszlo, Jugendaliyah-Heim Bex an EJPD, 3. 1. 1944, und folgende Dokumente; N 15520/Kajon, Leone, Notiz, 18. 1. 1944, und folgende Dokumente; SBA, Bestand J.II.55 (-) SHEK, Bd. 51, Jugendaliyah-Heim Bex an Comité Vaudois d'Aide aux Enfants d'Emigrés, 9. 11. 1944.

65 SBA, ebenda, Weltzentrale des Hechaluz an SHEK, 16. 11. 1943, Übersicht über den Ausbau des landwirtschaftlichen Betriebes im Jugendaliyah-Heim Bex.

Die Tischlerwerkstatt in der Villa des Bains.
Albert Albahari, Manfred Korenstein und Moric Atias (zweiter, dritter und vierter von links) gehörten zur Gruppe aus der Villa Emma.
Moshe Agmon, Kiriyat Motzkin

Lewinsky, unabhängig vom Markt sein zu können, und bei Milch zu einem Viertel, während er etwa bei Brotgetreide annahm, dass es vollständig eingekauft werden müsse.[66]

Die Ausbildung in der Tischlerwerkstatt unter der bewährten Leitung Schuldenfreis erreichte schon nach kurzer Zeit einen hohen Standard. Hierzu trug in nicht geringem Maß eine Vereinbarung mit der ORT in Genf bei, der handwerkliche Ausbildungs- und Umschulungsprojekte für Juden förderte. Dieser Vereinbarung nach durfte sich die Tätigkeit der Tischlerei nicht auf die Herstellung und Reparatur von Möbeln für das Haus beschränken und somit keinen zufälligen Charakter haben, sondern musste sich „die systematische Ausbildung von qualifizierten Möbel- und Bautischlern“ zum Ziel setzen. Dies bedeutete die Aufstellung eines Lehrplans mit mindestens acht Wochenstunden theoretisch-praktischem Unterricht und die Heranziehung eines Gehilfen aus dem Kreis der Jugendlichen, der dem Tischlermeister assistierte und in

66 SBA, ebenda, Lewinsky, Exposé über Leitung und Organisation des Jugendaliyah-Heims Bex, 10. 12. 1943.

seiner Abwesenheit Anweisungen erteilen konnte. Unter diesen Bedingungen lieferte die ORT Anfang März acht Hobelbänke und Werkzeuge für 13 Schüler, das zur Ausführung der Arbeiten notwendige Holz sowie Arbeitspläne, Lehrbücher und Fachzeitschriften. Gegen Ende 1944 waren zwölf Jungen und ein Mädchen in der Lehrwerkstatt tätig. Ferner wurde mit Unterstützung der ORT ein Werkunterricht für die Zehn- bis Zwölfjährigen ermöglicht, die Handarbeiten mit Holz, Pappe und Metall ausführten, denen hoher erzieherischer Wert beigemessen wurde.[67]

In der Villa des Bains war für alles Notwendige des täglichen Bedarfs gesorgt. Niemand musste mehr auf Stroh oder Strohsäcken schlafen, bei jeder Witterung Wasser aus der Umgebung in Eimern heranschleppen oder gar Hunger leiden. Aber auch in der Schweiz machte sich während des Krieges Mangel an lebenswichtigen Gütern bemerkbar, die zum Teil rationiert waren. Auf der anderen Seite war das Budget des Heims so knapp bemessen, dass an manchem gespart werden musste. Ein Blick auf den Speisezettel lehrt, dass die nicht koschere Kost reichhaltiger und vielseitiger war als das Essen in Nonantola, geschweige denn in Lesno brdo. Gelegentlich gab es sogar Kakao oder ein Stück Schokolade, ein für die Kinder bis dahin unbekannter Luxus! Zeitweise war Kohn jedoch gezwungen, die Versorgung mit Lebensmitteln einzuschränken, weil nicht genug Geld in der Kasse war. Dann standen, wie früher, wieder hauptsächlich Kartoffeln auf dem Tisch, meist als Rösti oder Püree.[68] Im Winter 1944/45 wurde das Brennholz knapp, sodass das Haus nicht genügend geheizt war.[69] Zur Bekleidung ist in einem Bericht der Sektion Vaud des Schweizer Hilfswerks für Emigrantenkinder an dessen Leiterin, Nettie Sutro, zu erfahren: „Wir haben festgestellt, daß viele Jungen ärmlich gekleidet sind und bei ihren Kameraden Anzüge und Schuhe leihen müssen, wenn sie in die Stadt ausgehen." Nichtsdestoweniger kam der Bericht zu demselben Schluss wie viele andere Besucher des Heims: „Die Kinder sehen trotz der Kälte und des Mangels an Komfort im Haus sehr gut aus. Es herrscht ausgezeichnete Stimmung."[70]

67 SBA, ebenda, ORT an Jugendaliyah-Heim Bex, 26. 2. 1944; Jugendaliyah-Heim Bex an Comité Vaudois d'Aide aux Enfants d' Emigrés, 9. 11. 1944; CZA, L 22, 46, Jugendaliyah-Heim Bex, Bericht an Jewish Agency, 13. 3. 1944.

68 SBA, Bestand J.II.55 (-) SHEK, Bd. 51, Jugendaliyah-Heim Bex, Speisezettel im März 1944; JDC, SM 24-25, Jugendaliyah-Heim Bex an Schwalb, 19. 6. 1944.

69 SBA, Bestand J.II.55 (-) SHEK, Bd. 51, Jugendaliyah-Heim Bex an SHEK, 7. 1. 1945; Comité Vaudois d'Aide aux Enfants d'Emigrés an Sutro, 5. 1. 1945.

70 Ebenda.

Erfahrungen mit Schweizern

Die Jungen und Mädchen in der Villa des Bains lebten weitgehend abgeschlossen für sich. Sie verließen das Grundstück im Wesentlichen nur zu gelegentlichen gemeinsamen Spaziergängen in den Ort oder zu Ausflügen in die Umgebung. Einmal reisten einige von ihnen nach Versoix zum Besuch des dortigen Jugendaliyah-Heims. Im Sommer 1944 nahmen drei kleinere Gruppen an jüdischen Zeltlagern teil, die an verschiedenen Orten der Schweiz abgehalten wurden.[71] Die Einwohner von Bex kümmerten sich kaum um die jungen Juden, solange sie nicht auffielen. Das gegenseitige Verhältnis war anders als in Nonantola, wo die einheimische Jugend spontan Kontakt zu ihren Altersgenossen suchte, der ebenso lebhaft erwidert wurde. In Bex wird keine einzige Freundschaft mit einem Bewohner des Orts erwähnt. Einladungen in Familien dürfte es somit nicht gegeben haben. Die Haltung der Einheimischen war deswegen nicht feindlich, jedoch verschlossen und ohne die spontane Herzlichkeit, die den Kindern in Nonantola begegnet war.[72]

Empfindlich reagierte die Bevölkerung, wenn die Arbeitsruhe am Sonntag nicht gewahrt wurde. Sie fasste dies geradezu als Affront gegen einen christlichen Feiertag auf. Bei der Stadtverwaltung von Bex lagen mehrere Beschwerden vor. Es kam sogar dahin, dass dem Heim eine Geldbuße auferlegt wurde, weil an einem Pfingstsonntag auf seinem Grundstück landwirtschaftliche Arbeiten durchgeführt wurden. Die Heimleitung entschuldigte sich danach bei der Polizei, damit der Vorfall keine weiteren Schwierigkeiten nach sich zog.[73]

Der Aufenthalt in den Sammel- und Auffanglagern in den ersten Wochen nach der Flucht aus Italien und später in den Arbeitslagern und Flüchtlingsheimen dürfte sich im üblichen Rahmen gehalten haben. Auf unangenehme Erfahrungen wird jedenfalls von Mitgliedern der Kindergruppe nicht angespielt. Gewiss verlangte das Personal der Lager und Heime von ihnen, dass sie sich der Internierungsordnung fügten, unter dieser Voraussetzung verhielt es sich aber eher entgegenkommend. Dafür sprechen die in mehreren Fällen ausgestellten Führungszeugnisse, die keine einzige negative Beurteilung enthalten, die jemandem hätte schaden können.[74] Als

71 SBA, Bestand J.II.55 (-) SHEK, Bd. 51, Jugendaliyah-Heim Bex an Comité Vaudois d'Aide aux Enfants d'Emigrés, 13. 5. und 18. 7. 1944, sowie weitere Korrespondenz.

72 Gespräche mit Josef Ithai (Josef Indig), Tilla Offenberger (Tilla Nagler) und anderen Mitgliedern der Kindergruppe.

73 SBA, Bestand J.II.55 (-) SHEK, Bd. 51, Département de Justice et de Police du Canton du Vaud an Comité Vaudois d'Aide aux Enfants d'Emigrés, 2. 6. 1945; Jugendaliyah-Heim Bex an SHEK, 10. 6. 1945.

74 SBA, Bestand E 4264, N 18309/Altaras, Bunika; N 19667/Hahn, Kurt; N 15415/Maestro, Israel; N 5720/Mantel-Elster, Susanne; N 18116/Senft, Fanny; N 17270/Weiss, Robert.

Beispiel kann das Zeugnis für Tilla Nagler im Interniertenheim Brissago gelten: „Sie ist eine sehr disziplinierte, fleißige Lagerteilnehmerin. Sie gab nie zu irgendwelchen Klagen Anlaß, arbeitet fleißig und zuverlässig. Wir können sie in jeder Hinsicht empfehlen."[75] Ähnlich positiv lautet die Beurteilung Otto Lieblings im Lager Geißhubelbad: „Liebling hat sich als lebensreifer, sehr zuvorkommender, sehr bescheidener und dienstbereiter Charakter erwiesen. Sein Name paßt ihm wirklich."[76]

Flüchtlingskinder wurden vom Schweizer Hilfswerk für Emigrantenkinder und von der Evangelischen Freiplatzaktion für Flüchtlinge von Pfarrer Paul Vogt in Basel an Pflegeeltern vermittelt. Jüdische Kinder wurden dabei auch evangelischen und katholischen Familien anvertraut, wenn sich keine jüdischen fanden, weil es in der Schweiz nur 3000 jüdische Haushalte gab.[77]

Der 15-jährige Lezo Altaras sträubte sich im Auffanglager Adliswil, seinen Gefährten nach Bex zu folgen, und kam so in das Haus eines Landwirts in Camignola im Tessin, der von einem Pfarrer gehört hatte, dass Gastfamilien gesucht wurden. Nachdem das Schweizer Hilfswerk für Emigrantenkinder dem Landwirt eingeschärft hatte, „daß der Junge als Familienmitglied aufgenommen wird und nicht als billiges Knechtlein ausgenützt", versprach er, sich daran zu halten. Doch Lezo war offenbar mit sich nicht im Klaren. Schon nach wenigen Tagen fühlte er sich bei dem Bauern nicht mehr wohl. Das Schweizer Hilfswerk für Emigrantenkinder redete ihm in einem Brief gut zu: vielleicht werde es ihm doch noch gefallen. Die Gasteltern gaben sich mit ihm redliche Mühe, doch der Junge wollte unbedingt fort. Auf diese Weise kam er doch noch nach Bex.[78]

Der Vater der sechsjährigen Sida Israel und des elfjährigen Albert aus Sarajevo war in deutscher Kriegsgefangenschaft. Anzunehmen war, dass er nach dem bevorstehenden Sieg der Alliierten nach Jugoslawien zurückkehrte und die beiden Kinder wieder zu sich nahm. Hierzu ist zu bemerken, dass Juden, die in deutsche Kriegsgefangenschaft geraten waren, von der Vernichtung im Rahmen der „Endlösung" ausgenommen wurden. Sida blieb anderthalb Jahre bis nach Ende des Krieges bei einer Familie in Ebnat-Kappel bei Sankt Gallen und Albert, nicht weit von ihr entfernt, ebenso lange Zeit bei der Familie eines Pfarrers in Uznach. Indig reiste aus Bex an, um die Geschwister in das Jugendaliyah-Heim abzuholen. Doch diese hatten sich so sehr an ihre Pflegeeltern gewöhnt, dass sie nicht mit ihm mitfahren wollten.[79]

75 Ebenda, N 17319/Nagler, Tilla.

76 Ebenda, N 15794/Liebling, Otto.

77 Lasserre, Frontières et camps, S. 319 ff.; Sutro, Jugend auf der Flucht, S. 110 ff.

78 SBA, Bestand J.II.55 (-) SHEK, 2. 1. Flüchtlingskinder ab 1942, Bd. 2/Altaras, Lezo.

79 Ebenda, Bestand E 4264, N 14166/Israel, Albert und Sida. Gespräche mit Dan Israeli (Albert Israel).

Der kleine Aron Koen konnte infolge seiner Erkrankung an tuberkulöser Rippenfellentzündung nicht in Bex aufgenommen werden, weil man den Ausbruch einer offenen TBC mit Ansteckungsgefahr befürchtete. Nach seiner Entlassung aus dem Ospedale San Giovanni in Bellinzona lebte er anderthalb Jahre bei der Familie Siffert-Wehrli in Bern. Danach nahm ihn eine vermutlich jüdische Emigrantin in Zürich in ihre Obhut, die ihn bei ihrer geplanten Weiterwanderung mitnehmen wollte, dann aber doch in der Schweiz blieb. Während er sich bei ihr befand, erhielt er Unterstützung vom Verband Schweizer Jüdischer Flüchtlingshilfen. Mit 16 Jahren wurde er zu einem Tapezierer in die Lehre geschickt, der jedoch nach kurzer Zeit den Lehrvertrag kündigte. Danach riet ihm seine Pflegefamilie, sich als Koch ausbilden zu lassen. Nach einem Intermezzo als Gehilfe in einer Teestube nahm ihn ein koscherer Schlächter als Lehrling an, aber auch in dessen Augen bewährte er sich nicht. Danach arbeitete er als Kellner, als Chauffeur und als Gehilfe in einem Textilgeschäft. In dem letzten zu ihm bekannten Dokument heißt es, er wechsele häufig den Wohnsitz und gehe keiner geregelten Tätigkeit nach. Man möchte meinen, dass seine schwere Kindheit, der Verlust der Eltern und die Entwurzelung durch die Flucht der Grund waren, weshalb er, wie in einem Bericht der Fremdenpolizei zu lesen ist, „völlig den Boden unter den Füßen verloren hat".[80]

Mala Braun war nach ihrer Entlassung aus dem Städtischen Krankenhaus in Lugano knapp zwei Monate in derselben Stadt bei einer Familie zu Gast, die für ihren Unterhalt bürgte. Da Mala zu der Zeit noch militärischer Kontrolle unterlag, musste sie sich alle zehn Tage bei einem Gendarmerieposten melden. Über ihr Verhältnis zu der Familie ist im Einzelnen nichts bekannt, es kann aber nicht schlecht gewesen sein. Als ihre Entbindung bevorstand, kam sie in das Interniertenheim für schwangere Frauen im Grand Hotel in Brissago und kurz darauf in ein Heim in La Rosiaz bei Lausanne, wo sie auch nach der Geburt ihrer Tochter blieb und insgesamt anderthalb Jahre verbrachte.[81]

Gisela Wiesner befand sich nach ihrer Entlassung aus dem Auffanglager einige Zeit in demselben Heim für schwangere Frauen wie Mala. Nachdem ihr nach ihrer Heirat mit Josef Schiffmann das Zusammenleben mit ihm verwehrt worden war, setzte sich die Evangelische Freiplatzaktion für Flüchtlinge nachdrücklich für ihre private Unterbringung bei Frau Anna Just-Joos in Anden in Graubünden ein, die sie trotz ihrer Schwangerschaft zu sich nehmen wollte. Doch Heeresstellen erhoben Einspruch, weil der Ort in einer militärischen Sicherheitszone lag, wo die Niederlassung von Flüchtlingen untersagt war. Gisela konnte deshalb das Heim in Brissago nicht verlassen und brachte ihre Tochter Rafaela in einer Klinik

80 Ebenda, N 19182/Koen, Aron; Sutro, Jugend auf der Flucht, S. 112.

81 Ebenda, N 17444/Braun, Mala.

in Locarno zur Welt. Im Oktober 1944 erreichte der Verband Schweizer Jüdischer Flüchtlingshilfen, dass Gisela zu Frau Just-Joos nach Anden ziehen konnte. Sie blieb bei ihr zusammen mit ihrem Kind bis zum Ende ihres Aufenthalts in der Schweiz im August des nächsten Jahres, was auf die Hilfsbereitschaft und Güte der Gastgeberin schließen lässt.[82]

Auf ganz andere Voraussetzungen beim Umgang mit Schweizern trafen die über 16-Jährigen, die ein Stellenangebot annahmen und daraufhin aus dem Arbeitslager oder Heim entlassen wurden. Sie begegneten der Wirklichkeit der Arbeitswelt mit ihren Härten und Ausbeutungsmechanismen auf der untersten Stufe der sozialen Hierarchie und waren hierbei als Ausländer und Flüchtlinge besonders starken Pressionen ausgesetzt. Die Möglichkeit, eine Stelle anzutreten, war überhaupt nur dann gegeben, wenn sie von keinem Schweizer besetzt werden konnte. Dies war vor allem im Hotel- und Gaststättengewerbe und in der Landwirtschaft während der Erntezeit der Fall. Die Ausübung einer Arbeit führte zu unterschiedlichen Kontakten mit der Schweizer Bürokratie.[83]

Drei junge Leute fanden Anstellung im Hotel- und Gaststättengewerbe und sammelten dabei ziemlich übereinstimmende Erfahrungen. Zdenko Schmidt meldete sich für eine Stelle als „Küchen-, Büro- und Hausbursche" in einem Hotel in Lausanne, löste aber schon nach vier Wochen im gegenseitigen Einverständnis den Dienstvertrag. Danach versuchte er es in derselben Stellung bei einem anderen Hotel in Lausanne, doch nach wenigen Wochen bat er das Eidgenössische Justiz- und Polizeidepartement, in das Arbeitslager Weidlen-Zweiach bei Zürich zurückkehren zu dürfen. Der Grund wird nicht gesagt. Dass er sich gegängelt fühlte oder den in den Hotels gegenüber dem unteren Personal herrschenden Ton nicht ertragen konnte, ist nur zu vermuten. Das zweite Hotel hielt bei der Entlassung das mit ihm vereinbarte Gehalt zurück und zahlte es erst nach Aufforderung durch das Eidgenössische Justiz- und Polizeidepartement aus.[84] Nur wenige Wochen dauerte auch die Tätigkeit von Josef Danon als Küchengehilfe in einem Hotel in Lenk im Simmental. Wie es heißt, wurde das Arbeitsverhältnis wegen des Endes der Sommersaison gekündigt. Zusätzlich erfährt man: „Danon wird von seinem Arbeitgeber als außerordentlich faul geschildert."[85] Maurizio Danon kam als Küchengehilfe in einem Hotel in Basel unter, wurde aber schon nach wenigen Tagen vor die Tür gesetzt. Anschließend stellte ihn ein Hotel in Thun ein, wo er es immerhin drei Monate lang aushielt, bis er auch dort entlassen wurde. Die Direktion begründete

82 Ebenda, N 19976/Schiffmann, Josef und Gisela.

83 Lasserre, Frontières et camps, S. 246 f.

84 SBA, Bestand E 4264, N 15722/Schmidt, Zdenko.

85 Ebenda, N 17808/Danon, Josef.

dies gegenüber dem Eidgenössischen Justiz- und Polizeidepartement damit, er habe den ihm vorgelegten Dienstvertrag nicht unterzeichnen wollen, sei sehr arbeitsunwillig und „streicht dagegen sehr viel den Mädchen nach". Kürzlich habe er sich an einem Finger verletzt, weshalb er auf Weisung des Arztes zehn Tage mit der Arbeit ausgesetzt habe. „Trotz wiederholter Versuche, ihn zu einer brauchbaren Kraft bei uns zu erziehen, scheint er sich nicht ändern zu wollen. Wir ersuchen Sie daher, obgenannten Flüchtling wieder in das Lager zurückzurufen."[86]

Eine Tätigkeit in der Landwirtschaft war für viele ältere Jungen verlockend, weil sie glaubten, durch die Arbeit auf dem Grundstück der Villa Emma genügend darauf vorbereitet zu sein.

Bevor ein Internierter vom Eidgenössischen Justiz- und Polizeidepartement zur Vermittlung an einen landwirtschaftlichen Betrieb freigegeben wurde, musste er einen Fragebogen ausfüllen, in welchem unter anderem Angaben zum Gesundheitszustand, zu einer früheren Tätigkeit in der Landwirtschaft und zu speziellen Fähigkeiten wie Melken, Mähen und Umgang mit Pferden verlangt wurden. Einige Jungen beantworteten in ihrem Eifer alle Fragen positiv, andere waren vorsichtiger und schrieben „Anfänger", „etwas" oder bisweilen auch „nein".[87] Oft bestand einfach nur der Wunsch, aus dem Lager herauszukommen, weil man der Monotonie überdrüssig war. So bemerkte Kurt Hahn in einer Eingabe an das Eidgenössische Justiz und Polizeidepartement, es sei im Auffanglager Rikon bei Zürich „furchtbar langweilig, und deshalb möchte ich sehr, sehr gerne wieder richtig schaffen".[88] Einige Lagerkommandanten oder -direktoren erkannten, dass sich die Jungen zu viel zutrauten und betonten in ihren Gutachten, dass sie für die harte körperliche Arbeit noch zu schwach seien.[89] Doch nicht jeder erhielt eine solche Warnung oder ließ sich durch sie von seinem Vorsatz abhalten.

Kurt Hahn kam zu einem Landwirt in Hörstetten im Kanton Thurgau, bemerkte aber schon bald, wie er in einem Brief an das Eidgenössische Justiz- und Polizeidepartement darlegte, dass er über seine Kräfte arbeiten müsse. Das Ministerium beauftragte daraufhin das Arbeitsamt in Frauenfeld mit einer Untersuchung, wobei es betonte, „daß Flüchtlinge auch in bezug auf die Arbeit gleich behandelt werden wie eine einheimische Arbeitskraft". Wenig später wurde Kurt von dem Arbeitsamt an einen anderen Landwirt im nicht weit entfernten Stettfurt vermittelt, der

86 Ebenda, N 17681/Danon, Maurizio.

87 Fragebogen für eventuellen Einsatz in der Landwirtschaft, in mehreren Personaldossiers im SBA, Bestand E 4264, etwa in N 19667/Hahn, Kurt; N 15520/Kajon, Leone.

88 Ebenda, N 19667/Hahn, Kurt.

89 Ebenda, N 19667/Hahn, Kurt; N 15520/Kajon, Leone; N 15415/Maestro, Israel; N 14164/Moreno, Armando.

gemeinsam mit seiner Frau und seiner betagten Mutter einen Hof mit 30 ha Nutzfläche bewirtschaftete. Schon bald beklagte sich nun dieser, und zwar beim Arbeitsamt, „daß dieser Bursche den Anforderungen, die ich an eine Arbeitskraft stellen muß, in keinem Teil gewachsen ist. Von handwerklichen Arbeiten versteht er fast gar nichts, bei der einfachsten Arbeit geht es so furchtbar langsam, daß nicht zuzuschauen ist." Nachdem es angeblich zum „Krach mit dem Arbeitgeber" gekommen war, ordnete das Arbeitsamt in Frauenfeld Kurts Unterbringung im örtlichen Bezirksgefängnis an. Auf Betreiben einer nicht genannten, aber verständnisvollen Behörde, die feststellte, dass ihn kein Verschulden treffe, weil er zu landwirtschaftlicher Arbeit ungeeignet sei, blieb ihm der Weg ins Gefängnis erspart. Stattdessen wurde er in das Arbeitslager Bonstetten bei Zürich eingewiesen.[90]

Nicht so glimpflich kam Marcel Hofmann davon. Er hatte beim Ausgang aus dem Lager Geißhubelbad in Rothrist einen Bauern im Ortsteil Dörfli kennengelernt, dem er gelegentlich bei der Arbeit half. Als er später in Bex war, wo er sich nicht einleben konnte, bat er den Bauern in Briefen, wieder bei ihm arbeiten zu dürfen. Lewinsky als Leiter des Jugendaliyah-Heims erklärte sich gegenüber dem Eidgenössischen Justiz- und Polizeidepartement damit einverstanden, weil er sich „den Gebräuchen und Vorschriften des Heims nicht anzupassen verstehe".[91]

Ende Juli 1944 traf Marcel bei dem Bauern ein, der mit seiner Frau und seinem Vater einen mittleren Betrieb führte. Marcels Arbeit als Knecht begann um halb sechs in der Frühe und dauerte mit Ausnahme der Essenspausen in der Regel bis abends um halb neun. Die ersten Tage bewältigte er die Arbeit gut, und der Bauer war mit seiner Leistung zufrieden, doch dann machte sich Erschöpfung bemerkbar. Zu Beginn der dritten Woche richtete Marcel deshalb einen Brief an die Zentralleitung für Arbeitslager, worin er ausführte, dass er von der Familie gut behandelt werde, der Arbeit aber physisch nicht gewachsen sei. Er fühle sich sehr einsam, auch weil er schlecht deutsch spreche. Er bitte daher um seine Versetzung gegen Anfang September in das Arbeitslager Laufen, wo er mit Landsleuten und Freunden zusammen sein könne, die mit ihm in der Emigration in Italien waren. Vorläufig aber wolle er noch bei der Familie bleiben, um sie nicht bei der Erntearbeit im Stich zu lassen.[92]

Im selben Sinne sprach er auch auf der Gemeindekanzlei in Rothrist vor, die jedoch seine Bitte um Versetzung ablehnte. Dies hatte geradezu einen psychischen Zusammenbruch zur Folge. Er erschien nur noch unregelmäßig zur Arbeit

90 Ebenda, N 19667/Hahn, Kurt.

91 Ebenda, N 15383/Hofmann, Marcel, August Weber an Kantonales Arbeitsamt Zofingen, 22. 6. 1944; Lewinsky an EJPD, 14. 7. 1944, und Aktenvermerk.

92 Ebenda, N 15383/Hofmann, Marcel, Hofmann an Zentralleitung der Arbeitslager, 9. 8. 1944.

und legte sich immer wieder ins Bett. Der Bauer ließ einen Arzt kommen, der „allgemeine nervöse Beschwerden" feststellte, ihn sonst aber für gesund erklärte. Für den Bauern und die Gemeindeverwaltung war somit klar, „es handele sich bei diesem Burschen lediglich um Faulheit und Simulation". Als ihm dies ins Gesicht gesagt wurde, kollabierte er vollends, und er stand überhaupt nicht mehr auf. Wie es heißt, habe er sich wie geistesgestört verhalten und sich sein Hemd vom Leib gerissen. Der Bauer rief deshalb die Polizei, die ihn in das Polizeigefängnis Zofingen abführte, wo er 14 Tage in Haft blieb.[93]

Was sich auf dem Weg zum Gefängnis abspielte, ist einem Protokoll zu entnehmen, das später aufgrund einer Aussage Marcels im Arbeitslager Laufen aufgenommen wurde und vom Eidgenössischen Justiz- und Polizeidepartement als „Schauermär" abgetan wurde. Die zwei Polizisten, die ihn abholten, hatten Fahrräder bei sich „und drängten Hofmann, immer schneller zu laufen. Als das alles nichts nützte und H. gerade durch seine Schwäche nicht schneller gehen konnte, wurde er von diesen mehrere Male geschlagen. H. klagt auch über Schmerzen an der Wirbelsäule, die von diesem Vorfall herrühren. Er beklagt sich sonst über nichts, sei gut aufgehoben gewesen bei dem Landwirt, nur habe er körperlich diese Arbeit nicht mehr ertragen können. Die Behandlung im Bezirksgefängnis Zofingen sei vorzüglich gewesen.[94]

Auch bei Siegfried Kirschenbaum stellte sich heraus, dass die Arbeit auf einem Bauernhof für ihn zu anstrengend war. Er hatte sich an einen Betrieb in Bretzwil bei Basel verdungen, zu dem vier Kühe, 30 Schafe und eine Geflügelzucht gehörten. Schon nach kurzer Zeit war der Bauer unzufrieden, weil er nicht so sorgfältig arbeitete, wie es von ihm verlangt wurde. Als Beispiel führte er an, dass er ihm gezeigt habe, wie man bei der Aussaat die Kartoffeln in die Furche legt. Schon bei der zweiten Furche soll er „einen müden Rücken verspürt haben, und statt sich weiter zu bücken, ließ er senkrecht stehend die Kartoffeln in die Furche fallen, wobei die Abstände teilweise über einen halben Meter betrugen". Alle Ermahnungen, gründlicher zu arbeiten, seien zwecklos gewesen. Kirschenbaum habe ihm stattdessen gesagt, er habe Musik studiert und sei eine solche Feldarbeit nicht gewöhnt.[95]

93 Ebenda, N 15383/Hofmann, Marcel, Dr. Med. Güttinger, Zeugnis, 18. 8. 1944; Gemeindekanzlei Rothrist an Kantonales Arbeitsamt Aarau, 1. 9. 1944; Polizeikorps des Kantons Aargau an Polizeikommando Aarau, 22. 8. 1944.

94 Ebenda, N 15383/Hofmann, Marcel, Arbeitslager für Flüchtlinge Laufen, Einvernahmeprotokoll, 7. 9. 1944.

95 Ebenda, N 15413/Kirschenbaum, Siegfried, Auszug aus dem Protokoll des Kantonalen Arbeitsamts Baselland, 3. 5. 1944.

Nach knapp vier Wochen richtete der Bauer ein Schreiben an das kantonale Arbeitsamt Baselland, in welchem er Siegfrieds Versetzung verlangte und unter anderem ausführte: „Der Betreffende ist arbeitsscheu (Jude), frech und kann keinen Augenblick ohne Aufsicht gelassen werden. Unser Betrieb verlangt gewissenhafte Leute und nicht solche, die man ständig bewachen muß, wenn gearbeitet werden soll." Das Arbeitsamt schickte daraufhin einen seiner Angestellten auf den Hof, um sich ein genaues Bild zu machen. Er gewann den Eindruck „eines gut und sauber geführten Betriebes. Es fällt sofort auf, daß hier in allem Ordnung herrscht." Die abschließende Stellungnahme des Arbeitsamts hatte folgenden Wortlaut: „Im vorliegenden Fall scheint es sich um einen Flüchtling zu handeln, der wohl der Meinung ist, in die Schweiz geflüchtet zu sein, um einen Ferienaufenthalt zu genießen, und der den Ernst der Zeit noch nicht erfasst hat. Er will sich nicht an ein Arbeiten gewöhnen und wünscht sich vor allem auch nicht hiesigen Sitten anzupassen. Mit solchen Arbeitskräften, wie dieser Jude, ist aber dem Landwirt nicht gedient."[96]

Nach der Überstellung Siegfrieds in das Arbeitslager Sion im Rhônetal, weigerte sich der Bauer hartnäckig, an ihn den vereinbarten Lohn zu überweisen. Es bedurfte erst der Androhung „geeigneter Maßnahmen" durch das Eidgenössische Justiz- und Polizeidepartement, bevor er den Lohn Monate später auszahlte. Siegfried erinnert sich bis heute an die unwirsche Behandlung auf dem Hof und dass der Bauer gehässig und voller Vorurteile war.[97]

Die einzige positive Erfahrung in einem Arbeitsverhältnis machte Kurt Hahn nach seinem Misserfolg in der Landwirtschaft in einer Lederwarenfabrik in Schaffhausen, die ihn als Portefeuiller einstellte. Er war im väterlichen Betrieb in Wien in dem Fach ausgebildet worden und beherrschte es bestens. Die Firma verlängerte insgesamt dreimal seinen Arbeitsvertrag. Die Anstellung dauerte ein knappes Jahr und endete erst, als er sich im Juni 1945 auf die Ausreise nach Palästina vorbereitete.[98]

Mehrere Jungen und Mädchen aus der Villa Emma nahmen in der Schweiz die Möglichkeit einer Ausbildung außerhalb des Jugendaliyah-Heims wahr, indem sie eine Lehre antraten, eine Berufsfachschule oder ein Institut besuchten, in welchem man das Abitur nachholen konnte, oder sich gar an einer Universität einschrieben. Wenn sie sich in Bex befanden, erteilte ihnen die Heimleitung hierzu meist die Zustimmung. Sie wurden während ihrer Ausbildung überwiegend vom Verband Schweizer Jüdischer Flüchtlingshilfen unterstützt, manchmal auch etwa

96 Ebenda.

97 Ebenda, Bestand E 4264, N 15413/Kirschenbaum, Siegfried, EJPD an H. Hartmann, 25. 9. 1944, und folgende Dokumente. Gespräche mit Siegfried Kirschenbaum.

98 Ebenda, Bestand E 4264, N 19667/Hahn, Kurt.

von der ORT, von den Sozialeinrichtungen einzelner Jüdischer Gemeinden oder im Fall von Otto Liebling vom Schweizer Arbeiterhilfswerk. Sie wohnten unter den Bedingungen der freien Internierung zur Untermiete, in Schüler- und Lehrlingsheimen und bei Gastfamilien. Von den Fachschulen wurden ihre Bewerbungen im Allgemeinen großzügig und verständnisvoll behandelt. Schwieriger gestaltete sich das Verhältnis zu den Meistern in den Lehrbetrieben. Am unerquicklichsten war der Umgang mit den öffentlichen Behörden.[99]

Von den Mädchen führte Charlotte Markus eine Lehre als Schneiderin zuerst in einem Flüchtlingsheim in Langenbruck bei Basel und danach in einer Lehrwerkstätte der ORT in Genf durch, wo sie auch das Examen ablegte.[100] Eva Rosenbaum hingegen wurde von der Wilhelm Schulthess-Stiftung in Zürich nach einer Probezeit nicht zur Schneiderinnenlehre zugelassen. Sie besuchte danach entsprechende Fachkurse der ORT.[101] Tilla Nagler ging von Bex an die École des Arts et Metiers in Genf, wo sie bis zu ihrer Ausreise nach Palästina ihre Ausbildung als Modezeichnerin fortführte.[102] Susanne Elster wurde von der École des Beaux Arts in Genf angenommen, erkannte dort aber nach einiger Zeit ihre Grenzen. Nachdem sie auch eine Ausbildung als Zahntechnikerin aufgegeben hatte, absolvierte sie einen sechsmonatigen Kurs an einem Institut de Beauté in Genf. Ihre ersten Berufserfahrungen sammelte sie in zwei Kosmetiksalons in Genf und in Zürich. In dem Letzteren wurde ihr, kurz vor ihrer Abreise aus der Schweiz, „infolge von Arbeitsunwillen und schlechtem Betragen“ nach vier Monaten gekündigt.[103] Bunika Altaras erhielt einen Freiplatz zur Ausbildung als Masseuse an der Wilhelm Schulthess-Stiftung in Zürich. Doch hier wurde ihr klar, dass sie sich stärker zur Kinder- und Säuglingspflege hingezogen fühlte. Die Jüdische Flüchtlingshilfe in Zürich empfahl sie an ein Säuglingsheim, das sie auch annehmen wollte. Doch dagegen erhob das Frauenarbeitsamt der Stadt und des Kantons Zürich Einspruch, weil sie kein Praktikum in einer Familie oder einem Betrieb nachweisen konnte. Man liest: „Das Auftreten der Petentin war ziemlich keck. Wir gewannen den Eindruck, daß sie sich gar nicht den Vorschriften des Gastlandes anpassen will, d. h. eine Arbeit annehmen, wo besonderer Mangel herrscht. Wir können es daher nicht verantworten, Ausländerinnen, die von Unterstützung leben, ohne weiteres dort arbeiten zu lassen, wo es ihnen am besten gefällt.“[104]

99 Vgl. die folgenden Anmerkungen.
100 SBA, Bestand E 4264, N 17796/Markus, Charlotte.
101 Ebenda, N 17786/Rosenbaum, Eva.
102 Ebenda, N 17319/Nagler, Tilla.
103 Ebenda, N 5720/Mantel-Elster, Susanne.
104 Ebenda, N 18309/Altaras, Bunika.

Vier Jungen, die vor ihrer Flucht eine Zeit lang auf einem Gymnasium oder einer Oberrealschule gewesen waren, strebten eine Fachausbildung oder ein Hochschulstudium an, die das Abitur voraussetzten. Hans Sussmann, Josef Schiffmann und Otto Liebling, der ein Ingenieursstudium an der Eidgenössischen Technischen Hochschule in Zürich aufnehmen wollte, meldeten sich deshalb bei zwei verschiedenen Schulen in Zürich an, dem Institut Juventus und dem Institut Minerva, die Kurse zur Vorbereitung auf das Abitur anboten. Arnold Weininger besuchte die Raeber-Schule in Zürich, an der man das Handelsabitur ablegen konnte. Soweit sich sagen lässt, brachte es nur Hans Sussmann zu einem Abschluss, während die anderen durch ihre Ausreise daran gehindert wurden. Hans, der noch bis 1947 in der Schweiz blieb, absolvierte anschließend eine zweijährige Handelslehre und arbeitete danach bei einer Firma in Wallisellen.[105]

Als einziger hatte Edgar Ascher schon früher das Abitur abgelegt und in Zagreb vier Semester Chemie und Physik studiert. Er hatte auf der Flucht sein Studienbuch mitnehmen können, sodass er sich an der Universität Basel immatrikulieren konnte. Sein Gesuch, im Sommer 1944 vom studentischen Arbeitsdienst befreit zu werden, weil er bereits fünf Monate in einem Arbeitslager verbracht und deshalb die erste Hälfte des Sommersemesters verloren hatte, stieß auf Ablehnung. Nach zwei Semestern wechselte er an die Universität Lausanne, wo er sich im Fach Physik einschrieb. Die Fremdenpolizei bewilligte dies nur unter der Bedingung, „unabhängig vom Stand Ihrer Studien die Schweiz bei der nächsten sich bietenden Gelegenheit zu verlassen“. Obwohl die Behörden auch weiterhin in diesem Sinne Druck ausübten, konnte er, nachdem er die licence-ès-sciences erhalten hatte, eine Assistentenstelle zur Vorbereitung einer Doktorarbeit antreten. Nach deren Abschluss war er als junger Physiker für die Schweizer Forschung und Industrie interessant, sodass ihm ständiger Aufenthalt gewährt wurde.[106]

Otto Liebling wagte es zu der Zeit, als er am Institut Minerva studierte, in einem Brief an das Eidgenössische Justiz- und Polizeidepartement seinem Herzen Luft zu machen. Der Brief kann ohne Weiteres ganz allgemein auf die Haltung der Behörden gegenüber den Flüchtlingen bezogen werden: „Ist es wirklich notwendig, daß man uns nach allem, was wir erlitten haben, auf jeden Schritt Schwierigkeiten in den Weg legt? Auf jede Kleinigkeit muß man wochenlang warten. Als ich z. B. meinen Flüchtlingsausweis zur Verlängerung einsandte, mußte ich sieben Wochen warten. Nur mit diesem Dokument bekommen freilebende Flücht-

105 Ebenda, N 15726/Sussmann, Hans; N 19976/Schiffmann, Josef; N 15794/Liebling, Otto; N 14364/Weininger, Arnold.

106 Ebenda, N 14082/Ascher, Edgar. Gespräche mit Edgar Ascher. Vgl. Sutro, Jugend auf der Flucht, S. 174 ff.

linge Lebensmittelkarten. Es wurde aber nicht erwogen, ob der entsprechende Flüchtling in der Zwischenzeit hungert oder nicht." Das Ministerium würdigte den Brief immerhin mit einer Antwort. Sie lautete: „Wegen unsachgemäßen Tons kann auf Ihre Eingabe nicht eingegangen werden."[107]

Die Erfahrungen der Kinder und Jugendlichen aus der Villa Emma im Umgang mit Schweizern waren, wie die Beispiele gezeigt haben, durchaus zwiespältig. Wohlwollen und Hilfsbereitschaft standen fremdenfeindlich und vereinzelt auch antisemitisch motivierter Gleichgültigkeit und Ablehnung gegenüber. In der Isolierung der Internierungslager und -heime war die Ablehnung weniger zu verspüren als im Alltag der freien Internierung mit seinen Kontakten zur Bevölkerung und zur Bürokratie. Besonders ausgeprägt war das Vorurteil, dass die Flüchtlinge Nutznießer der Schweizer Gastfreiheit seien und sich vor der Arbeit scheuten. Die psychischen Belastungen junger Menschen, die durch die Flucht gekennzeichnet waren, ihre Schwierigkeiten bei der Wahl der Ausbildung und der Anpassung an einen Arbeitsplatz fanden allzu oft kein Verständnis. Man gab immer wieder direkt oder indirekt zu verstehen, dass die Flüchtlinge nur geduldet waren und je eher desto besser das Land zu verlassen hatten. Gereizt reagierte die autoritäre Bürokratie zumal, wenn ein Verhalten nicht in ihr Regelschema passte. Man gewinnt den Eindruck, dass manch ein Jugendlicher der Villa Emma nach seinen Erfahrungen in der Schweizer Gesellschaft geradezu erleichtert in ein Arbeitslager oder in ein Heim zurückkehrte, wo sich das Personal auf die physische und psychische Verfassung und die Bedürfnisse von Flüchtlingen eingestellt hatte und ihnen, worauf viele Dokumente hinweisen, im Allgemeinen eher wohlgesonnen war.

Abreise nach Palästina

Die Jewish Agency, vertreten durch Richard Lichtheim, hatte sich gegenüber der Schweizer Regierung verpflichtet, für die Weiterwanderung der Kinder und Jugendlichen aus der Villa Emma nach Palästina zu sorgen, sobald es der Kriegsverlauf zuließ. Es wurden deshalb seit ihrer Aufnahme in die Schweiz Überlegungen angestellt, wie die Aliyah verwirklicht werden konnte. Sie knüpften an die bereits in Nonantola getroffenen Vorbereitungen an, die durch die deutsche Besetzung Italiens zunichte gemacht worden waren. Im Dezember 1943 machte Nathan Schwalb als Vertreter des Hechaluz das Schweizer Hilfswerk für

107 Ebenda, Bestand E 4264, N 15794/Liebling, Otto, Liebling an EJPD, 20. 9. 1946, und Antwort, 5. 10. 1946.

Emigrantenkinder darauf aufmerksam, dass inzwischen für alle Kinder und Jugendlichen, die nach Bex kommen sollten, Zertifikate für die Einwanderung nach Palästina bewilligt seien, die in Istanbul bereitlägen.[108] Eine Möglichkeit, die Schweiz zu verlassen, bot sich aber erst von dem Moment an, als die deutschen Truppen ab August 1944 den größten Teil Südfrankreichs geräumt hatten, sodass der Weg nach Marseille oder Barcelona zur Einschiffung frei war.

Im Oktober 1944 wurde in der kurz zuvor gegründeten Kommission für Nachkriegsfragen des Schweizer Hilfswerks für Emigrantenkinder über die Weiterwanderung nach Palästina beraten. Schwalb legte auf der Sitzung dar, an der auch die Leiterin des Hilfswerks, Nettie Sutro, teilnahm, dass insgesamt fünfhundert Zertifikate für die Jugendaliyah und einige Hundert für Pioniere (Chaluzim) zur Verfügung ständen. Zugleich bestätigte er, dass die ganze Kolonie in Bex und ungefähr 45 Kinder in Versoix definitiv für Zertifikate vorgemerkt waren. An der Finanzierung der Reise wollte sich der Joint beteiligen.[109]

Richard Kohn in Bex rechnete Anfang Dezember mit der Abfahrt gegen Weihnachten.[110] Zur selben Zeit sprach Nettie Sutro von einem Konvoi mit 180 Kindern und Erwachsenen, die sich im Laufe des Januar in Barcelona einschiffen sollten. Die Vorbereitung des Transports sollte in enger Zusammenarbeit zwischen dem Palästina-Amt und dem Schweizer Hilfswerk für Emigrantenkinder erfolgen.[111] Doch dann traten unvorhergesehene Schwierigkeiten auf, weshalb die Abfahrt verschoben werden musste. Ende März äußerte sich Sutro enttäuscht, „daß der fest angegebene Abreisetermin vom 1. April offenbar nicht eingehalten werden kann".[112]

Schließlich stand die Abfahrt unwiderruflich für den 29. Mai 1945 fest. Insgesamt wurden für diesen ersten Transport nach Palästina, der nach dem Ende des Krieges von der Schweiz ausging, 382 Zertifikate erteilt, davon 181 an Kinder, Jugendliche und Erwachsene in Bex, Versoix und ähnlichen Heimen. Auf Bex entfielen 82 Zertifikate im Rahmen der Jugendaliyah und der Einwanderung von Chaluzim.[113] Wenn die Eltern oder ein Elternteil eines noch nicht Volljährigen am

108 SBA, Bestand J.II.55 (-) SHEK, Bd. 51, Schwalb an SHEK, 3. 12. 1943.

109 CZA, L 17, 2494, Schweizer Hilfswerk für Emigrantenkinder. Kommission für Nachkriegsfragen. Sitzung der 2. Subkommission in Genf, Mittwoch, den 11. 10. 1944.

110 SBA, Bestand J.II.55 (-) SHEK, Bd. 51, Jugendaliyah-Heim Bex an SHEK, 7. 12. 1944.

111 CZA, L 17, 2494, SHEK (Sutro) an Eidgenössische Fremdenpolizei, 9. 12. 1944, und an Palästina-Amt Genf, 9. 12. 1944.

112 Ebenda, L 17, 2494, SHEK (Sutro) an Palästina-Amt, 27. 3. 1945.

113 Ebenda, L 17, 161 II, Liste des ersten Aliyah-Transports am 31. 5. 1945; Schwalb an Palästina-Amt, 22. 7. 1945; SBA, Bestand E 4264, N 15520/Kajon, Flora, Liste du premier convoi pour la Palestine (auch in anderen Personaldossiers).

Leben waren und erreicht werden konnten, mussten sie seiner Teilnahme an der Fahrt zustimmen.[114]

Die Villa-Emma-Gruppe war mit 54 Mitgliedern vertreten, unter ihnen acht Erwachsene. Von diesen 54 befanden sich 46 einschließlich fünf Erwachsenen zuletzt im Jugendaliyah-Heim in Bex. Als einziger schloss sich hier Manfred Korenstein nicht der Fahrt an, weil ihn sein Vater zu sich nach London holen wollte.[115] Die übrigen acht kamen aus Internierungslagern und -heimen sowie von Orten der freien Internierung. Es waren Mala Braun und ihre Tochter Silvie, Siegfried Kirschenbaum, Tilla Nagler und Leo Teplitzki und unter den erwachsenen Begleitern Mauricy Awin, Emilio Freilich und Josefine Weiss.[116]

Die Frage, was mit den Jugendlichen der Villa-Emma-Gruppe geschehen sollte, die sich außerhalb des Jugendaliyah-Heims aufhielten, löste eine Kontroverse aus. Die Zionistische Organisation bestand entsprechend ihrer der Schweizer Regierung gegebenen Zusicherung darauf, dass alle zu der Gruppe gehörenden Personen mit Zertifikaten versehen wurden und gleichzeitig die Schweiz verließen.[117] Schwalb hingegen war der Auffassung, dass niemand zur Einwanderung nach Palästina gezwungen werden könne und es dem Hechaluz zustehe, „wenn einige Mitglieder der Gruppe idealisch und menschlich versagten und uns enttäuschten", ihnen die Einwanderung zu versagen. Am Ende kam man überein, dass jeder, der nicht nach Palästina gehen wollte, hierzu eine schriftliche Erklärung abzugeben habe.[118]

Für die seit Langem erhoffte erste Fahrt nach Palästina war folgende Route vorgesehen: von Genf mit der Bahn über Lyon nach Barcelona und von dort mit dem Schiff nach Haifa. Vorübergehend war erwogen worden, den Transport über Neapel zu leiten. Doch dies erwies sich als undurchführbar, weil die Kriegshandlungen in Norditalien erst vor wenigen Wochen eingestellt worden waren und die Schweizer Grenze nach Italien noch geschlossen war. Hingegen war es möglich gewesen, Transitvisen für Frankreich und Spanien zu erhalten.[119]

114 SBA, Bestand J.II.55 (-) SHEK, 2. 1. Flüchtlingskinder ab 1942, Bd. 1/Altaras, Lea; Bd. 50/Korenstein, Manfred.

115 CZA, L 17, 161 II, Liste des ersten Aliyah-Transports am 31. 5. 1945; SBA, Bestand E 4264, N 15520/Kajon, Flora, Liste du premier convoi pour la Palestine; Bestand J.II.55 (-) SHEK, Bd. 51, Sutro an Kohn, 13. 1. 1945.

116 SBA, Bestand E 4264, Personaldossiers der Genannten.

117 CZA, L 22, 29, Mieszeslaw Kahany an Jugendaliyah-Heim Bex, 22. 1. 1945.

118 Ebenda, L 17, 161 II, Kahany an Schwalb, 11. und 18. 7. 1945; Schwalb an Kahany, 12. 7. 1945.

119 JDC, SM 24-25, Saly Mayer an Hechaluz, 28. 3. 1945; 833 Italy/General 1945, Reuben B. Resnik an Melvin G. Goldstein, 22. 5. 1945.

Wenige Tage vor der Abreise sandte der Hechaluz an die von ihm betreuten Reiseteilnehmer ein Rundschreiben mit Anweisungen für die Fahrt. Danach hatten sich alle am Tag vor der Abreise bis 11 Uhr in Genf einzufinden und sich dort telefonisch beim Palästina-Amt und beim Hechaluz zu melden. Jeder durfte einen Rucksack und einen Handkoffer in das Abteil mitnehmen und drei Kilogramm Proviant bei sich haben, der im Rucksack unterzubringen war. Das übrige Gepäck sollte vor dem Verlassen des Aufenthaltsorts an eine Genfer Speditionsfirma zur Weiterbeförderung aufgegeben werden. Die Fahrkarten für die Anreise nach Genf sollten für Kinder und Jugendliche, die sich in Jugendaliyah-Heimen oder bei Pflegeeltern befanden, beim Schweizer Hilfswerk für Emigrantenkinder angefordert werden, in allen anderen Fällen bei den Internierungsbehörden. Den polnischen Staatsbürgern wurde geraten, sich bei der Durchreise in Bern auf dem polnischen Konsulat vorzustellen, um ein Taschengeld für die Fahrt entgegenzunehmen.[120]

Dem Rundschreiben zufolge lag die Leitung des Transports, soweit sie die Kinder und Jugendlichen betraf, bei fünf „madrichim" unter ihnen Josef Indig, Richard Kohn und Robert Stein. Am Nachmittag des Tags vor der Abreise wurde in Genf eine Zusammenkunft mit einem Appell abgehalten, bei der letzte Instruktionen erteilt wurden. Danach kamen die „chaverim" zu einem gemeinsamen Abschiedsabend zusammen. Sie trugen, wie es in vielen zionistischen Organisationen zu besonderen Anlässen Brauch war, weiße Hemden und Blusen. Ebenso gekleidet und mit prallen Rucksäcken, auf die bunte Decken geschnallt waren, versammelten sie sich am nächsten Morgen auf dem Bahnsteig. Um 7 Uhr 30 verließ der Zug den Bahnhof Génève-Cornevin.[121]

Nettie Sutro wohnte der Abfahrt bei und schrieb später in ihrem Buch „Jugend auf der Flucht": „Alle hatten im Wirbel der Abreise die erlittene Schmach, ihre Toten und unseren Beistand vergessen. Sie wußten nur: wir fahren, wir fahren endlich hinaus in unser Land."[122] Über den Verlauf der Reise ist kaum berichtet worden. Die Bahnfahrt bis Barcelona dauerte vermutlich zwei Tage, weil die Strecken in Frankreich nach den Kriegszerstörungen erst notdürftig repariert waren. In Barcelona kam es zu einem längeren Aufenthalt, der zur Besichtigung der Stadt, zum Besuch von Museen und eines Stierkampfes genutzt wurde. Dann begaben sich alle an Bord eines spanischen Dampfers, der „Plus ultra", die, ohne unterwegs Halt zu machen, am 18. Juni in Haifa

120 CZA, L 17, 161 II, Weltzentrale des Hechaluz, Rundschreiben an die chawerim der Jugendaliyah, des Hechaluz, des Bachad und von Agudas Israel, 25. 5. 1945.

121 Ebenda und Sutro, Jugend auf der Flucht, S. 16.

122 Ebenda.

anlegte.[123] Während der Überfahrt ereignete sich ein Zwischenfall, der den Kapitän fast zur Rückkehr nach Barcelona veranlasst hätte: Von einer Wand war ein Francobild verschwunden, das ein Junge, wie sich später herausstellte Danko Sternberg, heimlich abgenommen und ins Meer geworfen hatte.[124] Im Hafen von Haifa wurden die Passagiere der „Plus ultra" bei ihrer Ausschiffung von Vertretern der Jewish Agency, der Jugendaliyah und anderer Organisationen begrüßt. Am Kai stand auch Recha Freier, die nach über vier Jahren bangen Wartens ihre Kinder in die Arme schloss. In den folgenden Tagen wurden alle, die mit der Jugendaliyah und als Pioniere eingereist waren, auf die für sie bestimmten Kibbuzim verteilt.[125]

Nach dem ersten Palästina-Transport befand sich noch über ein Drittel der früheren Bewohner der Villa Emma in der Schweiz. Genau waren es vierundzwanzig Kinder und vier Erwachsene, von denen im Moment der Abfahrt nur Manfred Korenstein in Bex gewesen war. Als einziger hatte sich Armand Moreno schon früher von der Schweiz verabschiedet. Er kehrte mit einer Gruppe Gleichgesinnter unter dem Schutz der Alliierten über Marseille und Süditalien nach Jugoslawien zurück, wo er sich den Partisanen anschloss.[126]

Wer von den in der Schweiz Zurückgebliebenen die Absicht hatte, nach Palästina zu gehen, erhielt ein Zertifikat. Kurt Hahn, Marcel Hofmann und Blume Zwick nahmen am zweiten Transport teil, der am 21. August 1945 die Schweiz verließ und auf derselben Route, wie der erste, von Barcelona aus auf der „Lima", sein Ziel erreichte.[127] Der dritte Transport führte am 30. August über Marseille nach Palästina. Ihm gehörten Tamar Licht, Herbert Mohler, Josef und Gisela Schiffmann mit ihrer Tochter Rafaela, Maurizio Romano und die Eltern von Ursula Karger an.[128] Erst vier Jahre später entschied sich auch Susanne Elster, die inzwischen geheiratet hatte, zur Einwanderung nunmehr nach Israel gemeinsam mit ihrem Mann.[129]

123 SBA, Bestand J.II.55 (-) SHEK, Bd. 51, SHEK an Cinejournal Suisse, 22. 5. 1945; CZA, S 75, 1507, Namensverzeichnis, 26. 6. 1945, mit dem Vermerk: „Arrival on certificate from Switzerland on SS , Plus ultra, at June 18th, 1945"; Gespräche mit Tilla Offenberger (Tilla Nagler) und Robert Stein.

124 Gespräche mit Robert Stein und Dan Sternberg.

125 CZA, S 75, 1507, Verzeichnis der Kibbuzim mit den Namen der ihnen zugeordneten Personen; Gespräche mit Josef Ithai (Josef Indig).

126 SBA, Bestand E 4264, N 14164/Moreno, Armando; Telefongespräch mit Armando Moreno, Sherman Oaks, Kalifornien, 13. 10. 1997.

127 Ebenda, Bestand E 4264, N 19667/Hahn, Kurt; N 15383/Hofmann, Marcel; N 17978/Zwick, Blume.

128 Ebenda, N 13636/Licht, Alexander, Erna, Tamar; N 15697/Mohler, Herbert; N 19976/Schiffmann, Josef und Gisela; N 15416/Romano, Maurizio; N 17581/Karger, Arthur, Gertrud.

129 Ebenda, N 5720/Mantel-Elster, Susanne.

Jugoslawische Flüchtlinge wurden aufgrund einer Übereinkunft der Jugoslawischen Gesandtschaft mit der Schweizer Regierung in Zusammenarbeit mit alliierten Stellen in Österreich repatriiert. Die Flüchtlinge wurden vom Eidgenössischen Justiz- und Polizeidepartement aufgefordert, sich am 23. August 1945 in einem Abgangslager in Sankt Margareten einzufinden, von wo am nächsten Tag die Abreise erfolgte. Maurizio Danon und Zdenko Schmidt leisteten der Aufforderung Folge und verließen die Schweiz.[130] In allen anderen Fällen legte das Schweizer Hilfswerk für Emigrantenkinder gegen die Repatriierung Einspruch ein. Bei Charlotte Markus machte es geltend, dass sie vor ihrer Rückkehr nach Jugoslawien, wo nur eine Schwester überlebt hatte, ihre Schneiderinnenlehre abschließen müsse, um sich später einen Unterhalt sichern zu können.[131] Zu Albert und Sida Israel legte es dar, dass ihr Vater noch nicht aus deutscher Kriegsgefangenschaft heimgekehrt sei und sie seit dem Ende des Krieges noch keine Nachricht von ihm hätten. Ihre Pflegeeltern seien bereit, sie weiterhin bei sich zu behalten.[132] Bei Aron Koen reagierte das Kinderhilfswerk geradezu verärgert: „Wir glauben annehmen zu dürfen, daß dieses Aufgebot irrtümlich erfolgt ist, da der kleine Aron heute absolut keine Angehörigen in Jugoslawien hat. Soweit sich der Junge erinnert, ist sein Vater gestorben, seine Mutter kam, wie er uns sagte, ins Konzentrationslager, und seither fehlt von ihr jede Spur".[133] Die Geschwister Israel ließ ihr Vater im Januar 1946 zu sich nach Sarajevo kommen, und Charlotte Markus ging im Mai 1947 nach Jugoslawien zurück.

Otto Liebling und Hans Sussmann beabsichtigten zu einem Onkel in die Vereinigten Staaten zu emigrieren. Liebling hatte schon vor seiner Flucht ein USA-Visum besessen, das aber verfallen war, weil er nicht rechtzeitig Österreich verlassen konnte. Seine Entscheidung für die Vereinigten Staaten war auch deshalb folgerichtig, weil er seiner Einstellung nach dem Zionismus fernstand. Als er schon seit Langem über das notwendige Affidavit verfügte, gelang ihm die Einwanderung im April 1947, als seine Quote fällig war.[134] Sussmann musste noch länger warten und konnten erst ein knappes Jahr später nach den Vereinigten Staaten einreisen.[135] Auch Josef Danon bemühte sich, dorthin zu gelangen. Es bleibt ungeklärt, ob es ihm tatsächlich glückte oder ob er nach Jugoslawien zurückkehrte.[136]

130 Ebenda, N 17681/Danon, Maurizio; N 15722/Schmidt, Zdenko.
131 Ebenda, N 17796/Markus, Charlotte.
132 Ebenda, N 18166/Israel, Albert, Sida.
133 Ebenda, N 19182/Koen, Aron.
134 Ebenda, N 15794/Liebling, Otto.
135 Ebenda, N 15726/Sussmann, Hans.
136 Ebenda, N 17808/Danon, Josef.

Nach den ungeheuerlichen Verbrechen, die von den Nationalsozialisten begangen worden waren, trug sich in der Gruppe aus der Villa Emma niemand mit dem Gedanken, nach Deutschland oder Österreich zurückzukehren. Dort lebten keine Angehörigen mehr. Sie waren in den Konzentrationslagern und später in den Vernichtungslagern umgebracht worden, soweit sie sich nicht selbst durch die Flucht hatten retten können. Manch einer hatte noch lange im stillen gehofft, den einen oder anderen seiner Lieben, die nach der Deportation nach Polen noch ein Lebenszeichen von sich gegeben hatten, eines Tages wiederzusehen. Doch diese Hoffnung brach endgültig zusammen, als nach der Befreiung der Lager gegen Kriegsende das Grauen, das in ihnen geherrscht hatte, deutlich wurde und Gewissheit über das Ausmaß des Völkermords und der dabei angewandten Tötungspraktiken bestand. Als einzige entschied sich, gewiss nicht ohne Zögern, Ruth Kalischer, die Gymnastiklehrerin der Villa Emma, ihren Mann, den sie in der Schweiz kennengelernt hatte, nach Österreich zu begleiten.[137]

Edgar Ascher, Aron Koen und Eva Rosenbaum, die einen Zürcher jüdischen Kaufmann heiratete, blieben für immer in der Schweiz.[138] Aber warum sollte man nicht nach Italien zurückkehren, wenn die Schweiz den dauernden Aufenthalt ablehnte? Marco Schoky war spätestens, nachdem ihm die Aufnahme in das Jugendaliyah-Heim in Bex verwehrt worden war, zu diesem Schritt entschlossen.[139] Schon vor Ende des Krieges hatte er eine Unterredung im Eidgenössischen Justiz- und Polizeidepartement, bei der er behauptete, die alliierten Militärbehörden in Italien würden ihm die Einreise erlauben. Kurz vor seiner Abfahrt aus der Schweiz traf er Valobra in Zürich, dem er erklärte, dass er nach Nonantola fahren wolle, um dort eine neue Hachscharah aufzubauen. Begleitet wurde er auf seiner Reise dorthin von Ruth Drucker, die sich von der Gruppe in Bex losgesagt hatte, und von zwei weiteren polnisch-jüdischen Flüchtlingen, Alfred und Natalie Grynchendler.[140]

Nach Italien machte sich auch Georg Bories auf, der seinen eigentlichen Namen Boris Jochvedson noch nicht wieder angenommen hatte. Er war zuletzt in einem Lager für Russen in Hilfikon bei Zürich als Dolmetscher tätig gewesen. Wahrscheinlich hatte ihn sein Freund Schoky überzeugt, nach Italien zu gehen. Doch wenige Tage vor dem festgesetzten Ausreisetermin kamen ihm Bedenken.

137 Ebenda, N 18259/Kalischer, Ruth; ACEM, Busta 537, Fasz. Delasem. 1946, Kalischer an Friedmann, 12. 2. 1946.

138 Zu Ascher oben, S. 286; zu Koen, S. 237, 262; vgl. zu Rosenbaum SBA, Bestand E 4264, N 17786/Rosenbaum, Eva.

139 CDEC, Fondo Valobra, Busta 3/4 Collaboratori, Schok an Valobra, 17. 6. 1944.

140 Ebenda, Valobra an Salvatore Donati, 1. 6. 1945; SBA, Bestand E 4264, N 7922/Silberschatz-Schoky, Marco.

Dies zeigt ein an das Eidgenössische Justiz- und Polizeidepartement gerichteter Brief der Evangelischen Freiplatzaktion für Flüchtlinge, die sich für den Aufschub der Ausreise und für seine Unterbringung in einem Heim für intellektuelle Flüchtlinge in Genf einsetzte, da er sich noch einige Monate einer Forschungsarbeit widmen wolle. Die Bitte wurde jedoch stereotyp abgeschlagen, „weil Flüchtlinge unter der Bedingung aufgenommen worden sind, bei der ersten sich bietenden Gelegenheit wieder auszureisen". So musste er sich am 31. August bei der Grenzpolizei in Chiasso melden, die ihn in einen Zug nach Italien setzte.[141] Am selben Tag war auch Arnold Weininger nach Chiasso bestellt worden, der in seinem Ausreisegesuch Modena als künftigen Wohnsitz angegeben hatte. Möglicherweise fuhren beide von Chiasso gemeinsam weiter.[142] Um dieselbe Zeit begab sich auch Bunika Altaras nach Italien, wo sie von ihrem Bruder erwartet wurde, der, wie anzunehmen ist, von der dalmatinischen Küste dorthin geflohen war. Sie wollten von Italien aus ihre Weiterwanderung gemeinsam vornehmen.[143]

Leo Koffler, Josef Papo und Kurt Schneider, die in Süditalien über die Frontlinie zu den Alliierten gelangt waren, hatten Palästina zum Ziel. Leo wurde, nachdem er zusammen mit der Familie Lewin unweit von Farfa Filiorum Petri die alliierten Stellungen erreicht hatte, nach Bari geschickt, wo er anschließend ein halbes Jahr blieb. Bei einem Verhör durch einen Sergeant der britischen Palästina-Einheiten erfuhr er, dass auch Josef und Kurt in Bari waren.[144] Nach ihrem unfreiwilligen Aufenthalt als vermeintliche Spione im Transit Camp 155 bei Tripolis waren sie, sobald sie nicht mehr als verdächtig galten, in einem Schiffskonvoi nach Bari überführt worden, wo sie alliierte Stellen als Dolmetscher in ihren Dienst nahmen.[145] Alle drei erhielten Zertifikate und meldeten sich für den ersten Flüchtlingstransport von Italien nach Palästina an. Am 29. Mai 1944 setzten sie auf der „Stefan Batory", einem Schiff der polnischen Kriegsmarine, nach Alexandria über, von wo sie den letzten Teil der Strecke mit der Bahn zurücklegten.[146] Sie kamen somit als Erste von allen Kindern der Villa Emma in Eretz Israel an. Die Gruppe aus dem Jugendaliyah-Heim in Bex folgte erst rund ein Jahr später.

141 SBA, Bestand N 15573/Bories, Georg.

142 Ebenda, N 14364/Weininger, Arnold.

143 Ebenda, N 18309/Altaras, Bunika.

144 Koffler, Die Entstehung unserer Jugendgemeinschaft, S. 327; Gespräche mit Arieh Koffler (Leo Koffler).

145 Joseph Ben-Zion (Josef Papo), Bericht über die Flucht von Nonantola zu den Alliierten in Süditalien, S. 7; Gespräche mit Zvi Schneider (Kurt Schneider).

146 Koffler, Die Entstehung unserer Jugendgemeinschaft, S. 327; Ben-Zion, Bericht über die Flucht, S. 7; Gespräche mit Arieh Koffler und Zvi Schneider; zum ersten Palästina-Transport aus Italien vgl. Voigt, Zuflucht auf Widerruf, Bd. 2, S. 446 f.

Max Federmann heilte nach seiner Befreiung in Gubbio zuerst in einem alliierten Militärhospital in Perugia die Schussverletzung aus, die er sich als Partisan zugezogen hatte. Anschließend war er in Rom als Dolmetscher für britische Stellen tätig. Später arbeitete er in der Verwaltung des Lagers für sogenannte Displaced Persons in Grugliasco bei Turin. Er hatte nicht die Absicht, sich in Palästina niederzulassen, sondern erwog nach seiner Heirat mit einer Italienerin, in Italien zu bleiben. Als er jedoch erfuhr, dass sein Bruder aus Schanghai nach Frankfurt zurückgekehrt war, begab er sich ebenfalls dorthin. Der Versuch, sich in der Stadt, in der er aufgewachsen war, wieder einzuleben, scheiterte. Er empfand sich wie ein Fremder, obwohl die Behörden entgegenkommend waren und er als Verfolgter des Nationalsozialismus anerkannt wurde. Nachts wurde er von Alpträumen heimgesucht, in denen ihm unaufhörlich das Schicksal seiner ermordeten Mutter und Geschwister vor Augen stand. Nach einem Jahr brach er den Aufenthalt ab, und er siedelte zusammen mit seiner Frau in die Vereinigten Staaten über.[147]

Außer Salomon Papo wurde auch Josef Zamojre, der sich in Lesno brdo von der Gruppe getrennt hatte, nach Auschwitz deportiert. Er war mit seinem Vater in Ficarolo am Po und danach weiter östlich in Taglio di Po interniert worden.[148] Während der deutschen Besetzung versteckten sich beide im Po-Delta bei einem Fischer in der Nähe von Porto Tolle. Dort wurde ihre Anwesenheit von italienischen Faschisten auf der Suche nach Partisanen verraten. Auf die Verhaftung durch die Feldgendarmerie und den Aufenthalt in mehreren Gefängnissen folgte die Einlieferung in das Lager von Fossoli. Von dort traten sie Mitte Mai im verschlossenen Güterwagen, zusammengepfercht mit vierzig jüdischen Leidensgenossen, die Fahrt nach Auschwitz an.[149] Josef verdankt sein Leben dem Umstand, dass er in das Arbeitslager Auschwitz-Monowitz verlegt wurde, wo ihm, ähnlich wie Primo Levi, italienische Zwangsarbeiter beistanden. Obwohl er zu gleicher Zeit wie Levi dort war, begegnete er ihm in Anbetracht der großen Zahl von Häftlingen nicht. Seinen Vater, der in Auschwitz-Birkenau zurückgeblieben war, sah er nicht mehr wieder. Auf einem Todesmarsch bei der Evakuierung des Lagers ergriff er bei Gleiwitz die Gelegenheit zur Flucht. Er hielt sich bei Bauern versteckt und kam nach seiner Befreiung durch die Rote Armee auf einem langen Umweg, der an Primo Levis Buch „Die Atempause" denken lässt, über Kattowitz, Krakau, Rzeszow, die Karpaten, Budapest und Graz zurück nach Italien, wo er in Treviso und Venedig Kontakt zur Jüdischen Brigade aufnahm. Später ließ er sich in Rom für einen Palästina-

147 Gespräch mit Max Federmann und Dokumente in seiner Sammlung.

148 ACS, PS, A 4 bis Stranieri internati, Busta 379/Zamojre, Marco.

149 Joseph Zamora (Josef Zamojre), Autobiografische Aufzeichnungen, S. 5 f.; Picciotto Fargion, Il libro della memoria, S. 624.

Transport der Zionistischen Organisation vormerken, bei der Auswahl der Teilnehmer wurde er jedoch nicht berücksichtigt. Tief enttäuscht richtete er danach alle Bemühungen auf die Vereinigten Staaten, die er im Februar 1947 erreichte.[150]

Schoky suchte nach seiner Ankunft in Modena Salvatore Donati auf, der kurz vor ihm aus der Schweiz zurückgekommen war, und überbrachte ihm einen Brief Valobras.[151] Man darf annehmen, dass er mit Donati seinen Plan der Errichtung einer Hachscharah in der Villa Emma für junge Juden erörterte, deren Ziel Palästina war. Donati dürfte dafür gesorgt haben, dass die kurz nach der Befreiung wiederentstandene Jüdische Gemeinde in Modena sein Projekt unterstützte. Danach brauchte Schoky nur noch die Genehmigung alliierter Stellen einzuholen, die ihm auch erteilt wurde.

Die Idee einer Hachscharah in der Villa Emma lag nahe, weil in den ersten Monaten nach dem Ende des Krieges Tausende von Juden, die in den Konzentrationslagern Mauthausen, Ebensee, Dachau und Bergen-Belsen am Leben geblieben waren und nicht in ihre Ursprungsländer zurückkehren wollten, mit Duldung amerikanischer Militärbehörden über die Grenze nach Italien kamen, weil sie hofften, von dort auf dem Seeweg Palästina zu erreichen. In vielen Großstädten Norditaliens, so auch in Bologna und in Modena im Gebäude der Accademia Militare, entstanden Transitlager, von denen die Menschen nach Mittel- und Süditalien weitergeleitet wurden. Allein 2700 jüdische Displaced Persons überwiegend polnischer, ungarischer und rumänischer Herkunft passierten zwischen dem 5. und 10. Juli das Lager in Bologna. In der Accademia Militare in Modena wurden zeitweise 4700 Flüchtlinge verzeichnet, davon mindestens tausend Juden.[152] Der Joint, die große jüdische Hilfsorganisation in den Vereinigten Staaten, die nach der Befreiung in Italien tätig war, bemühte sich in Zusammenarbeit mit den Hilfskomitees der italienischen Juden, die weiterhin unter der Bezeichnung Delasem auftraten, den zionistischen Organisationen und den Komitees der Flüchtlinge möglichst viele junge Männer und Frauen in Hachscharah-Zentren zu schicken. Im Frühjahr 1946 bestanden in ganz Italien mit dem Schwerpunkt auf der Umgebung Roms 55 Hachscharot und jüdische Berufsfortbildungsstätten mit 5379 Teilnehmern.[153]

150 Zamora, Autobiografische Aufzeichnungen, S. 6 ff.; Gespräch mit Joseph Zamora (Josef Zamojre).

151 CDEC, Fondo Valobra, Busta 3/1 Lettere D, Valobra an Donati, 1. 6. 1945.

152 JDC, 855 Italy/Refugees 1945, Benjamin N. Brook, Trip to the Po valley cities, 25. 7. 1945; Arnold S. Wachman an Ruben B. Resnik, 27. 7. 1945.

153 JDC, 886 Italy/Hachscharah 1947, Benjamin N. Brook an JDC Paris und JDC New York, 12. 1. 1946.

Die Hachscharah in Nonantola gehörte zu den ersten vier in Norditalien nach der Befreiung und bestand spätestens seit Mitte 1945. Schoky war also in etwas mehr als einem Monat ans Ziel gekommen. Ein Mitarbeiter des Joint, der wenig später Nonantola besuchte, spricht in einem Bericht von 120 Anwesenden, die zum größten Teil aus dem Transit Camp in Bologna gekommen waren. „Diese Hachscharah verfügt über eine angemessene Zahl an Gebäuden, große Felder, auf denen landwirtschaftliche Arbeit geleistet werden kann, eine Werkstatt, einige Nähmaschinen, Pferde, Kühe usw."[154] Wenige Wochen danach wurden noch einmal annähernd so viele Teilnehmer genannt. In den folgenden zweieinhalb Jahren bis zur letzten Erwähnung der Hachscharah im Dezember 1947 sind im Höchstfall 57 Personen bezeugt, von denen auch Namenslisten erhalten sind. Auffallend an diesen ist die geringe Zahl von Jugendlichen unter zwanzig Jahren.[155] Eine gründliche landwirtschaftliche Ausbildung scheint die zweite Hachscharah in der Villa Emma ebenso wenig geboten zu haben wie die erste. Im Herbst 1947 hört man auch von einem jüdischen Kinderheim in Nonantola, das sich nur in der Villa Emma befunden haben kann.[156]

Direktor der Villa Emma war also Marco Schoky.[157] Jetzt konnte er das Zusammenleben nach seinen eigenen Vorstellungen gestalten, praktisch, realistisch und wendig, aber ohne ein erzieherisches Ideal und Engagement, das ihn an Indig gestört hatte. Die Verhältnisse in der Nachkriegszeit kamen ihm entgegen, denn die finanziellen Mittel lieferte der Joint in ausreichendem Maß, und unter dem Schutz alliierter Dienststellen wagten die italienischen Behörden nicht, ihm Schwierigkeiten zu bereiten. Sein Lebensstil hatte sich kaum geändert. Edgar Ascher traf ihn bei einer Reise von der Schweiz nach Nonantola, um zurückgelassene Sachen abzuholen, mit einem roten Lancia und einem Chauffeur an.[158]

154 JDC, 855 Italy/Refugees 1945, Brook, Trip to the Po valley cities.

155 ASCN, E. C. A., Busta 21, Fasz. Soggiorno stranieri 1947, Namenslisten und weitere Dokumente.

156 JDC, 837 Italy/General 1947, Report on the activities for the third quarter 1947, covering the Northern Region, for July, August and September. Von der Hachscharah in der Villa Emma während der Nachkriegszeit sind zahlreiche Fotos überliefert, auf denen Kinder und Jugendliche abgebildet sind. Diese Fotos werden oft irrtümlicherweise der Gruppe von Josef Indig zugeschrieben, etwa in Vaccari, Villa Emma, S. 21 f.; Giuseppe Pederiali, I ragazzi di Villa Emma, in: Historia. Mensile illustrato di storia 420 (1993), S. 100–107, hier S. 101, 104.

157 ASCN, E. C. A., Busta 21, Fasz. Soggiorno stranieri 1947, Quästur Modena an Bürgermeister Nonantola, 30. 11. 1945; Bürgermeister Nonantola an Schoky, 5. 12. 1945. Schoky wird hier ausdrücklich als „direttore della comunità ebraica" in der Villa Emma genannt.

158 Gespräche mit Edgar Ascher. Auch Otto Liebling reiste von der Schweiz nach Nonantola, um dort deponierte Sachen abzuholen, SBA, Bestand E 4264, N 15794/Liebling, Otto.

Bories und Weininger blieben bis Herbst 1946 mit Schoky in Nonantola, nachdem sich Ruth Drucker bereits auf den Weg nach Süditalien gemacht hatte, wo sie sich in einem illegalen Transport nach Palästina einschiffen konnte.[159] Bories war wieder Musiklehrer in der Villa Emma, und Weininger arbeitete in deren Verwaltung. Sonst sind bisher keine weiteren Namen von Betreuern bekannt.[160] Bories erneuerte seine Freundschaft zu Giuseppe Moreali, in dessen Haus er fast täglich zu Gast war, um gemeinsam mit ihm zu musizieren. Für Don Arrigo Beccari komponierte er eine Messe für zwei Stimmen, die in seiner Pfarre in Rubbiara aufgeführt wurde. Die Handschrift wird bis heute von Morealis Sohn Giambattista als Erinnerungsstück aufbewahrt.[161] Bories wusste weniger denn je, wo er sich in Zukunft niederlassen sollte. Im Oktober 1946 beantragte er die Ausstellung eines Passes für Staatenlose, um in der Schweiz als Musiklehrer tätig sein zu können. Er muss jedoch bald eingesehen haben, dass der Plan aussichtslos war. Wenig später folgte er Schoky nach Meran, wo er im Januar 1948 im Alter von 48 Jahren starb.[162] Sein früher Tod wurde vermutlich durch eine schleichende Vergiftung mit Saridon herbeigeführt, das er in Überdosen gegen seine Migräneanfälle eingenommen hatte.[163] Schoky ließ ihm auf dem jüdischen Friedhof in Meran an zentraler Stelle einen monumentalen Grabstein setzen. Die Inschrift in hebräischer und italienischer Sprache unter einem Davidstern lautet: „Hier ruht unser lieber Boris, der es durch seine Tätigkeit vielen unserer Brüder ermöglicht hat, Israel zu erreichen. Die Freunde der Brichah."[164]

Die Brichah war eine zionistische Geheimorganisation, die Überlebende der Konzentrationslager nördlich der Alpen auf dem Weg nach Palästina über die italienische Grenze schmuggelte.[165] Schoky nahm in der Brichah sicher bald eine zentrale Stelle ein und hielt sich meistens in Meran auf. Er hatte also unter neuen

159 ZfA, Interview Ruth Maschiach (Ruth Drucker).

160 Gespräche mit Giambattista Moreali und Arnold Wininger (Arnold Weininger). Die Akten der zweiten Hachscharah in der Villa Emma sind bisher nicht wieder aufgefunden worden.

161 Gespräche mit Giambattista Moreali.

162 ASCN, E. C. A., Busta 21, Fasz. Soggiorno stranieri 1947, Domanda di Prof. Bories, Georg, apolide ... 10. 10. 1946; Aufzeichung: Bories, Georg, fu Carlo, già a Villa Emma, partito per Merano nell'ottobre 1946, dove è deceduto il 16-1-48. Voigt, Wer war Boris Jochvedson, S. 117 f.

163 Gespräche mit Giambattista Moreali.

164 Abgebildet in Voigt, Wer war Boris Jochvedson, S. 108 und Federico Steinhaus, Ebrei/ Juden, Gli ebrei dell' Alto Adige negli anni trenta e quaranta, Firenze 1994, S. 288.

165 Vgl. Thomas Albrich (Hrsg.), Flucht nach Eretz Israel. Die Bricha und der jüdische Exodus durch Österreich nach 1945, Innsbruck 1998; Steinhaus, Ebrei/Juden, S. 129 f.; zur Brichah-Thematik vgl. Yehuda Bauer, Flight and Rescue: Brichah, New York 1970.

Umständen zu seinem alten Metier der Fluchthilfe zurückgefunden. Außer Bories arbeitete auch Arnold Weininger, bevor er in die Vereinigten Staaten ging, mit Schoky für die Brichah zusammen. Er erinnert sich, dass er mit Soldaten der Jüdischen Brigade von Meran an die Grenze fuhr, um an einem vereinbarten Ort Flüchtlinge mit Lastkraftwagen abzuholen und zum nächsten Bahnhof zu bringen. Dort fiel ihm die Aufgabe zu, die italienische Polizei durch Überredung und notfalls mit Geld davon abzuhalten, die Abfahrt zu verhindern.[166]

Ob sich Schoky zuletzt ganz der Brichah widmete oder gleichzeitig weiterhin die Villa Emma leitete, entzieht sich der Kenntnis. Er war jedenfalls viel in Italien unterwegs und in verschiedenen Funktionen anzutreffen, als Beauftragter der Union der Israelitischen Gemeinden Italiens in Rom, als Mitarbeiter des Intergovernmental Committee on Refugees und als Vertreter des von der Jüdischen Brigade ins Leben gerufenen Flüchtlingskomitees Merkaz Lagolah und ihrer Zweigstelle in Mailand.[167] Nachdem seine Tätigkeit für die Brichah zu Ende gegangen war, blieb er in Italien. Erst 1956 begab er sich mit seiner aus Ungarn stammenden Frau, die er nach dem Krieg in Nonantola kennengelernt hatte, in die Vereinigten Staaten. Mit ihm verließ der Letzte aus der Gruppe der Villa Emma Italien.[168]

166 Gespräch mit Arnold Wininger. Vgl. Eva Pflanzelter, Zwischen Brenner und Bari. Jüdische Flüchtlinge in Italien 1945 bis 1948, in: Albrich, Flucht nach Eretz Israel, S. 225–252.

167 CB, Busta 43 D Enti assistenziali. Fasz. Marco Schoky. Zahlreiche Erwähnungen auch in den Faszikeln Pubblica Sicurezza, Modena und Merano.

168 Gespräche mit Tilla Offenberger (Tilla Nagler).

Die Namen der Kinder und ihrer Betreuer

Von Zagreb über Lesno brdo nach Nonantola

1. Edgar Ascher 6. 1. 1921 Györ
2. Fritz Awin 17. 2. 1927 Wien
3. Sonja Borus 23. 2. 1927 Berlin
4. Mala Braun 15. 2. 1921 Krynica
5. Ruth Drucker 16. 6. 1925 Berlin
6. Susanne Elster 26. 5. 1923 Wien
7. Betty Endzweig 21. 9. 1926 Berlin
8. Frieda Endzweig 22. 5. 1928 Berlin
9. Max Federmann 21. 2. 1923 Frankfurt a. M.
10. Benno Goldberg 6. 7. 1933 Frankfurt a. M.
11. Jakob Goldberg 8. 8. 1929 Wiesbaden
12. Kurt Hahn 15. 9. 1923 Wien
13. Emanuel Issler 5. 2. 1925 Gelsenkirchen
14. Ursula Karger 28. 1. 1927 Berlin
15. Joachim Kirschenbaum 10. 12. 1927 Berlin
16. Siegfried Kirschenbaum 13. 2. 1925 Berlin
17. Leo Koffler 2. 4. 1925 Teplitz-Schönau
18. Manfred Korenstein 6. 1. 1928 Frankfurt a. M.
19. Tamar Licht 4. 9. 1926 Zagreb
20. Otto Liebling 7. 6. 1925 Wien
21. Salomon (Salli) Majerowicz 24. 9. 1927 Frankfurt a. M.
22. Herbert Mohler 12. 1. 1923 Wien
23. Tilla Nagler 14. 8. 1923 Tulukow
24. Berta Reich 8. 3. 1927 Berlin
25. Eva Reich 6. 10. 1927 Berlin
26. Eva Rosenbaum 8. 6. 1923 Budapest
27. Josef Schiffmann 2. 10. 1923 Wien
28. Lola Schindelheim 15. 4. 1929 Berlin
29. Kurt Schneider 19. 2. 1924 Wien
30. Fanny Senft 24. 12. 1924 Stettin

31. Hans Silbermann 4. 5. 1927 Wien
32. Hildegard Steinhardt 26. 3. 1925 Eberswalde
33. Hans Sussmann 3. 4. 1922 Graz
34. Leo Teplitzki 8. 10. 1922 Frankfurt a. M.
35. Laszlo Toeroek 23. 1. 1924 Budapest
36. Gerda Tuchner 21. 4. 1929 Berlin
37. Arnold Weininger 29. 12. 1926 Leipzig
38. Robert Weiss 16. 3. 1923 Wien
39. Gisela Wiesner 19. 4. 1924 Kiel
40. Blume Zwick 4. 8. 1926 Leipzig
41. Mauricy Awin 19. 4. 1895 Lemberg
42. Helene Barkic 16. 10. 1914 Bogdanovka
43. Josef Indig 30. 1. 1917 Virovitica
44. Boris Jochvedson (Georg Bories) 19. 4. 1900 Rostow am Don
45. Alexander Licht 11. 4. 1884 Sokolovac
46. Erna Licht 24. 3. 1897 Sarajevo
47. Marek Silberschatz (Marco Schoky) 23. 10. 1907 Łódź
48. Robert Stein 6. 8. 1908 Osijek
49. Josefine Weiss 22. 3. 1892 Auspitz

Von Orten in Italien nach Nonantola

1. Hanna Schwarz 30. 1. 1928 Plauen
2. Laura Cavaglione 13. 9. 1914 Genua
3. Emilio Freilich 27. 12. 1911 Hodesz
4. Umberto Jacchia 29. 7. 1916 Padua
5. Ruth Kalischer 3. 8. 1906 Berlin
6. Armand Moreno 21. 6. 1920 Wien
7. Goffredo Pacifici 8. 1. 1900 Florenz
8. Naftali Hersz Schuldenfrei 9. 3. 1904 Biecz
9. Moshe Szapiro 29. 5. 1926 Warschau

Von Zagreb nach Lesno brdo

1. Alice Ascher 11. 7. 1923 Wien
2. Lilly Lewin 28. 2. 1925 Berlin
3. Paula Teitelbaum 17. 10. 1924 Berlin
4. Josef Zamojre 28. 6. 1921 Greiz
5. Rudolf Zurkowski 9. 8. 1926 Zwickau
6. Siegfried Zurkowski 2. 10. 1930 Frankfurt a. M.
7. Klara Baltinester 1. 10. 1894 Suceava

8. Hirsch Feibisch 8. 3. 1889 Rosulna
9. Lilli Neumann 17. 9. 1922 Sarajevo

Von Split nach Nonantola

1. Albert Albahari 7. 10. 1927 Sarajevo
2. Bunika Altaras 27. 4. 1926 Sarajevo
3. Elieser (Lezo) Altaras 20. 6. 1928 Sarajevo
4. Ella Altaras 19. 5. 1931 Tuzla
5. Lea Altaras 14. 10. 1934 Tuzla
6. Moric Atias 18. 8. 1931 Bugojno
7. Sarina Atias 2. 4. 1930 Bugojno
8. Sarina Brodski 1. 10. 1927 Sarajevo
9. Josef Danon 21. 3. 1925 Sarajevo
10. Moric Danon 18. 7. 1925 Sarajevo
11. Rifka (Reli) Gaon 24. 1. 1931 Sarajevo
12. Tina Gaon 28. 12. 1928 Sarajevo
13. Zlata Gaon 27. 11. 1927 Sarajevo
14. Bela Grof 3. 8. 1928 Bugojno
15. Velimir Halpern 22. 11. 1927 Zagreb
16. Marcel Hofmann 15. 5. 1922 Banja Luka
17. Albert (Albi) Israel 19. 12. 1932 Sarajevo
18. Lotti (Lotika) Israel 3. 12. 1926 Sarajevo
19. Sida Israel 19. 4. 1936 Sarajevo
20. Flora Kajon 21. 12. 1928 Sarajevo
21. Leon Kajon 25. 11. 1925 Sarajevo
22. Elieser (Lezo) Kaveson 22. 2. 1929 Sarajevo
23. Aron Koen 1. 10. 1936 Sarajevo
24. Leo Levi 7. 9. 1932 Sarajevo
25. Rikica Levi 7. 10. 1932 Sarajevo
26. Sida Levi 18. 11. 1932 Sarajevo
27. Israel Maestro 20. 7. 1924 Sarajevo
28. Charlotte Markus 28. 2. 1929 Sarajevo
29. Josef Papo 5. 1. 1927 Sarajevo
30. Salomon Papo 8. 8. 1927 Sarajevo
31. Nelly Schlesinger 25. 3. 1928 Subotica
32. Zdenko Schmidt 8. 1. 1925 Osijek
33. Daniel (Danko) Sternberg 9. 3. 1930 Osijek
34. Jakov Maestro 15. 8. 1919 Sarajevo
35. Maurizio Romano 11. 12. 1913 Sarajevo

Nachwort zur Neuauflage

Es bat sich zu verschiedenen Anlässen immer wieder gezeigt, dass die Geschichte der Kinder der Villa Emma in Nonantola weiterhin auf lebhaftes Interesse trifft. Es wird vielfach bedauert, dass das Buch, das diese Geschichte in einer umfassenden Darstellung bekannt gemacht hat, seit Langem vergriffen und nur noch in Bibliotheken zu finden ist. Man möchte gern in Einzelheiten erfahren, wie eine so große Gruppe von Jungen und Mädchen, zuletzt 73, auf ihrer durch die nationalsozialistische Verfolgung ausgelösten Flucht, die in den meisten Fällen während fast fünf Jahren durch mehrere europäische Länder führte, trotz aller Hindernisse und Gefahren ihr eigentliches Ziel, Palästina, erreichen konnte. Hierbei ist vor allem an das Versteck in Nonantola nach Beginn der deutschen Besetzung zu denken, zugleich aber auch an die wiederholte Überwindung von Grenzen, am dramatischsten die nächtliche Durchquerung der Tresa auf der Flucht von Nonantola in die Schweiz. Ihr Überleben verdankten die Kinder an erster Stelle der Umsicht und Entschlossenheit ihrer Betreuer sowie dem Beistand jüdischer Organisationen. Bewundernswert und in ihrem Ausmaß ganz ungewöhnlich war die Hilfsbereitschaft von Einwohnern Nonantolas, die ein unwägbares Risiko eingingen, indem sie die Kinder bei sich aufnahmen und ihnen dadurch Schutz gewährten.

Besondere Aufmerksamkeit hat die Geschichte der Kinder der Villa Emma in Israel gefunden, wo man lange Zeit davon ausging, dass die gesamte Gruppe gerettet wurde. Erst durch die Forschung zu diesem Buch stellte sich heraus, dass ein Junge, Salomon Papo aus Sarajevo, nach Auschwitz deportiert und dort in der Gaskammer ermordet wurde. Nur wenige seiner Gefährten konnten sich noch an ihn erinnern, weil er im Frühjahr 1943 nach der Ankunft aus Split höchstens einige Tage in der Villa Emma war und wegen einer Tuberkulose in ein Sanatorium im Modeneser Apennin gebracht werden musste. Aus einem erst vor wenigen Jahren aufgefundenen Dokument geht hervor, dass sein Aufenthalt in dem Sanatorium den Carabinieri am Ort bekannt war. Nachdem er, wie es heißt, als geheilt entlassen worden war, wurde er von ihnen nach seiner Festnahme in das Konzentrationslager Fossoli bei Carpi überführt, von wo die deutsche Polizei, der das Lager unterstand, die Deportation vornahm. Man muss sich fragen, ob er, anders als es in ähnlichen Fällen geschah, in dem Sanatorium nicht hätte geschützt werden können. Der Gegensatz zu der Hilfe in Nonantola könnte kaum auffälliger sein.

In dem unverändert in die Neuauflage übernommenen Vorwort zu diesem Buch, das zuerst in einer Reihe des Zentrums für Antisemitismusforschung in Berlin erschienen ist, wird betont, dass noch viele Fragen offengeblieben sind. „Wie empfanden die Kinder ihre eigene Lage? Ihre Fröhlichkeit und Ausgelassenheit, ihre Angst und ihr Schmerz lassen sich bis zu einem gewissen Grad an ihrem äußeren Verhalten ablesen, wie es andere wahrgenommen und aufgezeichnet haben. Es fehlen jedoch eigene Aussagen unmittelbar aus der Zeit." Die Wiederentdeckung und vor Kurzem erfolgte Veröffentlichung von „Sonjas Tagebuch", den Aufzeichnungen von Sonja Borus aus Berlin, haben dazu geführt, dass diese Feststellung jetzt nicht mehr gilt. Das Tagebuch setzt gegen Ende 1941 in Lesno brdo in Slowenien ein und wird in unregelmäßigen Abständen in Nonantola und in Bex in der Schweiz bis zur Aufnahme in einen Kibbuz in Palästina weitergeführt. Es schildert in vielen Schattierungen alltägliche Begebenheiten ebenso wie besondere Vorkommnisse im Leben der Gemeinschaft, gibt aber auch Aufschluss über die psychische Verfassung des jungen Mädchens, dem es schwerfällt, sich an das Zusammenleben in der Gruppe zu gewöhnen, und das unsäglich unter der Trennung von ihren Eltern und ihren beiden Brüdern leidet, von denen niemand die Shoa überlebt hat.

Mit „Sonjas Tagebuch" schließt sich der Kreis der Veröffentlichungen zur Geschichte der Kinder der Villa Emma. Es tritt an die Seite der unter dem Titel „Joškos Kinder" herausgegebenen Erinnerungen des Leiters der Gruppe, Josef Indig, die unter dem noch frischen Eindruck der Ereignisse nur wenige Monate nach der Ankunft in Palästina auf Deutsch abgefasst wurden. Beim Lesen der beiden Texte erkennt man, wie sehr sich die Sicht des jungen Mädchens von der ihres erwachsenen Betreuers unterscheidet. Die Gegenüberstellung ist in dieser Hinsicht besonders interessant. Es ist erwogen worden, die Mitteilungen in „Sonjas Tagebuch" in die Neuauflage einzuarbeiten. Dies hätte jedoch Veränderungen der Darstellung erfordert, die in manchen Teilen einer neuen Fassung gleichgekommen wären, sodass der Gedanke aus Zeit- und Kostengründen verworfen werden musste. Veränderungen wurden deshalb hauptsächlich nur in den Anmerkungen vorgenommen. Vor allem sollten „Joškos Kinder" und der Bericht von Leo Koffler, der sogar noch früher in Palästina entstanden ist, nach den jeweils jetzt im Druck vorliegenden Ausgaben zitiert werden. In einigen Fällen wird auf wichtige Arbeiten zur Sekundärliteratur hingewiesen, die in letzter Zeit erschienen sind.

Danksagung

Beim Abschluss eines Buches denkt man an die Menschen, die vor allem im Kreis der Kollegen, Freunde und Verwandten seiner Entstehung beigewohnt, sie unterstützt und vielfach überhaupt erst ermöglicht haben. Ihnen allen sei gedankt.

Der Anstoß zu diesem Buch ging von dem Bürgermeister von Nonantola, Stefano Vaccari, aus, der eine „Stiftung Villa Emma" plante und deshalb an eine Darstellung der Geschichte der Kinder dachte. Sie sollte sich an eine breite Öffentlichkeit wenden und zugleich wissenschaftliche Anforderungen erfüllen. Auf der Suche nach einem Verfasser wandte er sich an das Centro di Documentazione Ebraica Contemporanea in Mailand, dessen Präsidentin, Luisella Mortara Ottolenghi, mich für die Aufgabe vorschlug. Bei einem Treffen der Mitglieder der Kindergruppe in der Gedenkstätte Yad Vashem in Jerusalem im Herbst 1995 hatte ich zum ersten Mal Gelegenheit, Gespräche mit ihnen zu führen, die auf einer anschließenden Reise durch Israel fortgeführt und vertieft wurden. Zugleich konnte ich mich in den israelischen Archiven überzeugen, dass genügend schriftliche Quellen vorhanden waren. Als großes Glück erwies sich, dass ich später das vollständig erhaltene und erst kurz zuvor inventarisierte Archiv der Jüdischen Gemeinde in Modena mit der Korrespondenz zur Villa Emma benutzen durfte. Den Zugang verdanke ich dem Präsidenten der kleinen Gemeinde, Felice Crema.

Der Dialog mit den „Kindern der Villa Emma" brach nach der Reise nach Israel nicht wieder ab. Einige von ihnen suchte ich auch in den Vereinigten Staaten, der Schweiz und Deutschland auf, wo nur ein einziges ansässig ist. Oft entwickelte sich eine rege Korrespondenz. Josef Ithai (Josef Indig), der im Juni 1998 verstorben ist, und seine Frau Lilli luden mich zweimal zu Gesprächen in den Kibbuz Gat ein. Die Archivarin des Stadtarchivs von Nonantola, Ombretta Piccinini, die stets um die Arbeit bemüht war, richtete mit mir einen Rundbrief an die „Kinder" mit der Bitte um Auskunft zum Versteck in Nonantola. Es gingen 34 Antworten ein, die, wie die übrige Korrespondenz zu dem Projekt, für das Stadtarchiv in Nonantola bestimmt sind.

Meine Forschung weckte das Interesse des Zentrums für Antisemitismusforschung an der Technischen Universität Berlin, das die Veröffentlichung des Manuskripts anbot. Professor Wolfgang Benz bemühte sich um eine Förderung, die neben die mit der Stadt Nonantola vereinbarte finanzielle Unterstützung treten sollte. Sie erfolgte von drei Seiten: der Stiftung Technion in Zürich, die von Barbara Distel, der damaligen Leiterin der KZ-Gedenkstätte Dachau, angesprochen wurde, dem Verein „Gegen Vergessen – Für Demokratie“ und dem Zentrum für Antisemitismusforschung selbst. Damit konnte der Beginn der Arbeit gewagt werden.

Alle Zeitzeugen, die Auskunft erteilt oder Erinnerungsberichte und Dokumente aus ihrer Sammlung zur Verfügung gestellt haben, sind im Quellen- und Literaturverzeichnis aufgeführt. Erwähnt seien zunächst nur Nathan Dror, Ma'ayan Landau, Josef Milhofer und Joseph Zamora, denen besonders wichtige Stücke zu verdanken sind. Fotos haben Jakob Altaras, Haviva Eisenberg, Bernardo Grosser, Ma'ayan Landau, Giambattista Moreali, Tilla Offenberger, Hanna Seidenberg, Hans Silbermann und Arnold Wininger beigesteuert. Ein anhaltender Gedankenaustausch in Briefen und bei Besuchen bestand außer mit Josef und Lilli Ithai mit Edgar Ascher, Jakob Altaras, Joseph Ben-Zion, Max Federmann, Jakob Goldberg, Bernardo Grosser, Dan Israeli, Siegfried Kirschenbaum, Arieh Koffler, Ma'ayan Landau, Giambattista und Giancarlo Moreali, Armando Moreno, Tilla Offenberger, Zvi Schneider, Hans Silbermann, Robert Stein, Arnold Wininger und Robert Weiss. Zwei Gespräche konnte ich mit Don Arrigo Beccari führen, der zurückgezogen in denselben Räumen des Seminars lebte, die seinerzeit den Kindern Schutz boten.

Soweit sie nicht schon genannt wurden, haben folgende Wissenschaftler, Archivare und Bibliothekare Rat erteilt, Zugang zu Quellen eröffnet oder Hinweise auf Literatur gegeben: Dušan Biber, Gisela Bock, Katrin Boeckh, Brigitte Bruns, Patrizia Busi, Carlo Spartaco Capogreco, Enzo Collotti, Hildegard Feidel-Mertz, Tone Ferenc, Enrico Ferri, Henry Friedlander, Uriel Gast, Marina Giannetto, Bettina Goldberg, Georg Heuberger, Volker Hunecke, Maria Keipert, Elisabeth Klamper, Guido Koller, Gerhard Kuck, Zvi Loker, Gigliola Lopez, Regula Ludi, Gudrun Maierhof, Gerhard Marauschek, Winfried Meyer, Meir Michaelis, Alessandra Minerbi, Gianfranco Moscati, Erik Nooter, Jael Orvieto, Liliana Picciotto Fargion, Marcus Patka, Andrea Peter, Ze'ev Rebhun, Andrea Rudorff, Michele Sarfatti, Renata Segre, Angelo Spaggiari, Renato Spiegel, Ljubar Dornik Šubelj, Ilva Vaccari, Cinzia Villani und Juliane Wetzel. Übersetzungen aus dem Hebräischen wurden von Martina Strehlen sowie Ma'ayan Landau und aus dem Serbokroatischen von Sandra Gerding vorgenommen.

Ein Zeichen des Danks gilt auch den Freunden Anna Baldacci, Camilla und Silvia Brunelli, Wolfgang Henze, Floriano Hettner und Loredana Melissari für Unterstützung und Ermutigung. Meine Mutter hat in ihrem hohen Alter rege an allen Phasen der Arbeit Anteil genommen und mich dadurch angespornt. Mit Schmerz erfüllt mich der Tod von Sybil Milton, die über viele Jahre hinweg meiner Forschung geradezu fürsorglich verbunden war.

Abkürzungen

ACEM	Archivio della Comunità Ebraica di Modena
ACS	Archivio Centrale dello Stato
ASCN	Archivio Storico del Comune di Nonantola
AH	Archivion ha-Histadruth
BArch	Bundesarchiv
CAHJP	Central Archives for the History of the Jewish People
CB	Centro Bibliografico dell'Unione delle Comunità Ebraiche Italiane
CDEC	Centro di Documentazione Ebraica Contemporanea
CZA	Central Zionist Archives
DÖW	Dokumentationsarchiv des österreichischen Widerstands
EJPD	Eidgenössisches Justiz- und Polizeidepartement
GuMS	Gedenkstätte und Museum Sachsenhausen
JDC	American Jewish Joint Distribution Committee
PA AA	Politisches Archiv des Auswärtigen Amts
SBA	Schweizerisches Bundesarchiv
SHEK	Schweizer Hilfswerk für Emigrantenkinder
UCII	Unione delle Comunità Israelitiche Italiane
YVA	Yad Vashem Archives
ZfA	Zentrum für Antisemitismusforschung der Technischen Universität Berlin

Quellen und Literatur

I. Unveröffentlichte Quellen

Archive und Dokumentationszentren

American Jewish Joint Distribution Committee, New York:
Joint Archives
833 Italy/General 1945
837 Italy/General 1947
855 Italy/Refugees 1945
886 Italy/Hachscharah 1947
1057 Jugoslavia/General 1937–1944

Saly Mayer Archives:
SM 24-25 Weltzentrale des Hechaluz
SM 66 Jugoslavia/General 1939–1944
SM 67 Jugoslavia/General 1944–1947

Archiv für Zeitgeschichte. Eidgenössische Technische Hochschule Zürich:
Saly Mayer Archives (Kopien aus dem Archiv des American Jewish Joint Distribution Committee)
Hechaluz (Kopien aus dem Archivion ha-Histadruth)

Archivio Abbaziale di Nonantola:
Dokumente zum Priesterseminar der Abteikirche

Archivio Centrale dello Stato, Rom:
Pubblica Sicurezza, Affari Generali e Riservati 1943
Pubblica Sicurezza, A 4 bis Stranieri internati
Pubblica Sicurezza, A 16/1942-43 Stranieri
Pubblica Sicurezza, A 16 Ebrei stranieri
Casellario politico centrale

Archivio Storico del Comune di Nonantola:
Ente Comunale di Assistenza (E. C. A., Busta 21, Soggiorno stranieri 1942–1947
A/b n. 410 Sanità pubblica 1943
A/b n. 417 Documenti relativi all'arrivo a Nonantola di 34 bambini ebrei domiciliati a Villa Emma, 1943
Miscellanea 1942–1945

Archivion ha-Histadruth, Tel Aviv:
Hechaluz. Sammlung Nathan Dror (Schwalb)

Bundesarchiv, Berlin:
R 58 Reichssicherheitshauptamt
Sammlung Document Center

Central Archives for the History of the Jewish People, Jerusalem:
Comitato Italiano di Assistenza agli Emigranti Ebrei
Delasem. Rappresentanza di Padova
B-343 Ma'ayan Freier, Reisebericht
G-873 Alexander Klein, Zehn Jahre jüdischen Flüchtlingshilfswerks in Jugoslawien (1933–1942)
P-187 Ziga Neumann, Dr. Alexander Licht in memoriam

Central Zionist Archives, Jerusalem:
A 125 Personal Archives of Henrietta Szold
A 256 Personal Archives of Recha Freier
L 15 Immigration Department, Office Istanbul,1940–1946
L 17 Palestine Office for Switzerland Geneva, 1939–1949
L 32 Geneva Office of the Zionist Organization and of the Jewish Agency for Palestine, 1935–1948
L 58 Youth Aliyah Department, Continental European Office Geneva-Paris 1945–1955
S 26 Rescue Committee of the Jewish Agency 1939–1948
S 75 Youth Aliyah Department 1933–1972

Centro Bibliografico dell'Unione delle Comunità Ebraiche Italiane, Rom:
Archivio dell'Unione delle Comunità Israelitiche Italiane, 1934–1943:
Busta 30 Varie Comunità
Busta 43 P Enti assistenziali
Busta 44 P Delasem

Busta 44 M Delasem
Centro di Documentazione Ebraica Contemporanea, Mailand:
Fondo Lelio Vittorio Valobra
Fondo Israel Kalk
8-A-1 Enti

Comunità Ebraica di Modena, Archiv:
Busta 370 Comitato Assistenza Ebrei
Busta 380 Unione delle Comunità Israelitiche Italiane
Busta 479 Rendiconto finanziario Delasem. Nonantola
Busta 486 Unione delle Comunità Israelitiche Italiane 1950–1955
Busta 537 Delasem. Unione delle Comunità Israelitiche Italiane 1940–1942
Busta 574 Delasem. Materiale relativo a Villa Enma

Dokumentationsarchiv des österreichischen Widerstands, Wien:
Datenbank für das Gedenkbuch der aus Wien deportierten Juden

Gedenkstätte und Museum Sachsenhausen:
R 229, M 145 Namenslisten und Stärkemeldungen 11. Juni 1939 - 26. Okt. 1939
Dokumente in der ständigen Ausstellung

Ministrstva za natranje zadeve, Archiv, Ljubljana:
III 0050102 Slovenski „Rdeci Kriz" med okupacijo

Museo di Storia Contemporanea, Mailand:
Chronik über den Kriegseinsatz des Zollgrenzschutzes in Italien. Bezirkskommando G, Varese

Politisches Archiv des Auswärtigen Amts, Bonn:
Inland II A/B
Inland II g
Pol V
Rechtsabteilung
Gesandtschaft Belgrad

Schweizerisches Bundesarchiv, Bern:
Bestand E 4264 1985/196 Eidgenössisches Justiz- und Polizeidepartement (Personalakten von Flüchtlingen)
Bestand J.II.55(-) 1970/95 Schweizer Hilfswerk für Emigrantenkinder

Stadtarchiv Graz:
Meldekartei der ehemaligen K. K. Polizeidirektion Graz
Bundespolizeidirektion Graz, Meldekarten

Yad Vashem Archives, Jerusalem:
M 20 Abraham Silberschein Collection
P 1 Recha Freier
0 31 Collection on Italy
Testimonies Department:
0-3/5321 Zeugenbericht Lezo Altaras
0-3/5328 Zeugenbericht Moric Atias
0-3/5340 Zeugenbericht Bela Gideon Grof

Zentrum für Antisemitismusforschung, Archiv, Berlin:
Interview mit Frau Ruth Maschiach, Haifa, 6. Juli 1984

Private Sammlungen:

Joseph Ben-Zion, Quiryat-Ono
Joseph Ben-Zion, Bericht über die Flucht von Nonantola zu den Alliierten in Süditalien

Max Federmann, Lompoc, Kalifornien
Auskünfte für das Projekt „Jüdisches Leben in Frankfurt"
Dokumente zur Partisanentätigkeit

Bernardo Grosser, Jerusalem
Jaldei Bamazor (Ragazzi in difficoltà), anno 2, numero 1,
Rosh Hashanah 5703, Villa Emma, Nonantola

Lilli Ithai, Kibbuz Gat
Josef Ithai, Kinder der Villa Emma, deutschsprachige Erstfassung von 1945/46, hektographiert, 443 Seiten

Siegfried Kirschenbaum, Givat Schmuel
Siegfried Kirschenbaum, autobiografischer Bericht

Arieh Koffler, Givataim

Leo Koffler, Die Entstehung unserer Jugendgemeinschaft und ihr Leben bis zum Zusammenbruch Italiens, geschrieben im Kibbuz Afikim, Juli/August 1944, hektographiert, 20 Seiten

Tagebuch der Kwuzah Bar-Kochbah, 11. Oktober 1942 – 7. September 1943

Josef Milhofer, Tel Aviv

Dokumente zu den jüdischen Flüchtlingen in Bari

Gianfranco Moscati, Neapel

Dokumente zur Kindergruppe in der Villa Emma

Robert Weiss, Boynton Beach, Florida

Robert Weiss, Joško's Children. CD-Rom. Fassung vom 19. April 2000

Joseph Zamora, Scarsdale, New York

Joseph Zamora, Autobiografische Aufzeichnungen, verfasst 1988 in Scarsdale

Josef Ithai, The Children of Villa Emma, translated by Joseph Zamora from Hebrew

Mitteilungen in Gesprächen:

Jakob Altaras, Gießen, 2. 8. 1998
Edgar Ascher, Troinex bei Genf, 21. 6. 1997 und 11. 10. 1999
Jizchak Barschatz, Haifa, 29. 4. 2000
Don Arrigo Beccari, Nonantola, 11. 4. 1996 und 9. 6. 2000
Hillel Bendiner (Helmut Bendiner), Ramat-Gan, 30. 4. 2000
Geppe Bertoni, Nonantola, 18. 1. 2001
Nathan Dror (Nathan Schwalb), Tel Aviv, 23. 6. 1996
Max Federmann, Frankfurt am Main, 1. 6. 1998
Eva Gast (Eva Rosenbaum), Zürich, 10. 1. 1999
Jakob Goldberg, Tel Aviv, 30. 11. 1995, und Kibbuz Gat, 6. 5. 2000
Bernardo Grosser, Jerusalem, 11. 12. 1995, 29. 5. 1996 und 2. 5. 2000
Dan Israeli (Albert Israel), Gilo bei Jerusalem, 21. 6. 1996 und 4. 5. 2000
Emanuel Issler, Ramat-Gan (Telefongespräch), 29. 4. 2000
Josef Ithai (Josef Indig), Kibbuz Gat, 1. 12. 1995, 6. und 7. 6. 1996
Siegfried Kirschenbaum, Nonantola, 28. 6. 1996, und Givat Schmuel, 5. 5. 2000
Arieh Koffler (Leo Koffler), Givataim, 14. 12. 1995, 17. 6. 1996 und 1. 5. 2000
Ma'ayan Landau (Ma'ayan Freier), Jerusalem, 21. 12. 1995 und 3. 5. 2000

Hilda Miron (Hildegard Steinhardt), Haifa, 14. 6. 1996 und 29. 4. 2000
Giambattista Moreali, Nonantola, 27. 6. 1996, 30. 6. 1997, 15. 5. 1998 und 9. 6. 2000
Giancarlo Moreali, Nervesa della Battaglia, 29. 9. 1997 und 1. 3. 1998
Armand Moreno (Armando Moreno), Sherman Oaks, Kalifornien, Nonantola, 28. 6. 1996, und Telefongespräch 13. 10. 1997
Tilla Offenberger (Tilla Nagler), Haifa, 14. 6. 1996, Nonantola, 28. 6. 1996, und Haifa, 29. 4. 2000
Disma Piccinini, Nonantola, 12. 5. 1998
Ze'ev Rebhun, Jerusalem, 29. 4. 2000
Irit Rosenberg (Blume Zwick), Haifa, 14. 6. 1996
Zvi Schneider (Kurt Schneider), Tel Aviv, 3. 6. 1996, Berlin, 4. Juni 1999, und Tel Aviv, 4. 5. 2000
Hanna Seidenberg (Hanna Schwarz), Givat Schmuel, 5. 5. 2000
Marcello Sighinolfi, Modena, 1. 7. 1997
Hans Silbermann, Bad Reichenhall, 27. 4. 1997 und 27. 10. 1999
Robert Stein, Jerusalem, 3. 6. 1996 und 28. 4. 2000
Marco Stern, Haifa, 14. 6. 1996
Dan Sternberg, Tel Aviv, 18. 6. 1996
Tullio Tosatti, Nonantola, 1. 7. 1997
Arnold Wininger (Arnold Weininger), Nonantola, 21. 9. 1997
Joseph Zamora (Josef Zamojre), Scarsdale, New York, 24. 10. 1997

Mitteilungen in Briefen:

Max Federmann, Lompoc, Kalifornien, 21. 7. 1997
Josef Ithai (Josef Indig), Kibbuz Gat, 29. 6. 1997
Josef Milhofer, Tel Aviv, 21. 11. 1997
Armando Moreno, Sherman Oaks, Kalifornien, 9. 6. und 2. 7. 1998
Lilly Neumann (Lilly Lewin), Neruania, 2. 4. 1999
Zvi Schneider (Kurt Schneider), Tel Aviv, 24. 9. 2000
Arnold Wininger (Arnold Weininger), Peoria, Arizona, 22. 3. 2000
Robert Weiss, Boynton Beach, Florida, 10. 4. 1998 und 25. 1. 2000

Antworten auf Rundbrief von Ombretta Piccinini und Klaus Voigt, Nonantola, 2. 3. 1998, mit Fragen zum Versteck in Nonantola:

Moshe Agmon (Moric Atias), Kieryat Mozkin
Avram Zvi Albahari (Albert Albahari), São Paulo

Gerda Ben Baruch (Gerda Tuchner), Tel Aviv
Flora Ben Jaakov (Flora Kajon), Beer Sheva
Arieh Ben Moshe (Leone Kajon), Beer Sheva
Joseph Ben-Zion (Josef Papo), Quiryat-Ono
Haviva Eisenberg (Sarina Atias), Haifa
Lola Feilchenfeld (Lola Schindelheim), Haifa
Eva Gast (Eva Rosenbaum), Zürich
Zehava und Shlomo Givon (Zlata Gaon und Salomon Majerowicz), Omer
Jakob Goldberg, Tel Aviv
Ruti Grinblat (Relica Gaon), Kibbuz Maabarot
Bela Gideon Grof, Kieryat Haim
Shoshana Harari (Sonja Borus), Kibbuz Ruhama, Ashkelon
Marcel Hofmann, Jerusalem
Miriam Israeli (Sida Israel), Kibbuz Maabarot
Siegfried Kirschenbaum, Givat Schmuel
Arieh Koffler (Leo Koffler), Givataim
Nely Levkoviz (Nelly Schlesinger), Ashkelon
Susan Mantel (Susanne Elster), Delray Beach, Florida
Hilda Miron (Hildegard Steinhardt), Haifa
Armando Moreno, Sherman Oaks, Kalifornien
Schulamit Muntchik (Sarina Brodski), Kfar Masarik
Tilla Offenberger (Tilla Nagler), Haifa
Nira Pachter (Sida Levi), Petah Tikva
Irit Rosenberg (Blume Zwick), Haifa
Hanna Seidenberg (Hanna Schwarz), Petah Tikva
Zvi Schneider (Kurt Schneider), Tel Aviv
Lotti Schöngut (Lotti Israel), Haifa
Betti Sochczewski (Betti Endzweig), Haifa
Dan Sternberg, Tel Aviv
Robert Weiss, Boynton Beach, Florida
Arnold Wininger (Arnold Weininger), Peoria, Arizona
Fanny Zwick (Fanny Senft), Rishon-Lezion

II. Veröffentlichte Quellen

Actes et documents du Saint Siège relatifs à la seconde guerre mondiale, Bd. 8: Le Saint Siège et les victimes de la guerre. Janvier 1941–Decembre 1942, Città del Vaticano 1974.

Actes et documents du Saint Siège relatifs a la seconde guerre mondiale, Bd. 9: Le Saint Siège et les victimes de la guerre. Janvier–Decembre 1943, Città del Vaticano 1975.

Avenary, Hanoch (Hrsg.), Kantor Salomon Sulzer und seine Zeit. Eine Dokumentation, Sigmaringen 1985.

Barani, Aristide, Vicende della mia vita, Nonantola 1985.

Bolletino del clero della diocesi di Modena e Nonantola, anno 31, n. 9–10, settembre–ottobre; anno 32, n. 9–10, settembre–ottobre 1943.

Borus, Sonja, Sonjas Tagebuch. Flucht und Alija in den Aufzeichnungen von Sonja Borus aus Berlin, 1941–1946, hrsg. von Klaus Voigt, Berlin 2014.

Caracciolo, Nicola, Gli ebrei e l'Italia durante la guerra 1940–1945, Roma 1986; engl. Ausgabe: Uncertain Refuge. Italy and the Jews During the Holocaust, Urbana/Illinois, 1995.

Elsberg, Karl, Come sfuggimmo alla Gestapo e alle SS. Racconto autobiografico. Introduzione e note di Klaus Voigt, Aosta 1999.

Freier, Recha, Let the Children Come. The Early History of Youth Aliyah, London 1961.

Fröhlich, Hannelore, Spurensuche, Graz 1999.

Gazzetta dell'Emilia, Modena, September–Dezember 1943.

Goldman, Louis, Amici per la vita, Firenze 1993.

Goliger-Steinhaus, Lotti, Mein lieber Federico. Geschichte einer jüdischen Familie, Bozen 1994.

Ithai, Josef, Yaldei Villa Emma, Tel Aviv 1983.

Joškos Kinder. Flucht und Alija durch Europa, 1940–1943. Josef Indigs Bericht, hrsg. von Klaus Voigt, Berlin 2006.

Koffler, Leo, Die Entstehung unserer Jugendgemeinschaft und ihr Leben bis zum Zusammenbruch Italiens. Zagreb – Lesno brdo – Nonantola, in: Christian Köstner/Klaus Voigt (Hrsg.), Österreichisches Exil in Italien 1938–1945, Wien 2009, S. 303–328.

Kulka, Otto Dov, Deutsches Judentum unter dem Nationalsozialismus, Bd. 1: Dokumente zur Geschichte der Reichsvertretung der deutschen Juden 1933–1939, Tübingen 1997.

Moreali, Giuseppe, Sprazzi di luce, Modena 1978.

Pacifici, Graziella, „La nemica" 1943, Alghero 1994.

Sassi, Corrado, Rose e latrine, Fra i cesari. Quel capodanno perduto, Città di Castello 1998.

Toaff, Elio, Perfidi giudei fratelli maggiori, Milano 1988.

Villa Emma. I luoghi e le persone, a cura dell'Amministrazione Comunale di Nonantola e del Comitato per le Celebrazioni del 50° della guerra di Liberazione, Nonantola 1993.

III. Sekundärliteratur

Albrich, Thomas (Hrsg.), Flucht nach Eretz Israel. Die Bricha und der jüdische Exodus durch Österreich nach 1945, Innsbruck 1998.

Adler-Rudel, Salomon, Jüdische Selbsthilfe unter dem Naziregime 1933–1939, Tübingen 1974.

Anderl, Gabriele/Manoschek, Walter, Gescheiterte Flucht. Der jüdische „Kladovo-Transport" auf dem Weg nach Palästina 1939–1942, Wien 1993.

Anderl, Gabriele, Emigration und Vertreibung, in: Weinzierl/Kulka, Vertreibung und Neubeginn, S. 167–337.

Angress, Werner T., Jüdische Jugend zwischen nationalsozialistischer Verfolgung und jüdischer Wiedergeburt, in: Paucker, Die Juden im nationalsozialistischen Deutschland, S. 211–221.

Baldini, Massimo/Malaguti, Giorgio (Hrsg.), Antiche fotografie di Nonantola, Modena 1983.

Ball-Kaduri, Kurt Jakob, Illegale Judenauswanderung aus Deutschland nach Palästina 1939/40. Planung, Durchführung und internationale Zusammenhänge, in: Jahrbuch des Instituts für deutsche Geschichte 4 (1975), S. 387–421.

Barbieri, Alberto, Sacerdoti modenesi del Novecento. Cento schede biografiche, Bd. 1, Modena 1993.

Barkai, Avraham, Im mauerlosen Ghetto, in: Meyer, Deutsch-jüdische Geschichte, S. 319–342.

Bauer, Yehuda, Flight and Rescue: Brichah, New York 1970.

– American Jewry and the Holocaust. The American Jewish Joint Distribution Committee, 1939–1945, Detroit 1981.

Bellisi, Walter, La persecuzione antiebraica nell'alta valle del Panaro, in Rassegna di storia dell'Istituto storico della Resistenza e di storia contemporanea in Modena e provincia 10 (1990), S. 39–57.

Benz, Wolfgang (Hrsg.), Die Juden in Deutschland 1933–1945. Leben unter nationalsozialistischer Herrschaft, München 1989.

– Die jüdische Emigration, in: Handbuch der deutschsprachigen Emigration, S. 5–16.

Bianchini, Andrea/Pedrocco, Giorgio (Hrsg.), Dal tramonto all'alba. La provincia di Pesaro e Urbino tra fascismo, guerra e ricostruzione, Bologna 1995.

Brunelli, Luciano, I rapporti tra due brigate partigiane, la San Faustina-Proletaria d'urto e la 5a Garibaldi Pesaro, in: Bianchini/Pedrocco, Dal tramonto all'alba, S. 41–56.

Boeckh, Katrin, Jugoslawien, in: Handbuch der deutschsprachigen Emigration, S. 279–284.

Broggini, Renata, Terra d'asilo. I rifugiati italiani in Svizzera 1943–1945, Lugano 1993.
- La frontiera della speranza. Gli ebrei dall'Italia verso la Svizzera 1943–1945, Milano 1998.

Capogreco, Carlo Spartaco, Ferramonti. La vita e gli uomini del più grande campo d'internamento fascista (1940–1945), Firenze 1987.
- Renicci. Un campo di concentramento in riva al Tevere, Cosenza 1998.
- I campi del duce. L'internamento civile nell'Italia fascista (1940–1943), Turin 2006, S. 67 ff., 135 ff. di concentramento in riva al Tevere, Cosenza 1998.

Carolini, Simonetta (Hrsg.), „Pericolosi nelle contingenze belliche". Gli internati dal 1940 al 1943, Roma 1987.

Carpi, Daniel, Between Mussolini and Hitler. The Jews and the Italian Authorities in France and Tunisia, Hanover/New Hampshire 1994.

Casali, Luciano, Storia della Resistenza a Modena, Bd. 1: Il rifiuto del fascismo, Modena 1980.

Cavaglion, Alberto, Nella notte straniera. Gli ebrei di St.-Martin-Vésubie, 2. Aufl., Cuneo 1991.

De Felice, Renzo, Storia degli ebrei italiani sotto il fascismo, 4. Aufl., Torino 1988.

Die jüdische Emigration aus Deutschland 1933–1941. Die Geschichte einer Austreibung. Eine Ausstellung der Deutschen Bibliothck, Frankfurt a. M., New York/Frankfurt a. M. 1985.

Enzyclopaedia Judaica, Bd. 11, Bd. 16, Jerusalem 1972.

Feidel-Mertz, Hildegard (Hrsg.), Schulen im Exil. Die verdrängte Pädagogik nach 1933, Reinbek bei Hamburg 1983.
- Pädagogik im Exil nach 1933. Erziehung zum Überleben. Bilder und Texte einer Ausstellung, Frankfurt a. M. 1990.

Ferenc, Tone, La provincia „italiana" di Lubiana. Documenti 1941–1942, Udine 1994; slovenische Ausgabe: Fašisti brez krinke. Dokumenti 1941–1942, Maribor 1988.

Ferri, Enrico, La vita libera. Biografia di Don Arrigo Beccari 1933–1970, Nonantola, Modena 1997.

Franzinelli, Mimmo, Delatori. Spie e confidenti anonimi: l'arma segreta del regime fascista, Milano 2001.

Freidenreich, Harriet Pass, The Jews of Yugoslavia. A Quest for Community, Philadelphia 1979.

Friedländer, Saul, Das Dritte Reich und die Juden, Bd. 1: Die Jahre der Verfolgung 1933–1939, München 1998.

Gedenkbuch Berlins der jüdischen Opfer des Nationalsozialismus, Berlin 1995.

Geisel, Eike, Im Scheunenviertel. Bilder, Texte und Dokumente, Berlin 1981.

Giannantoni, Franco, Fascismo, guerra e società nella Republica Sociale Italiana (Varese 1943–1945), Milano 1984.

Göpfert, Rebekka, Der jüdische Kindertransport von Deutschland nach England 1938/39. Geschichte und Erinnerung, Frankfurt a. M. 1999.

Gnudi, Cesare, Mario Finzi. Edito a cura del Comitato Bolognese per le onoranze dei martiri di Auschwitz, Bologna s. d.

Goldberg, Bettina, Die Zwangsausweisung der polnischen Juden aus dem Deutschen Reich im Oktober 1938 und die Folgen, in: Zeitschrift für Geschichtswissenschaft 11 (1998), S. 971–984.

– „... und vieles bleibt ungesagt". Die Israelitische Gemeinde in Kiel vor und nach 1933. Versuch einer Annäherung, in: Paul/Gillis-Carlebach, Menora und Hakenkreuz, S. 49–66.

Graml, Hermann/Königseder, Angelika/Wetzel, Juliane (Hrsg.), Vorurteil und Rassenhaß. Antisemitismus in den faschistischen Bewegungen Europas, Berlin 2001.

Grünfelder, Anna Maria, Von der Shoa eingeholt. Ausländische jüdische Flüchtlinge im ehemaligen Jugoslawien 1933–1945, Wien 2013.

Halbrainer, Heimo, Josef Schleich – Ein „Judenschlepper" an der Grenze zu Jugoslawien 1938–1941, in: Zwischenwelt 27 (2011) 4, S. 32–40.

Handbuch der deutschsprachigen Emigration 1933–1945, Darmstadt 1998.

Herzer, Ivo (Hrsg.), The Italian Refuge. Rescue of Jews During the Holocaust, Washington 1989.

Hildesheimer, Esriel, Jüdische Selbstverwaltung unter dem NS-Regime, Tübingen 1994.

Hribernik-Svarun, Rudolf, Dolomiti v NOB, Ljubljana 1974.

I 45 giorni „badogliani" a Modena, in: Rassegna annuale dell'Istituto storico della Resistenza della provincia di Modena 2 (1960), S. 19–38.

Israelitische Kultusgemeinde Wien (Hrsg.), Trotz allem ... Aron Menczer 1917–1943, Wien s. d. (1993).

Ithai, Josef, The children of Villa Emma. Rescue of the Last Youth Aliyah Before the Second World War, in: Ivo Herzer, The Italian Refuge, S. 178–201.

Jakić, Ivan, Vsi slovenski gradovi. Leksikon slovenske grajsko zapuscine, Ljubljana 1997.

Jensen, Angelika, Sei stark und mutig. Chasak We'emaz! 40 Jahre jüdische Jugend in Österreich am Beispiel der Bewegung „Haschomer Hazair" 1903–1943, Wien 1995.

Klamper, Elisabeth, „Auf Wiedersehen in Palästina". Aron Menczers Kampf um die Rettung jüdischer Kinder im nationalsozialistischen Wien, Wien 1996.

Kleßmann, Christoph, Polnische Bergarbeiter im Ruhrgebiet 1870–1945. Soziale Integration und nationale Subkultur in der deutschen Industriegesellschaft, Göttingen 1978.

Klinkhammer, Lutz, Zwischen Bündnis und Besatzung. Das nationalsozialistische Deutschland und die Republik von Salò 1943 bis 1945, Tübingen 1993; ital. Ausgabe: L'occupazione tedesca in Italia 1943–1945, Torino 1993.

Koller, Guido, Entscheidungen über Leben und Tod. Die behördliche Praxis in der schweizerischen Flüchtlingspolitik während des Zweiten Weltkriegs, in: Die Schweiz und die Flüchtlinge 1933–1945, Studien und Quellen Bd. 22, Bern u. a. 1996, S. 17–106.

Konzentrationslager Buchenwald 1937–1945. Begleitband zur ständigen historischen Ausstellung hrsg. von der Gedenkstätte Buchenwald, Göttingen 1999.

Kova, Oda, Recha Freier – the Dreaming Woman, in: Walter Zadek (Hrsg.), Sie flohen vor dem Hakenkreuz. Selbstzeugnisse der Emigranten. Ein Lesebuch für Deutsche, Reinbek bei Hamburg 1981, S. 93–100.

Kwiet, Konrad, Nach dem Pogrom: Stufen der Ausgrenzung, in: Benz, Die Juden in Deutschland, S. 545–659.

Lasserre, André, Frontières et camps. Le refuge en Suisse de 1933 à 1945, Lausanne 1995.

Leuzzi, Vito Antonio/Esposito, Giulio, Terra di frontiera. Profughi ed ex internati in Puglia. 1943–1954, Bari 2000.

Leventhal, Zdenko, Auf glühendem Boden. Ein jüdisches Überlebensschicksal in Jugoslawien 1941–1947. Mit einer Dokumentation, hrsg. von Erhard Roy Wiehn/Jacques Picard, Konstanz 1994.

Malagoli, Gabriella/Piccinini, Ruggero/Zambelli, Maria Luisa, Nonantola. La storia e i monumenti, Nonantola 1988.

Malaguti, Gino, G. Friedmann: proprietario terriero di inizio del secolo. Breve storia locale, Bologna 1990.

Maurer, Trude, Ostjuden in Deutschland 1918–1933, Hamburg 1986.

– Ausländische Juden in Deutschland, 1933–1939, in: Paucker, Die Juden im nationalsozialistischen Deutschland, S. 189–210.

– Abschiebung und Attentat. Die Ausweisung der polnischen Juden und der Vorwand für die „Kristallnacht", in: Pehle, Der Judenpogrom 1938, S. 52–73.

Mayda, Giuseppe, Ebrei sotto Salò. La persecuzione antisemita 1943–1945, Milano 1978.

Melzer, Wolfgang/Neubauer, Georg (Hrsg.), Der Kibbutz als Utopie, Weinheim, Basel 1988.

Melzer, Wolfgang, Die Bedeutung von Utopien für die Genese der Kibbutzim und ihres Erziehungsarrangements, in: Melzer/Neubauer, Der Kibbutz als Utopie, S. 38–69.

Meyer, Beate, Tödliche Gratwanderung. Die Reichsvereinigung der Juden in Deutschland zwischen Hoffnung, Zwang, Selbstbehauptung und Verstrickung (1939–1945), Göttingen 2011.

Meyer, Michael A., Deutsch-jüdische Geschichte in der Neuzeit, Bd. 4: Aufbruch und Zerstörung 1918–1945, München 1997.

Michaelis, Meir, Mussolini and the Jews. German-Italian Relations and the Jewish Question in Italy 1922–1945, London 1978; ital. Ausgabe: Mussolini e la questione ebraica. Le relazioni italo-tedesche e la politica razziale in Italia, Milano 1982.

Milton, Sybil, The expulsion of Polish Jews from Germany, October 1938 to July 1939. A documentation, in Leo Baeck Institute Year Book 29 (1984), S. 169–199.

Minerbi, Alessandra, Tra nazionalizzazione e persecuzione. La scuola ebraica in Italia, 1930–1940, in: Contemporanea, Rivista di storia del '800 e del '900 4 (1998), S. 703–730.

Minerbi, Sergio, Raffaele Cantoni un ebreo anticonformista, Roma 1978.

Montagnana, Marcello, „Perchè tu sappia". Diario di Giulio Iona del campo di concentramento di Fossoli, marzo-giugno 1944, in: Notiziario dell'Istituto storico della Resistenza in Cuneo e provincia 37 (1990), S. 89–114.

Nannetti, Federica, Un comune in guerra. Nonantola 1940–1945, Modena 1998.

Ofer, Dalia, Escaping the Holocaust. Illegal Immigration to the Land of Israel, 1939–1944, New York 1990.

– /Weiner, Hannah, Dead-End Journey. The Tragic Story of the Kladovo-Šabac Group, Lanham/Maryland, 1996.

Paganelli, Luigi, Don Elio Monari e chiesa e società a Modena tra guerra e Resistenza (1940–1945), Modena 1990.

Pagnotti, Simonetta, Il tempo dell'amore tra i ragazzi ebrei, in: Famiglia Cristiana vom 10. Mai 1995.

Paini, Rosa, I sentieri della speranza. Profughi ebrei, Italia fascista e la „Delasem", Milano 1988.

Parisini, Roberto, La ricostruzione dei gruppi dirigenti a Ferrara dopo la Liberazione, in: Italia Contemporanea 192 (1993), S. 443–464.

Paucker, Arnold (Hrsg.), Die Juden im nationalsozialistischen Deutschland 1933–1943, Tübingen 1986.

Paul, Gerhard/Gillis-Carlebach Miriam (Hrsg.), Menora und Hakenkreuz. Zur Geschichte der Juden in und aus Schleswig-Holstein, Lübeck und Altona (1918–1998), Neumünster 1998.

– Klassenphoto. Das Schicksal der Schüler und Lehrer der jüdischen Volksschule in Kiel, in: Paul/Gillis-Carlebach, Menora und Hakenkreuz, S. 481–490.

Pederiali, Giuseppe, I ragazzi di Villa Emma, in: Historia. Mensile illustrato di storia 420 (1993), S. 100–107.

Pehle, Walter H., Der Judenpogrom 1938. Von der „Reichskristallnacht" zum Völkermord, Frankfurt a. M. 1988.

Peri, Renato, Mario Finzi o del buon impiego della propria vita, Bologna 1995.

Pflanzelter, Eva, Zwischen Brenner und Bari. Jüdische Flüchtlinge in Italien 1945 bis 1948, in: Albrich, Flucht nach Eretz Israel, S. 225–252.

Picard, Jacques, Die Schweiz und die Juden 1933–1945, 2. Aufl., Zürich 1994.

Picciotto Fargion, Liliana, Il libro della memoria. Gli ebrei deportati dall'Italia (1943–1945), Milano 1991.

Pincus, Chasya, Come From the Four Winds. The Story of Youth Aliya, New York 1970.

Poniatowska, Anna/Liman, Stefan/Krezatek, Iwona, Zwiazek Polakow w Niemczach w latach 1922–1982, Warszawa 1987.

Rebhun, Ze'ev, Autumn 1939 – Yamim Noraim. Memorial Book for East European Jews Who Lived in Germany, Jerusalem 1999.

Reinharz, Yehuda, Hashomer Hazair in Germany (I), 1928–1933, in: Leo Baeck Institute Year Book 31 (1986), S. 173–208; Hashomer Hazair in Germany (II), Under the Shadow of the Swastika, 1933–1938, in: Leo Baeck Institute Year Book 33 (1987), S. 183–223.

Ristovič, Milan, U potrasi za utočništem. Jugoslovensi jevreji u bekstvu od cholokausta 1941–1945, Beogad 1998.

Romano, Jaša, Jevreji Jugoslavije 1941–1945. Zrtve genocida i ušćasnici narodnooslobodilaćkog rata, Beograd 1980.

Rosenberg, Dragutin, Über die Lage der Juden in Jugoslawien 1941–1943, in: Leventhal, Auf glühendem Boden, S. 215–253.

Rosenkranz, Herbert, Verfolgung und Selbstbehauptung. Die Juden in Österreich 1938–1945, Wien 1978.

Sarfatti, Michele, Gli ebrei nell'Italia fascista. Vicende, identità, persecuzione, Torino 2000; deutsche Ausgabe: Die Juden im faschistischen Italien. Geschichte, Identität, Verfolgung, Berlin 2014.

Scaglioni, Gianfranco, Breve ricognizione storica sulle vicende degli ebrei modenesi e degli ebrei presenti nel Modenese tra il 1938 e il 1945, in: Rassegna di storia dell'Istituto storico della Resistenza e di storia contemporanea in Modena e provincia 9 (1989), S. 113–125.

Seeligmann, Chaim, Die jüdische Jugendbewegung und die Kibbutzbewegung, in: Melzer/Neubauer, Der Kibbutz als Utopie, S. 70–85.

Segre, Renata, Gli ebrei a Venezia 1938–1945. Una comunità tra persecuzione e rinascita, Venezia 1995.

Shalom. Mensile ebraica d'informazione 11 (1987).

Shelah, Menachem, Un debito di gratitudine. Storia dei rapporti tra l'Esercito Italiano e gli Ebrei in Dalmazia (1941–1943), Roma 1991.

Silingardi, Claudio, Una provincia partigiana. Guerra e Resistenza a Modena 1940–1945, Milano 1998.

Sorani, Settimio, L'assistenza ai profughi ebrei in Italia (1933–1947). Contributo alla storia della „Delasem", Roma 1983.

Steinberg, Jonathan, Deutsche, Italiener und Juden. Der italienische Widerstand gegen den Holocaust, Göttingen 1992; engl. Ausgabe: All or Nothing. The Axis and the Holocaust 1941–43, London 1990.

Steinhaus, Federico, Ebrei/Juden. Gli ebrei dell'Alto Adige negli anni, trenta e quaranta, Firenze 1994.

Strauss, Herbert A., Jewish Emigration from Germany. Nazi Policies and Jewish Responses, in: Leo Baeck Institute Year Book 25 (1980), S. 313–361 (Teil 1); 26 (1981), S. 343–409 (Teil 2).

Sundhaussen, Holm, Geschichte Jugoslawiens 1918–1980, Stuttgart 1982.

Sutro, Nettie, Jugend auf der Flucht. 1933–1948. Fünfzehn Jahre im Spiegel des Schweizer Hilfswerks für Emigrantenkinder, Zürich 1952.

Terzulli, Francesco, La Comunità ebraica di Bari (1944–1950), in: Leuzzi/Esposito, Terra di frontiera, S. 73–96.

Unabhängige Expertenkommission Schweiz – Zweiter Weltkrieg (Hrsg.), Die Schweiz und die Flüchtlinge zur Zeit des Nationalsozialismus, Bern 1999.

Vaccari, Ilva, Villa Emma. Un episodio agli albori della Resistenza modenese nel quadro delle persecuzioni razziali, Modena 1960.

– Il tempo di decidere. Documenti e testimonianze sui rapporti tra il clero e la Resistenza, Modena 1968.

Venturali, Rossana, La Partecipanza agraria di Nonantola. Storia e documenti, Modena 1988.

Völkl, Katrin, Die Jüdische Gemeinde von Zagreb. Sozialarbeit und gesellschaftliche Einrichtungen in der Zwischenkriegszeit, in: Münchner Zeitschrift für Balkankunde 9 (1993), S. 105–154.

Völkl, Katrin, Die Jüdische Kultusgemeinde in Zagreb bis 1941, in: Wissenschaftliche Arbeiten aus dem Burgenland 92 (1993), S. 159–195.

– Zur Judenfeindlichkeit in Kroatien. Wieweit gab es Antisemitismus bis 1941, in: Südosteuropa 1 (1993), S. 59–77.

Voigt, Klaus, Zuflucht auf Widerruf. Exil in Italien 1933–1945, Bd. 1, Stuttgart 1989; Bd. 2, Stuttgart 1993; ital. Ausgabe: Il rifugio precario. Gli esuli in Italia dal 1933 al 1945, Bd. 1, Firenze 1993; Bd. 2, Firenze 1996.

– Le scuole dei profughi ebrei in Italia (1933–1943), in: Storia contemporanea 6 (1988), S. 1153–1183.

– Israel Kalk e i figli dei profughi ebrei in Italia, in: Storia in Lombardia 2 (1990), S. 201–250.

– I ragazzi di Villa Emma a Nonantola, in: Franco Bonilauri/Vincenza Maugeri (Hrsg.), Le comunità ebraiche a Modena e a Carpi. Dal medioevo all'età contemporanea, Firenze 1999, S. 241–269.

– Deportazione e salvataggio degli ebrei nel modenese, in: Giovanna Procacci/Lorenzo Bertucelli (Hrsg.), Deportazione e internamento militare in Germania. La provincia die Modena, Milano 2001, S. 488–505.

– Wer war Boris Jochvedson?, in: Federico Steinhaus/Rosanna Pruccoli (Hrsg.), Storia di ebrei. Jüdische Schicksale, Meran 2004, S. 105–120.

von zur Mühlen, Patrik, Fluchtweg Spanien–Portugal. Die deutsche Emigration und der Exodus aus Europa 1933–1945, Bonn 1992.

– Ostasien, in: Handbuch der deutschsprachigen Emigration, S. 336–349.

Walk, Joseph, Das Sonderrecht für die Juden im NS-Staat. Eine Sammlung der gesetzlichen Maßnahmen und Richtlinien – Inhalt und Bedeutung, Heidelberg 1962.

Walzl, August, Die Juden in Kärnten und das Dritte Reich, Graz 1987; ital. Ausgabe: Gli ebrei sotto la dominazione nazista. Carinzia, Slovenia, Friuli, Venezia Giulia, Udine 1991.

Wegweiser durch das jüdische Berlin. Geschichte und Gegenwart, Berlin 1987.

Weinzierl, Erika, Zu wenig Gerechte. Österreicher und Judenverfolgung 1938–1945, 4. Aufl., Graz 1997.

– /Kulka, Otto Dov (Hrsg.), Vertreibung und Neubeginn. Israelische Bürger österreichischer Herkunft, Wien 1992.

Weiss, Yfaat, Deutsche und polnische Juden vor dem Holocaust. Jüdische Identität zwischen Staatsbürgerschaft und Ethnizität 1933–1940, München 2000.

Wetzel, Juliane, Auswanderung aus Deutschland, in: Benz, Die Juden in Deutschland, S. 413–491.

– Der Mythos des „braven Italieners“. Das faschistische Italien und der Antisemitismus, in: Graml/Königseder/Wetzel (Hrsg.), Vorurteil und Rassenhaß. Antisemitismus in den faschistischen Bewegungen, S. 49–74.

Zuccotti, Susan, The Italians and the Holocaust. Persecution, Rescue, Survival, New York 1987.

Personenregister